Célé Franc

Daps à la constance de l'ame damnée

Y. 4388.

Le champion des
dames.

Trespuissant et tresepcellent prince Philippe duc
a de bourgongne & lothier & brabā et de lembourg: Cōte de flandres: dartoys & bourgongne: Palatin & henault & holande & zelāde et de namur: Seigneur de frize & salins et de malines: Martin frāc idīgue secretaire de nostre tressaict pere le pape Felip cinquieme: apres tres humble recommandacion.

Depuis tresredoubte prince que songe me monstra les horribles assaulx et la cruelse guerre: que malebouche cōtre amours et les dames maine: et que par le commandemēt & Arrite tenz selon mō pouoir: et comme seal notaire: sa conqueste notable et sa glorieuse victoire & frāc vouloir leur chāpion: doubte ma tenu longuement: et fait diuersemēt peser. Car ding couste mestoit knāt mes iens sa puissāce de malebouche: leql si est vaincu cheualereusemēt. Neantmains tousiours suy denieret grādes et fortes aliances: priel palmet & daugier le mauluais: qui cōtinuelsūt tlēt sur les chemins et passages espies et rotiers pour destrousser et mettre a mort les soldiers damours. Et auec cela: ou se retiroye mes sens des choses foraines: et selon la doctrine de Perse: en moy me sme me queroye: memoire en son miroir me remonstroit mille haulx et treselers ennis: lesquelz

a ij

ou par crainte denuye: neurent oncqs la hardiesse & la bataille escripre et raconter sa Victoire: ou en greigneur et plus plaisant matiere ont éplosé leurs stilles. Et quant mesmement ie sentoye la meschance & mon entendement: tant pour ma rudesse: que pour ma ieunesse mal aprise: et mauuaisement conduite: certainemét prince tresredoubte: aduis mestoit quil seroit plus expediēt se taire: que le parler: et trop plus seur dissimuler pour viure en paix: que publier sa iournee pour ennemis acqrre. Daultre part aussi considerant les bons et mauluais: saiges et ignorās: chescū selon son sentement & script: et que exerciter et limer sentédement en oeuure gracieuse et honneste: est chose plus louable: que se laisser enrouiller par oysiueté. Et ne souffist pas a engin orguilleup lire les faitz et les liures des aultres se quelque foys a la plume il nespreue sa force. Come a tout vaillant home darme sceant la gloire & cestuy qui sest si bien combatu es lices: se esboulissent les vaines et tressault le cuer: ou a pareil: ou a greigneur honneur acquerir. Veritablemét ie deslibere & mettre en auant mes rimes et mes vers: prenant cōfort en sainct Iherosme: que nō obstant la hauultesse & sa sapience: et la ornemét et la doulceur & son diuin laungaige: fut en ses plus grādes oeuures & mesdisāns persecute. Ainsi le & mou uement en mouuement sa et la & boute: comme la nef entre les eaues: nauoye

propos certain a prédre arrest ou port. Mais treshault et tresepcellent prīce: come il soit ainsi: q̃ ces choses mōdaines amour porte le sceptre et la corōne: et q̃ nest & sa royalle court: il nia orde pay ne mesure: et q̃ le sert: Viure doit en esperance & en auoir guerdon imortel. Come aussi soit aisi: que lonneur & dames doit estre soustenu garde et publie au gre de Verite: laquelle en fin en tenebres reluit et en prison est fresche: et les bouches closes & se che: et les oreilles sourdes oeuure: iay iugie q̃ sās encourir lese maieste: la Victoire et le triūphe damours et es dames celer ne deuoie: mesmement car Verite voulsoit que ien fusse herault. Si que trespuissant et tresepcellent prince: toute doubtance mise arriere: apres ce que renōmee ma conte la clarte de vostre couraige: et le grant nombre & voz vertus: les haultains et glorieux faitz: par lesquelz vostre nō bruit es quatre parties du monde. Et principalment que le nom damours aues tousiours en digne reueréte: et la gresse & dames singulierement recommande. Ie vous ay cestuy liure voue: esperant q̃ voulentiers ores les premieres ioyeuses nouuelles de la bataille gaignee sur male bouche. Et q̃ a la fois apres les pesans faitz et insportables cures: q̃ soustenir vo? fault pour la chose publicque: comme apartient a tous princes prudēs aulcūe consolacion ou q̃lque esbatemét: car mais beaulp passe temps y feres a louyr lire

Si comme ie croy: q̃ cestuy grãt Scipion conq̃steur daffricque faisoit: quãt apres quil sestoit deschargie du bast et de laffaire publicque:il sen aloit sur la gravesse cuillir les pierrettes. Ou est la vertu dõme: laquelle peut souffire a labeur continuelle: cõme larc doit estre estendu affin quil reprengne sa force. Aisi qui tout son engin et son estude a faire haultes besongnes et difficilles choses acõpstr: sil ne ladvulstit de q̃lque retreacion: rõpre se peult ou affoyblir. Pour ceste cause en partie cõme ie pẽse: acquirent anciennement les poetes la graice des seigneurs et des princes: comme Virgile Horace et Ovide. De octovien: lequel seulement ne se delictoit a ouyr les poetes: & lire leurs liures: mais a mettre et dicter: mesurer et nombrer: et mesmemẽt composer tragedies. Quel honneur Scipion fist a Ennius: cestuy le scet qui a leu ses hystoires. Severe aussi lempereur cõbien il prisa Appius: & q̃ il acheta les vers a poix de or: esquelz il racontoit la nature des poissons: et la maniere de les prendre: on le soit es croniches de Julius Cesar. Et de Neron ne parle ie: car les poetes en parlent. Yle de temps plus ancien ne feray ie mencion: comme dalipandre le grant: qui errant par les sepulchres des gregois et des troiens apres la destruction de troies: quant il eut regarde le tombeau dachilles. O dist il: q̃ tu es fortune par le poete Homere: qui a si haultement tes merites

escript et tes vertueux faiz. Desquelz poetes ie ne parle pas pour traire a similitude ou a cõsequence: car poete ne me repute ie. Assez en ma vie feray: se de bien loig puis ensuir les poetes: & sçay le nõ par les aages passez a este si clere seine: que en la plus flourissant nen a son tru trois ensemble vivans. Mais ie ay ie dit pour la louange que vous avez de scavoir eployer et partir le temps en prenant honneste esbatement es poetries et fictions amoureuses: apres q̃ partes de labysme des soings et des besongnes mondaines. Et sil est auken qui contre moy se insueue: disant que iay braisse trop grant fardel en ceste oeure: que iay este trop indiscret a laisser la plume indifferammẽt contre grans et petis: que ie suis bien oultrecuidant a vous presenter mes lignes mal dressees et mal polies: plaise luy prendre response quant au premier: que cõme dessus est dit: ie me sens miculp en cestuy cas que aultruy. Vray est que iay trop embrasse pour bien estraindre. Mais se ma vertu sest enforcee oultre mesure. Et se iay plus cuide q̃ ie ne puis: soit tout impute a amours: lequel avec le bõ vouloir que iay de servir et obeir aux dames: ma lesperon de gloire aguisllonn: comme les aultres qui courent au bon nom: et la taignct plus legerement car en plus pleine choye. Les vngs en philosophie se hurtent: ou pour cõgnoistre les mouvemens du ciel: et scavoir les dispositions des temps travaillẽt.

a iii

les plusieurs aux loix ciuiles sadonnent. Les aulcuns es lettres diuines contemplent. Les aultres escripuent batailles et cronicques: chescun a plaisir labeure et a gloire. Par laquelle comme dit tulle en ses questions tusculanes: tous sommes enflames a diuerses estudes. Doncques se ie descrips les batailles fieres et anciennes & ma le bouche contre amours et les dames: ie ne scay pourquoy en doye estre repris ce reserue: que ma ieunesse et mon petit engin pas ne souffist a desclarer et &sti-ner maindre matiere que ceste: et ce plainement ie confesse. Mais ceste grande hardiesse iepeuse par amour: qui les cueurs souuet epait a choses difficilles houer: et impossibles a acheuer. Quat au secod: se en ce liure est trouuee parole desplaisant: ou trop ligiere: ou trop aigre: ou trop obscure: on doit considerer la nature du personnage qui parle: que se langage ya trop desmesure: iamais ne nieray: que maintes choses naye dit par indignacion. Semblablemet a Iuuenal satyrique poete: lequel escripuat contre les vices de son temps disoit: q̃ se nature ne luy donoit vers et dictiers a les blasmer: nedtmains indignacion et despit luy en feroient faire. Et aussi ne nieray ie auoir dit plusieurs choses par aduenture indespourueuemēt: ainsi q̃ aduient en langaige quotidien et familier: lesquelles trouuer neusse sans longue muserie: car maintes choses sõt faictes par cas amoureux: a laq̃lle art

ne scauroie ataindre. Ainsi quil aduint dung paitre dont Valere raconte: que apres ce quil eut compasse vng cheual portrait et poly par tous ses membres et ne fut en sa science de luy donner esperit: il fut si orguilleux et fretillant: comme & toujee le frain et escumer & &spit et ruoit ses pinceaulx et sespuge cotre sa parolle: dont par fortune la gueule du cheual si aduint se blanchist: que mieulx soubz adier ne leust sceu. Ainsi par art fornir on ne peut: par aduentire on lacomplist. Quant au tiers la respõce est assez ligiere. Ce nest pas chose nouuelle: que ceulx qui liures baptisent et composent: voulentiers psentent leurs ouurages et labeurs a grant seigneurs: affin de leur monstrer et offrir la tres entiere affectiõ quilz ont a eulx seruir. Et que soubz leur nom leurs liures preignent qlque auctorite et cours laquelle chose se ie fais tresepcellent et tresredoubte prince auec ce que les sages me ont donne lepxple et le chemin ouuert: Vostre humanite my semout et attrait et de bien loing appelle. En laquelle tãt me confie: q̃ se mes l'res ne sont bien tissus: pains et dictiez selon la qualite de la besongne emprinse: ne antmains la bonne voulente en gre predres: laquelle ne doit estre pesee selõ la quātite du dõ: mais en la balance du courage et du cuer. Doncques tresepcellent et tres humain prince tresamoureux: diray ie par icelle leaulte que lõ debuez a amours: et par icelle ferme esperance que les Dames ont en vous: comme cestuy qui doye mettre a epecution la sentence prononcee par Verite contre malebouche et sa gent: mesmement pour la tres singuliere deuocion q̃ vous auez a icelle dame: laq̃lle en son hault puis damours iadis mõstra au mõde le pris & vie et & salut humaine: Nuyl liez ce liure humainemẽt recepuoir: et tellement amours et les dames deffendre se laduersaire resieue sa banniere: q̃ de luy et delles soyes sur toz̃ les viuãs epaulcie et loe. Et apres ses haultais et glorieux tiltres donneur que vous auez en ce mõde: Voyez ou ciel la gloire infinie de cestuy dieu: qui amoureux de sa tres belle dame voulut par amours en terre descendre.

¶ Cy commence le champion des da-
mes. Et premier coment malebouche
auec son armee assaillist le chasteaulx
damours.

A Lassault dames a lassault
A lassault dessus la muraille
Cy pres est venu en sursault
Malebouche e grosse bataille
A lassault dames chescune aisle
A la deffence et tant sefforce
Que la crueulse villenaille
Ne nous ait semblee ou de force.
Dormant ce premier iour de may
Aduis mestoit que ce chastel
Damours: voie en grant esmay
Et encores que asy tel
A last mettre teste et crestel
Et moy en bataille arrengier
Car se iste sembloit bien hostel
Que cheschun deuoit reuangier.
Le point du iour la ou son seult
Chasteaulx rober et eschesser
Car lors sommeil le guet accueilt
Qui doit lennemy deschesser
Mais grant mal ne se peut celer
Tant soit bien mince ou couuert
Car se pour vng temps receler
Se peut: en laultre est descouuert.
Leaulte ne fut endormie
De faire bon guet luy souuint
Dassault crier ne faillit mie
Si tost que lennemy suruint
Des aultres guettes plus de vingt
Aussi firent bien leur deuoir
Et pour certain il ne conuint
Celle nuyt guet dormant auoir.

Malebouche et son assemblee
De gens de fasson mal garnie
Cuidoient le chasteau emblee
Prendre: et mettre a villenie
Mais leaulte que dieu benye
Ainsois queust dressie les eschielles
La faulce enuieuse mesgnie
Esueilla dames et pucelles.
Pour quoy tantost se retirerent
Mais a tant ne se tindrent pas
Canons couleurines tirerent
Arbalestriers archiers au pas
Chescun regardoit a compas
De tirer a quelque aguerite
Pour mettre de vie a trespas
Dame isabel ou marguerite.
Tout lair retentissoit des huis
Que son baisloit diuersement
Contre les creneaulx et les murs
Fors et durs merueilleusement
Car des le pied du fondement
Iusques au plus hault ilz estoient
De fins dyamans tellement
Que canons ne les abatoient.
Lassault plainement on voit
Pource que la lune planiere
Dessus les dyamans rayoit
Dont il issoit telle lumiere
Quil ny eust canon ne bauiere
Que lon ne choisist plainement
Et apperceust on la maniere
De ce faulx traitre garniment.
Certes on vit bien malebouche
Tantost congneut on son armee
Cuidant les dames en leur couche
Prendre et entrer porte fermee

Mais peu on doubta son armee
Ja soit quil ny eust ou chastel
Dartillerie enuenimee
Ne aultre habillement mortel.
Les dantes pas ne se doubtoient
Que le traitre larron les prist
Dassault: mais asseurees nestoient
De faulx semblant qui trop nesprist
Jadis: car la maniere aprist
Dauoir chasteaulx sans grant effort
Et par sa trahison soupsprist
Bel acueil en son chasteau fort.
Toutes ses Rbuons redoubtez
Les vnes aux aultres disoient
En tant dabis se stoient boutez
Que les plus soubtilz ne se Rcoient
Si que les portieres pouruoient
Tellement au fait de la porte
Que pour luy Rceue ne soient
Et sil vient quon sache quil porte.
De trahison nous fault garder
Cest le premier que Rbuons faite
Et de trop souuent regarder
Dehors les murs a nul viste
Mesmement: car ilz sceuent traire
Si roid et de si mauuais trait
Quon ne peut la plaie deffaire
Ne la guerir de quelque entrait.
Malebouche a tout ses souldars
Nest pas si vaillant que greuer
Nous puist: de canons ou de dars
Se nous le voulons eschiuer
La muraille ne peut cauer
Et si auons assez vitaille
Et sil veult eschelles leuer
Assez sommes pour sa bataille.

Soit donecques che scinte en sa garde
Et songneuse & cler vir
Car le faulx traitre ne regarde
Fors comment ilz nous puist trahir
Que se ce vient a le matir
Soit a myiour ou a mynuit
Monstrons q̃ nous Rbuons hait
Malebouche qui tant nous nuit
Ainsi sinie et laultre parloient
Celles du chastel amoureux
Et tousiours en seiour aloient
Les aduersaires rigouteux
Qui trop estoient douloureux
De ce quilz nauoient surpris
Comme meschans et malheureux
La place domteur et le pris.

℄ Le chapitre racõte la Reinue damours au chastel: et cõment bouche dor se he
rault issit hors parler aux aduersaires:
et retourna sãs paix ou tresues taporter.

En icelle mutacion
Que les vngs les murs gardoient
Les aultres par devocion
En sa chappelle sen alloient
Ou a dieu se recommandoient
Contre se vilgin estourdy
Et ainsi quilz sen assailloient
Amours ou chastel descendit.
Lors cuida bien perdre la veue
Et les ioyes du monde sune
Car oncques telle clarte veue
Ne fut de soleil ne de lune
Le chasseur qui par nuit rune
Nest si aueugle en plain midy
Que ma pauptere mate et brune
Estoit: pour certain le vous dy.
Le soleil nest autroine
De ses cercles clers et luisans
Comme amours hault roy couronne
Espandoit ses rais reluisans
Auec luy anges plaisans
Estincellans comme rubis
De lumiere assez souffisans
Et fussent sains de paradis.
Elle auoit ce me sembloit
Mais pour vray ie ne scay comment
Ma veue qui toute trembloit
Nen pouoit faire iugement
Si vis ie bien certainement
Quoncques legier esmerillon
Ne vola plus legierement
Que luy soubz son vert pauillon.
A ceste amoureuse venue
On ne pourroit dire nescripre
La ioye aux dames sourueinne
Ne comment le gracieux sire

Sans boubans: sans orgueil: sãs ire
Toutes dulcement les baisa
Moy mesmes ne scauroie dire
Comment mon cuer sen rapaisa.
Si feuz ie moult esmerueille
Quant ie vis que sur ses aeles
Ne fust plus guette ne veille
Et que les dames Angleses
Sen estoient toutes alees
En la grande sale danser
Comme plainement consolees
Je ny scauoie que penser.
Et doubtant se le descendroie
En bas regarder lordonnance
Ou se tout seulet attendroie
Sur les murs la malemeschance
Ung herault plain de contenance
Et le plus gent que iamais vis
Au mains donc iaye souuenance
Issit hors par le pont seulz.
Bouche dor estoit appelle
Comme depuis louys nommer
Car il fut tant bien emparle
Quon ne le pouoit surnommer
Il fut enuoye pour sommer
Malebouche et sa gent traitresse
Venuz pour prendre et diffamer
Quoy: lamoureuse forteresse.
Le herault magnifique et noble
Deux cuers gueulez en son frontail
Portoit: sur ung champ de sinople
Semes de trop mignot esmail
Il auoit aussi ung camail
A la nouuelle guise fait
Ou il falut maint cop de mail
Ainsois quil peut estre perfait.

Car auec la riche toyson
Lorseure que ie ne congnois
Auoit par trois gente moison
Ioingt le camail or kiennois
Il cousta beaucop & tournois
Ainsois quil peut estre acheue
Iamais en feste nen tournois
Ne sera le pareil trouue.
Quant il vint pres des aduersaires
De la main fait & tresues signe
Et malebouche le haulsaires
Court voir q cest: mais a tous signe
Quil nest de parler a luy signe
Que point ne cessent de combatre
Et tirer canons droicte signe
Vers ses murs quilz ne peut abatre.
Iapperceuz bien que de despit
Malebouche ne saccordoit
A lappointement ou respit
Que le herault luy recordoit
Ains ses bras ensemble tordoit
Affermant cecy et cela
Sa langue pas il ne mordoit
Qui oncques secret ne cela.
Pas ne peut estre tappaisie
Malebouche ire malement
Si est bouche dvz moult aisie
Par son aourne parlement
De trouuer bon appointement
En toutes choses & discort
Mais le faulx traitre garnement
Ne pourroit venir en accort.
Le herault trop ne seiourna
Quant il eut fait son embassade
Dedens le chasteau retourna
Ou on faisoit feste et ballade

Hobergon bassinet sallade
Ne courent plus par sa maison
Puis que le dieu damour tant sade
Sest venu mettre en garnison.

¶ De la beaulte et de la contenance damours: et de son vestement figure diuersement de toutes choses: en signe de sa tres haulte puissance.

Je des nouuelles scauoie
Car combien que place fermee
Et seure fusse: me douloie
Que la paix nestoit confermee
Et que la porte defermee
Ne pouoie auoir ou plaisir.
Car certes tiesse enfermee
Nest sans souspir et desplaisir.
Ainsi par vng degrez deualle
Et au son des haulx instrumens
Entre dedens la grande sale
Pleine de riches paremens
Ou amours ses esbatemens
Prenoit auec ses damoiselles

Si rioit des efflemens
Que le traitre auoit fait contre elles.
Bouche dor auoit sa conte
Au dieu damours la tyrannye
De malebouche leffronte
Qui iure pariure et regnye
Que luy et toute sa mesgnye
Feront ainsi et ce et quoy
Et de pourchasser villennie
Aux dames ne se tiendra coy.
Oultre plus que tant se fioit
En sa folie desordonnee
Quamours et dames deffioit
En champ de bataille ordonnee
Et monstreroit quelque tournee
Quil tenoit tres saincte querelle
Dicy aide ainsi ceste annee
Amours et toute sa sequelle.
Comme cestuy lequel se boute
Aux nopces sans estre mande
Doubtant que lon ne le reboute
Et que ne luy soit demande
Belamy qui ta cy mande
Tu ny dois chanter ny baller
Affin que ne seusse amende
Je nosoie en auant aller.
Mesmement quant Restu nestoie
Et neusse sceu faire les tours
Comme tous les aultres Rose
Deuant le haust prince damours
Le plus meschant fut de Retours
Habille tres mignotement
Et les plus nices et les plus lours
Ilz dansoient merueilleusement.
Si me tenoie en ung canton
Vergougneux et remply de honte

Tout ainsi que lon fait quant on
Scet bien que lon nest pas du conte
Aussi vis maint duc et maint conte
Chescun ou pre se reposoit
Ne nom ne surnom ne vous conte
Nul estrange aller ny osoit.
Ainsi de mon comet regarde
La maniere de ce grant roy
Et principassement prens garde
Sen sa court y a de sarroy
Mais non: car prudence larroy
Lassiette et lordonnance y baille
Oncques ne fut comme ie croy
Court si honneste: non sans faille.
Je ne scay samours retrahit
Sa lumiere qui tant luisoit
Quant meschourt et fortrahit
Mon regard qui mal saduisoit
Car lors tant cler il ne faisoit
Entour luy comme a sa venue
Mais certes mon oeul saduisoit
A le veoir par continue.
Telue le vis comme on le paint
Maintenant: car on le figure
De dars de tous costes empaint
Et bende on sa clere figure
De la veue on le deffigure
Et se fait on cruel de trait
Saichent tous maistres de painture
Quil ne doit estre ainsi pourtrait.
Car il est le plus gracieux
Le plus doulx le plus debonnaire
Cest ung plaisir delicieux
Que de le veoir ou viaire
Jamais il ne pourroit mal faire
Voire sans luy ne pourroit homme

Pour quelque chose quil sceust faire
Viure en paix ne dormir bon somme.
Pas ne seroit en ma science
Descripre sa beaulte vermeille
Ne sa haulte magnificence
Qui na seconde ne pareille
Et comment il bien sappareille
Veu quil est si tresgrant seigneur
Par mon sacrement cest merueille
Quil ne se repute greigneur.
Une couronne precieuse
Sur son gracieux chief portoit
Laquelle clarte merueilleuse
En toute la sale gettoit
Tant que veoir on ne pouoit
Ne recongnoistre la pierrerie
Je croy que forgie on lauoit
En la celeste orfauerie.
Certes qui veoir se pourroit
A son loisir mieulx quen lespere
Les douze signes il y verroit
Compassez comme ie lespere
Et comme phebus son compere
Dedens ses seigneuries tarde
Et comment phebe desespere
Quant apollo ne la regarde.
Le viaire et la corpulance
Le maintien en fait et en dis
Il auoit en telle excellence
Que sil fust dieu & paradis
Ou il fust ne du temps iadis
Des la creation du monde
Oncques par ma foy ie ne vis
Plus belle barbe ne plus blonde.
Autour de son beau col portoit
Ung camail basti richement

Le bort de dessus cler estoit
Comme le plus hault element
Ou milieu fut il tellement
Mis: quon veoit en la nue
Tonnoirre et pluye mesmement
Estant par tout lair espandue.
Daultre part si soubtille estoit
Et polie si nettement
Que parmy loeul elle passoit
Et veoit on le firmament
Louurier lauoit moult gentement
De diuers oiseaux entaillie
Tant que ie cogneuz plainement
Que lair y estoit emmaillie.
Ou bourg dembas riches et sins
Poissons grans et petis nagoient
Seraines balaines daulphins
Entre les ondes si plongoient
Galees painctes y estoient
Si viuement que par ramer
Les flos tres orguilleux fendoient
Et toute lire & la mer.
Sa robe estoit de couleurs maintes
Assortie tresgentement
Toutes choses furent painctes
Selon leur estre proprement
Iamais en nul habillement
Ne vis telle diuersite
Ne aultre chose vraiement
Rendant si perfaicte vnite.
On veoit en la deptre manche
Adam assis en ung vergier
Accoler eue blonde et blanche
A son bel aise sans dangier
A pine pouoit on iugier
Que leurs ymages fussent vifz

Certes nature mieulx forgier
Ne les eust peu a mon aduis.
La manche de fin or brodee
Estoit de perles et rubis
Aussi de fin azur soldee
Dieu y a miracle transmis
Car en peu personnes a mis
Vne voulente principale
Et pour ce veoir ie me mis
Vng peu plus auant en la salle.
Damis y auoit il vng grant tas
Si apperceuz du premier oeil
Dauid et le beau ionathas
Qui eurent vne ame et vng veul
Mais mainte ame y faisoit dueil
Et alloit seule lamentant
Ou pour la faulte ou pour sorgueil
De son amy quelle amoit tant.
En la poitrine il auoit
Vne affiche riche a merueille
Lestat et la vie ou y voit
De ceulx que fine amour trauaille
La voit on comment on y veille
A seruir dieu aux yeulx ouuers
Leans personne ne sommeille
Chescun est rendu ou conuers.
Comme a sainct pierre on y habite
A seruir dieu deuotement
Ou a sainct iehan leuangeliste
Pour y contempler haultement
Helas il semble proprement
Quilz soient tous mieulx mors que vifz
Amour diuine tellement
Les a hors du monde rauis.
Toutes les bestes quonques fist
Nature en laultre manche estoient

Louurier tant bien les toutzfist
Que toutes viues ressembloient
Les vnes en buissons gisoient
Alaitans leurs faons petis
Et plusieurs aultres sen alloient
Fournir le corps par les pastis.
Le remenant de la vesture
Est ouure de toutes manieres
Darbres de fruitz et de verdure
De metaulx et de pierres chieres
Mesmement qui bas les sisieres
Veoit on les grans dyamans
Jamais plus bel amy ne quiteres
Que cestuy du roy des amans.

¶ De la noble et grant court damours
et des dames et seigneurs lesquielz y sont
continuellement en ioye et en solas.

Dame paix la belle et la bonne
La gracieuse et la rassise
Ainsi que la droite mignotte
Empres amours estoit assise

Qui souuent a elle deuise
Et luy monstre si doulce face
Que tres clerement on aduise
Quil lame et quelle est en sa grace.
Prudence seoit a sa dextre
Et souuent a elle parloit
Justice estoit a la seniestre
Laquelle dung bras accoloit
Dame force quant il vouloit
Quelque rien faire ou commander
Prestement deuant luy alloit
Il ne la faloit demander.
Force souuent en dance entroit
En ses tours aperte et ligiere
Attrempance fort se monstroit
Pour le compas & sa maniere
Verite comme conseilliere
De plusieurs affaires parloit
A ma dame la chancelliere
Que leaulte on appelloit.
Noblesse regardoit dung oeil
Amours doulcement soubzriant
Honneur nen cuidoit auoir dueil
Car cestoit en appariant
Et nonpas en amenriant
Ou lune ou laultre en son degre
Et tousiours noblesse en riant
Prenoit le fait donneur en gre.
A honneur ressembloit trop fort
Aussi faisoit elle a noblesse
Vne dame de grant confort
Laquelle on appelloit largesse
Empres elle seoit prouesse
Sur diligence saccoutoit
Perseuerance qui ne cesse
Leurs mignotises escoutoit.

Grace et ses trois filles heupagale
Heubrosine et heupasitee
Firent mainte amoureuse gale
Que tart vous seroit racontee.
Mainte chanson y fut chantee
Mainte apertise et maintz beaux faitz
Et mainte nouuelle escoutee
Du viel temps des amans parfaitz.
Obedience humilite
Courtoisie franchise crainte
Reuerence aussi leaulte
Et dame plaisance sans fainte
Gracieusete aultre mainte
Que trop tart auroie nomme
Estoient en la sale painte
Deuant le prince renomme.
Le gentil escuier soulas
A ce iour tout vestu de vert
Iamais de dancer nestoit las
Auec liesse sans couuert
Sembloit que de deduit vist ouuert
Le ciel: tant fut il endanse
Et de la teste descouuert
Iamais de dancer nest lasse.
Doulx espoir seure nattendoit
Que quelque dame sappellast
Bel accueil au prince entendoit
Et loing de luy gueres nallast
Quiconques a confort parlast
Il nen pouoit que mieulx valoir
Mais que damis ne ce celast
Voulant toutes choses scauoir.
En lieu ou ie fusse iamais
Tant de belles dames ne vis
Toute la court, tout le palais
Reluissoit de leur plaisant vis

Vrayement il me stoit aduis
Ou par plaisir ou par folie
Questoient en paradis rauis
Auecques enoch et helye.
De tous les quattre lez du monde
Dames y eut si largement
France ny fust pas la seconde
Nen honneur nen habillement
Car amours singulierement
Son doulx regard vers elle auoit
Aussi elle plus proprement
Que nulle aultre si se seruoit.
Dix ou douze roynes danser
Y voit on tout dune acueillie
Si pouez bien croire et penser
Se la feste y fust resueillie
Et se mainte dame acueillie
Et paree & gent atour
Faillit a estre recueillie
De maint amoureux a son tour.
De conseilliers y eut assez
Sages beaulx et veritables
Tout a lenuiron eut assez
Roys princes ducs contes notables
Barons marquis et conestables
La venoient incessamment
Tant quil fallut baisser les tables
On ny eust danse aultrement.
Beau regard et courtois maintien
Souuent alloient et venoient
Poursuiuans furent se le tien
A mains le cuer quelles portoient
Maintesfois a amours parloient
Qui en diuers lieux les mandoit
Je ne scay pas ou ilz alloient
Ne quelle chose il commandoit.

Se par souhait qui ne fut pas
Herault: car il nest diligent
Jeusse peu: et vie et trespas
Acomplir entre telle gent
Tout mon or et tout mon argent
Luy eusse offert pour moy aidier
Mais scet on quil est negligent
Et quon na rien par souhaidier.
Et se ieusse peu trouuer voye
Comment amours meust retenu
La congnoissance ny auoie
Volentier my fusse tenu
Mais on ny est pas bien venu
Au mains le commun dit en court
Se lon nest pleigie ou congnu
De quelque dame de la court.

¶ De la venue & franc vouloir le cham-
pion des dames: et du merueilleux che-
ual quil cheuaulchoit.

De la feste a tant me tairay
Et de cil soulas plantureux

Pource que ie a conter ay
Du cheualier aduentureux
Qui vint comme cheuallereux
Arme comme le beau sainct george
Sur vng cheual moult rigoureux
Qui gettoit le feu par la gorge,
De loing vers amours senclina
efforce ne vouloit il descendre
Pour son cheual qui ne fina
De regimber et place prendre
Tout le pauement faisoit fendre
Tant hideusement bondissoit
Et sembloit que tout deut espandre
Du feu qui de sa gueule issoit.
Vng chescun a part se retait
Le monde est asses occupe
A voir le cheualier attrait
Sur le cheual fier et huppe
Qui fait tresbien le deschappe
Car il fretille saulte et trippe
Comme se son luy eut frappe
Souz la queue vne chaulde trippe.
Amours lequel comme ie croy
Le preux cheualier congnoissoit
Et le trepelis et leffroy
Du cheual qui hault hennissoit
Raison laquelle fort pensoit
Au cheualier dire envoya
Que leans le bien venu soit
Car de sa venue grant ioie a.
Raison a vng mot entendit
Ce que luy conuint dire et faire
Elle est saige en fait et en dit
Et fait ses choses sans refaire
Si sen vint a courtois visaige
Bien vignez dist le cheualier

Qui bien monstroit a son affaire
Quil estoit vaillant bachelier.
Franc vouloir dit dame raison,
Vous soiez le tresbien venu
En ceste amoureuse maison
Dont estes piera retenu
A point vous est il souuent
De venir vostre debuoir rendre
Et comme vous estes tenu
Amours et les dames deffendre.
Descendes: car ardant desir
Ce cheual a male maniere
Ie vous vueil dire a mon plaisir
Comme vostre passe frontiere
Aultre bride et aultre laintiere
Aultre mors luy conuient auoir
Sen champ de bataille premiere
Voulez quil face bon deuoir.
Ie congnois bien vostre grison
Ie loy dont il est amene
Il nest ne vuille ne frison
Car il est au fusil signe
Asses tie fut nourry et ne
Dedens le seiour de bourgongne.
Et a este souuent mene
En mainte crueulse besongne.
De son estre plus se nenquier
Duc phillippe premierement
A la iournee sainct richier
Le cheuaucha horriblement
Quant sa bataille nesmeuuent
Esparse esbahye et foullee
Mist au dessus si vaillamment
Quil en defferuit la rosee.
Oncques cesar ne hannibal
Qui tant se firent redoubter

Ne cheuaulchereut tel cheual
De sa valeur ne fault coucer
Il est courageulx a monter
Et ramper encontre vne roche
Voire par dessus leaue trotter
Il ne fault ia que on le broche.
Il nest que trop impetueulx
Et sil nest mene sagement
Domme auise et vertueulx
Il se consume plainement
Dessus monta trop follement
Paris quant il rauist helene
Car il mist a trebuchement
Troie la grant la riche et pleine.
Tant fort sen court: si fort sen ride
Quilx en pert la veue et la voie
Se luy fault mettre bonne bride
Qui le conduise et le conuoie
Pourquoy content quon y pouruoie
Ainsois que plus auant allez
Et quentrepenser vous enuoie
Vng bon mors: car vous le valez.
Lors respont franc vouloir ma dame
Je vous remercie humblement
Verite dittes: mais par mame
Pense ny ay si haultement
Car pour certain hastiuement
Je fis ardant desir seller
Si tost que ieuz commandement
De venir au prince parler.
En cas hatif na point dauis
Pardonnez moy ie vous requier
Je vous courouceroie puis
Car vostre conseil mest trop chier
Faictes sardant desir loquier
Bridez le sil est necessaire

Car aultre chose ie ne quier
Que vostre plaisance perfaire.
Tantost raison luy estraingnit
La gourmette tant fermement
Que sa fureur il refraingnit
Et se tint assez doulcement
Et franc vouloir isnellement
Descendit plus nen demanda
Pour obeir entierement
A raison que luy commanda.
Raison laquelle a tout bien tache
Car elle est dame bonne et sage
Cestuy ardant desir atache
Comme palefreniere ou paige
Au quel elle donne vng bruuaige
Confit & gracia dei
Dont son tres oultrageulx couraige
Merueilleusement refehci.
Ce fait. Dame raison vieult
Franc vouloir faire reuerence
Au dieu damours que luy donna
Gracieuse et longue audience
Puis raison fist faire silence
A celle fin quon entendist
Lopinion et la sentence
Du dieu damours qui ainsi dist.
Ja soit ce dames quil uaffiere
Que noble et vaillant champion
Malebouche combatte et fiere
Comme sil fust preulx scipion
Car cheualier contre pion
Ne se partist honnestement
Ne sage homme a vng babion
Ne doit tenir plait longuement.
Neantmains affin quon entende
Nostre droit et nostre querelle

B ii

Et que malebouche estende
Sa langue et rompe sa sequelle
Attendu que guerre cruelle
De tres long temps nous a mene
Ce ne nous est chose nouuelle
Sans prendre a raison amene.
Nous ordonnons que franc vouloir
Nostre hardy champion aille
A cil qui cuide mieulx valoir
Liurer mortel champ & bataille
Tant ferant destoc et de taille
Que nostre honneur y soit garde
Et que par sa proesse faitte
Quil soit a honneur regarde.
Et pource que par tout ont seme
Sus: et encores maintiennent
Comment nous et vous ont somme
A respondre aux choses quilz tiennet
Et iamais en place ne viennent
Noz procureurs et aduocas
Pourquoy de droit leur appartiennet
Noz lieux non promis nostre cas.
Nous voulons et le consentons
Car aduise saige et leal
A vous et a nous le sentons
Que nostre hault pouoir real
Il desclaire: et monstre que mal
De vous et de nous se lamente
Malebouche le desleal
Lequel est heureux mais quil mente.
Si nest il pas que leurs notaires
N'aient en leurs grans prothocolles
Leurs registres leurs secretaires
Et les docteurs & leurs escolles
Qui sceuent moult de paraboles
Daulcuns voulentiers escoutees

Mais en la fin vaines parolles
Sont par escrite reboutees.
Va donc franc vouloir au cuer gent
Va nostre querelle deffendre
Hardies et intelligent
Pour tous noz ennemis offendre
Saches a la victoire entendre
Et mieulx quil ne test commande
Si seras par hault entreprende
Vers les dames recommande.

Comment les dames: prudence: at-
trempance: force et iustice armeret franc
vouloir: et se recommanderet a dame raison.

Alors franc vouloir se leua
Puis auec quattre dames belles
Dame raison armer se va
Publiequement d'armes nouuelles
Que a milan nen fist on telles
Si disoit on communement
Que les dames et damoiselles
Les forgerent aultrement.

Dame raison luy reuestit
　Toute larmeure quil pourtoit
　Et de harnoys se reuestit
　Que prudence luy presentoit
　Et en labillant luy contoit
　Ouentierement et ius et sus
　Trempe forgie et fait estoit
　Apres cestuy du roy ihesus.
Ihesus en la guerre crueulse
　Que malebouche luy brassa
　Pour sa curasse merueilleuse
　Que iamais homme ne froissa
　Maint bras oustrageux se lassa
　Pour le fausser et esmaistier
　Mais oncques il ne sabbessa
　A cop que on luy peust bailler.
Autant y faisoit malebouche
　Ia soit que pas ne luy paroit
　Que fait vne petite mouche
　A hurter contre vne paroit
　Car qui plus beau cop y feroit
　Certes il auoit plus grant soing
　De soy greuer comme on feroit
　A battre le fer de son poing.
Si te dis ie que se tu nas
　Le euer sailli meschantement
　Tu ten peux a cestuy harnas
　Combatre a chescun seurement
　Ihesus le fist faire ainsement
　A charite son armuriere
　Se peut on sçauoir plainement
　Par dame foy sa tresoriere.
Quant il fut de curasse arme
　Au gre de prudence la meure
　Tantost raison luy a ferme
　Bras et iambes & son armeure

Puis on amaine sans demeure
　Le coursier qui de chaleur fume
　Qui de courir a grant asseure
　Desire: telle est sa coustume.
Lors attrempance sauanca
　Et dit moult gracieusement
　Champion venes quant ca
　Apprestez vous legierement
　Le don dures semblablement
　Affin que de moy vous souuiengne
　Que le cheual aucunement
　Soubz vous arreste ne se tiengne.
Le coursier la dame saisi
　Et sembrida dung frain dore
　Tout drappe de beau cramesy
　Merueilleusement laboure
　Si en vint tresasseure
　Le cheual et sa fureur telle
　Mesmement quant il est pare
　De poitral et de neufue selle.
Quant le cheual fut appreste
　Comme attrempance mieulx sauia
　Dung armet de grande beaulte
　Prudence franc vouloir arma
　Ie scay qui le fist ou forma
　Car il auoit double visiere
　Dont lune souurit et ferma
　Deuant: et laustre par derriere.
Puis force dame de vaillance
　Dist franc vouloir leal amant
　Ie vuls que portes ceste lance
　Et cest escu de diamant
　Oncques ne feutes en tomant
　Descu tant puissant ne tant chier
　Car plus que pierre daymant
　Il maistrise fer et assier.

b iii

Venus deesse renommee
  Oncques tel escu ne bailla
  A son tres ame filz ence
  Lequel a turnus bataissa
  Qui contre cestuy bataille a
  Il pert sa peine en brife
  Haultain couralge se taissa
  Pour vaincre toute aduersite.
Puis iustice au champion baille
  Lespee quelle auoit en garde
  Et luy dit gardez la sans faille
  A ceste fin quon vous regarde
  Et vous combates quoy quil tarde
  Par hardiesse attrempee
  Car vous meneres sauuegarde
  Et aures ceste belle espee.
Dame raison a loeul ouuert
  Pour le derrain habillement
  La cotte barnie au champ vert
  Luy vesti tres courtoisement
  Esquartelee tres gentement
  Estoit esse de cuers gracieulx
  Et dieulx argente viuement
  Raians vers les culx aultres lez
Quant il fut ainsi appreste
  Les dames prierent raison
  Que par elle luy soit preste
  Confort et seruice a foison
  Tant pour lonneur de la maison
  Que malebouche contrarie
  Dire pour lamour de la toison
  Damours et des dames cheries.
Raison respond a luy ne tens
  Dames quant lauez commande
  Dedens le champ et sur les rens
  Il sera serui et garde
Ainsi que lauez commande
  Hardy champion se seray
  Je feray ce quauez mande
  Tousiours les dames seruiray.
Le champion les mercia
  A vng genouil tres humblement
  Disant trop de grace cy a
  Mes dames ie ne scay comment
  Vous mercier tant largement
  Auez honnoure ma personne
  Mais on dit coustumierement
  Que vertu a honneur sadonne.
Quant est a vous raison ma dame
  Je scay que mestes necessaire
  Sans vous ne puis auoir q blasme
  Sans vous ne puis ie rien bien faire
  Mais quoy iay icy maint haussaire
  Que sont venus pour moy seruir
  Et comme vray amy complaire
  Aussi pour grace desseruir.
Voicy le seigneur de crouy
  Saintet pol le bastart amoureulx
  Crieuecuer ceruant et cherny
  Et aussi tres aduentureulx
  Qui sceuent voir entour eulx
  Et en guerre ont prudence haulte
  Ilz seroient bien dolourenx
  Que laisse ma a eut de faulte.
Non dist raison: il nest possible
  Car ie scay maint art et maint tour
  De vous seruir comme inuisible
  Nul son ne verra mon atour
  Je vous conduiray en lestour
  Si sagement que vous serez
  Et au saler et au retour
  De toutes les gens honnoures.

Despechiez vous montez tantost
Jamais si brief ne partires
Que vous trouueres ceulx & lost
Prest a tout ce que vous direz
Lescu au col lance en arrest
Ja si tost ny aborderez
Que malebouche ne soit prest.
Que vous feroie plus long conte
Le champion sans plus attendre
Et sans pie mettre en estrief monte
Et sen va ses dames deffendre
Lors sembla il que tout deust fendre
Pour le tambour qui se leua
Car vng chescun pour place prendre
Sans garder ordre apres luy va.
Franc vouloir le cháp tout prest treuue
Comme est de coustume et vsance
Plus ne luy reste que lespreuue
De sa force et de sa vaillance
Si mest sur sa cuisse sa lance
Et dedens les lisses tournoie
En tres ioieuse contenance
Comme cestuy qui sesbanoie.
Malebouche comme vng lion
Ou orguilleup ou enragie
Bouta en champ son chaperon
Trop fierement encouragie
Car son harnois estoit chargie
Hault et bas & broches de fer
Aussi disoit on que forgie
Fut dedens la fosse denfer.
Despit le crueulx nommoit on
Cestuy qui la vouloit combatre
De lucifer se fier glouton
Et dorgueil se disoit fillastre

Homme ne se pourroit abatre
Se luy semble ou faire dommage
Car a iouster et a combatre
Il a vng coursier dauantage.
Ce cheual comme chescun crie
Fut engendre tres chauldement
Ou royaulme de trinacrie
Soubz le mont ethna proprement
De chaulde coste la iument
Et fureur en fut lestalon
Ainsi pouez penser comment
Il doit regimber du talon.
A vne pointe despron
Tout au trauers des lices saulte
Plus durement le frappe lon
Plus va le contraire et mains vault
Il est tant fier il est tant chault
Quil se lairoit rompre la teste
Ainsois quon luy fist faire vng sault
Contre son gre la male beste.
Quant il fut heure de ferir
Despit a manieres trop chauldes
Dist ribault il vous fault mourir
Ly pour lamour de voz ribauldes
Voz ordes soudieres crappaudes
Vostre maistre amour le putier
Dont si souuent chantes les laudes
Vous auront icy bon mestier.
Et lors franc vouloir contre luy
Baisse sa lance roidement
Et certes pas il na failly
Car il lassena tellement
Quil luy emporta plainement
La visiere et luy creua loeil
Dont noz gens ont esbatement
Et lost de malebouche dueil.

b iiii

Cõme vng sangler ou comme vng ours
Senfelonnist apres la plaie
Despit tantost reprint son cours
Vers franc vouloir qui ne sesmaie
Et luy dist: cuides tu que faie
Et teste et courage perdu
Mais se tantost ie ne ten paie
Ie veul estre au fourche pendu.
A ces motz nostre champion
Le cheual vers luy espandi
Et luy baissa tel horion
Que la pance luy pourfendi
Et le cheual tout estourdy
A reuers a terre tumba
Ie croy que la vie y perdy
Et que depuis ne regimba.
Clarins commencent a sonner
Noz gens crient si haultement
Que lon neut pas ouy tonner
A ce cop fait tant vaillamment
Malebouche trop grandement
Esbahy na talent de rire
Il va et vient pareillement
Cõme cil qui ne scet que dire.
Malebouche sa langue traicte
Ainsi quug enragge mastin
A franc vouloir dit et si traicte
Quil luy donneroit vng tatin
Mais faulx semblant en son latin
Conseille quon nen face plus
Et que lendemain au matin
On paracheue le surplus.
Ainsi fist il crier tant hault
Que chescun le pouoit entendre
De par luy qui peut et qui vault
A qui lon doit hommage rendre

Que lendemain sans plus attendre
Amours et ses femmes aussi
Viennent leur querelle deffendre
Plainemẽt sans fainte et sans si.
On neut pas cesse la parolle
Quant le champion respondy
Comme escolier en plaine escolle
Ie veulz respondre au plus hardy
Par le sang que dieu espandy
Fait malebouche il se fera
Reuiens vitaiu et si nous vy
Plainement ce quil te plaira.
Ainsi se tira lost a part
Et franc vouloir le vertueux
A grant honneur du pre se part
Et vient au chastel amoureux
Pour cheuasier aduentureux
De louenge et donneur tant a
Ie ne croy pas que plus heureux
Oncques sur vng cheual monta.

¶ Ce chapitre contient la descri
ptõ de dame venus: de cupido sõ
filz: et de lordõnãce de leur estat: et
mesmemẽt de dame venus: laquel
le se fait paréte damours: et est de
fainte et decepuant beaulte.

La feste au chastel commensa
Plus ouuerte en toute maniere
Chescun selon soy sauanca
A faire tresioyeuse chiere
Le dieu aussi en sa chaiere
A tous ses heraulx commandoit
Que tout amant sa dame chiere
Menast aux dances par le doit.
Je feuz de ioie si espris
Qua prins pris le hardement
De dancer comme bien apris
Et leusse fait certainement
Se ten eusse eu sauuement
De Valentin qui me suruint
Qui me fist vng grand preschement
Du chasteau Venus dont il vint.
De ce chasteau tant me conta
Mon compaignon que tant amoie
Que la voulente me bouta
De voir Venus et sa ioie
Et mesmement quant ie voie
Le soleil si loing de sa couche

Que retourner a temps pouoie
A la tournee malebouche.
Ainsi partismes de la feste
Et alasmes au chasteau Venus
La porte est a tous manifeste
Tout le monde y est bien venus
Les vngs vestus: les aultres nus,
Chescun si gale haultement
Jeunes gens y sont retenus
Et soldoiers dieu scet comment.
Le chasteau Venus est assis
En vne forest vmbrageuse
Loing de cestuy damour a six
Traitz darc: ce nest voie oultrageuse
Certe la place est moult ioieuse
Painte et polie par delyrs
Mais on dit quelle est ruineuse
Et que ses murs ne sont pas fors.
Venus pour prendre a son plaisir
Les bonnes nuytz et les bons iours
Le fist faire a mondain plaisir
Apres cestuy du dieu damours
Semblable en dongeons et en tours
Le fist il selon sa science
Mais il est bien fol et bien lours
Qui ny congnoist la difference.
Mille plaisance rencontrasmes
En ce chastel paint de liesse
Et en fin au vergier entrasmes
Ou estoit Venus la deesse
Et la plus part de sa noblesse
Menans si ioieuse tempeste
Que nous eusmes la hardiesse
Dentrer bien auant en la feste.
Dessoubz vng rosier se baignoit
La table mise deuant elle

De bien boire ne se faignoit
Ne de rouger ou cuisse ou esle
Estre me sembla la plus belle
La plus doulce et la plus riant
Oncquemais ie ne vis pucelle
De maniere si attraiant.
De fleurs pourtoit vng chappelet
Sur sa crosse fort embelie
On ne verra qui ne polet
Qui ne soit de fasson polie
Oiseuse la frique et la lie
La sert de pigne et de miroir
A soy faire et veoir iolie
Pour belle et plaisant aparoir.
Elle est belle et gente a merueille
Et ne croy que dame nature
Onques forgast beaulte pareille
Nen proporcion nen painture
Pour certain toute creature
Est enflammee a son regard
Et malement se de nature
Qui ne recoit en gre son dard.
Son filz cupido la estoit
Lequel tres gracieusement
A tirer de larc sesbatoit
A toutes ses gens tellement
Quil nauisoit aulcunement
A: ou: ne quant il en tiroit
Car de ses flesches lourdement
Plusieurs sans deserte feroit.
Son fait moustre bien quil est borgne
Et que tout luy est pardonne
Il nest pas homme qui rien borgne
Ne qui ait rien determine
Aussi tost maura il donne
Loeul de la plus belle du monde

Come au plus preulx et au mieulx ne
Quonicques fut a la table ronde.
Et touteffois de conseilliers
Et dofficiers de toute guise
Desculers et de cheualiers
Et de ceulx qui seruent leglise
Venus laquelle moult se prise
Cuide tres bien estre fournie
Voire en ensuiuant la deuise
Damours: qui par tout sa regule.
Elle a se dit: confort: espoir
Beau regard: doulx penser: liesse
Courtoisie: honneste vouloir
Leaulte: franchise: prouesse
Tant vous en dis: que la deesse
Contrefait de toute puissance
La court damours et sa noblesse
Par esplt ou par accoutance.
Amis me dit mon compaignon
De ceste court et quen dis tu
Ne si gale on ne si batigue on
Priuement mi et vestu
Plaisance y a toute vertu
Tout euer a ioie si affine
Prudence ny vault vng festu
Ne conscience ceste est fine.
A bone approuehasmes la treille
Ou lon auoit beu mainte pinte
Voire maint broc et mainte seille
Homme ny a qui bien ne pinte
Lecherie qui mainte abstinche
Garde le flasque et hypocras
Elle pleure sue et suinte
Si plains en sont ses boiaulx gras.
La garde du buffet auoit
Et si faisoit de leschanson

Et flaterie aussi seruoit
Venus & harpe et & chanson
Fetardise comme vng tesson
Grousse doulcement le smouchoit
Et parmy celluy successon
Pour dormir ou sit la couchoit.
Mignotise a toute la charge
De la parer nouuellement
Puis robe iuste et puis large
Accolletee mignonnement
Habillee honnestement
Corps a plaisir belles mamelles
Ne scay comme auoit sentement
De songer choses si nouuelles.
Or a tout atorre: or cornu
Or a tissus en bas trappant
Or est le couer mieilleur tenu
Le soing nest pas si aduenant
Or est il bien appartenant
Que le soliet ait quelque pointe
Venus en vng seul aduenant
En mille guises se fait cointe.
Pour bains parer & pour lis tendus
Pour toute plaisance aggreable
Si ay te mil colites et ducs
Oncques ne vis chose semblable
Venus en bains en litz en table
En tout lestat & soit chastel
Se peut vanter sans dire fable
Quen ce monde na plaisir tel.
Dieu scet quantz et quelz amoureux
Quelles dames semblablement
Je vis en ce lieu plantureux
De soulas et esbatement
Lesquelz ne vueil aulcunement
Excuser: aussi noseroie

Ce quon fist la secretement
A mortel homme ne diroie.
Valentin fort me regardoit
Et en entreparlant ensemble
Courtoisement me demandoit
Amis & Venus que te semble
Sa grande beaulte on sen emble
Oncques si perfaicte ne vis
Je cognois bien que loeul te tremble
En regardant son tres cler vis.
Viens de sa te vueil que tu vies
Tout le corps de ceste princesse
Affin que mieulx informe soies
De son fait et de sa lyesse
Maincte homme a passe sa viellesse
En ceste court pour lote auoir
Auecques la noble deesse
Parfaictement sote dis voir.
Lors me mena en vne place
Done dame Venus regarday
Au dos aussi bien quen la face
Si dis las peu de regard ay
Quant deuer me recommanday
A Venus comme a la plus belle
Du monde: pas ie ne cuiday
Mon compaignon quelle fut telle.
Le dos Venus est creux et faulx
Et proprement en tel point mis
Que le trou vine vieille faulx
Laue et rongle & fourmis
Si me dit Valentin amis
Nas tu pas belle chose vu
Pieca tauoie ie promis
Que tu estoie bien deccu.
Lamer vain est en la queue
Venus est de plaisant viaire

Et ny a cil qui ne sesquue
A la seruir a la complaire
Mais nul ne peut son plaisir faire
Sans encourir la desplaisance
De cil qui peut faire et deffaire
Cheseune chose a sa plaisance.
Venus est & tres plaisant monstre
Moult ta pleu au commencement
Mais son dos & vers mengie monstre
Son doloureux affinement
Dng prouerbe communement
Dist on; que trop fort grater cuit
De son plaisir pareillement
Est il: car en la fin il nuit.
Socrates quant sa iambe enflee
Par les fers et les ceps gratoit
Il eut voulentiers esrifflee
Car le galer trop luy plaisoit
En prenant ceste aise il rioit
Disant teste est ioye mondaine
Car pose que doulce elle soit
Neantmais sa fin est de deul plaine.
Les seruiteurs Venus se galent
Membre nont qui nayt sa plaisance
De nuyt et de iours espingalent
Vne fois auront desplaisance
Dauoir fait teste obeissance
A la dame: mais fol ne croit
Ce nay ie mis en oubliance
Sil ne sent le mal qui lacroit.
A tant se teut si entrouissies
Venus commencant a parler
Pourquoy plus pres delle veinsmes
Et disoit par son faulx parler
Des gens darmes attropeller
Cuide malebouche se terre

Oster le rire et le galer
Et nous deschasser de la terre.
Par nostre brandon eternel
Silz viennent plus assault baillier
Et monter nous faisse au cruel
Verront de quoy scauons villier
Et quant ne pourrons bataillier
Ne de dondaines ne de haches
Voisent aux sauuettes brillier
Que no? ne leur brulos les naches.
Si escripuez a franc voulsir
Quau debat quil a entrepris
Contre luy face son debuoir
Vaillamment en fait et en dis
Luy souuenant du temps iadis
Que de noz dames luy donnasmes
Leslite sonneur et le pris
Et daustre biens habandonasmes.
Se en nostre cause il est lasche
Et par sa deffaulte perdons
A honte affin quil le sache
Veu il sera nous luy mandons
De luy ne se serons brandons
Et celle a qui il tu sera
Ne pour prieres ne pour dons
En sa vie ne saymera.
Ce point ley bien luy notez
Car se il nest nouuellement
De dame prudence assotez
Il sera nostre mandement
Car il nous souuient bien comment
Il dist a sa deesse et fee
Que pour elle enfer baudement
Entreroit comme fist orphee.

Ce chapitre parle du cymitiere aux
seruiteurs Venus: et descript la chappelle
dicelle et des folz dont ses abesti est le cure.

I Entendi bien a son langage
Que cestte nupt il nestoit
Malebouche: a tout son bernage
Qui troubler la feste cuidoit
Mais de luy trop ne se doubtoit
Venus: car en baing et en lict
En pres et en sale chantoit
Et prenoit tout humain delit.
Mon Valentin qui retourner
Vouloit au chastel me dist lors
Par test hostel te vulx mener
Et ce fait: nous en sirons hors
Tantost au cymitiere aux mors
Ou maint sepulchre gist en trasmes
Ne scay se la viuent les corps
Mais gy ouy plaindre les ames.
Quay ie ouy dis mon compains
Ce sont dist il ames a certes

Viuans en douleurs et en plains
Pugnies selon leurs dessertes
Car leurs seruices et seu. o sertes
Ont emploiez en lamour vaine
Elles sont de ioye desertes
Et a tousiourmais auront peine.
Par les sarcueilz et les tombeaulx
Tout en sans nous en alasmes
Et les meilleurs et les plus beaulx
Entre les aultres regardasmes
Lisans dedens ses blanches lames
Les noms de plusieurs trespassez
Des gras seigneurs et des gras dacs
Certes il en y auoit assez.
Non pas a tas mais a monceaulx
Les vngs y sont couuers de mousse
Les aultres despineux rainsseaulx
Et les plusieurs de vielle mousse
Venus toutes ses gens y pousse
Ou fosse humaine cher pourrist
Et blanche et noire malgre grosse
Dont peu se sbat lame et peu rist.
De tous pays eut il en terre
Des le commencement du monde
Tous ceulx qui veulent viure en terre
Au vouloir de Venus la blonde.
La est vne abysme parfonde
Ou le commun peuple est boute
Mais quiconques veult il y fonde
Vng sarcueil a sa voulente.
Tant allasmes en regardant
Cestuy cymitiere piteux
Que nous vinsmes au trou ardant
Au trou horrible et despiteux
O ihesus tant est il hideux
Veuilles nous en deffendre: et hors

Je ne scay lequel de nous deux
Fut plus espouente alors.
De ce trou sault une fumee
Intolerable humainement
Laquelle a la foys alumee
Vole iusques au firmament
Et la terre euure tellement
Que lon voit ung monde despris
Subgietz a paine et a torment
Pour le doulx plaisir quilz ont pris.
Je nay pas langue pour vous dire
Tous les viuans ne le diroient
Le cruelx horrible martyre
Que les ames y enduroient
Car en viuant tousiours mouroset
Pour le mal qui les tourmentoit
Et en mourant tousiours viuoient
Car leur estre immortel estoit.
De ce lieu que puis ie parler
Sur ung esprit a grant effort
On y voit diables voler
Plus que de mouches a chien mort
Helas le piteulx desconfort
Les cris les estrintes des deulx
Il ny a quung seul reconfort
Cest dendurer tousiours deulx.
Helas me dit mon compaignon
En larmoiant moult tendrement
Helas mon amy que gaigne on
A seruir Venus loyaulment
Regarde icy le paiement
Voy cy la fin de son seruice
Saches que pardurablement
Cy punist on perche et vice.
Voy cy ung des boutfons denfer
Par cy au plus bas descend on

En la cauerne lucifer
Lancien tresorguilleux glouton
Qui comme le serpent phyton
Septz testes a vomissans flammes
Et tousiours ruant le menton
Pour deuorer a cent mille ames.
Le florentin poete dante
A escript merueilleusement
La paine de la vie meschante
Des esprits dampnez iustement
Mais mortel homme plainement
Que nentendit ne entendra
La grandeur de cestuy torment
Qui ia auy dampnez ne fauldra.
Helas que mal nous entendons
La fin de la vie mortelle
Que mal les yeulx au ciel tendons
Pensant a la fin immortelle
Nostre condicion est telle
Que pour eternel bien conquerre
Et eschiuer peine eternelle
Nous ne sçauons le chemin querre.
En tresgrant freeur & courage
Mon leal compaing men parla
Des paines denfer comme sage
Dont maint pleur des yeulx me cousta
Et puis nous partismes de la
Tirans vers la chappelle grande
Ou Venus et son filz fol a
Mainte priere et mainte offrande.
Sans paternostre ne credo
Nous entrasmes en la chappelle
De Venus et de cupido
Ou maint fol leur secours appelle
Pour certain elle nest pas belle
Ains ancienne et subterraine

Ce semble estre ung four: aussi elle
Ne fut pas faicte la derraine.
Denus a lampe dor pendant
Deuant elle: en sa dextre tient
Ung grant brandon de feu ardant
Et a sa senestre soustient
Cupido: lequel se maintient
Come ung archier qui tousiours tire
Et qui en son arc ne retient
Ne flesches ne uerges ne vire.
Sur leur autel on iecte offrandes
En humbles supplicacions
En tres gracieuses demandes
En douleees lamentacions
La fait on ses euocions
A la mauuaise iusienne
Ny a tant dinuocations
A sainct anthoine de Vienne.
Les unes balades et rondeaulx
Chantent et les aultres presentent
Fermeilletz: pierres et aneaulx
Selon ce que puissans se sentent
Les aultres pleurent et lamentent
Et se mettent au col la corde
Puis la deesse et le dieu prient
Pour obtenir misericorde.
Les unes boutons roses et fueilles
Offrent et bouquetz et chappeaulx
Les aultres leur cuer et leur breilles
Leurs armes et tous leurs boyaulx
Les aulcuns ropent leurs drappiaulx
Priant mercy criant pardon
Les aultres dissrent leurs peaux
Tout baissent a Venus en don.
A lentree estoit la statue
Et lymage de figuree

Du dieu bachus qui les gens tue
Car il fait la bonne puree
De la crappe meure et paree
Dont les yurognes sembarnissent
Pour laquelle a bourse escuree
Du cabaret sans tabart issent.
Bachus lequel nest pas licorne
Neantmains fait batre et huiter
En luy le front porte une corne.
Ou lon ne se doit ahurter
Et comme sil voulsist chanter
Ou mener la danse ou la feste
Tomrier luy auoit fait porter
Ung chappeau de fleurs en la teste.
Plusieurs de vin hault encornez
Oultrageux sont et orguilleux
Et aulcuns qui nont pas cours nez
Sont comme singes fertilleux
Aulcuns aussi sont sommilleux
Apres boire trop largement
Et les aultres si se millent
Qui ne quierent que sbatement.
Limage nest pas fort couuerte
Du manteau que sur le dos a
La poitrine a descouuerte
Ie croy quainsi on luy posa
En signe quoneques ne pensa
Liurougne a son secret dire
Ne uergongne onecques ne pensa
Comme tu oys de plusieurs dire.
Une iambe luy entailla
Cil qui le fist mauuaisement
En demonstrance nous bailla
Que qui le sert deuotement
Tousiours il ne va fermement
Ains souuent tombe en la charriere

Et se fait pied et fondement
Dont il ne va nauant narriere.
A dire tout il me sembla
Que du couste senestre estoit
Toute noise qui y trembla
Mais du sceptre dont regardoit
Venus meilleur semblant mõstroit
Plus de vigueur plus de plaisance
Et mesmement quelle y soit
Le bon vin a grant habundãce.
Le vin y soit dune bouteille
Dedens une parfonde tine
Ou maint pure a brochet a seille
Si emploit iusqua la bodine
Et plusieurs sans tente ou cortine
Deuant symage sendormoient
Aulcuns apres mainte choppine
Dame Venus seruir aloient.
Sens abesti a tout sa barbe
De boue et ses larges piedz durs
Faisaut a dieu de fuerre barbe
Est la le cure lait et lours
Qui ne beuroit pas estre sours
Car oreilles a comme ung asne
Sil ne scet loffice de iours
Si scet il bien sa ricordane.
En sa main en lieu de calice
Tient ung hanap de grant mesure
Pas il ne lit lapocalipse
Aux parrochiens de sa cure
Et semble bien que sans usure
Il ne vouldroit baillier blef ne seigle
Sa main est armee dongleure
Plus fort q̃ nest le pied dung aigle.
Il ne peut regarder le ciel
Le soleil luy fait mal es yeulx

Si voit il bien par tout lautel
Tous ceulx qui aourent les dieux
Sachez quil est trescurieux
A ses reliques blasonner
Quil nait moust de religieux
Il ne tient pas a sermonner.
Il est sur lautel acoustez
Contrefaisant le bon moyse
Et dit escoutez escoutez
Huy sont les pardons de lesglise
Seruez la dame sans faintise
Y espargnes ce qui pourrra
Je communique et de baptise
Tout homme qui sespargnera.
Le temps sen fuit or semploiez
A voz pouoirs ioyeusement
Voz desirs et voz cuers ployez
A tout mondain esbatement
Vie humaine est ung passement
Le temps de soy mesme vous tue
Malheureux est certainement
Qui a plaisir ne seuertue.
Le tẽps vous prent et vous trespasse
Quant on est venu et alle
Tout par le cul dung singe passe
Tout passe auant doulx et sale
Visez du long visez du le
Vous nauez ioye ne plaisir
Et fussez vous mathusale
Se vous ne le scauez saisir.
Procession de dedicasse
Ou de grand feste il y auoit
En vne heure ie ne contasse
La gent qui tousiours arriuoit
Mais pource que trop fort bauoit
Cestuy cure: mon Valentin

Qui l'oreille aultre part auoit
Y l'entendit plus a son latin.
Il me mena en vne sale
Ou escuiers et damoiselles
Faisoient mainte bonne gale
Jeuz chansons parolles nouuelles
Et vy que dedens les ruelles
Et en l'ombre des courtinettes
Trestous beuoient par escuelles
Ainsi qu'on souloit aux clochettes.
Apres me monstra les estuues
Vous pouez penser que c'estoit
Hōies tous nuz fēmes sans huues
Chescun le corps y affaitoit
On y dansoit on y chantoit
Et dame thyas l'estuuiere
Souuent suue et l'aultre hantoit
Cōme bōne et vaillant ouuriere.
Las de ce lieu laissez m'en paix
Luy dis ie: ne me pourroit plaire
Car tant ne put il aux baingz dais
Lesquelz charlemaigne fist faire
Plus que souffre puant il flaire
Passons oultre: ainsi tant m'ōtasmes
Qu'en l'ostel de la potiquaire
Que on nommoit espoir entrasmes.
La vis ie paciens plusieurs
Les vng de testé auoient
Les yeulx perciez: aultres le cuer
Les vng des oreilles saingnoient
Les aultres des fieures tremblotent
Paralitiques paralytiques
Estourdis yures y estoient
Et enragiez et fantastiques.
Espoir et confort les guerissent
A leur pouoir: si fault il bien

Ainsois que & tout leur mal issent
Auoir aultre syrurgien
Sainct cosme ne sainct damien
Guerissant naurez et batus
Certainement ny valent rien
Il fault passer par le pertus.
Apres mon compaignon loyal
Me mena veoir le seiour
Et me dit vys tu le cheual
Sur qui franc vouloit fit maint tour
Il a passé par ce chault four
Plus chault que cil de la Verriere
Car iamais ny fault la chaleur
Ny deffault en nulle maniere.
Feu iadis nature y esprist
Et des long temps dame Venus
Pour le continuer aprist
A ses gens la science et l'us
Tu vois comme il est maintenus
Dieulx d'oreilles & mains & bouches
De piedz il en'est soustenus
Mettre ny fault ne bois ne souches.
Or te souffise maintenant
Plus oultre ne te puis mener
Plus n'en yrras de ce tenant
Car il est temps de retourner
Nous pourrons bien tant seiourner
Que place n'aurons pour entendre
Le champion & terminer
La querelle quon doit deffendre.

¶ En cestuy chapitre en brief est es-
scripte la chappelle d'amours: ou da
me charite fait le seruice comme ab-
besse.

Et ainsi au chasteau fonde
Sur viue roche retournasmes
Et ne nous fut pas demande
Quant venismes ne quant alasmes
Tantost ou hault palais montasmes
Et sa ioie et lesbatement
Double et renforcee trouuasmes
Dire ie ne scauroie comment.
Valentin dis ie par ta foy
Puis que tant & plaisir mas fait
La forteresse monstre moy
Et il respondit ce me plait
Tatost sans meuer austre plait
Veoir me mena la chappelle
Damours certes ie croy q̃ nait
Ou remenant du monde telle.
La muraille est & fin cristal
Sans quelconques aultre bastimēt
Et aup deup lez du grant potal
Sont deup pilliers fais richement
Et est aduis que fondement
Soient de trestout ledifice

Amours les auoit gentement
Compose par grant artifice.
A lenuiron du pilier deptre
En lettre dor fut escript: voy
De tout ton cuer dieu ame et croy
Ton prouchain aime comme toy
Par ainsi tantost ie cougnoy
Que cest la chappelle amoureuse
Le temple de cestuy grant roy
Soubz qui on vit en paip heureuse.
Il y a huietz pilliers dargent
Et aultre douze dor luisant
Rendant le temple bel et gent
Si comme soleil reluisant
Le pauement est tres plaisant
Car tant est fait dart mequanique
Selon ses agges luisant
De chescune hystoire autentique.
Lautel est dune seule pierre
Laquelle est de rubis couleur
Oncques ne vis telle a sainct pierre
De romme: en beaulte ne grandeur
Le tabernacle a grant lueur
Est de sip pierres enrichy
Qui sont de si haulte valeur
Que le tour en est obscursy.
Les voultes les clers cieulp resemblēt
Ne scay que plus vous en diroie
Richesse et beaulte si assemblent
Oultre plus conter ne scauroie
Le lieu est plain de toute ioie
Et me sembloit dire ie lose
Que parmy la chappelle ooye
Chanter des anges plus & douze.
Amez amours amez amez
Disoit charite la courtoise.

Tous ensembles vous entrasmez
Nayez na vous na aultre noise
A lautel damours chescun vise
Offrez y en cuers et pensees
Batre voz coulpes ne vous poise
Soient toutes haines passees.
De par lauctorite damours
A tous amans qui de cuer fin
Aimeront iusquau darrains iours
Ie leur promets ioie sans fin
Amez dieu et roy et daulphin
Et ducz et princes et prouchains
Amez tres loyalment: affin
Que vous aiez les biens haultains.
Dame charité qui abaisse
Et vaint rigueur comme benigne
Est du temple damours abbesse
Vestue en habit de beguine
De sermonner elle ne fine
Les commandemens amoureux
Chanter vespre messe matine
Et qui loit il est moult heureux.
Plusieurs voulentiers lescoutoient
Lesquelz en grande repentance
Durement leurs coulpes batoient
Par le conseil de penitence
Leans toute malivolence
Est mise au bas: la est lescole
Daccort et paix et daccointance
Charité ainsi les accolle.
Ung chescun par devocion
Devant lautel les mains tendoit
Et de cuer et dintention
Vers le dieu du ciel regardoit
Aultre rien ou ny entendoit
Fors graices mercis et prieres

Beaulx ditz aussi ouy y rendoit
Et motes de toutes manieres.

¶ Comment aulcuns notables embassadeurs entrerent en sa chappelle: et presenterent eulx eulx ensembles par miracle sauldez.

A Ces entrefaictes entra
Ung grant peuple dabassadeurs
Ou tres haultement se moustra
La noblesse de leurs seigneurs
Entre lesquelz congneu plusieurs
Que iauoie veuz soubz la tente
De paix en arras et ailleurs
Lan mil quatre cens cincq et trente.
Ie vous en nommeray bourbon
Puis que la chose my semont
Cristofle de harcourt tout bon
Et le conte de richemont
Leuesque ligois richemont
Neuers estampes escues gueldres
Et aultres aual et amont
Couuers dor dargent et de perles.

c ii

Tantost deuant sayteľ aserent
 Ou par grande deuocion
Deux cueurs de rubis presenterent
 De tant noble condicion
Que troie au puissant ilion
Est toute restauree ou mendre
Et que nostre estimacion
Ne peut le pris de laultre entendre.
Assez paroit que dessoudez
 Eussent este moult rudement
Neantmains furent ressoudez
 Ensemble si estroitement
Quil sembloit veritablement
Quon ne les peut plus deslier
Et que nature mesmement
Les eust fait ainsi raßer.
Quant on eut fait la reuerence
 Vng adam de cambray nomme
Homme de haulte sapience
 Et des plus saiges renomme
Comme il auoit acoustume
En langage paint et floury
Et tres soigneusement lime
De sa langue ainsi fait sery.
O amours qui le monde tournes
 Et maintiens en tranquisite
Nul si ne peut passer tes bournes
 Et durer en prosperite
Car ton humble diuinite
Tout comprent dont ne peut rien estre
Sans participer ta bonte
Et de toy congnoistre son estre.
Or congnoissons que tu es seul
 Qui faiz les cueurs ressusciter
Et tressaillir de mortel dueil
 Pour bonne paix exerciter

Et que Royne es visiter
 Par ta doulceur par ta clemence
Le clos desert pour y iecter
 Ta bonne et diuine sentence.
Ja soit que pour hayne erreur
 Jadis en lestomach conceuz
De cil domestique fureur
 Par lequel des haultz cueurs issus
Yssues en france este receuz
Et nesunn des tiens mesmement
Se vous y fussiez apperceuz
On vous courrut sus prestement.
Neantmains ta pitie excellente
 Tant courtoise tant familiere
Na peu voir hayne doulente
 Consumer la noble lumiere
Que par ta sage conseilliere
Et noblesse donneur te firent
A france comme a la premiere
De celles qui oncques nasquirent.
Ne veusses ores reffuser
 Les cueurs que tart te presentons
Ains de ton sens les embrasser
 Tellement que nous en sentons
Et que les lis et les gettons
Aient leurs libertes si franches
Que les supars et les lutons
Ne gisent pas dessus leurs branches.
Ce dit: la suruint vne ioie
 En fait si tres melodieuse
Que ne cuide pas que soie
 Ja ou ciel plus delicieuse
Pour ceste Royne ioieuse
Les anges sont a ioie esmeutz
Pesez se la gent amoureuse
Chantoit te deum laudamus.

Esbahis et ioieux ensemble
Plusieurs furent comme il aduient
Quant austrement quilz ne vo? semble
Mais a souhait la chose vient
Le cuer en balance se tient
Une piece et petite a sa doubte
Puis apres tantost se reuient
Et sabandonne a ioie toute.
Ainsi men prist iusques a tant
Que ieup lung et laustre escoute
De cil accord heureux contant
Jen fus en bonne route
Et comment le fiepart conte
Ylestoit auecques les siens
Qui de noblesse et de bonte
Valent cent mille milions.
Dame isabel de portugal
La fut louee haultement
De mettre les cuers a egal
Comme lon dit communement
Auoit trouue sappointement
O dame digne de memoire
Dieu luy doint pardurablement
Sa paix samour et sa gloire.
Chescun la dame benissoit
Pour sa doulceur pour sa sagesse
Viue la dame: et beut soit
Qui nous donna telle princesse
Par elle horrible guerre cesse
Et paix se remet en besongne
Viue la tres haulte duchesse
Viue la dame de bourgongne.

¶ Du cymitiere leq̅l estoit au tour d̅
la chappelle damours: ouq̅ reposent
plusieurs corps aias elles c̅oe se ilz
eussent voler legierement aux cieulx:
et du seruice.

DE la partir ne me souffisse
Mais valentin mon feal frere
Me commanda que ie alisse
Pour regarder le cymitiere
Ou ie vis par nouueau mystere
Elles saillir par les tombeaux
Entaillez de gente maniere
Onques mais ie nen vis tāt beaux.
Amis dit mon compaignon leal
De ces corps te vueil ie parler
Ilz iront amont non aual
Car elles ont pour y voler
Et voleront quant appeller
Les vouldra le iuge du monde
Qui les obstinez de vuasser
Fera en labysme parfonde.
En seruant amours fait se sont
Elles dont voleront au ciel
Quant leurs espris retourneront
Au iugement de dieu leur pet
Dedalus qui se fist oisel
Onques en lair si hault ne vola

c iii

Ne son filz ycarus issnel
Qui pour hault voler saffola.
En moins dung moment passeront
De terre au ciel ou en liesse
Sans fin plus ne trespasseront
Car ioie eternelle ne cesse
Cil qui est en elle il ne cesse
Destre en vng point:o dieu damours
Menons lamoureuse liesse
Si arrons ses tres heureulx iours.
Par les cercueilz et par les lames
Alant ensemble deuisant
Dunes et daultres valans dames
Nous seons le cercueil plaisant
De celle quon va mesdisant
La belle dame sans mercy
Et de laquelle on va disant
Comme de dame au cuer mercy.
Elle nest pas a lospital
Comme ne scay qui la songie
Elle est en tombeau de cristal
Ouure richement et forgie
Son leal cuer iamais chaugie
Ne fut de tres leal prouls
Pource mis est et habergie
En notable et haultain repos.
A louer sist a louer fait
Amours aussi a ordonne
Que perdurable souenge ait
Et plaisir qui ne soit fine
Lospital est habandonne
Aulx cuers couuers aulx cuers volages
Mais ce lieu est determine
Pour les gentilz et pour les saiges.
Ou paradis damours repose
Lesprit de la dame feable

Le corps sera cy vne pose
En ce sepulchre matte et pale
Mais en conclusion finale
Quãt au hault dieu damours plaira
A legier vol et a fine ale
Lassus en gloire volera.
A tant de la dame nous teusmes
Car tant auons veu en la place
Daultre tõbeaulx que nous ne peusmes
Fichier arrest en vne trace
Aussi seust le temps que ie face
De choses infinies court conte
Tous les bons corps q mort efface
Sont la mis: pensez que ce monte.
Du pre tout couuert de blanc marbre
Seme de fleurs tres odorans
Et vmbroie de haultz vers arbres
Lenceñs et le basme flairans
Comme compaignons et sirans
De voir:scauoir:de congnoistre
Tantost departismes tirans
Au riche et au gracieulx cloistre.
Leans sans faire longue vie
Trouuasmes nous la sepulture
Dune des dames de scauoie
Comme ie vis en lescripture
O tepestente creature
Dist Valentin:ie ne puis pas
De ceste dire:a laduenture
Ie la vis quant son trespas.
Cy repose dame marie
Fille de iehan duc de bourgougne
Laquelle en sa beaulte florie
Vint en sauoie en grant honneur
Elle fut le chois et la fleur
De courtoisie et de largesse

Alexandre et cesar en cuer
Viue le nom de la duchesse.
Au duc ame lequel sera
Mis en mer pour vaincre loraige
Ainsi que dieu disposera
Fut elle ioincte a mariage
Le pays & sauoit tout aage
Pour ses haultes vertuz la pleure
Las trop tost fina son viaige
Mais en peu d'uré dieu labeure.
Cy gist apres la fille bonne
Ditte contesse de monfort
Tant plaisant que toute personne
Prenoit en elle reconfort
Je dis que nature eust grant tort
De souffrir que rose tant tendre
Fust si tost prise de la mort
Elle debuoit ung peu attendre.
La chappelle ou elles gisoient
Belle estoit merueilleusement
D'or et d'argent resplendissoient
Les parois painctes richement
Et leurs du tombeaup noblement
Chescun mis sur quatre pilliers
Valoient veritablement
De nobles plus de dix milliers.
Tant de choses y vismes nous
Si noblement faictes et painctes
Que la beaulte ne croiriez vous
Testes sont quelles semblent sainctes
Entre lesquelles y sont maintes
Pleines de dictiers gracieux
Et de rondeaup en lieu de plaintes
Pour amuser les amoureup.
Nous alasmes sans arrester
Veoir le cloistre hastiuement
Quant entreoismes gens chanter

Chansons melodieusement.
En ung lieu ou communement
Chescun aloit ses yeulx repaistre
Il estoit fait nouuellement
De grans sens et de main de maistre.
Sembloit vne tresorerie
Tant y faisoit bel et coy
D'or d'argent et de pierrerie
Le temple estoit fait et poly
De beaulte rien ne luy failly
C'estoit vng petit paradis
Plus ne peut il estre embely
Fait il estoit du temps iadis.
Lors y disoit on vng obit
Ou vng deuot aniuersaire
Vng chescun vestu en abit
Ainsi comme il le conuient faire
Mon compaignon ne se peut taire
Incotinent me sermonna
De la place & tout laffaire
Et tel language me donna.
Bel amy voicy la chappelle
Le tombeau et la remembrance
De la dame la plus nouuelle
Qui oncques mais nasquit en france
Nature la fist a oultrance
Si perfaicte que lon disoit
Quelle tint vertu en souffrance
Et que vertu elle faisoit.
Ce fut la perle de beaulte
Et lesmeraude de liesse
Le fin saphir de feaulte
Et lescharboucle de richesse
Le rubis de toute noblesse
Le dyamant de sapience
Le chrisolyte de simplesse
Le tresor de toute epcellence. e iiii

Ia congnois tu cest ma dame aimee
Du sang de bourgougne semee
La doulceur du monde et la manne
De tout vaillant cuer reclamee
Prisee honnouree et amee
Comme le vray miroir donneur
Par tout voit sa renommee
Pour le grant los & son bon heur.
Je ne dis quelle fut regente
Et duchesse de bethefort
Car a mon gre dame tant gente
Ne devroit estre en celluy sort
Mais la dissencion au fort
A fait des choses trop estranges
Joindre le foible auec le fort
Et conuertir moustiers en granges.
Sa parolle ie luy coppay
Et dis: laisse moy escouter
Cestuy seruice beaucop ay
Ouy en chappelle chanter
Mais a dire tout et conter
Les dames moult & ocieuses
Sont a essaucier et vanter
Dessus toutes religieuses.
Ia tenoit cuer humble priere
Chantant tres amoureusement
Charite estoit en chaiere
Comme labbesse proprement
Esperance et foy haultement
Les vers ensemble esles disoient
Toutes les aultres doulcement
En vng accord leur respondoient.
Honneur y fist du chappellain
Et trop bien ses gaiges gaignoit
Espoir qui nestoit pas vilain
Tout oultre la game attaignoit
Dame noblesse se baignoit

En escoutant la melodie
Ia personne ne si faingnoit
Que voulez vous que ie vous die,
Beaulte courtoisie largesse
Obedience humilite
Diligence doulceur simplesse
Perseuerance leaulte
Prouesse crainte verite
Toutes les vertuz y estoient
Prians pour la felicite
De la dame que tant amoient.
Ia fusmes iusqua loroison
Que dist ma dame humble priere
Le liure luy tenoit raison
Comme sa clergesse ou chambriere
Tant eust este doulce maniere
Quelle esmouoit les plus durs cuers
A plourer et baisser la chiere
Pour lamour de la fleur des fleurs.
Amours disoit humble priere
Car vertu souffisant nest mye
Datteindre a ta haulte lumiere
Se pitie vers toy ne larmie
De la duchesse nostre amye
De ceste vertueuse dame
Dont la cher est en endormie
Faiz en tes cieulx restouir same.
Jeusse voulentiers arreste
En ce lieu la plus longuement
Mais le fis a la voulente
De valentin entierement
Qui par les bras hastiuement
Me tira a vne aultre place
Jaccomply son commandement
Affin quil ne mostast sa grace.

¶Du refectoir damours dont dante

esperãce auec foy et charite à prĩcipalmẽt
la charge: et de lefermerie ou dame huma
nite guerist et recõforte maint patient: et
dung beau vergier: ou aulcunes dames
auec leurs amis se sbatoient.

Ainsi de ce lieu delectable
Au refectoire me mena
Ou tous les seans a la table
Dame esperance gouuerna
Foy aussi forment se pena
Et charite principalment
Laquelle lassiete ordonna
Quilz fussent seruis largement.
Confort et ioieux souuenir.
Aloient souuent et venoient
Las ne furent de bien seruir
Tous ceulx qui besoing en auoient
Seruis habondamment estoient
Mais ne scay que cestoit adire
En ce disner plusieurs ploutoient
Ou de trop boire ou de grant ire.
Si vis en ma rue esblouie
Mestoit quia tous mes les seruirent
De fleurs et de mobliez mie

Et en tres grant plaisir les prirent
Les dames si tost que nous virent.
Cuidans que disner venissions
Incontinent dire nous firent
Qua la table nous seissions.
Mon compaignon qui plus priue
Estoit de lostel que nestoie
De disner neust moult estriue
Mais scant que me honteose
Et contenance ne scauoie
Nous excusa de leur conuiant
Ieusse bien disne mais iauoie
Doubte destre appesse gourmant.
Nous tirasmes vers le chapitre
Que le vis par vne verriere
Ou les folz corrige et chapitre
La tres sage dame doctrine
La recoit mainte discipline
Quiconques en sa main se mict
Tant en fin se tourbe et encline
Que dessoubz amours se remet.
Puis entrons en lenfermerie
Ou humanite ne se lasse
Descouter mainte cricrie
Mait pleur mait souspir a voix basse
Souuent y oit on lasse lasse
Le cuer me part le cuer me fent
Elle ses paciens solasse
Et toute heure a leur mal entent.
Si dis valentin le cuidoie
Que cy malade ne vit on
Et tout le chastel fust en ioye
Dont me respondit le glouton
Sathan enuieux du hault don
Damours pour les amans occire
A tousiours prest le vireton
Aise nest que quant il en tire.

Et pour en mettre plus a mort
Pres a la foy et la fiance
De malebouche qui ne dort
Et de toute son aliance
Ylas tu encores souuenance
De la gent qui nous assailloit
Sathan pour croistre la greuance
Auecques eulx lassault bailloit.
Aulcuns qui se sont mal gardez
Pour oultrageuse hardiesse
Ont estez feruz et nardez
Dire et veuile la traitresse
Partir ne doit de la fortresse
Qui fort et puissant ne se sent
Dentre ceste gent larronnesse
Sans plaie ne fault vng de cent.
Si ques humanite la doulce
Leurs plaies debonnairement
Cure medicine et adoulce
Et charite semblablement
Et les aultres diuersement
Font leur debuoir de les guerir
Affin quen amoureusement
Viuant: puissent gloire merir.
En lieu plus plaisant me conduit
Ce fut en vng moult beau vergier
Remply de ioie et de desduit
Iamais ne sen deust on bougier
Car homme ne pourroit songier
Combien il y fait ioieup estre
Ie vous oseroie gaigier
Que tel nest paradis terrestre.
Ou mylieu est vne fontaine
Ou amans et dames se mirent
La voient leur amour certaine
La leur entiere foy remirent
Gemissans leure quilz si virent

Et quilz furent damours espris
Mais en toute ioie ilz souspirent
Vers le ciel en cestuy pourpris.
La dedens se baignent les vnes
Les aultres leurs amis despouillent
Les aulcunes poires et prunes
Ou qlque fruict es arbres cueillent
Ou a iouer au tiers saccueillent
A lerbette a la casemaigue
En mille ieup plaisir recueullent
Et la plus ioieuse se gaigne.

¶ Coment franc vouloir le champion
des dames partist du chastel: et ala au li
eu dit et assigne deffendre et soustenir la
querelle damours et des dames : contre
malebouche et toute sa gent mauluaise.

Ie ne scay pas se la estoient
Lune ou soleil sans desuuler
Demy an la terre sestoie
Sans soy coucher sans soy celer
Mais ie ne vis venir vaser
Ne vespree ne matinee

Si fut il heure que parler
Deust on tant a la forcennee.
Clarins et trompettes sonnerent
Tous et toutes isnellement
A lassault damours ilz allerent
Ho dis ie il me va malement
Ie cuidoie plus longuement
Ly estre et aultre esbas veir
Lors dit Valentin prestement
Il fault le champion suyuir.
En la foule ie le perdy
Dont grandement il me pesoit
Et si ne vis pas le hardy
Champion car deuant aloit
Et si grant peuple le suiuoit
Que la terre en estoit couuerte
Chescun escouter le vouloit
Et scauoir la gaingne et la perte.
Cahu cahu suyuy le train
Et par my les plus dru tiray
Batu et foule comme estrain
Mais pource ne men retiray
Tant dung se et daultre viray
Quen la salle fus des premiers
Ou il eust escrite diray
De liures chargiez dix sommiers.
Tendue estoit de noirs tappis
Plains & gueules a lagues traictes
Et y eust ie ne ny dy du pis
Escript en lettres mal pourtraictes
Toutes choses y furent faictes
Comme au seigneur appertenoit
Et vit on bien aux entrefaictes
Que lors table ronde il tenoit.
Ie demanday se pedagogue
Ou vng colliege descolliers

Ou monastere ou synaguogue
Daugustins ou de cordeliers
Estoit: car tant de bacheliers
De docteurs et destudians
Vis et maintz & seculiers
Que & iacopins mendians.
Lon me dist que enuie iadis
Fonda ce colliege notable
Ou sont les maistres des faulx dis
Escrips et en liures et en table
Ou il ny a ne connestable
Ne prince ne roy nempereur
Qui nait dit chose detestable
Damours leur souuerain seigneur.
Malebouche cest hostel tient
Et plusieurs telz par my le monde
Soubz luy en commande en maintict
Affin que lon ne se confonde
Et aussi que tousiours habonde
Contre amours qui luy fait epees
Il a des meilleurs clercs du monde
Escripuans liures et proces.
Tousiours lit il ou il escript
Et met grant paine a liures faire
Contre le grant diable antecrist
De clercs ny aura tel repaire
Il ne souffist pas de retraire
Loppinion de clercs moiens
Ains fait il son propos extraire
De liures theologiens.
Et tu orras tantost comment
Son fait clerement prouuera
Et comment raisonnablement
Le dieu damours accusera
Ne scay comment sepensera
Dieu doint qua ioie en soit deliures

Cilſ qui pour ſes dames ſera
Mais fol eſt ſil na veu ſes liures.
Liure neſt qui nait eſte veu.
Et eſtudie viuement
Entant que lon a bien pourueu
A tout contraire entendement
Se franc vouloir neſt proprement
Du cas quil ſouſtient informe
Son maiſtre ſen va pleinement
Auec les dames diffame.
De ces choſes entreparlant
Malebouche en la ſalle entra
Franc vouloir le gentil galant
En la barbe le rencontra
Lors tout le monde ſaccouſta
Chaſcun priſt place en lauditoire
Ou ledit champion monſtra
Viſage appreſte a victoire.
Comme de ſus arme ne fut
De haubergeon ne de pauciere
Et ſi nauoit en larreſt fuſt
Ney la teſte armet ne viſiere
Veſtu eſtoit en la maniere
Duug gent cheualier amoureux
Qui touſiours pour ſa dame chiere
Cerche tous cas aduentureux.
Quant penſez de la gent mauluaiſe
Que malebouche le bon ſire
Amena; pour tout largent daiſe
Ne me fuſſe tenu de rire
Quant ie le vis a prime dire
Le vous pourray ie de grant ris
La grimace deuoit ſouffire
Pour gaigner la tartre a paris.
Comme ſinge ride qui bat
Les faulx meſdiſans barboutoient

Et ſouuent pour faire leſtat
Leurs faulſes lagues hors boutoiẽt
Par aduenture ilz ſe moquoient
Ou telle eſtoit leur contenance
Mais austre maniere nauoient
Jen ay certaine ſouuenance.

¶ Du monſtre terrible lequel ſuruint a la iournee: et de quelle gent malebouche eſtoit accompaignie.

Lors ſuruint a ceſte haulee
La plus terrible creature
Que iamais puiſt eſtre formee
Ou penſee ou miſe en painture
De ſa merueilleuſe figure
Seſbahiſſoient grans et menus
Tant eſt de diuerſe nature
Benedicite dominus.
Elle voſle par my le monde
Ainſi quung oiſeau propremẽt
Il neſt lanper faulcon nyronde
Qui volaſt plus legierement

Ja soit ce quassez sentement
Elle se meuue et comme a prime
Mais selle a pris commencement
Elle est de plus en plus soubdaine.
Tant de plumes et tant de bouches
Tant de langues a:tant doreilles
Et tant dieulx q ne sont pas louches
Et tant de voiy desapareilles
O tres merueilleuses merueilles
Que dreilles: que de bouches: dieulx
Qui oncques ouit les pareilles
Quelle beste elle tres doulx dieulx.
Et si seet parler tous languaiges
Et tout entent et tout regarde
Jeunes et Vieulx et folz et saiges
Jamais ne dit: a tout prent garde
Il nest ne cloches ne bombarde
Ne tonnoirre si hault tonnant
Dont le tambur si loing se sparde
Que sa voix en bas sermonnant.
Or prisez doncques le roys pile
Quelle tempeste elle doit faire
Quant a plain gousier elle crie
Le ciel et enfer soient braire
Par tout sa haulte voix repaire
Et si lourdement resoutist
Que dame echo ne sen peut taire
De six vingtz ans a retentist.
Fama sappelle on en latin
Et nous sappellons renommee
Elle par qui soir et matin
Est mainte persone blasmee
A tort: et mainte bien nommee
Desseriant mieulx quoy en mesde
Car vray ou faulx feu ou fumee
Tout luy est vng mais quelle en die.

Elle a plus de mille buisines
Les aulcunes basses et sourdes
Pour ruiser a ses loisires
Qui sont tres laides et tres ordes
Les unes a racouter bourdes
Les aultres a verite dire
Dittes parolles vrayes ou bourdes
Elle scaura bien tout redire.
Ung chescun pour elle trauaille
Ou mains ou plus diuersement
Le laboureur fait mainte killle
Pour auoir son losengement
De cheualiers semblablement
En son hostel mainctz en reuyse
Aussi le clerc principalment
Maint liure notable en compyse.
Mais sur tous ceulx dont elle raisse
Le clerc est haultement somme
Car en escript les faitz luy baisse
Dont vng chescun est blasonne
Le nom romain fut la fine
Se ne fussent les escripuains
Lesquelz ont a fama donne
Les faitz des vaillans et des vains.
Elle auoit ia par tout este
Cesse assemblee plaidoier
Et aux maistres de user conte
Laffaire de leur souldoier
Qui se hasterent denuoier
Leur grosse et notable embassade
Pour leur cause verifier
Contre le champion moult sade.
Les trois deesses infernales
Thesiphone: alecto: megere
La vindrent comme principales
En terrible et cruelusse chiere

Oir: ains deuant derriere
Serpens diuers unius dardans
Incessamment a gueule fiere
Vomissoient brandons ardans.
Regars enflammez: cris horribles
Maintien plus que forcenne ont
Toutes horreurs sont possibles
Tout maulx toutes cruaultez sont
De toutes guerres cause sont
De toutes haynes & toute ire
Freres par leurs freres sfont
Aulcuns sont eulx mesmes occire.
Orgueil fierte enuie erreur
Detraction discord murmure
Desesperacion fureur
Trahison faulx semblant iniure
Barat que pour riens se pariure
Diuisions noises reprouchees
Telle gent & male aduenture
J furent parez comme aux nopces.
Brief conseil faulx entendement
Gens obstinez presumpcion
Deuis paillart or pensement
Bauerie altercacion
Menterie trision
Folie paree & reprouchee
Gent de telle coindion
Furent soldars & malebouche.
Telles gens y furent aulcunes
En habit de femmes vestues
Pour mieulx & monstrer leurs taënes
Et leurs folies malostruees
Se ne fussent este les trues
Je le dis bien a leurs courroux
De leurs croqs et & leurs massues
Le champion eust este rous.

Malebouche que vous en die
A mesdire en talente
Ile fut natif de normandie
Car il a pris sa parente
Ou sont denfer sempullente
En la maison & dame enuie
Laquelle la apparente
De tous les maulx qui sont en vie.
Touteffois moult & meschans lasches
J vis & toute nacion
Pourtãs espieulx flesches et hasches
Et horrible commocion
Et par grande admiracion
Aulcuns aultres que vous nominiez
Gens & noble condicion
Aussi y congneuz ie armez.
De clercs aussi plus dung millier
De paris dorliens thoulouse
Boloigne auignon montpellier
Coloigne paule prouse
Duniuersitez plus de douze
Qui auoient & tous coustez
Asillez leur langue et leur mouse
Pour mesdire a leurs voulentez.
Que vous diray plus longuement.
Malebouche aqui bien sembla
Que tenir lust beau parlement
La ces trois estas assembla
Ile pour eulx plus ne se troubla
Le champion encouragie
Ains hardiesse luy doubla
Quant il vit le monde arrengie.

¶ Comment franc vouloir champiõ des dames cõmença a parler: et rinãder iuge lequel entendit le droit et le tort dune cheseune partie.

Vng fouls en fault comme scauez
Qui du bon droit et du tort iuge.

¶ Commēt brief conseil lestourdi sauā
sa hastiuement a respōdre a ce, q̄ le chā
pion disoit.

Oncqs apres longue silence
Franc vouloir le bien auise
Sagement a parler commence
Mieulx que ne fera deulse
Par moy ie seray epcuse
Si vous plaist; car ie neuz loisir
Si vous y auez bien vise
Descripre tout a mon plaisir.
Ia soit ce que la verite
Dist il soit vrue euidamment
Et vostre grande iniquite
Congneue soit souffisamment
Neantmains affin que pleinement
Victoire aux dames soit donnee
Ie suis par le commandement
Damours venu a la iournee.
Et aussi que ne puissiez dire
Comme en toutes places bauez.
Quon vous veulle tour escondire
A vsoir le droit que vous auez
Siques se vous estes greuez
Formes vostre cas deuant iuge

Ors brief conseil plus estourdy
Que le premier cop de matines
Hastiuement luy respondy
Dia franc vouloir trop nous atines
Pour samour des chiennes mastines
Crois tu que soions sans raison
Dargent te donnerons dix tines
Se nous te faisons desraison.
Raison est ceans ne te doubte
Aultre part cercher ne la fault
Et qui du contraire fait doubte
Presche, dit estre en leschaffault
Sique de iuge nas deffault
Iuges serons nos et partie
Et aussi la cause ne vault
Que hors de nos mains soit traictie.

Seigneurs sage homme ne se fie
Respond franc vouloir la trempe
En ses ennemis a la fie
Car tres souuent sen voit trompe
Si deburoie estre enconlpe
Se mattendoie a vostre dit
Je ne scay & vous si huppe
Lequel voulsist estre desdit.

¶ Comment malebouche iura au chāpion par limage de Verite quon luy feroit raison.

¶ De limage de Verite: laquelle negligētement ou par mescōgnoissance estoit en vng anglet toute enfumee.

Par le sang que dieu degousta
Dit malebouche dire iose
Quoncques hom de pais ne gousta
Plus veritable en toute chose
Que ie suis: respons et oppose
Fie toy en moy seurement
Par limage qui la repose
Je te feray bon iugement.

Or est bon que ie vous declaire
Quelle estoit et ou celle ymaige
En vng āglet ou trop ne sclaire
Ains assez obscur et vmbraige
Vne ymaige de viel ouuraige
Semblant comme toute enfumee
Par nonchaloir ou par oultraige
Estoit sans chandelle alumee.
En anciennes lettres leuz
Cest limaige de Verite
Et euidētement congneuz
Que par malice et fauscete
On auoit voulu sa clarte
Absconser obscurcir estaindre
Et sa gracieuse beaulte
Destrange et fausse couleur paindre.
Si fus esbahys grandement
Quelle estoit enclose tenue

Leans ainsi vilainement
Et aultrement nestoit cõgneue
Car qui la peut veoir toute nue
Ainsi que lourrier la forga
Jl nige & plaine venue
Que plus belle nest ne fut ia.
Dieu veritable en la faisant
Lenlumina si vivement
De sa clarte tres reluisant
Quelle aura sans finement
Voir quant monde et firmament
Ne seront plus en leur nature
Verite pardurablement
En soy demourra nette et pure.
Plus mesbaiz dung aultre affaire
Car aulcuns auoient sa bouche
Voulu daultre facon refaire
Et & coup y en faire sung louche
Cuidans taillier en vne souche
Ou en pierre que nest pas dure
Mais il est bien fol qui y touche
Verite vaine, verite dure.
Malebouche verite het
En son cuer la soit se quil die
Quelle luy plait et veut a het
Et que iamais ne sescondie
Car de iour en iour sestudie
A la couurir celer et taire
Pour aultre chose il ne plaidie
Tant est & tres mauluais affaire.
Neantmains vers lymage tendit
Les coup mains en devocion
Et a franc vouloir respondit
Que sans quelque deception
Haine fraude corruption
En la cause on procederoit

Et que se bon droit auoit bon
Entierement on luy gardroit.

¶ Le champiõ respond a lofferte que
malebouche luy a fait.

Se nostre verite parlast
Dit le champion, tres cõtent
Fusse quelle determinast
Du droit que chescun pretent
Mais elle ne parle ne neutent
Dont nest en iugement propice
Si est bien simple qui satent
A elle sur fait de iustice.
Ce non obstant que dit discord
Iuge neutre naions, neantmains
De respondre suis ie daccord
Sans mettre la cause en voz mains
Lors dit brief conseil cest du mains
Ne nous chault, car tu seras trop
Obstine, se tu ne remains
Mat et confus au premier cop.
A dit brief conseil saduocas
Lors malebouche commanda
Quen termes proposast le cas
Tantost il qui ne demanda
Aultre rien, se recommanda
A limage dessus nommee
Puis saccusation fonda
Contre amours et sa renommee.

Cy brief conseil comme aduocat par
le commandemẽt & malebouche entre
en debat et en plaiderie contre franc
vouloir le champion des dames, et
monstre premierement damours la
tyrãnie en le blasmant et accusant.

Pourquoy a ses chasteaulx bastiz
Amours en terre que nest sienne
Et les humains cuers apastiz
En sa seigneurie ancienne
Est il proudomme qui se tiengne
Content: que le faulx estrangier
En ce pais et ailleurs viengne
Les gens & leur roy estrangier.
En cytheron ou en paphos
Ou en la forest didalie
Sen vise gouuerner ses folz
Auecques sa mere iolie
La sebucnt sur lerbe iolie
Faire amer nymphes et nymphesses
Et ceulx qui ayment leur folie
Aprendre a cymballer des fesses.
Car ou ses loix auront vigeur
Ou il vouldra regner sans elles
Se vigeur ont: cest & rigeur
Que les seigneuries nouuelles
Donnent lieu aux perpetuelles
Et sil quiert & maistrise vser

Sans droit il veult vser sans elles
Et est vaincu sans accuser.
Si que en ceste diuision
Pour estre plus brief en mon fait
Je fais mon accusacion
Et car tu soustiens quamour ait
Raison & faire ce quil fait
Lune partie poursuiuray
Et puis respons ce quil te plait
A ce que ie contrediray.
Cil qui les hommes ait semé
En terre affin quilz luy obeissent
Et en cestuy monde ait semé
Affin que son grant pouoir issent
Et a aultruy ne sasseruissent
Sil auoit a ses gens donne
Licence: que luy desobeissent
Nostre debat seroit fine,
Mais ie scay que sa seigneurie
Ne veult il pas alterer
Il ne veult quaultre seigneurie
Seul doit seignourir et regner
Et ne peut son regne finer
Ne ia rien fera cession
Il ne nous fault determiner
Du droit & sa possession.
Seul fut seul est et seul sera
Seigneur: et seul doit seignourir
Seul doit regner et regnera
Il ne se conuient secourir
Et qui veult la cause enquerir
De luy: cest q par luy il regne
Dont ne luy fault ayde querir
Pour duire et gouuerner son regne.
Il veult que tousiours on le serue
Lealment et est son plaisir

Quen le seruant chescuñ &sserue
Le bien que homme doit saisir
Qui luy Vinst faire &splaisir
Voise seruir aultre seigneur
Seul le doit on prendre et choisir
Le pardessus est le greigneur.
Nompas quil ait dululcuñ besoing
De seruice que lon luy face
Mais seulement que cure et soing
On ait & le Voir en face
Et de seruir tant que sa grace
On puist q̃ tousiours ce mõstrer
Content nest que son se mesface
Pour seruir aultre et honnourer.
Car qui luy froisse son hommaige
Et de le seruir se deuoie
Ja soit que tousiours son ymaige
En dulcuny seruant chescuñ porte
En fin si tellement se porte
Que de luy ne soit bien theuit
Certes la pugnicion en porte
De ce quil aura mal serui.
Or est en la terre Venus
Amours: que ses gens luy soustrait
Auecques sa mere Venus
Laquelle par tout son feu trait
Le monde est perdu & seut trait
Ny ait Vielk ieune ne soure
Nen champ nen Ville nen retrait
Que nen soit feru et naure.
On ne pourroit dire les maulx
Quil ont fait par tout le pays
Le maindre est que & ses Vassaulx
Le naturel prince est hays
Hays Virement et trahys

Car ilz ont emply sa fortresse
Et si a este enuahys
Des gens & Venus la traistresse.
Amours leur a cuers et corps ars
Creue les yeulx: oste le sens
Et plus nont nossices ne ars
Dont paient au prince ses sens
Le tyrant a comme le sens
Tout Valncu et nulz a rañson
Mesmemẽt ceulx sont q̃ abssens
Fuians sa maulditte fasson.
Que fault il assembler en nombre
Les maulx quil fait le faulx tyrant
Il nest homme qui bien les nombre
Si ne les croist en empirant
Attendu ce que conspirant
Est contre la maieste haulte
Nul homme de bien & strant
Doit souffrir son orgueil sa faulte.
Nompas seulement couronner
Sest fait lestrangier duose
Mais comme Vray dieu honnourer
Sest fait du peuple affole
Et est & luy dieu appelle
Dieu en ciel en terre et en mer
Quoy plus tout Venus toit ase
Cil quon doit doubter et aimer.
Ainsi a le peuple seduit
Iette ses brandons et ses fflesches
Il a maint homme introduit
A celebrier nouuelles festes
Car aux ydoles contrefaictes
Maintenant testes et genoulx ploient
Les hommes conuertis en bestes
Et leur seul desir y emploient.

ẽ ii

Amours a ses ydoles paius
  A adourer par deuocion
Des freres et des saiges compains
Troupes par son illusion
Et ont par son abusion
Le vray temple et la saige escolle
Laisse pour la confusion
De belphegor le faulx ydole.
Il est tout vray ses simulacres
  Comme nabugodonosor
En desprisant les homme sacres
Fist adorer a tronpe et a cor
Ainsi sur le mont de segor
Et autre part a fait dressier
Le viel ydole belphegor
Pour ydolatrie essaucier.
En part le palais ait destruict
  Du seigneur qui sur ferme pierre
Jadis le fonda et construit
Quant viuoit lapostre sainct pierre
Non pas quil lait mis tout par terre
Il ne pourroit par nulle guise
Mais il la destoint et lesguerre
Beaucop des pilliers de lesglise.
Que son a sainctement escript
  Ce que trouuons en noz registres
De la venue dantecrist
Je tien quamours est le fenistres
Qui fait prescher a ses ministres
Sa foie vaine et mal durable
Contre euangiles et epistres
Faignant quil est dieu pardurable.
Cestuy dieu du tout abolir
  Fait les droitz du seigneur hautain
Et luy cuist la terre tollir

Et tenir le monde en sa main
Cest il lort vil filz de putain
Il fut temps que enoch et helye
Vinsent ainsois huy que demain
Pour luy remonstrer sa folye.
Si ques franc voloir esbahir
  Ne te dois se trop nous plaingnions
Damours qui tant doibuent hair
Les preux et loyaulx compaignions
Se iour et nuyt ne nous faignions
De le greuer en toute place
Car droit veult que nous le gaignons
Et que du monde il se desplace.
Il te ne faisoit demander
  Juge qui donnast la sentence
Car se tu te sculx amender
Et jugier en ta conscience
Dampneras en pleine audience
Amours antecrist infernel
A cuy lon fait obedience
Contre le seigneur eternel.

¶ Comment frere voloir respond
a brief conseil et monstre clerement
ses accusations estre faulses et
quantours gouuerne le monde comme
lieutenant de cestuy qui le mist
de crea

Le champion leal se leue
A ces motz ne fait plʒ datête
Amours et ses dames relieue
Desclairant ainsi son entente
A ire qui est si patente
Fureur enragee conuiendroit
Mais dieu vint que ie vous contente
Par sens repose et par droit.
Et affin que vous ne diez
Que la bouche aultre chose die
Que le cuer: force vous cuidiez
Que iaye vostre maladie
Je requiers a dieu qui mauldie
Celle ame qui on corps me bat
Ou cas que ma langue desdie
Mon cuer en tout cestuy debat.
Et affin que ie ne concede
Ou nye aultre chose quapoint
Cestuy qui par amours procede
Des dieux en trinite conioint
La querelle damours me doint
Sagement garder et deffendre

Siques desormais naies point
Matiere ou cause de loffendre.
Respondre fault par negatiue
A ceste accusation fiere
Puis demonstrer laffirmatiue
De laquelle ie vous refiere
Et ia soit ce que pas nastiere
En droit prouuer negacion
Neâtmains pour ma deffence entiere
Jen feray quelque induction.
Il nest pas vray ie le vous nye
Quamours soit en ce pais Vînu
Par trahison ou tyrannie
Ne quil tiengne ou aye tenu
Contre le sceu et contenu
Du hault sire et de ses potentes
Villes et champs et soustenu
Armees pauillons ou tentes.
Car se bien vous le congnoissiez
Ila la robe deliuree
Mais ores le descongnoissez
Laquelle luy fut deliuree
Quant toute chose desseuree
Jadis de confusion feu
Terre ou moy en centre liuree
Destoictes densemble air eaue et feu.
Il nest pas ne nouuellement
Ne filz de la dame Vinus
Jl est des le commencement
Du monde ainsois que saturnus
Ne iupiter ne Vulcanus
Ne phebus ne mars ne mercure
Fussent dieux en terre tenus
Ne neptun qui a les mers cure.
Auecques les choses concrees

d iii

Fut il & cilz omnipotent
Qui a toutes choses crees
Et qui sa parolle neutent
Philosophie nest competent
Car des quatre corps alliez
Par amours qui droit y pretent
Sont tous aultres ioinctz et liez.
Lourrier qui bien apparceuoit
Quen si grande diuersite
Des choses que faictes auoit
Ne seroit suniuersite
A paix: sans sa peruersite
Vne chescune demouroit
Amours fist: que siniquite
Dune chescune attremperoit.
Et comme se son lieutenant
Le fist et a luy sattendit
Ainsi questoit appartenāt
Son puoir par tout estendit
Aussi amours trop nattendit
Des lors commenca son office
A epercer: et entendit
Par tout se mondain edifice.
Il ala es cieulx accorder
Leurs dessemblables mouuemēs
Qui ne se pruent descorder
Pour le bon accord quil mist eus
Les haultz les bas et les moiens
Ensemble attrempa a tel point
Que par dessus tous instrumens
Font melodieux contrepoint.
Dessoubz le premier ciel mobile
Qui tout ung a son mouuement
Tant est il puissant et habille
Semant lestelle firmament

Et les aultres diuersement
Si bien tous ensembles saccordent
Quilz sont rauis communement
Neantmais leurs cours ne descordēt.
Ne vit on en quelle ordinance
Planettes descendent et montent
En perpetuelle accordance
Que ne trespassent ne surmontent
Tousiours deuallent et remontent
Autour de terre sans encombre
Et leur pas et leurs degrez content
En mesure en point et en nombre.
Saturnus ancien et tardif
Si tost que iupiter ne tourne
Ne mars nest mie si hatif
Ia soit ce que moult tost se tourne
Que phebus qui son char atourne
Chescun iour astelle et destelle
Tant quil se couche: ne seiourne
De charrier nature a telle.
Venus ne fait pas au rebours
Sa dance aussi son degre garde
Ne mercure son legier cours
Oublie: a le faire ne tarde
La lune aussi laquelle tarde
Chescun mois son pale visage
A celle fin quon la regarde
La nuit ne laisse son visage.
Amours ainsi les duit et maine
Amours a lestat ordonne
De celluy a eu le demaine
Ou phebus est roy couronne
Car cest le plus enlumine
Cil ou plus de puissance abonde
Cil qui espart et a donne

Plus de bien et de vie au monde.
En son ciel tourne comme roy
Officiers derriere et devant
En ordonnance et en arroy
A tousiours touchant et leuant
Et qui est bien apperceuant
Et il considere ses tours
Il doit congnoistre ie ne vant
Celle qui aime par amours.
Pour amours & phebus le blont
Dame phebe est forcennee
Laquelle es marinaulx sablons
Se souhaide nestre pas nee
Quant ne le voit vne iournee
Apres luy gemit et souspire
Et ne luy chault destre atournee
Pour la douleur qui trop tempire.
Va et vient et court et narreste
Pale blesme et mal couloree
Veoir son bel amy luy reste
Pour lequel est descoloree
Se veoir le peut recouloree
Sera: et quant plus le verra
Tant plus sa face enlangoree
Ioie et couleur recouurera.
Cest la lune vraye amoureuse
Tous les mois errans sans tarder
Entour la terre rigoureuse
Laquelle souuent regarder
Ne luy laisse cil qui darder
Luy seult ses regars gracieux
Et pour lamour du quel farder
Deust son visaige precieux.

Apres que le champion a demonstre
comment amours maine et gouuerne les
cieulx en mesure et ordre et accord: il des
claire en brief sa puissance es choses moi
ennes et basses.

Or ay ie se mest aduis prouue
Que amour a gouuernement
Au ciel oultre quil soit trouue
En tout seinclos du firmament
Monstrer nulz se presentement
Et ne pourres dire le contre
Ia soit ce que tout aisement
Face a son contraire rencontre.
Amours a mis ses quatre freres
Ditz chescun ou royaulme sien

d iiii

Et puis entre leurs haynes fieres
A trouue accord et moyen
Car il les tient en son lyen
Neantmoins est vray que quant ont
Pouoir de faire quelque rien
Quilz sentretuent et deffont.
Ire des vens et leur tempeste
Dont le serain air se destrempe
Et la mer qui fort se tempeste
Et mine le riuage et trempe
Amours amodere et attrempe
Et par sa grand doulceur accole
Ia chose ne se desatrempe
Que par luy ne face paix coie.
Se la nue espesse et trouble
Nous tolt la face du soleil
Ou le tonnoire qui tout trouble
Fait vng tambour nayant pareil
Amours na repos ne sommeil
Tant que sa noire ou grise robe
Soit tainete en blanc ou en vermeil
Et plus sa clarte ne desrobe.
Amours tient les eaues en leur aages
Lesquelles sur toute la terre
Doiuent leur parfond en leur gaiges
Estendre mais sine senterre
Laultre resourt et se desterre
Dont toute la terre ne coeuurent
Et ceste pratieque sceut querre
Amours que les hommes y oeuurent.
Les champaignes longues et seches
Ou pourons nostre salut prendre
Roches montaignes et vallees
Amours veult tout les eaues effendre

Car se les mers laissoit estendre
Faisant vniuersel deluge
Dy moy la ou nous pourrions tendre
Ne trouuer place de refuge.
Ainsi auez forest et pres
Champs montaignes vignes et blez
Bestes et oyseaulx loing et pres
Et estes et tous biens comblez
Ainsi par amours assemblez
Viuez en ceste isse et mer
Ou se les bestes ressemblez
Debuez vostre lignage amer.
Vous vez que les nues bestes
La loy damours ne mescougnoissent
Comme cestes eussent sens es testes
Tous leurs semblables recognoissent
Et se les estranges les coyssent
Aukunes daccort se deffendent
Et tant sentraiment quil ne froissent
Le dit de cestuy qui nentendent.
Et encor plus cestes qui viuent
De rage comme les lions
A leurs semblables tant nestriuent
Comme sont ensembles li hons
Car se nous vint les assaillions
Tost lune et laultre secourroient
Ou se tollir nous leur voulions
Leurs enfans encontre courroient.
Gouuernera doncques amour
Le monde et les gens ne seront
Dessoubz ses loix et a leur tour
Deubuement ne se serniront
Ou pis que les bestes seront
Ou bestiaulx seront non hommes

On a nature obeyront
Ou a amours que tu ne nommes,
Et comment epuiser se peuent.
Jasoit quilz aient franc arbitre
Que tous a amours ne se vouent
Ou veulent ilz trouver leur tiltre
Silz nont plus chier que mal estre
La compaignie humaine rompe
Il fault quamours & paix ministre
La mer & leur fault cuer corrompre.

Car se par fureur enragez
Ne sont: et ung peu leur recorde
De lordre ou ilz sont arrengez
Il convient que chescun saccorde
A ame: et ne se descorde
Soit jeune ou vieil ou bel ou lais
A amours qui fait la concorde
En tout cestuy mondain palais.

Mesmement que damours leur vie
Despent: et plus est la pensee
En amours esprise et ravie
Plus & graice est recompensee
Ce nest pas fable pourpensee
Je lay leu en ung grand docteur
Dont la memoire nest passee
Maistre Huge de saint Victor.

Amours chescune chose vaine
Ainsi que Virgile le note
Mais las maintenant il navaine
Jusques au cuer humains et nostre
Le ver venimeux qui se boste
Maulvaisement murdrist helas
Erreur a sa decepuant note
Tient ainsi les gens en ses las.

¶ Franc vouloir apres cen quil a monstre se pouoir damours: telz et aultres choses: incidentement et par entrelect reduit a memoire comment hayne et faulte damours a ainsi abatus les francois: et fait flectoir la belle fleur de lis.

Aïs vous francois & france nez
Dont pensez vy? quasi adinét
Que dunglois estes gouvernez
Et que selque france devient
Car damours il ne nous souvient
Et pieca nen est souvenu

Il a couuenu et couuient
Que mal vieigne et soit aduenu.
Puis que commun amours boutastes
Arrier de vous et apart
Haynes parciales haultastes
En france a courru le lieu part
Encor y est et ne sen part
Tant y sera que vous vendrez
Trestous ensembles et par bonne art
A le ruer vous conuendrez.
Entre ny fut par sa puissance
Si non par haynes maudittes
Il ny pouoit entrer sans ce
De dieu soyent elles maudittes
Encores diray ie maudittes
Car il fault que mauldis soiez
Quant autrement ne contredittes
Aux ennemis que vous soies.
Se les membres de vostre corps
Auoient pris debat ensemble
Et mortelz fussent leurs discors
Comment durriez ainsi me semble
Pource que chescun ne sassemble
Et au commun bien ne sapplique
Ainsi pour luy tire haue et emble
Mal va vostre chose publicque.
Creez tant que ennuye durera
Tant vostre bien propre aimeres
Tant vostre roy du sieue endurra
Et subgetz et folez seres
Mais quant daccord vous aimeres
Pour garder vostre franche terre
Certainement vous chasseres
Voz ennemis en angleterre.

Pensez en vous francois se france
Maintenant faisoit sa complainte
Mettant en vostre remembrance
Tous les maulx dont elle est attainte
Et iusques a la mort estainte
Quelle vous pourroit a tous dire
Et se sa douloreuse plainte
Vous feroit larmoyer ou rire.
Il nest aduis que ie la voye
Elle iadis puissant royne
Errant sans sentier ne sans voye
En habit & posture meschine
Toute couuerte & ruyne
Noire de corps et de hallures
Criant le murdre et la famine
Iectee aux males aduentures.
Helas la dame miserable
Sur laquelle oyes escripit
Ceste fortune deceptiable
Et piece piece se chapit
Se son mal luy donne respit
Tant que vous die son pense
Ventra ceste qui rompit
Lamours regnant ou temps passe.
Ne ka dit nobles ne Vilains
Francois esclaues et fugitifz
Prenez pities de moy vile: ains
Que ie fine mes iours chetifz
Et aprenes a voz petis
Comme hayne et faulte damour
Qui fut et est es cuers faintis
A fait ainsi flectrir ma flour.
Car puis que hayne se pasis
Du iardin ou ie mesbatoie

Rompit abandonnant les lis
Que si songneusement gardoye
Et vous et aultres gouuernoye
Oultre humaine felicite
Et disiez sainct denis mont ioie
Ie neuz aultre prosperite.
On mappelloit pais paisible
Temple de vertu et doulceur
Or suis champ de guerre terrible
Fosse de peche et d'orreur
Or ne me peut on sans freeur
Veoir: ne penser seulement
Et ce ma fait haine et erreur
Par leur mauluais gouuernement.
Richart ne manoit pas assez
Tempeste oultrageusement
Il na que six vingtz ans passez
Las cest assez nouuellement
Il failloit quen nouueau tourment
Henri me remist par lor haine
Et de mon sang habondamment
Loyre et marne rougist et seine.
Sur agincourt ne sur verneul
Ne me fault a ler doulouser
Le sang des miens: iay par tout dueil
Par tout on peut mon sang puiser
Le ciel ne peut tant arrouser
La terre quelle nen soit rouge
On ny scet que. de sang vser
Lespee du poing ne se bouge.
Oraige hors denfer saillie
Freres et et parens sentretuent
Filz contre pere sont saillie
En bas les hostel de dieu tuent

Tous malfaicteurs rient et huent
Et qui pis messait plus desfert
O dieu a qui tous messais puent
Ta iustice las & quoy sert.
Se vous nauez perdu les sens
Se a homme nestes bestes fais
Sentez francois ce que ie sens
Sentes mes charges et mes fais
Veulliez amender les torfais
Dont me mettes a mort amere
Pensez bien que tousiours vous fais
Comme bonne et piteuse mere.
Voiez vous point mes champs dsers
En lieu de blef porter espines
Mes laboureurs fuitifz et sers
Pour les murdres et les rapines
Tant dorphelins et dorphelines
Sur les fumiers mourans de faim
Plusieurs iadis de sebilines
Fourez: qui nont vaillant vng pain.
Ie ne voy mais ville champestre
Ne manoir ne beste en pastis
Le bon homeau nose en champs estre
Doubtant lespee ou le pastis
Se force empres les murs bastis
A labourer trauaille et souffle
Il est muffe il est chaitis
Come vng poucin trainct lescoufle.
Quiconques en france a este
Es temps paisibles et entiers
Voie en pitie la cruaulte
Sur bourgs sur villes sur moustiers
Elle est fondue plus du tiers
Encores ce qui est demoure

Des ennemis et des routiers
Est mis au bas et æuore.
Je ne vous vulz pas mettre en conte
Murdres sacrileges pillaiges
Ne pucelles mises a honte
Ne changement des heritages
Je tais les douloureux refuages
La seruitude la famine
Je tais les horribles ouurages
De celle guerre que tout mine.
Tant est que & mes aduersaires
Ne suis pas seulement foulee
Mais ie voy que & mes haulsaires
Suis plus villement pestelee
Et pour vne traitre goulee
Dor et dargent mourir me font
Toute leur guerre est emmeslee
Auarice ainsi leurs cuers font.
O cuer abatus et faillis
En vostre vrtu resourdez
Et aiez memoire du fis
Que si vilainement perdez
Le sang espandu regardez
Les os & voz peres espars
Et aux estranges demandez
Que ie sens en toutes mes pars.
Les poures cites vagabondes
Par les montaignes et les plaines
Comme sont en la mer les ondes
Des aures enflees et plaines
Firent resistences grenaines
Encontre le grant alexandre
Qui par entreprises haultaines
Fist tant de sang humain respandre.
Ilz luy manderent erramment

Que sur les tombeaux de leur peres
Lattendroient tres vaillamment
Non obstant toutes ses banieres
Et vous chasses hors de voz terres
De sers & peres et de filz
Et mis aux terraines miseres
Vous laissez ainsi desconfiz.
Le ciel vous il est pas contraire
Ou laire ou le vent ou fortune
Vous nen deuiez complainte faire
Fors a vostre faulce rancune
Le ciel le soleil et la lune
Et les planettes mesmement
Ne donnent contrainte nesune
A viure ainsi meschantement.
Fortune aussi na pas le tort
De vous auoir a mal cache
Car vous mesmes par grant effort
Auez le malheur desraché
Quil a sa fureur la hache
Vers vous comme faire le doit
A ce piéca il a chassie
Creuez vous les deux yeulx du doit.
Estes destruis estes deffais
Mais par erreur intollerable
Ne croit il engins si perfais
Et fors en terre labourable
Vostre fait fut plus honnourable
Se vous neussiez le cuer si mat
Vostre ciel vous est fauorable
Certes francois vostre chymat.
Encores craint le nom de gaules
Grece aussi pleine & faconde
Sentir leurs mais sur ses espaules
Rome la doree et la blonde

Jusques au quattre lez du monde
Ont estēdu leurs puissans sceptres
Par leur vertu qui na seconde
Souuiengne vous & voz ancestres.
De prouesse cheualereuse
De paix et doulceur mesmement
De la loy crestienne et heureuse
Jay eu le los communement
Or va tout a tresbuchement
Or est changee la suisse
Nompas contre moy seulement
Mais nostre mere saincte esglise.
Paris a perdu sa lumiere
Laquelle iadis souloit estre
La principale et la premiere
Pour la paix en lesglise mettre
Mais erreur y est si grant maistre
Semblablement crainte et faueur
Quon nose execucuter la lettre
De ihesucrist nostre saulueur.
He francois tant bien scauez lart
De farcer gracieusement
De baisser aux aultres du lart
Ce faictes vous communement
Veez vous point presentement
Quen nul estat on ne vous prise
Et que par voz fais lourdement
On me lesdenge on me mesprise.
Ressourdez en vostre noblesse
Amendez orguilleusement
Les torsfais de vostre noblesse
Regardes moy honteusement
Entramez vous entierment
Et sachiez que vne morte beste
Dure beaucop plus longuement

Que double vie & shonneste.
He seigneurs diray ie raison
Se ie dis raisonnablement
Vous me commettes trahyson
Quant ie me fie plainement
En vous : et tant meschantement
A destruction me mettes
Je le vous dy secondement
Vers moy trahison commettes.
Se voz meres deseheuelees
Voiez en la face bleue
Jusques au mourir foulees
Certes bon filz ne seriez mye
Se & toute chose entreure
Ne les deffendies et gardiez
Foy donc en vous est endormie
Quant a france aultrement uaidiez.
Helas france es tu maintenant
Esclaue et iadis florissoies
Sur orient sur occident
Ta noble liberte haussoies
France franc peuple nourrissoies
Tres humain tres crestien : las
Las france fault il que tu soies
Or en si miserables las.
France las doulente et mate
En ta fleur ne retourneras
Samours les felons cuers ne mate
Ains tousiours plus bas tourneras
Samours les vaincz gouuernieras
Flouriras comme fis iadis
En cestuy monde tu seras
Laultre terrestre paradis.
Certainement francois se france
Vous racontoit piteusement

Sa dulceur sa male meschance
Se diroit elle et aultrement
Et monstreroit euidemment
Que vostre haine la consume
Mais ie men tais presentement
Et mon aultre propos resume.

¶ Franc vouloir a la complainte quil fait
sur haine et faulte damours: en la person
ne de france adiouste vne exhortacion ge
nerale a tous hommes: que sans seruir a
mour ne peuct paruenir a leur fin: cest les
cieulx atoucher.

Se il nest amours qui puisse
Hommes fiers et tres rigoureux
Que vng petit souspir en isse
Trespersant loz cuers rigoureux
Le ciel haultain est amoureux

Amours sert et par luy se tourne
Et de vous mauldis langoureux
Nesuy hrs amours se retourne.
O homme comme Boece chante
Bonne fut vostre destinee
Se vostre pensee meschante
Fust par telamours gouuernee
Qui duit a vespree et a matinee
Le ciel: las hommes peruertis
Par vostre ignorance dampnee
Damer nestes point aduertis.
Aduertis dis ie bien pour vray
Nen aies admiracion
Et en ce plat icy en suiuray
Disant quen vous conuersion
Doit estre: mais aduersion
Faictes: car bien ne vous contournes
Quant en vostre procession
A vostre point ne retournes.
Regardez le ciel comme il tourne
Dorient en occident vire
Da ler en son point ne seiourne
Et sçauez vous que cest a dire
Se vostre pensee tenire
Dont tenez et comment alez
Verra se toute se tenire
Que vostre retour moult fasses.
Bon ne peut estre vostre tour
Se le cercle naroudissez
Et conioingnez vostre retour
Au commencement dont issez
Helas se vous mentendissez
Du dieu damours certainement
Tout bien et toute honneur dissez
Mais rude est vostre entendement.

Par amours du ciel descendit
En ceste terre miserable
Et se retourner il vous duit
Au commencement pardurable
Il fault que par amour durable
Voz cuers laissiez duire et tourner
Car par erreur irreparable
Jamais ny pourrez retourner.
Quantesfois amours ne serues
Et ne tournes selon sa ligne
Tant & fois voz cuers asserues
A erreur qui tousiours forligne
Mais quant amours adresse et ligne
Voz fais et vous monstre la voie
De paruenir a vostre signe
Bonne aduenture vous conuoie.
Sans amours ne puez venir
A la fin que vous demandes
Et doncques pour y paruenir
Hastiuement vous amendes
Et voz courages luy rendes
Car sachies veritablement
Quainsi viuant vous vous perdes
Et ne gaingnes que dampnement.
Ainsi vostre faulte vees
Vous aultres q̃ damours mesdites
Et a la fin ne pouuees
Vla voz haynes contredites
Que se tantost vous me desdites
Ou lourdement me desmentes
Penses bien au paroles dites
Lors verres si vous y mentes.
Je dis ainsi et le repete
Que se par nature ordonnee
Chescune chose amour appete
Affin quelle en soit gouuernee

Vie menez & desordonnee
De damours seruiteurs vous nestes
Et plus chetiue et plus dampnee
Que les irrasonnables bestes.
Mais ia ne me confesseres
Que sans amours soy? vueillez viure
Ou aultrement trop folz seres
Si est temps que ie me deliure
Par cuer: car ie nay point de liure
De remoustrer que le seruice
Du plus appert du plus deliure
En vostre amour nest pas sans vice.
Cest vng point a luy mesure traite
Scaues vous bien vng cercle faire
Fault il dont que ie vous enseigne
Sa ligne et que mesure on tiengne
De ma doctrine vous souuiengne
Si verres que vostre compas
Ia soit ce que du point bon viengne
En rondesse ne se clost pas.
Qui vuelt a sa fin paruenir
Sil ira ses moiens ordonnes
Vraiement on se doit tenir
Pour vng homme desordonne
Ores si mal vous retournes
A vostre signe a vostre point
Car a erreur vous adonnes
Que bon cercle ne faictes point.
On nest pas aux celestiennes
Aux haultes choses et extraines
Son ua ainsois par les moiennes
Passez et par les plus prouchaines
Or les fuyes vous par voz haines
Et par elles voz tours ne faictes
Dont sans parolles plus vilaines
Vostre tour et retour deffaictes.

Moien aues par ou il fault
  Se vous vaines mieulx arrester
Faire vostre recour en hault
Et si luy voulez contrester
Si le vous fault anumonester
Cest dieu amer et son proesme
Or alles amours de tester
Vous qui vales pis que boesme.
Pource que damours tous vsnes
  Le confesseres plainement
Fault que par amours retournes
A vostre vray commencement
Haine ne peut aucunement
A la fin amoureuse tendre
Son propos est principalment
Daler contre amours et soffendre.
Donc a ce que ne faillissiez
  Par amours sers amours tournes
Et que par long tours naliisiez
Vous ires bien sans retourner
Dessus que deuues contourner
Vostre compas et vostre cercle
Et donc ne vous doit destourner
Haine qui vous rompt et descercle.
Se blasmes amours qui tout regle
  A tort et a vostre dommage
Car par amours qui tout desregle
Ne parferes vostre voyage
Et se ne luy rendes hommage
Et nestes de sa retenue
Sachies que vostre ame sauluage
Labas en sera detenue.
Et par ainsi ie vous desclaire
  Que samours luys veult corrigier
Et dutre ainsi quil le doit faire
Ne vous en debuez estrangier

Ains soubz ses lois vous arrengier
Et faire le cours de la vie
Ne vous plus tenir en dangier
Derreur: qui a mort vous conuie.
Si apert que mal proposes
  Contre amours q̃ dieu ne se clame
Et moust faulsement imposes
Car serf de dieu il se reclame
Mais luy aues donne ce blasme
Car ne luy voulez point de bien
Tout enuieulx voulentiers blasme
Meilleurs de luy on le scet bien.
Encores plus vous lappelles
  Antecrist: ha enuieulx cuers
Entendes comment vous parles
Contre amours le maistre des meurs
Vainement songes ces rumeurs
Contre luy: ne pour vos parolles
En nostre chasteau et ailleurs
Les dames feront leurs caroles.
Se de venus vous complaingnes
  Quon peut amours a bien iugier
Il ne fait pas ce que faingnes
Aussi ne sen quiert il purgier
Et mal faictes de la chastoyer
Pour aultruy mesfait: et quen peut
Voulentiers se vouljist vengier
Mais il ne fait tout ce quil veult.
Venus nest pas de sa mesgnie
  Quelque chose que vous baues
De dit et de fait la regnie
Et ignorer ne le debues
Et pourtant sen faulte le ires
En dit amours auoir du pire
Et maintenir que le troues
Gastant le royaulme et lempire.

Mesmement quelle luy soustrait
  Plusieurs & ses subgetz loyaulx
Ausquelz apres son vouloir attrait
  Enflamme corps cuer et boyaulx
Dont hors viennent desloyaulx
  A amours et a Venus servent
Mais quen peut amours si loyaulx
  Esse son vouloir sil desservent.
Remide amours ny peut trouver
  Car Venus la malicieuse
Scet si soubtillement ouurer
  Par sa parolle gracieuse
Quen seruitude vicieuse
  Entierement se veulent mettre
Et laissent la foy precieuse
  De cil qui mal ne scet commettre.
Et pour les plus tost decepuoir
  Elle se fait damours parente
Touteffois elle ne dit voir
  La mensonge est toute euidente
Mais ainsi elle sapparente
  Affin que soubz vmbre & luy
Elle & Bonte apparente
  Preigne les plus huppes au glup.
Ainsi mal fortnies vostre plainte
  Contre amours vous le voyez bien
Mesmement contre dame mainte
  Laquelle sert amours en bien
Et si napperceuez com bien
  Loyal amours Venus despite
Pource faictes comme le tien
  Contre amours cause tres despite.
¶ Brief conseil côe aduocat de male bouche côtinuait son ppos et renforsant ses articles diffamatoires diffinist a amours: côme se ce fut chose diffamee

ou chose de neant.

Qui dit laduersaire assotez
  Beaulx seigneurs côme il peult
Le preche; puir dieu escoutez
  Comme il excuse se deslict
Escoutez comme il embesit
  Amoyrs et aultruy robe vest
Le nom des Vertuz abolit
  Et de leur clarte les desuest,
Ainsi honnourent ceulx les vices
  Qui se veulent vicieux veir
Et dient vices sans comices
  Qui a vices veulent seruir
Ainsi veulent ilz asseruir
  Vertu quelle leur vice coeuure
Mais a ce ne peut il seruir
  Mal & luy mesme se descoeuure.
Chescun scet damours la maniere
  Chescun congnoit de quoy il sert
Et comme a son ordre londiere
  Mere le poure peuple assert
Il a desserui et dessert
  Destre pendu: et nest si fol

Qui ne sache que la gent pert
Et ioue culx au chappefol.
Amours murdrier continent parmet
Dieu que tu son peuple decoipue
Et en souffre ardent ne te met
Que ta penitence recoipue
Amours traytre comme te treuue
Entre les peuples que tu tues
N'est il pas temps que tu ten meuue
Pour tant sont tes flesches sentues.
Amours amours ioye enuieuse
Amours liesse enlangouree
Amours charite ennuyeuse
Esperance desesperee
Amours couleur descoulouree
Ris plourant en fer glorieux
Felicite tres malheuree
Paradis melancolieux.
Amours pensement sans pensée
Regard sans yeulx sens insensible
Cre sans feul presence passee
Miel amer puissance impossible
Ennuy plaisant repos penible
Glace ardant printemps sans fleurettes
Basme puant saulge nuisible
Lumiere flairant les violettes.
Paix discordant male bonte
Ioyeulx dueil prouesse fugitiue
Los blasme honneur a honte
Secret commun fieure saintiue
Laide beaulte vertu chetiue
Tourment gracieux fin sans bout
Amours est en beaulte actiue
Amours n'est rien et semble tout.

¶ Le champion en reprenant la diffinition que brief conseil a fait: monstre veritablement q̃ cest damours et ainsi le blasonne.

N a dit franc vouloir il a conté
Sçauez bien amours diffinir
Amours est droit en haulte icet
En ce nous voules contenir
Ie vous entens: or deuenir
Puist il tres et tres asseureux
Qui veult affermer et tenir
Qu'amours soit vng bien douloreux.
Que cest amours pas ne sçauez
Pource n'en pouez bien iuger
Se le sçauez vous ne deuez
Sa seigneurie lesdengier
Or me plaist que plus ca engiez
Ie vous face fort ignorance
Que propre iustice essoigniee
Vous face de sa bien vueillance.
Vous cuidez qu'amours soit en couste
De maluaise chose qui se font
Certes non est mais en ont coulpe
Les folz qui a luy conseil font
Car erreur seduit et confont
Leurs cueurs et par si diuers tours
Que les amoureux contrefont
Et ilz aiment tout au rebours.
Mais car amours est bien venu
Par tout chery et honnoure
Maint detreur se et tenu
Dit qu'il est tout en amoure
Et que long temps a demoure
Auecques l'amoureuse gent
Le voulent tres enlangoure
Trop se fait vanter diligent.

Et fermement iure te tesmoigne
Quil est amoureux: or sachiez
Quainsi ne va pas la besougne
Et quil est de la court chassiez
Car il sest en erreur glassiez
Delaissant lamoureux couuent
Dont le malostru enlasse
Ne doit plus estre dit amant.
Ne pensez que vie amoureuse
Soit esbas ou ioie ou plaisance
Rioteux triste ou douloureuse
Ou richesse sans souffisance
Car il nest pas en la puissance
De cil qui amours veult seruir
Sil est homme de congnoissance
Quil ny puist tous biens desseruir.
Amours est vie delectable
Laquelle certain espoir maine
Vie courtoise et charitable
Vie continue: vie humaine.
Amours tous les bons iours amaine
Amours humain cuer reconforte
Amours la querelle demaine
Ou ame ne se desconforte.
Amours toute ioie nourrist
Amours ennemis vainc et appaise
Amours en souspirant soubrist
Amours na rien qui luy desplaise
Amours en attendant est aise
Amours voit le temps aduenir
Amours se cherit et se baise
Par vng gracieux souuenir.
Amours est vraie medicine
Amours est aide et secours brief
Amours est de salut racine
Amours chasse tout peril grief

Amours est de richesse fief
Amours est large en soy reffort
Amours par lettre et par bref
Aux langoureux donne confort.
Amours les aueugles voir fait
Amours les impotens conferme
Amours les contrefais refait
Amours les cuers fermes desferme
Amours les desfermes referme
Amours les mourans viuifie
Amours rent vie seure et ferme
Sage nest pas qui ne si fie.
Amours les ignorans aprent
Amours les sages enlumine
Amours les oultrageux reprent
Amours les errans achemine
Amours toute rudesse mine
Amours tout orgueil amollist
Amours en tout bien se termine
Vertu tout peché abolist.
Amours en pacience dause
Amours en aduersite chante
Amours en plours est a la dause
Amours en pouurete se vante
Amours solitaires tous hante
Amours en plus viuant plus vit
Amours ne fait vie meschante
Bon espoir ainsi le rauit.
Amours fait auoir aux preux gloire
Amours les hardis encourage
Amours donne aux amans victoire
Amours accroist noble courage
Amours het qui se descourage
Amours qui bien le sert couronne
Amours en ce mondain orage
Cest cil qui porte la couronne.

c ii

Amours amours vraye prudence
Justice en bon pois mesuree
Force puissance et excellence
Attrempence bien moderee
Esperance tres asseuree
Ferme foy aiant certaine erre
En ceste vie malheuree
Seul montez au ciel et grant erre.
Amours trop louer ne te puis
Et scay pour tes vertuz compter
Que souffisant pas ie ne suis
On ne les pourroit raconter
A ton nom eusse ie arrester
Veu que es la tierce personne
Que debuons aimer et doubter
Amours en toutes pars te sonne.
Escoutez qui damours mesdites
Ou le hault nom damours se treuue
Corrigez vous et bien en dictes
Affin que trop folz ne vous preuue
Il est vray ie ne le contreuue
Amours est en la trinite
Le sainct esprit qui cuer espreuue
Amours est dieu en vnite.
Du pere et du filz tres amé
Ressourt vne amour personnelle
Sainct esprit vray dieu renomme
Vray dieu en puissance eternelle
Né de la seule paternelle
Personne: mais de eulx ensemble
Procede aux eulx coeternelle
Des eulx part et aux eulx resemble.
Quay ie dit semble ie pas yure
Semble il que de son eloquence
Sainct esprit mabreuue ou enyure
Et ne vult que face silence

Ie dis donne moy audience
Sainct esprit est lamour du pere
Lamour du filz dybedience
Qui ce ne croit en vain espere.
Quay ie dit: quay ie propose
Quay ie parle si haultement
Cest affin que tout suppose
On loue amours deuotement
Car se nestoit tant seulement
Fors que fist dieu du ciel descendre
Vous nen doubtez aucunement
Chescun luy doit hommage rendre.
Quay ie dit o amours puissant
Quant tu as du ciel triumphé
Qui ne te sera obeissant
Et en ton seruice eschauffé
O courage humain desbiffe
Voy que dieu par amour offrit
Lequel fut batu et buffé
Et en croix mort dure souffrit.
Donecques amours en bien prenons
Du nom damours naions nous hote
Sainct Luis en ses diuins noms
Du nó damours tient bié grát cont
Mais tu ne sees pas quamours m'o
Ne quant ne quoy on doit amer
Homme plein denuie quoy compte
Deust paistre et fiel et amer.
Lung laultre adoncques regardoient
Les medisans transiz de rage
Et ne scay pas quilz attendoient
Quilz ne faisoient grant oultraige
Au champion rassis et saige
Batu eussent de chaulde cole
Se laduersaire au dur courage
Neust tantost repris la parolle.

¶ Laduersaire respond et replique a
franc vouloir le chäpion par vne per
suasiõ & scripture: disant quamours
la enchante comme cyrces.

O les perilleuses seraines
Offemmes a tous hõmes noter
Enchanteresses souueraines
A toute raison regnoter
Vers vous ne doit on tournoier
Trop perilleuse est vostre note
Trop doit estre a cil ennoier
Qui voz engins et voz ars note.
Retournant en grece Vlipes
Apres ce que troie fut prinse
Neschappa les mains de cyrces
Si fut il de grant entreprinse
Elle en enchantement aprinse
Le tint long temps en son riuage
Ses compaignons comme on deuise
Transmua en forme sauluage.
Moult soubtil fut et toutesfois
Tant senchanta cyrces la belle
Que son sens perdit ceste fois
Et de ses gens fung ours rebelle
Deuient: laustre a forme nouuelle
Lung est cerf: laustre porc sangler
Ainsi scauoit la damoiselle
Par son engin les gens sangler.
Mais par cestuy qui nest mue
Pour mutacion qui aduiengne
Tu es maintenant transmue
Plus que nulz dont il me souuiengne
Car ia soit quaultre ne deuiengne
Ton semblant humain: neantmains
En toy na chose qui couuiengne
A lume: et ce nest pas du mains.

Cyrces tres bien les corps mua
Mais iamais lame raisonnable
Pour sens quelle eust ne transmua
Or es tu fait irraisonnable
Car mas ce que test conuenable
Cest raison que tu as perdu
Que la femme desraisonnable
Ta oste: mas tu entendu.
Ne te doubte preschier dimenche
Publiquement comme hereticque
Qui es cheu en telle demence
En telle ignorance erraticque
Deuenu fol et fantasticque
Par vng plaisir que rien ne dure
Et si sces par vraye practicque
Quamours nest fors plaisãt ordure.
Ordure si: et pis du fait
Tu ne fais ce qui est a faire
Quant ne tescharge de ce fait
Ton cuer et ne fais a refaire
Cest assez pour toy tout deffaire
Et estre en enfer tresbuchie
A plus grant pesanteur perfaire
Le dyable y est embuschie.
Amours ioue comme il te plaict
Mais nous scauõs bien dont ce vient
Vertueup le fais par ton plaict
Laquelle vertu luy couuient
Tout amant hors du sens tuient
Cest la vertu quamours luy donne
Or daultre dieu ne te souuient
Et ihesus ne se te pardonne.
Vertu auec vice na regne
Clos ne sont en mesme compas
En court damours voluptte regne
La chescun le suyt pas a pas

e iii

Honneur vertu ne laisse pas
Auec vice onques on ne le vit
Honneur prent ailleurs son repas
Vilain est qui a tel court vit,
Vilain doit estre dit et vil
Et de condicion vilaine
Plus que vil serf en droit ciuil
Qui ayme ysabel ou heleine
Femme tant ait doulce alaine
Ne scauroit homme accoller
Femme nest pas sa magdaleine
Faicte que pour homme affoller.
Folie a son temps: et sans faultre
Les fleurs ont pleurs: les fleurs ōt ris
En iuer les chappeaulx de faultre
Porte on quāt boutons sont pourris
Seu vng temps as este nourris
Par amours que dieu puist cōfondre
Ores en dois estre marris
Tousiours nest tēps de berbis tondre,
Se tu cuides auoir le pris
Pour estre en amours obstine
Garde que nen soies repris
Car tu es a ce destine
Samours a ton cuer mastine
Jeunesse lait ainsi souffert
Mais or se nes mal fortune
Il doit bien estre ailleurs offert.
¶ Continuant son opinio: laduersai
re parle contre le puys damours di
sant: que cest vne folie et vne coustu
me paienne.

Sie parlasse des ballades
Et de ceste vie amoureuse
Car cest viāde a telz malades
Viuans en peine doloureuse

Ma parolle plus sauoureuse
Te semblast: mais non: ie ne veul
Contre la vie plantureuse
Iouer vie pleine de dueul.
Car ie ne suis des foulz bec iaunes
Bec iaunes sont ilz: ie le dy
Car celles si ont les becz iaunes
Plus que les oiseletz du ny
Quant ont espart et espany
Leurs cuers pour amour honnourer
Et leur sens sacre et beny
Voulu ainsi deshonnourer.
Pour amours balladent et riment
Leur hault engin tout y emploient
En ceste estude leurs iours liment
La toute vertu y esplosent
Ou seruice damours semploient
Comme cil fut omnipotent
Mal font quant ilz ne se reploient
Contre luy qui est impotent.
Prince damours prince de fain
Prince de la sanglante estraine
Qui repaist amoureux de fain
Et tient en sa fieure quartaine
Il fait son parc a la quitaine
Ou le plus vaillant tantost tumbe
Et ny a ioye si certaine
Que naist incontinent sa tumbe.
Maistre prince pour presider
En son puis amoureux se met
Ou doubt sessouyr et presider
Qui de sens plus grant sentremet
Moult de bien annonce et promet
Faictes rimes dictes farcez
Labeur aux amoureux commet
Qui en fin sen treuuent farsez.

Dont vient ceste fine folie
    Quõ tient en villes et en faulx bours
Puis pare: et que soit folie
Ainsi en perdant ses labours
Que a ce fait prince damours
Or dampnee soit la coustume
Et bruslee soit es chauffours
De venus qui tant la coustume.
Les bons lacedemoniens
    A archiloque commanderent
Que ses liures grans et moiens
Lesquelz amours recommanderent
Mist au feu: car ilz regarderent
Quamours nafflert aux bois & ville
Car oncques les gens namenderent
Voir lire chose si vile.
Ou se se deust repentir
Dauoir vostre dieu blasonne
Car en fin le couuint partir
Du lieu quil auoit maisonne
De rõme: ou auoit raisonne
Des amoureuses côtenances
Fut banny et desraisonne
Auecques ses appartenances.
Et que doit on maintenant faire
Du puis amoureux: et comment
Se pourroit tout preudomme taire
Nen voit on faire iugement
Ne voit ou euidentement
Que soubz umbre des temps passez
Par ung couuert enchantement
On seult en vice trespassez.
Le puis damours: le puis du diable
    Le puis qui au puis denfer tire
Et de quoy est il prouffitable
En citez puis quil le fault dire

Rien ny vault qua rostir et faire
Les cuers et sechier les humeurs
Les faire saulter contre bruire
Comme serfz qui sont en amours.
Ilz font rondeaulx balades: las
En telles rimes amours louent
Nompas tant seulement les lais
Mais plusieurs clercs a ce se louent
Le prince en son puis tout about
Tous auouent son sacrifice
Merueilles est que les peulx clouent
Ceulx qui ont de punir office.
Je dis et ne le deuss celer
Ja soit que contre mon voir dit
Maint fol amoureux bacheler
Die: il ment et na pas voir dit
Quant celluy amoureux a dit
Ou fait hymnes laudes cantiques
En honneur damours se mauldit
Contre le droit des auctentiques.
Je dis prince du puis des folz
Prince damours qui vostre guise
Non obstant voz gracieulx motz
Est contre les motz de leglise
Car des paiens vous est tramise
Pour corrumpre la loy de dieu
Et se iustice par tout mise
Fut: elle nauroit point de lieu.
Auez vous point leu en voz liures
Comment les folz paiens riuoient
Au tour de bacus dieu des yures
Et de venus que tant amoient
Deuant eulx leurs motetz semoient
Leurs rondeaulx et leurs seruentois
Or fait on pis quilz ne soloient
En picardie et en artois.

e iiii.

Vaten aux festes a tournay
  A celles darras et de lisle
Damyens & douay & cambray
De Valenciennes dabeuille
La Arras tu des gens dix mille
Plus quen la forestz & torfotz
Qui seruent par sales par ville
A ton dieu le prince des folz.
Princes et tous qui vous appuyes
  Au puis voulez vous conseil croire
Amours et son attrait fuyez
Et quil nen soit plus de memoire
Ne lappellez voirement voire
Assez se traueille et angoisse
Pour vous deuant et apres boire
Seruir de ses poires dangoisse.
Doncques aduise toy aduise
  Frāc vouloir il en est bien heure
Laisse lamoureuse deuise
Marche dessus: mez le pied seure
Raison dorenauant honneure
En la seruant lon ne despent
Folement le sien se tasseure
Nen la fin on ne sen repent.
Croy les saiges: fol qui se croit
  De son cuidier souuent deschiet
Plus fait a son gre plus accroit
Son malheur et plus luy meschiet
La maladie qui enuis chiet
Mes es mains de bon phisicien
Car mains de peril enchiet
Par aultruy sens que par le sien.
Franc vouloir reprist chauldement
  Ceste derreniere parolle
Et mieulx que deuant bauldement
Contre laduersaire parolle

A peine par liure ou par rolle
Pourroit on si dru desranguier
Comme il faisoit en pleine escolle
Son gentil propos arrangier.

¶ Franc vouloir respond a ce q̄ laduersaire opose luy auoit: et en briefue conclusion compare amours a felicite.

Le medicin nest pas sceut
  Et est digne quon se mauldie
Qui guerir cuide vng pacient
Et il accroit sa maladie
Et pensez vous que iescondie
Amours et ses dames blasmez
Puis quil conuient quoy se vous die
Plus fort mon ardeur enflammez.
Le feu arrouse deaue plus art
  Plus le voit on brusler et cuire
Ainsi mesdisans par leur art
Font vray amās plus ardre er bruire
Riens ny vault ne tonner ne bruire
Bon cuer nest si tost entame
On ne pourroit lamour destruire
Damant qui se sent tant ame.
Tant que printemps prez verdiront
  Tant que rosier roses fera
Tant questoilles respendiront
Tant que ciel sur terre sera
Mon cuer les dames seruira
En tout obeissant a amours
Ne sa promesse faulsera
Non apres sa fin & ses iours.
Pourquoy contre amours plus ne parle
  Et de toutes dames bien dis
Or ten fais saige: car par le
Vray dieu qui est en paradis

En fais en pensee et en dis
La personne est seure et sera
Se des hommes sen suis mauldis
Jespoir que dieu me pcusera.
Tu parles a ton appetit
Et fais ton conte sans rabatre
Que se tu atens vng petit
Cause nauras a tes mains batre
Mais ainsois par forme desbatre
Damours vng seul mot parleray
Si ne men busse plus debatre
Car raison sans plus parleray.
Il appert par ce qui est dit
Deuāt: quas plus grāt tort du mōde
Chescun de monseigneur mesdit
Et neutent sur quoy il se fonde
Et qui la verite parfonde
Verroit il diroit plainement
Que cil qui sert venus la blonde
Nest vray amant certainement.
Comme il est de felicite
Damours est il pareillement
Felicite: fertilite
Est a tous biens habondāment
A lacquerir communement
Nez sommes: se bien y visons
Vne est: neantmains diuersement
A nostre gre la deuisons.
Lung en puissance temporelle
La quiert: laultre en grande richesse
Laultre en puissance corporelle
Chescun a son plaisir la chasse
Cil de felicite largesse
Cuide auoir qui son desir a
Heureup se dieu mait comment esse
Tel bien ia ne lassouffira.

Ainsi aux hommes se presente
Le vray amours et tous le quierent
Nompas par vne mesme sente
Plusieurs le droit chemin ne quierēt
Ou trop tost reposer requierent
Et leur pelerinage rompent
Pourquoy les haulx pardōs nacherēt
Car en mal amant se corrumpent.
Si que ia soit ce quen amant
A leur het amoureup se dient
Neantmias nest nul vray amant
De tous ceulx qui se hault bien suyēt
Pourquoy les bons amans se rient
Des folz qui ne sceuent amer
Et ce quon doit querir ne suiuent
Et prisent ce quon doit blasmer.

¶ Cy respond franc vouloir pour le puis damours moustrant que cest.

Ainsi mōstre souffisamment
Quamours est a tort accusez
Respondre vueil secondement
Moustrant quen ce vous ne visez
Pour son puis que trop desprisez
Ce ne fait il pas vous le faictes
Que ainsement vous cabusez
Et ainsi mesmes vous deffaites.
Qui premier le puis ordonna
Ce fist amours en grant solas
Certainement plus que or donna
Aux cuers doulces mates et las
Il lascha et rompit les las
Aux doulcens cuers emprisonnez
Et fist crier mercy helas
Je vous pry que me pardonnez.

Damours dit on garder les festes
 Et en grande ioye honnourer
 Ses miracles sont manifestes
 Nous ne le pouons ignorer
 De plus en plus: ne amourer
 Vous voulez: oncques homme ne vy
 En paix ioyeuse demourer
 Silna au puis damours seruy.
Venez au puis damours Riuez
 Venez y rougier voſtre frain
 A louer amours conuenez
 Et rimes sur voſtre refrain
 La feste est huy: narrestez grain
 Venes sa feste celebrer
 Suiues des amoureux le train
 Venez vous damours remembrer.
Et nompas feste seulement
 Au iourduy tousiours est la feste
 Monstres doncques isnellement
 Que voz deuotion soit preste
 Confesses vous: cheſcun sappreste
 De venir au puis & concorde
 Au puis & lamoureuse queste
 Au puis ou lon ne se descorde.
Pleust a dieu que lon entendist
 Que le puis damours signifie
 Affin que cheſcun contendist
 Destre amoureux: si vous áffie
 Tel en folie versifie
 Que tost retourneroit ses vers
 Et tel blasme amours et deffie
 Qui ne seroit pas si diuers.
Le puis damours: & paix le puis
 Le puis damytie souueraine
 Le puis & pillier et lappuis
 De noſtre compaignie humaine

Le puis & liesse certaine
 Le puis dont haine se deſſorte
 Le puis & concorde haultaine
 Ensembles es citez nous rafforte.
Le puis amoureux ceſt lappuye
 Et sauis en degre tournee
 Par ou lon monte et lon sappuye
 Tant quon a la fin ordonnee
 Ceſt lappuye et la fin bournee
 De la sale ou quiconques y monte
 Toute sa montee est finee
 Car il a ce que tout surmonte.
Mentendes vous sçauez vous pas
 Que qui monte en vng eſchelier
 Il ne doit pas faire ses pas
 Comme en alant en vng celier
 Et se doit garder destriuler
 Et quil doit aler en reculé
 Et luy doit dire sans ciller
 Passe & la tourne reculé.
Mentendes vous: se nentendez
 Voz oreilles tres estouppees
 Aux bonnes parolles tendez
 Ie ne vous parle & poupres
 Et se voz pensees occupees
 Sont sans monter par ceſte auis
 Mal sont elles destouppees
 Car vous fauldres a voſtre aduis.
Ientens que qui y veult monter
 Appuyer se doit fermement
 Pour la pesanteur supporter
 Du corps: qui quiert tresbuchement
 Aussi ne pense il sagement
 Sil qui cuide au ciel sans eſchielle
 Monter: si hault est vrayement
 Quil neſt besoing que lon leschielle.

Il nous fault eschielle puye ou corde
Pour estre au mont que desirons
Or sauons par paix et concorde
Car par amours au ciel tirons
Que quant bien nous auiserons
Le premier pas cest dieu cherir
A laultre tantost monterons
Cest a son prouchain secourir.
Qui ne meurtant si estudie
En tulle se bien il regarde
Je nay paour quil me desdie
Amour dit il les citez garde
Cest leur fondement cest leur garde
Cest leur appuy cest leur pilier
Leur deffence leur sauluegarde
Telz motz y a plus dung millier.
Quintilien aussi afferme
Qui a veu es choses mondaines
Riens que les choses plus conferme
Quamours et amitie prouchaines
Car par enuies et par haines
Pour sang humain respādre dagues
Souuet sont mises hors degaines
Et mains mises a aultruy bagues.
Ainsi le puis damours blasmes
Et ne scauez a quoy il sert
Il vous soustient et ne sames
Pour luy viuez tant quil y pert
Et se diffames en appert
Mais pour vostre parler villain
Rien de sa dignite ne pert
Amours de tous biens chastellain.
Au puis damours au puis de ioie
Au puis damours au puis de paix
Au puis de tous biens la montioie
Venez dire chansons et lais

Louez amours en tous voz fais
Quoy que vous dyes Xenlir
Et ie vous promets que iamais
Ne vous pourra messauenir.
Au puis damours seigneurs francois
Venez balader et rimer
Pour auoir lonneur et le chois
Du nom que vous deburz amer
Amours de sa est la mer
Tous au refrain de paix en horte
Trop a ilcuer vil et amer
Qui sa balade ny aporte.
Sus deux refrains ouurer vous fault
Le premier est du vray hommaige
Que deburz rendre au prince hault
En toute saison et toute agge
Qui ne lonnoure il nest pas saige
Digne nest pas de seigneurir
Qui na tres huy humble couraige
Qui ne veult sa grace merir.
Par ce refrain baladerez
Contre orgueil et ambition
Et doulcement recorderez
Vostre humaine condicion
Et feres eptimation
De vostre estat comme du maindre
Car en la diffinicion
Vostre corps nest que fien et cendre.
Vostre second refrain sera
De lamour que debuez auoir
Au bien publicque et louer
Quiconques y fait bien son deuoir
Cestuy refrain corps et auoir
Vous fera emploier pour elle
Et les couraiges esmouuoir
A mettre en paix toute querelle.

Quant cestuy refrain marcherez
  Et sentirez bien sa saueur
Ensemble vous embrasserez
  Donnans lung a laultre faueur
  A hayne discort fureur
Ne vous ahurterez iamais
  Et tout conclurez a lonneur
  Du bien publicque et de la paix.
A dieu le prince tres haultain
  Vostre ballade adresserez
En confort en espoir certain
  Que de luy couronne serez
  Ainsi cestuy temps vserez
En ioye vtile et prouffitable
  Et de cest exil passerez
  Ou hault royaulme pardurable.

¶ Ey finist le premier liure du cham-
pion des dames: et commence le secod:
ouquel malebouche laduersaire: car
il a perdu le premier assault: met en li-
ces vng aultre combatat appelle Vi-
lain penser: lequel sans mettre le
frain en sa bouche mesdit diuersemēt
des dames.

Comme gosu lachāt les regnes
  Aux vrus impetueusement
  Par les forestz tendās leurs regnes
En sourt vng grāt tambuisemēt
Ainsi apres le parlement
  De cil qui amours deffendit
Assaillis se sont tellement
  Que ie cuide que tout fendit.
Despiteusement rechinans
  Les yeulx es caboches tournoient
  Et leurs dens agus aguisans
A gouster enrume crioient
  Et lung a laultre saccoutroient
  Menassans de piedz et de mains
Par ce eulx mesmes se batoient
  Cestoit vng debat inhumain.
Le franc champion les escoute
  A ferme propos arreste
  Comme fait cestuy qui sacoute
Au mast du nauiau tempeste
  Laissant au vent sa voulente
Faire: ains que pres il se ressourde

Car a si grande cruaulte
Toute parolle eust este sourde.
Longuement ne demoura mye
Que malebouche tres enfle
Apres ce que cesse secatuise
Eust hagnie creschie et roysse
Et eust son orgueil descousle
Ne deist a vilain penser
Ung vief paillart tout boussoufle
Viens toy par le mercier
Ainsi vilain penser bouffi
Come ung godon a tout son iaque
Dist franc vouloir ie te deffi
Tu nas que mensonge et fralque
Est il pas comme buef en drasque
Mais par le sang & lospinel
Tu tmouras a mon attaque
Et mourras en cestuy tinel.
Et lors dune grande besace
Le truant paillart abouti
Liures proces papiers sache
Disant a ty se vueil a ty
Et franc vouloir bien aduerty
De fole et male deuesnce
De la teste si consenty
Et laultre a sermonner commence.

¶ Comment vilain penser entre en
chāp contre franc vouloir chāpion
ks dames pour soustenir la grelle
& son maistre malebouche: et affin
ks dames plus haultement mes
dire: il commenca a la premiere: cest
assauoir a eue.

Oy patriarches et prophetes
Voy les philosophes anciens
Regarde orateurs et poetes
Regarde tous les arciens
Voy les sainctz theologiens
Voy tous liures dauctorite
Femmes auy engins magiciens
Gastent le monde et ont gaste.
Tous a ses roitz prent et attrappe
Nest homme tant puissant ou sage
Lequel puisse euiter sa trappe
Se dieu ne luy fait auantaige
Pour empescher nostre linaige
Diable en elle a fait hocquet
Et elle comme chat au fromaige
Nous attrappe a son trabuchet.
Respons champion ignorant
Excuse premierement eue
Et puis sauue le demourant
Que ne vault vne treuse feue
Excuse premierement eue
Excuse la: et puis ses filles

Lesquelles soustiens dont se creue
Contre les sainctes euangiles.
Se femme neust oncques este nee
Oncq neust la pomme despendu
Et a nostre pere donnee
En enfer ne fust descendu
Homme: ne ihesucrist pendu
Pour nous oster de mort amere
Tous telz biens au monde a rendu
Eue ceste traitresse mere.
Cree estoit homme immortel
Et innocent incorruptible
Le mal morcel le fist mortel
En fragilite corruptible
Trop luy fut la femme nuisible
Quant luy appresta le morcel
Car deuant luy estoit visible
Dieu: que apres ne luy fust tel.
A mort tout le monde a soubmis
Et de honteux peche couuert
Par mangier le fruict quauoit mis
Dieu au plaisant paradis vert
Le trou denfer a descouuert
Dieu tout seul bien ne nous a fait
Selle le gosier neust ouuert
Chescun de nous estoit refait.
Pouoit en paradis terrestre
Auec adam viure tousiours
Ou ciel dieu vit: et en terre estre
Mais tost elle fist du rebours
Adam bon homme simple et lours
La creut: doulcement la baisoit
On se doit excuser: amours
La pomme mangier luy faisoit.
Selle y eust arreste vne heure
Au mains pour voir le mainalge

Mais non: car comme toute seure
Poussist a tout humain signalge
Tantost par enuye ou par raige
Bailla la pomme deffendue
Comme voulut en son couraige
Que sa lignee en fut perdue.
Larronnesse fust et murdriere
La pomme embla: murdre commist
De nous tous: pource en chauldiere
Denfer dieu iustement la mist
Certes iustice trop permist
Que iamais enfer le pusent
Celle fausse gloute remist
Pour habiter lieu excellent.
La mauluaise gloute traitresse
A perdu ce bel heritaige
Dont nous fault en peine et destresse
Mettre la main au labouraige
Nous deussios viure sans ouuraige
Or ne puouns sans terre arer
Quiconques y a quantaige
A dueil se nous fault comparer.
Subgectz a toutes passions
Chault froit maladie soif fain
En mille aultres mutations
Tant q nous sommes mains que fain
Ce nest il qui ores soit sain
La mort nous ensuit pas a pas
Et ne peut homme estre certain
Quant est le iour de son trespas.
Et si sommes incessamment
En dangier fors ceulx qui bien font
Que nous naissons a dampnement
Dedens enfer au plus parfont
Ou les cruculx diables deffont
Les ames sans misericorde

Tout mon cuer en larmes se font
Quant du peril ie me recorde.
Selle eust voulu iusques iamais
Eussions eu seure et saincte vie
Trestous ensemble saulviez: mais
Sa nature pleine denuie
Ne fut contente nasseuie
Tant qirelle nous mist a mort tous
O dieu pourquoy ceste gurdigle
Creas: a noz despens et cous.
Ne puoit elle en ce lieu bel
Demourer: las que luy failloit
Fors que son seul frere abel
Tua cain: elle vouloit
Ou daultre rien ne luy chaloit
Que depardre le sang humain
Las par paradis que nasloit
En contemplant dieu soir et main.
Las a qui fut dieu prouident
Quant la fist a nostre hommaige
Nest il notoire et euident.
Quadam neust le regier ramaige
Perdu: ne froisse son hommaige
Selle ne seust ainsi seduit
Car bien scauoit qua son ymaige
Dieu lauoit forme et produit.
Fait lauoit en lieu de delices
En lieu de haultaine plaisance
Plain de toutes choses propices
Sans miption de desplaisance.
Et en parfaicte congnoissance
De cestuy qui lauoit cree
Ia neust froissie obeissance
Se dieu neust feme creee.
Le printemps florissoit tousiours.
La toustours rossignolz chantoient

La ou pre vert arbres et fleurs
Leurs doulces odeurs espandoient
La fontaines cleres sourdoient.
La ne griselloit ne ventoit.
La tous plaisirs humains estoient
Mal nulle douleur on ny sentoit.
Or nous perce tresfort le vent
Or sur nous chiet nesge et greslee
Or oyons nous tonner souvent
Or roidissons a la gelee
Or auons nous la peau halee
Or sont mille varietez
Si est humanite foulee
De tant de contrarietez
Donques quel bien onques nous fist
Que nostre traytresse mere.
Du tout en tout si nous deffist
En deceuant nostre bon pere
Sommes nous en grande misere
Par la femme en ta conscience
Tu vois que tout homme compere
Sa mauluaise concupiscence.
Celle la mere fut: et telles
Les filles furent et seront
De homme ennemies mortelles
Et iamais ne samenderont
Tous ont deffait et deferont
Rinieres sont de mal souriou
Ia bien estre ne nous feront
Destoc pyutri maulnais bourion.
Femme nostre grande ennemye.
Mauldicte soit: bien ne luy vienne
Mauldicte soit plus ven soinneugue
De la receuoir pour amie
Mausdicte soient: limpidimie
Puist toute femme mettre a fin

Les saiges ie ne mauldi mye
Mauldit soit qui en est affin.
Cheschun a escoussir se print
Quāt il eust son propos fine
Malebouche grant cuer reprint
De ce quainsi eust sermonne
Franc vouloir bien endoctrine
Son regard vers terre baisse
Puis en parler moult aorne
Sa voix doulce ainsi couler laisse.

¶ Franc vouloir respond en excusant eue accusee moult aigrement par ladversaire: et moustre coment dieu la crea come chief doeuure: et a parfournir la beaulte et ioye de ce monde: et q̄ de fait appense ne deceut adam: ains par amours luy presenta la pomme: et quil pecha plus questē ne fist.

Dieu par sa prouidence haulte
Tout raisonnablement a fait
Ne on ne pourroit trouuer faulte
En son ouurage nen son fait

Il est maistre et ouurier perfait
Pource tresperfaicte est son oeuure
A point la faicte ne la surfait
Bon maistre a son pouoir deseueure.
Et pource il en trinite
Deternelle magnificence
En personnelle trinite.
Vng seul dieu & tressimple essence
Par sa tressimple prouidence
Du bien que en luy pose a
Voulant demoustrer sa puissance
Ainsi le monde composa.
De cieulx faisans leurs mouuemens
Et destoilles eus imposees
De contraire quatre elemens
Et de choses deulx composees
Le monde fist a reposees
Moustrant quil se vouloit bien faire
Toutes choses y sont posees
Tant bien quil ny a que refaire.
Bien nauoit fait se luy sembloit
Si ne faisoit encor plus fort
Se sa maistrise ne doubloit
Si fist adam beau saige et fort
Et en aide et en confort
La compaigna Eue la blonde
Affin quil ne print desconfort
Destre seulet en my le monde.
Sur terre homme viuant dressa
Et a sa semblance le print
Tant bien a le faire adressa
Que toutes choses en luy comprint
Part de science luy aprint
Vit questoit chose merueilleuse
Mais a tant ouurer ne se tint
Vne aultre fist plus precieuse.

De lymon adam massonna
Ce nest de salges regnye
Son corps gentement fassonna
De blancz os il fut manye
Paint poly et applanye
Puis apres se voult reposer
Il y fut trop ensonnye
A tel chef doeuure composer.
Ainsi fut femme oeuure darraine
Pource tout le monde contint
Comme parfaicte et souueraine
Car autant que homme en retint
Et part & somme luy atint
Car faicte en fut: ce nest merueille
Se le createur coy se tint
Quant il eut fait la nompareille.
Tout fut fait: tout fut acomply
Perfaicte fut toute nature
Le monde fut de ioye empły
Quant y vit la belle facture
Bien vint la plaisant creature
Bien vint la face clere et monde
Bien vint la noble pourtraicture
Bien vint le vray miroir du monde.
Homme queust il fait seul en terre
Pose quimmorte leust este
Ou eust il sceu son plaisir querre
Se dieu ne luy eust appreste
Femme: a quoy se fust arreste
Voir roy signol chanter
Mieulx ne peust estre contente
Que de voir femme enfanter.
Comme le corps ne peut sans ame
Estre long temps sans pourriture
Ainsi ne peut homme sans femme
Cest sa parfaicte nourriture

Liez sont de forte ioincture
Ilz ne doient estre desioinctz
Dieu par lamoureuse ioincture
Les a ensemble ainsi conioinctz.
Adam par luy ne puoit
Humainnement fructifier
Et touteffois il conuenoit
Lignalge humain multiplier
A lim potence supplier
Femme large rains apporta
Ce ne nous fault certifier
Mercions qui le corps porta.
Tous en elle fusmes plantez
Et mis par naturelle couche
Quiconques nous a desplantez
Rainseaulx sommes de celle souche
Se ne fut lamoureuse couche
Dommes seroit mais que de femmes
Benitz soient de toute bouche
Par qui nous auõs bonnes femes.
Les aulcuns se vont complaingnant
De ce que femme au monde vint
Sans raison les choses faingnant
Mal vient il ce quil conuint
Disans: par elles homme ruuit
Pecheur: trop luy fut inutile
Or sachent quau monde naduint
Oncques choses a eulx plus vtile.
Et la bonne femme accusent
Pour la pomme a adam donnee
Se mal fist: par auoir lexcusent
Amours la fist habandonnee
A luy estoit trop adonnee
Luy donna ce que vit premier
Selle eut congnen la destince
Elle eust arrachie le pommier.

f

Car la tresbelle amoureuse
Lamoit si tresparfaictement
Et tant estoit elle ioyeuse
De luy complaire seulement
Quelle neust peu aulcunement
De soy luy faire aultre qua point
Cestoit son ame proprement
Daultre nen auoit elle point.
Amours fist de deux choses vne
Corps et ame ensemble mesla
A deux fut voulente commune
Haine oncques ne les desmesla
En paix viuoient: iamais la
Yleurent riote ne discort
Leasse autour les accola
En ioye en paix et en acort.
Si nest vray: que femme deceut
Adam: quant le fruict luy donna
Oncques la fraude ne conceut
Elle a qui dieu ne pardonna
Tous crient femme nous dampna
Trop fut a homme despareille
Quant le serpent larraisonna
Pouoit estouper son oreille.
Le faulx ange de lucifer
De salut humain enuieux
Saillant de la fosse denfer
En paradis delicieux
Considerant quambicieux
De gloire: estoient noz parens
Leur bailla le fruict precieux
En suggerant motz apparens.
Force disoit: dieu deffendu
A: que du fruict pas ne goustez
La fin nauez pas entendu:
Cest: que vous ne le surmontez

Et de son lieu ne le boutez
Et naiez diuine science
Se saiges estes: ne doubtez
Faire: du fruict experience.
Eue laquelle ne dormoit
A celle persuasion
Desirant que cil quelle aimoit
Eust haultaine perfection
Sans aultre pire intention
Du fruict luy donna prestement
Et luy remply dambicion
Le receut amoureusement.
Concede que tous deux pecherent
En commettant cas criminel:
Que tous leurs enfans empresche̅t
De commun vice originel
Nest pas le peche paternel
Selon raison demonstratiue
Trop plus grant: que le maternel
Si est: a ma indicatiue.
Les maistres en philosophie
Qui sceuent nature esprouuer
Et ceulx en la saincte sophie
Lesquelz ie nose reprouuer
Veussent demonstrer et prouuer
Par raison faicte a leur teste
Quon ne pourroit femme trouuer
Estable: ferme: naresste.
Ou a fumee: ou a vent
Comme se rien ne fut: la rapporte̅t
Estriuent et disent souuent
Queu trestoutes choses qui portent
Ame: et en terre se deportent
La femme est la plus imperfaicte
En somme leurs raisons emportent
Quelle fut caduquement faicte.

Je croy que chescun te dira
C'est la commune abusion
Or vieugne qui contredira
A la mienne conclusion
Sans falaces ou illusion
Verra qu'on dit femme epcuser
Et de celle transgression
Principaument comme accuser.
Il eut a la temptation
Plus fort combatre et contrester
Puis que de sa condicion
Il est plus fort a conquester
Se devoit il laisser mater
A cil que si tost lengainna
On ne le doit preuz reputer
Quant ainsi sa force espargna.
Quant homme d'armes est batu
Et subgect a son ennemy
Pource que c'est mal combatu
Et n'a feru cop ne demy
Selon l'entendement de my
Blasme doit il estre et plus ris
Que le vainqueur tout enommy
Qui a des coups les bras pourris.
Vertu en blasme se retort
Quant n'est vaillamment espandue
Pource adam doit auoir le tort
De ceste bataille perdue
Par sa lascheté esperdue
D'ung seul cop ne se deffendit
Quant vit la pomme deffendue
Incontinent dieu offendit.
Ne deut il la fragilité
Feminine reconforter
Par force et par habilité
De sens la femme soupporter

S'on le pouoit vif rapporter
Je me vante qu'en plaine audience
Diroie: seul devoit porter
Le peche d'inobedience.
Par luy seroit et s'accusee
Toute la coulpe auoir vouldroit
Ainsi ne seroit accusee
Comme l'accuses or endroit
Qui scaues du tort et du droit
Plus que ceulx ne firent oncques
Lesquelz croire ne consentiroit
Come ne qui blasmez sont doncques.
Sainct augustin que tant on prise
Dit que adam en dormant vist
De ihesucrist et de l'eglise
L'union que apres se fist
Ja soit ce que il n'entendist
Le malheur que luy auiendroit
Neantmains peut estre qu'il sentist
Que comme aucune foys cherroit.
Ainsi de rompre le command
Diuin: se deut il garder mieulx
Et ce qu'il eut veu en dormant
Mettre et fichier deuant ses yeulx
Item ambroise docteur vieulx
Dit: qu'elle n'eust mandement
Par la bouche du dieu des dieux
Mais de son mary seulement.
Si dy ie que force offendu
N'eust: se dieu en propre personne
Luy eut sa pomme deffendu
Laquelle ne luy fut pas bonne
Ja n'eust elle esté si felonne
Qu'elle eust atouché le pommier
Doncques qui est cil qui ne donne
Plus de coulpe au pere premier.

f ii

Or prenons que par ignorance
Passassent le commandement
Et que leur desobeissance
Desseruit mortel dampnement
Si fault il necessairement
Confesser que homme pis fit
Il & plus hault entendement
Ne sçut estre ainsi desconfit.
Ne pource sçulz eue nommer
Dadam plus fresle en mon viuant
Mais toute femme renommer
Contre mesdisant estriuant
Quant langue fauldra estriuant
Leurs vertuz et leurs grãs miracles
Leur esclaue suis et seruant
Nourry en leur sainctz tabernacles
Mais se la femme appellez fresle
Et dinconstance laccusez
Tant fut maigrette haigre ou gresse
Tort auez ie ne lexcusez
Se fresle fut or y musez
Fragilite ne peut ferme estre
Se fresle fut: en accusez
Qui predit paradis terrestre.
Bien dirent ceulx qui ont iuge
Que seste eust peche seulement
Et adam neust du fruict menge
Neussions originellement
Peche: et sil se mandement
De dieu neust trespasse encores
Eussions peche communement
Cõme les nouueaulx nez sont écores.
Concluons donc en ceste part
Et si nen soiez ia marry
Que la transgression ne part
Deue: tant que de son mary

Se & ce tu es esmarry
Car aultre ce ne dient mye
Soiez seur que par sainct mary
Charite domme est endormye.
Touteffois ie ne veulx crecr
Contre lauctorite des saintz
Que len ne me vienne serrer
Et sier les piedz et les mains
Mais encontre les hõmes plains
De reprouche et de vilenie
Je ne pourroie dire mains
De mes dames que dieu beguye.
Puis dient les lasches prescheurs
Par femmes toꝰ & saige sõmes.
Et crient apres les pecheurs
Nostre vie ne vault deux pommes
Car porter fault trop pesans sõmes
Dont nous eussiõs estre deliures
C'est au reuestier & leurs sommes
Que telz propos tiennent les yures.
Comme se peut il de dieu plaindre
Ila il la plusspart de ses dits
Ne peut il pas aulx cieulx attaindre
Par bonnes oeuures et pardons
Nous & nous mesmes se perdons
A tous la grant porte est patente
De monter ne nous recordons
Aultrement tornons nostre entente.
Puis regrettez le temps passe
En paradis terrestrien
Disans: las se neust trespasse
Le mandement celestien
Nous eussions eu sans aultre bien
Immortelle condicion
Or sommes se nen doubte rien
En peril de dampnation.

⁋ Aux dõmaiges q̃ l'aduersaire a propo
se cõtre eue: le chãpion respond: mõstrãt
q̃ rien ou tant nauons perdu par elle cõ
me on dit.

Par femme nauons rien perdu
Saulue & tous la reuerence
Celle neust le fruict despendu
La diuine magnificence
Ne nous eust monstre sa presence
Soubz humaine incarnacion
Habite neust son excellence
Entre nee generacion.
Et ne leussions si familier
Et tant bien ne leussions parceu
Et de biens neussions ung millier
Que depuis nous auons receu
Par sa mort il nous est escheu
Son corps: et les sainctz sacremẽs
Et tant il ne nous est mescheu
Que tu dis en tes argumens.
Peche permist: affin que mieulx
Nous peust monstrer sa charite
Quant il descenderoit des cieulx
A vestir nostre humanite
Se garde eussent equite
Homs iourant diuine offence
Mestier nestoit dumilite
Diuine: a reparer l'offence.
Et se nous tous sommes subgectz
A mal et a peche commettre
Desles pouons estre vengez
Par nos a vraye amour soubmettre
Jamais il ne pourra permettre
Quen la fin peche nous attire
Car qui son cuer en luy veult mettre
Il ne peut tresbucher a terre.

Qui veult le bon dieu requerir
Et viure vertueusement
Pour certain il ne peut perir
Ne tresbucher a dampnement.
Dire on ne peut aucunement
Quen luy ait depitie & faulte
Se dampnes sommes: seurement
Ce nest que par la nostre faulte.
Vertu auroit petit loyer
Se nauoit a qui bataillast
Si l conuenoit pour s'employer
Que l'aduersaire champ baillast
Affin que on se y taillast
Ou mist en fuyte: couronnee
Vers dieu sur les cieulx sen rallast
Danges chantans enuironnee.
Pour exercer cheualerie
Guerre contre nous esmouuoir.
Dieu seuffre: & sa gallerie
Voit: qui bien fait son d'uoir
Vertu armee fault auoir
Et ferir dautant et dautel
Le monde cy a dire voir
Est semblable a vng champ mortel.
Plus d'honneur aura mortel homme
Sil veult a vertu prouffiter.
Que se dieu sans deffendre pomme
Leut permis ignorant ester.
Ce quon vit par force acquester
Ne doit estre en degree mis
Paradis pouons conquester
Par violence continue.
Et ne nous chault se nostre corps
En bas pourrit viande es vers
Mais que nostre ame saille hors
De ce monde: et retourne vers

f iii

Nostre vray dieu:car quant couuers
Sera et bien purifie
Car de sa nature est peruers
Jassus viendra purifie.

℟ Le champiō respōd a laduersaire qui se
complaignoit du prin tēps:ouquel eust
tousiours vescu lōme:se la fēme neust
peche.

Et puis vient:pas pardurable
Fut prin tēps sans mutacion
Certes trop ne nous est greuable
Temprestle alternacion
Mesmement & condicion
Voulons auoir diuerses choses
Et prendre delectacion
Puis auoir neiges:et puis roses.

Se grant froit amaine hyuer
Se le tēps nest tousiours courtois
Remede auons a leschiuer
Pource fait on maisons et tois
Sil fait trop chault:lōbre est au bois
Ou zephirus souuent souspire
Contre la rudesse des mois
Humaine saigesse conspire.

Ne nous soit grief de labourer
Pour nostre vie maintenir
Le temps ne peut tousiours durer
Tout fault il a sa fin venir
Aussi vault il mieulx soustenir
Vng peu de trauail et de peine
Que soy en oyseuse tenir
De dueil et de melencolie pleine.

Si conclus raisonnablement
De tous les antecedens miens
Que auons pardurablement
Louer la mere de tous biens

Mesmement:se nous voulons riens
Singulierement honnorer
Sur tous ymaiges terriens
Deussions son ymaige adourer.

Noble fut sa creation
Plus que adam:cest nostre mere
Se precha:la transgression
Commist pour plaire a nostre pere
Se precha:dieu en eusmes a frere
Pour preche voult a nous venir
Encor auons son corps en terre
Tousiours nous en dit souuenir.

Laduersaire aux manieres briefues
En vng ris estraungle:alors
Commenca a mouuoir ses leures
Et getter ses parolles hors
En criant de hors de hors
Qui ouyt oncques tel menteur
Faictes escripre ses rappors
Il est vng tresuaillant docteur.

℟ Laduersaire cōtre la respōce q̄ le chā
pion luy a baillee sur la formacion de
eue repliq̄:q̄ dieu ne la fist pour ce mō
de embelir et orner:mais affin q̄ fut
instrumēt au diable enfer:leql̄ sans
elle:abatre homme ne pouoit:ne par
aulcun preche confondre.

Ne te dist pas dieu son secret
Quant il voult homme instituer
Ne luy fist muer son decret
Et nostre adam destituer
Pour la femme restituer
Laquelle nomes doeuure chief
Ne luy feras constituer
Vng aultre monde de rechief.

Oultre verite ne soist faindre
A cil qui nait soy ne mentir
Et ne doit on son parler paludre
Tant quon ny puist le voir sentir
Je ne te vulz pas desmentir
Ne tout contredire a ton gre
Aussi ne puis le consentir
Que dieu fist femme a tel degre.
Comment la vrilz tant essaulcer
Affermant que homme ne soit
Souffisant pour la reschausser
Ta flaterye chescun voit
Qui est si fol qui ne congnoit
Que femme est de fresle nature
A homme subgecte par droit
Comme len voit en lescripture.
Je ne scay de quoy tu la puisses
Louer: se les choses ne fains
Et si ne croy que iamais vissses
Les dictz des saiges et des sainctz
Mais de quelque folle es tu sains
Jentens trop bien la maladie
Si as ton entendement sains
Pour femme que ihesus mauldie.
Or parlons de la corpulence
Pourtant se falete fut de los
Dadam: telle preeminence
Luy dois tu donner et tel los
Le saige philosophe los
Qui nomma femme bonne knny
Les yeulx eust plus cler que falos
Qui dehors la vit et parmy.
Femme est masle occasionne
Cestadire: vng homme imperfaict
Ou pour vne occasionne
Compain entens tu bien le fait

Ne veusse penser que dieu fait
Fait: pour ce monde reparer
Je te dis quil en est plus lait
Mais pour nous delle separer
Quant vng potier voit son pot fait
Du remenant ne scet que face
Si non que souuent il en fait
Vng marmoset de strange face
Ainsi dieu ceste chiesue face
Fist de la demeurant rasure
Quant il eust homme par sa grace
Compose par bonne mesure.
On la fist: car quant vng contraire
Est a son contraire oppose
On peut mieulx la valeur retraire
De cil qui est iupte pose
Or est il trestout suppose
Que femme est noire et homme blanc
Pource appert mieulx compose
Vers elle que ne vault vng blanc.
On la fist pour toy contenter
Car le faulx diable de luy seul
Neust entrepris dadam tempter
Et luy faire partir le sueil
Du paradis: ou nestoit dueil
Et entrer en terre de pleur
Il ne luy eust aueugle loeil
Tant fut il soubtil enchanteur.
Mais certes femme vng engin a
En enfer vng tel nen a il
Par lequel sathan seysigna
Et luy fist perdre le courtil
Delicieulx: et prendre ostil
De labeur que encores guardons
Fut il saige: fut il subtil
Prins fut comme lart au pardons.

f iiii

Faicte ne fut pour secourir
Home: mais pour luy mener guerre
Ennuy donner: faire mourir
Perdre paradis et la terre
Dieu ne pouoit a homme querre
Plus fier: plus mortel aduersaire
Ne(en) parolos plus bon gre saint pierre
Femme nest faicte qua malfaire.
Delles parler ne sculz ie plus
Et se dit ien ay a ta guise
Delles soit sceu tout le sourplus
Es docteurs & la saincte esglise
Mais vne chose te scuise
Que selle neust voulu menger
Le fruict: la gloire estoit acquise
Laquelle actendons en dangier.
¶ Contre la beaulte du corps feme=
nin laduersaire tātost sa parolle redouble:
alleguāt les īcōueniās diuers q̄ son y voit

E retourne au corps feminin
Car semble quadorer le doyes
Bel amy es tu bien sensuy
Et que penses tu que tu voies

Serpens anguilles ou lamproies
Se leurs corps & leurs semblēt pais
Ilz sont & deus certain en soies
De venin et dordure plains.
Tu parles mal en ytrite
Et faulcement a comparaiges
Le pru quelles ont & beaulte
Disant que sont diuins ymaiges
Ou clers angeliques visaiges
Cest nostre mondain tresor
Saiche se ne le scez quaulx sages
Tout ce qui reluit nest pas or.
Belle te semble la fleur tendre
La fleur qui est tantost finee
La fleur qui est tātost mise en cendre
La fleur morte quant elle est nee
Femme est fleur dune matinee
Peu de chose tantost la nuyt
Tost vient a malle destinee
Comme la grace dune nuyt.
Aussi te moustre bien nature
Quant si tost grande la fait estre
Que na moult de soing et de cure
De sa vie ne de son estre.
Et comme en chescun lieu terrestre
Mauluaise herbe voulentiers croit
Femme hastiuement doit croistre
Saige nest pas qui ne men croit.
Tost vient: tost est ridee et pale
Tost deuient flache et escolee
Tost pert sa couleur principale
Tost a la mamelle aualee
Tost vy pert ne mont ne valee
Tost est neāt pis que ne dis
Beaulte & femme est tost alee
Fles vous y fontz estourdis.

Certainement a qui que plaisent
Leurs beaultes &lyrs et &dens
Trestout autant si me &splaisent
Et pis: que venimeus serpens
Ausquelz la peau suyt: mais &dens
Poingnēt et mordent hōme a mort
Plaisans semblans a maintes gens
Mais tel maintesfois rit qui mort.
Je tais celle paise sepmaine
Car dire ne le daigneroie
Celle chose a toy ne mantaine
Mais ie ne macompaigneroie
Auec femme ne me baigneroie
Mieulx ameroie estre en saine
Ie scay se dire loseroie
Car fēme en son mois nest pas saine.
Et cōme oncques ne fut si blanche
Lauce: que ne parut soullice
Ainsi soit catherine ou blanche
Tousiours parra sale et toustice
Tant soit nectoiee ou moustiee
La tache point ne sen ira
Et plus &uiendra enroustiee
De tant plus quoy la maniera
Qui cuide fonder en la mer
Maison ou forteresse &pierre
Pour certain il fait a blasmer
Et trop oustrageusement erre
Et pareillement par saint pierre
Qui cuide en femme lunaticque
Bon fondement & vertu querre
Car trop fresle est et erraticque.
Comme la lune chescun mois
Croit & descroit et nest en vng point
Ainsi femme comme tu lois
De bonne fermete na point
Fragilite tousiours la point

Et tourne &dens son rouet
La tourne: la point et repoint
Qui en ist tresmaulx: mais brouet
Platon & socrate escolier
Lequel est diuin appelle
Compare a chartre ou a celier
Corps humain petit ou grle
Et se neust de luy appelle
Ou celle chartre estroite: ou large
Lesperit du ciel desuasle
Ou il se straint ou il seslarge.
Dont se elles sont en corps rude
Maternel et plain de fange
Viuant en grosse et rude estude
Comme barer et batre en grauge
Mais en corps lingne et mais estrāge
Au plus hault engin se suertuent
Auleuns &steunt toy entiers satuge
Et auleuns dient quilz sen tuent.
Soit vraye ou faulse sa sentence
Disputer ne quiers a present
Mais ie puis dire en ta presence
Que se tout le monde y consent
Plus est vague et plus est absent
Lengin humain: et mains se mire
Mains se cōgnoit il et mains sent
Ce quil conuient ou faire ou dire,
Or est vray quen corps fresle et mol
A coustume muable et labile
Soit par nature ou par bemol
Vit cil engin prest et mobile
A tost voir asses habile
Visse a digerer la besougne
Femme et fut elle sebylle
Ne vault qua filler sa quelougne.
Lengin ont elle si legier
Et tant legier et tant actif

Que par le benoit sainct sigle,
Il n'est que trop penetratif
Trop l'est il: et mal ententif
A garder la loy crestienne
Comme qui est si transitif
Treuve vertu en la moyenne.
Doncques de corps ne d'esperit
N'ont elles sur nous auantaige
Leur fresle corps tantost perit
Vermolu et mort auant aage
Comme sans bon arrest voulage
Ie scet que vices forcenner
Femme de tresmauluais couraige
Ie scust a bien faire assenner.
Si confesse sil te plaist ores
Sans point seruir a flaterie
Ce que tous les saiges encores
Ont dit de leur barraterie
Il n'est pueur que chanterie
Qui saiche plus de mauluais ars
Femme vse de fantomerie
Pendre on les scust a males hars.
Confesse ce que tes yeulx voient
Dis les choses comme elles sont
Les marchans faillent et foruoient
Qui leurs marchandises forfont
On scet bien qu'elles elles sont
Par la mort dieu a vng brief mot
Ie la te veulx a vng mot tout
Elle ne vault rien pot ne rost.
Est il masle tant soit meschant
Qui voulsist femme d'auenir
Se dieu ou aultre par enchant
Ne le faisoit tel reuenir
Nul bien ne luy pourroit venir
D'auoir nature si caducque
Estable ne se peut tenir

Femme: qui voulentier tresbuche.
Quantes en est il qui vouldroient
Estre hommes par ton sacrement
Ie scay bien que toutes prendroient
De tresbon cuer le schaungement
Gaigne y feroient grandement
Car bien leur valeur elles sceuent
Et pour le nostre auancement
De d'esprit et d'uure creuent.
Car quant es aultres elles visent
Ou les oyseaulx qui par l'air vont
Que tous les masles plus se prisent
Que les femelles: elles ont
Vraye semblance qu'elles sont
Domines seruantes et meschines
Comme a vng coq qui point ne ville
Est vng plain poster de gelines.
Encor ne scust estre seruante
L'orgueilleuse beste petiue
Asses a elle dont se vante
Que soubz les piedz de l'homme viue
Conuiendroit qu'elle fut fugitiue
Par la terre se te recorde
Se il de la seule chettiue
N'auoit grande misericorde.
Si te tais de ceste matiere
Et parle de meilleur: ouy
Vouloir ne eusse pour ta terre
Que l'inquisiteur t'eust ouy
Dis en as pour estre affouy
Et priue de nostre colliege
Et d'ignes nes quayes loup
Tant de nostre beau priuilege.
Mais quel besoing est de prouuer
Par arguments et raisons fortes
Ce que ne veullent reprouuer
Les vaillans femmes que tu portes

Il est mieulx que tu te departes
Et laisse celle frenesie
Jen ay veu ardre hors des portes
Pour soustenir mains heresie.
Folles amours font faire telz songes
Et vouldroit quainsi aduenissent
Pourtant ne sont ce que mensonges
Que comme fumiere finissent
Et pose quelle deuenissent
Plus parfaictes que ia ne furent
Ou iusques au ciel paruenissent
Tous les saiges ne se partiurent.
Les clercs nompas toy sont acroire
Car escripture neussent daignie
Force quexperience voire
Loing temps leur auoit enseignie
Destre creu: eulx tous ont gaignie
Mentir nestoit en leur vsaige
Et se contre eulx ces engaignie
Je te dis que tu nes pas saige.
Lis les liures tant que tu vouldras
Mesmement en saincte escripture
A prine iamais trouueras
Quilz ne mauldient leur nature
La sanglente male aduenture
Puist par accort toutes confondre
Trop no? nuit fenie et trop no? dure
Or respons se tu veulx respondre.

Le champio a respodre aux accusacios
de laduersaire: represt sa darniere sen
tence fondee au commun dit ct es e
scriptures: et pour plustost luy repli-
quer dit: q renomee tousiours nest ve
ritable: et q plusieurs contre les fem-
mes ont escript par enuye.

¶ Cestuy vaillant procureur
Que bien monstroit a son langaige
Quil estoit remply de fureur
Et de tres despiteuse raige
Le champion rassis et saige
Respodit: vous monstrez assez
Au maintien de vostre visaige
Que se mal dictes: pis pensez.
Certes raison naura la lieu
Ou fureur celebre son seinne
Fureur nayme pas le milieu
Que vertu dmande et asseime
Et pource sireup tart senchenne
A regarder la verite.
Et mauldit de bouche ou de peine
Qui de sens est desherite.
Fureur ta esmeu contre celles
Ou enuye: qui bien ne prise
Si nest merueilles se tu celles
Le bien des femmes sans reprise
Que se raison estoit comprise
De toy: ie te dis a loziere
Dampneroie cil qui desprise
Femme de tous biens tresoriere.
Pource ta ceruelle qui boult
Refroide: et escoute et croy
Se voir veulx de bout en bout
Comment tu parles et pour quoy
Doucques arras en recoy
Que parle as contre raison
Et quil se fait mieulx tenir quoy
Que mesdire en quelque saison.
Renommee le peuple trompe
Il assault et ne seet comment
Chescun flagosse apres la troupe
Et neutent son commencement

Mais quoy die publiquement.
Jennin cornest est orateur
Chescun dira communement
Ilest trop solempnel docteur.
Mains hommes ont este nommes
Tressaiges du peuple menu
Et par le monde renommez
Comme vng dieu sur terre tenu
Lesquelz quoy quil soit aduenu
Furent plains degrandes folies
Mais comme iay bien retenu
Son temps pert fol qui ne folie
A paine est vng saige entre mille
Cheschun nest semblable a platon.
Tant nen a en chescune ville
Que chescun iour en y fait on
Tel cuide on vng saige cathon
Et salue on par my la rue
Qui fut porter vng grant baston
A son col: ou vne massue.
Et cuide tu tres folle beste
Que trestous ceulx qui ont escript
Eussent tant de sens en leur teste
Ou vray soit tout cen quilz ont dit
Aulcuns ont a leur gre mesdit
Car bien dire ilz ne scauoient
Ou pource que en gracieux dit
Tãt quen hayneux plaisir nauoiẽt.
Blasmer ne vueil les docteurs saictz
Qui ont vescu en nostre foy
Je fais la feste de tous sainctz
On la fait en lan vne foy
Mais ie tasseure sur ma foy
Que silz ont de femme dit mal
Sa este daulcune a parsoy
Non de toutes en general.

Mais nen ont dit pape gregoire
Ambroise: le saige augustin
Jherosme eloquent en histoyre
Les saictz remplis desprit diuin
Pas nont emply leur parchemin
Contre les hommes et les bestes
Houlliez et ruffiens et coquin
Font telles hayneuses nouuelles.
Et plus y a: car ilz reprenuent
Les vices de nature humaine
A homme trop plus ilz se preignent
Car erreur trop plus le demaine
Femme de tout pêche nest saine
Le scay ie: mais lises les textes
De mainte escripture certaine
Et verres que plus blasme estes.
Merueille ou miracle te semble
Que chief doeuure femme ie nõme
En qui de grant vertuz ensemble
Le createur voult mettre: comme
Selle fut le poix et la somme
Ou tout cestuy monde est compris
Il nest aduis que de nul homme
Par droit nen doye estre repris.
Quãt les choses sont en vng ordre
La derniere toutes enclost
Les premieres qui se vuelt mordre
Parle au philosophe tantost
Or ne fut dieu yure ne sot
Sans ordre a ouurer ne se prist
Si vueil conclure a ce brief mot
Eue de dieu nul mal naprist.
Faire on leur vult les auõt peser
Car ilz ne sceuent quilz se dient
Homme non parfait appeller
La vulent: qui trop estudient

Mais pource ainsi en mesdient
Car leur perfection nentendent
Et de leurs dietz ne se desdient
Qui delles la mercy nattendent.

¶Le champion plus especialment desclaire son dire dit: soyent la beaulte gracieusete et doulceur: et toutes aultres plaisans vertuz: lesquelles sont en femmes plus quen hommes.

Se homme plus parfait en corps
A il singuliere beaulte
Soit par dedens ou par dehors
A il plus despecialte
Regarde par ta leaulte
Se corps de femme est main iolye
Se tu veulz dire verite
Tu le iugeras plus poly.
Que fault il a beaulte de femme
Nen corps ne bras ne piedz ne teste
Nest ce pas la plaisante gemme
Par tout le monde manifeste
Ne la doit on mettre en la feste
Du temple que chescun la loye
Se dieu faisoit icy sa feste
Ne la vouldroit voir par ioye.
On voit voulentiers beaulx cheuaulx
Belles femmes: beaulx paremens
Beaulx bois: beaulx pres mos et vaulx
Beau soleil et beaulx elemens
Belles dames: beaulx ornemens
Beaulte de femme est auctentique
Sur tous les humains pas ne mes
Elles ont visalge angelique.
Femme est comme estoille iournale
Qui chasse la nuyt et annonce

Ioye: et clarte matutinale
Femme est ung bien q̃ point ne scoce
Femme est le signe et la semonce
De toute ioye tempreste
A toute creature renonce
Qui ne se tient ioyeulx pour elle.
Cest lorient de humain plaisir
Le mydi de humaine ioye
Le lieu: le seiour: le loisir
Le puys damours et la montioye
Femme tous biens au monde envoye
Celle ne fust certainement
Ie cuide quil seroit en voye
De finer doloreusement.
Femme est secours contre foiblesse
Ioye contre melancolie
Courtoisie contre rudesse
Sens et aduis contre folie
Nature en femme est tant polie
Se le ne say dit: ie le dis
Tant gracieuse et tant iolie
Quelle est terrestre paradis.
Aristote dit: qui auroit
Tous les temps de sa vie este
Sans voir noyr en ung destroit
Ou aux antipodes boute
Puis par diuine voulente
Veoit cestuy mondain parage
Il diroit sans estre enhorte
Ie voy vng haulk diuin ouurage.
Semblablement se vu neussiez
Femme: iusques a cestuy iour
Et voir vne dame peussiez
En la beaulte de son atour
Tu diroie le voy la fleur
Du monde: et la ioye des ioyes

La beaulte honneur et lamour
Et par mon ame si feroies.
Conteras cy dun nouice
Qui oncques veu femme nauoit
Innocent estoit et sans vice
Et riens du monde ne scauoit
Tant que cestuy qui sensuyuoit
Luy fist acroire par ses voies
Des belles dames quil voit
Que sestoient oysons et oyes.
On ne peut nature tromper
En apres tant luy en souuint
Quil ne peut disner ne souper
Tant amoureup il en deuint
Et quant les moines plus de vingtz
Luy demanderent quil musoit
Il respondit comme il conuint
Que voir les oyes luy plaisoit.
Ou oysons oyetz ou anuettes
Qui femme ne voit: il na riens
Comme sans soleil ou planettes
Ou clarte aueugle te tiens
Ainsi sans elles: & tous biens
La lumiere et le fondement
Homme par sainct fremin damiens
Yl a ne ioye nesbatement.
Corps traictis: plus droit que sappin
Col pur: cristallin gosier
Piedz bien formes sans escapin
Rains ployans comme franc osier
Corps florissant comme rosier
Corps plus que fin basme odorant
Corps enuoye pour nous aisier
Et sauluer tout le demeurant.
Corps de femme: corps de deesse
Corps de toute beaulte lumiere

Il doit estre bien par rudesse
Preserue en toute matiere
De beaulte porte la banniere
A luy nest homme compare
Si est bel deuant et darriere
Femme la nourry et pare.
Les hommes en champs et en rue
Sont plus durs plꝰ gras et plꝰ gros
Mais cest pour mener la charrue
Que dieu leur a donne tel os
Telles espaules et telz dos
A beaulte de femme garder
Tous les arbres qui sont au bos
Ont este faitz pour regarder.
Chesne descorse et de nueu plain
Sapplyng droit iusques au copel
Vlme tendans branches a plain
If ou noyer de durs coupel
Sont moins que roses en chapel
Ne que les tendres violettes
Aussi homme de rude pel
Ne plait tant que les bachelettes.
Comme en forest ou en saussoie
Quant liuer ne la peut brunir
Sur lerbe verde plus que soye
Pour toute beaulte parfournir
Nature fait fleurs espanir
Et dieu qui scet tout ordonner
Fist beaulte en femme venir
Pour parer ce monde et orner.
En cestuy monde ou nous naissons
Femme est la doulceur et la fleur
Et en la dance ou nous dansons
Elle est lespouse au gent atour
Ou cuers et yeulx ont leur retour
Cesse ny fust: tout cesseroit

Homme ny scauroit donner tour
Rien & la feste ne seroit.
De la beaulte parler ne fault
Seule est et sans comparaison
Car dautant que vit ung gerfault
Qui volle plus hault que moisson
Dautant surmonte elle a foison
Celle & nous hommes barbus
Se ne te plait ceste raison
Tu ensuis le commun abus.
Or laissez haines et rancueurs
Et vostre orgueil amolliez
Aux genoulx ploiez voz durs cueurs
Et aux dames vous ralliez
Sen paradis entrer voulez
Sans elles: ie croy que saint pierre
Diroit: fuiez vilains fuiez
Allez ainsois les dames querre.
Aux mariez principalment
Parle: ia soit ce que nesuis
Soit exempt du commandement
Disant que ien aie chescun
Car mary qui se paist & sgrun
Et le miel sa femme refuse
Sans y prendre appetit aulcun
Digne nest pas que sa vie vse.

¶ Le champion respond a aulcuns
aultres argumens.

OR respons ie a ta villanye
A honte dit homme & sfait
Tu scez bien que plus applanye
Louurier souuraige quil a fait
Plus le poly: plus le parfait
Aussi plus se purge et espurge

Plus entent nature q son fait
Plus est la femme nette et pure.
Corps humain & puanteur gouffre
Corps compose & mortier ort
Doit plus sentir et puir souffre
Quant plus en fange gist et dort
Et plus est net a ton rapport
Qui mains dordure en luy retient
Or fais donc maintenant ton fort
Lequel nature plus net retient.
Soit ainsi que feminin corps
Quattre elemens ensemble soient
Il est vray que les trois mains ors
La terre purgent et nettoient
Dont elles ont mois: pourquoy doict
Estre plus cleres et plus nettes
Et mesmement comme tous soient
Que les purgent lune et planettes.
Comme lor & la terre issant
Par caue par vent et par charbon
Deuient cler et resplendissant
Et sur tous aultres metaulx bon
Ainsi se dieu me doint pardon
Deaue et feu qui tout clarifient
Le mal du terrien limon
Du corps & femme purifient.
Se femme a son corps en mesaise
Ou ung pru & male sante
Se terre y est orde et punaise
Son beau baing luy est apreste
Chescun mois yuer et este
Elle a sepmaines purgatiues
Or soit tout homme ammoneste
De ceste grand prerogatiue.
Mais pour lonneur de nostre dame
Comme puis dire parolle orde

Homme soit marquis ou vidame
Et de celle ne se recorde
Laquelle a rompu arc et corde
Pour luy donner vie et nature
Femme par sa misericorde
Souffre pour nous maincte aduenture.
Pourquoy fusmes & femmes neiz
Pourquoy au monde vintes vous
Qui les bonnes femmes dampnez
Mieulx vallent trestoutes que nous
Vous les buissiez tous a genoulx
Adorer: elles che scun vient
Mais ce est de coustume qua tous
Ingratz: & bien faict ne souuient.
Las que de painne & trauail
Ont en nostre natiuite
Ou chief nont si petit cheueil
Lequel nen soit debilite
Cest lamour: cest la charite
Que de la bonne mere auons
Et ou elle a tant merite
Blaspheme a lencontre rendons.
Nous ne valons une mitaine
Et ainsi proprement faison
Que les filz de la marmotaine
Laquelle apres quen la saison
A tresbien proueu sa maison
Et les a jeuz et alaictie
Hors la chassent par desraison
Et nen ont aulcune pitie.
Ainsi nous ung peu esgrandis
Compte de femme ne tenons
Ou den parler en vilains dis
Au moins pas ne nous abstenons
Et si scauons que nous tenons
Delles: et quen leurs propres flans

Corps et ame ensemble prenons
Et sommes leurs propres enfans.
Helas homme pourroit il prandre
Poire femme une paiune si dure
Il la laisseroit ainsi es pendre
Et mettre en sin fernelle ordure
Paiune vous dis je oultre mesure
Et paciente plus que Iob
Femme a iusques ala mort sure
Comme rachel femme Iacob.
Nourris nous ont les dulces meres
Painne ont eu si que fussions
Se nous eussent este ameres
Maintenant vie ou corps neussions
Las leur amour recongnoissons
Au moins de bouche seulement
Puis que de faict ne suffisons
Leur satiffaire aulcunement.
Pose quil y eut a redire
Encor pour nostre honneur garder
Nous ne deuons delles mesdire
Qui sus aultruy parle: esgarder
Il doit: se len peut regarder
Pire de celluy qui reprent
Que ainsi est: contregarder
Se doit: aultrement il mespreut.
Dont se taisent grans et petis
Incontinent la bouche clouent:
Clouent et soient ententis
De bien dire et les femmes louent
Toutes leurs puissances allouent
A les garder et conseruer
Les gentilz cheualiers se vouent
A dieu: pour les dames sauluer.
Que femme croit par non chaloir
De nature tu as deduit

A qui puist plaire ton vouloir
Si plait il: mais tu es seduit
Car le bon dieu qui tout produit
Et a son occasion mainne
La fait pour lamoureux reduit
Si tost croistre en nature humaine.
Plustost embarnist et fournist
Celle en qui les hommes sont faiz
De laquelle sans peine on nuist
Affin que puist pourter le faiz
Et nourrir en lieu des effaiz
Et trespasses hommes nouueaulx
Se les hommes nestoient reffaiz
Tost seroit le monde en tombeaulx.
Se deuient vile pale et maigre
Escoulee ridee et seche
Le grant trauail: le labeur asgre
Lapplatist amortist et seche
Son ius et son sang chescun le seche
On ne luy laisse que lescorce
Sur elle na de beaulte tache
Que le petit enfant nescorche.
Comment seroit vng homme layt
Affoibly ou trop empyre
Se len auoit autant de layt
Ou de sang de son corps tire
Comme de ce corps martyre
Trait lenfant pendant a mamelle
Las ainsi nest il de tire
Bon temps a masle enuers femelle.
Mais se dieu nous donne sa gloire
Parlons ensemble par accort
Se ceulx ges du temps sainct maglore
Qui neussent encor souffert mort
Cy fussent: dirois tu mains ort
Comme: plus bel ou mais treslaide

Par le vray dieu ie te recort
Quelle auroit aussi bon semblant.
Selle meurt tost et se tost naige
Le monde cest la mer courant
Si tost fait son pelerinaige
Ihesus luy est plus secourant
Plustost voit dieu: plustost mourant
Se faulsement ie nadeuine
Et peu luy chault du demourant
Qui tend a la gloire diuine.
Et touteffois le grant balixe
En son tresnotable comment
Se ne men croy se le va lire
Que maintes tempresseuement
Ont vescu aussi longuement
Que plusieurs anciens peles
Daage dis ie continuellement
Ylompas du temps matusales.
Si nay ie dit de la geante
Dont augustin fait mention
Ne que chrisostoine creante
Par vraye argumentacion
Que la foible condicion
Delles: du seul sexe nest mye
Coustume et educacion
Les abolist rompt et esluye.
Car leurs oisiuitez douillettes
Arriere du soleil nourries
Les rendent fresles et monlettes
Que se de chastaignes roties
Daulx ou de racines boullies
Et des champs la vie faisoient
Leurs faces ainsi amorties
Plus de vigueur recouureroient.
Celles des champs comme il te semble
Sont plus fortes q̄ nous bourgois

Qui ne peuent faire besoingne
Si non a l'aise et a sejours
Ainsi par ce docteur cognois
Que telles ne sont par nature
Que par les villes tu le vois
Ce leur fait doulce nourriture.

¶Le champion respond: q̃ les hom̃es en vertu en habilite ne en engin ne doiuet auoir sos q̃ sus les femmes: et que ne doiuent estre a eulx subgectes.

Vne fois confesse tu mas
Quelles ont regi mõlt soudain
Vray as dit ce saict thomas
Mais quil ne soit saige et mondain
Ia soit quil passe cerf et dain
En legierete ie le te nye
Femmes sans tim̃ert et iourdain
Vesquirent en amazonye.
Alixandre qui tout conquist
Contre les dames bataille
Auant que le royaulme acquist
En pierres plusieurs entailla

Maintes iournees trauailla
Pour conquester cestuy royaulme
Qui resistence luy bailla
Ce ne fist gaustier ne guillaume.
A priser est que bien estoit
Conduicte la chose publicque
Quant contre cestuy qui sin festoit
Femme faisoit telle repl'icque
Certes ou leurs engins sapplicque
Peu valent rudesse ou rigueur
Cest vne diuine relique
Qui sur les hommes a vigueur.
Platon aussi en demoustrant
Les biens de la communite
Voulst que femme a son engin entrant
Fut au conseil de la cite
Et sans quelque diuersite
Comme tous hommes faictes fist
Comme estre en lieu et dignite
Et soy armer selle voulsist.
Il voult quelles estudiassent
Leur engin ainsi ne perdissent
Causes publicques plaidiassent
Raisons comme iuges rendissent
Aux grans offices entendissent
Et se la guerre entresaillott
Arcs et arbalestes tendissent
Certes platon bien conseilloit.
Dont elles en ce monde part
Comme vous: ne leur a nature
Donne engin pour scauoir lart
De tenir iustice et droiture
A quel lieu: par quelle aduenture
Ont elles perdu que ne doiuent
Lire: et parler de lescripture
Et es haulx affaires ne soient.

A paine osent elles mot dire
  Les bonnes simples femmelettes
  Et leur engin ne laissent duire
  Fors a tres menues chosettes
  Affin que comme bestelettes
  Dessoubz voſtre mains les tenez
  Certes elles sont trop simplettes
  Quant tellement les gouvernez.
Mais vous qui bien apparceuez
  Que quant elles gouverneroient
  Les licences que vous avez
  A mal faire: elles pugniroient
  Et voz estas reformeroient
  Tant et tant les tenez subgettes
  Quelles voeil leuer noseroient
  Ne parler vaulcuns & voz gestes.
Si scay ie bien certainement
  Que qui les eust pieſſa laissee
  De france principalement
  L'estat ne fut ainsi froissee
  Et tant ne fut le lis blessee
  Ne ses branches ainsi rompues
  Plus ne peut elle estre abaissee
  Quelle est par voz meurs corrompues.
Quelles naient & viuer autant
  Ou plus que le meilleur des hommes
  Je le vous feray entendant
  Par les troniques et les sommes
  Puis que ce debat entre hommes
  Aulcunes t'en vouldray nommer
  Lesquelles se mal ne les nommes
  Pourras tres vaillans renommer.
Mais avant ce tu dois entendre
  Que dieu qui fist tout saigement
  Voulst la femme faire et estendre
  Par ce & monstrant clerement

En quelque facon nullement
  Que femme a homme ne seroit
  Mais bras a bras conjoinctement
  La femme avec homme viuroit.
Viure ny doit elle a la mode
  Des romains orguilleux et haultains
  Escript nest en table nen code
  Ne en digestes ie suis certains
  Soient il tous nourris et tains
  De male quartaine fieure
  Car conte ne font les vilains
  De femme plus que dune chieure.
Replicqueras comme ie pence
  Que femme doit homme servir
  Pourter la clef de la despence
  Faire a l'ostel le pot bouillir
  Le mary aller et venir
  Que la corrige & sa faulte
  Ce veult sainct augustin tenir
  Ou liure quil fist contre fauste.
Et l'apostre aux ephesiens
  Escript quelles soient a leurs
  Maris subiectes hors et ens
  Obeissans comme a seigneurs
  Item augustin le docteurs
  Ailleurs il dit que sont subiectes
  Pource en signe de leurs meurs
  Tousiours doivent couurir leurs testes.
Je te respons que par nature
  Ne desservit que fut subgecte
  A homme: mais la forfaicture
  Force & soubz homme la gecte
  Si ne te plait responce ceste
  Lis sur genesis augustin
  La met il bien aduis quil mette
  Ses motz en son orine latin.

Et celles naturellement
  Se doit a homme humilier
  Sces tu pourquoy: cest seulement
  Pour son orgueil amollier
  Et auec elle lalier
  Car se aussi fiere elle estoit
  Comme homme est: iamais lier
  Auec elle il ne pourroit.
Et touteffois quelque maistrise
  Que dessus sa femme homme ait
  Il ne peut pas tout a sa guise
  Faire: sa elle bien ne plait
  Lapostre aussi pas ne sen tait
  Disant: que homme na puissance
  De son corps: et preche par mal fait
  Celle nen a la cognoissance.
Et trop bien dit se vues seruez
  Lung lautre en paisible vnite
  Mais aux maris dit il viuez
  En tres entiere humanite
  Aues par grande charite
  Ames voz femmes sans faintise
  Comme ihesus plain de bonte
  Aime sespouse saincte esglise.
Aussi celle subiection
  Dont sainct pol parle euidement
  Daustre signification
  Nous monstre comme plainement
  Se tu as point dentendement
  La loix daugustin exposee
  Or lys sil te plait et briefment
  La chose comme elle est glosee.
Hommes et femmes qui sexes sont
  Conioinctz en leurs diuersitez
  Et en chescun qui aussi sont
  Raison en sensualite

Et aussi pour la qualite
  De raison qui doit dessus estre
  Gouuernant la fragilite
  Serue est la feme: et home maistre.
Pas netens ceste difference
  Quant a leurs ames: pource quelles
  Sont dune estre: et dune excellence
  Imaiges dieu perpetuelles
  Mais monstre par leurs corporelles
  Diuersitez: que doulcement
  De noz ames incorporelles
  Peruertissons lentendement.
Ou nous entendons bien haultain
  Et ainsi puis ne nous sauons
  Couurir: pour le veoir mieulx a plain
  Ou aux biens terriens prisons
  Et trop en bas nous abessons
  Et ainsi veult lapostre sainct
  Que lors la teste nous couurons
  Cest: que fol desir soit estaint.
Telz ditz sont trop theologicques
  Voy seulement quant te plaira
  Aristote et yconomiques
  Et ie croy quil te souffira
  Et saiche que ia bien nyra
  Hostel ou homme seul domine
  Et se la femme ou temps sera
  Des affaires ne determine.
Et puis que ie suis en ces termes
  Et as mency tout a ta poste
  Daugustin et des aultres fermes
  Docteurs: en parlant de la coste
  La sentence non trop reposte
  Diray: affin que par leur lettre
  Iabolisse confonde et oste
  Ce que tu vouldras auant mettre.

Chante nas le magnificat
 Disant quon ne treuue en escript
 Que elles en bon significat
 Les sainctz docteurs aient escript
 Se ainsi nas dit:pis as dit
 Et monstre nas quales bien leu
 Auec augustin dessusdit
 Qui de tout ce ne cest pas teu.
Il dit:que dieu la femme fist
 De los dadam comme il dormoit
 Nompas de la chair la confist
 Toutesfois faire il le pouoit
 Car ce tresbien signifioit
 Ihesucrist a la saincte esglise
 Qui ne mentent ou qui bien noit
 Attende que plus hault te lise.
Ihesus par son enfermete
 Cest par sa dure passion
 Nous donna force et fermete
 Plus fort:que le mont de syon
 Car en la saincte effusion
 De son couste:les sacremens
 Heusmes:et en conclusion
 Lesglise scet que ie ne mens.
Ainsi ramenant a propos
 Ie vous dis et si le vous iure
 Que la femme faicte de los
 La saincte esglise nous figure
 Donc ques mauluais fol:lescripture
 Mesdit elle toudis de femme.
 Ie nen dis plus:mais ne men cure
 Car sur cailloz mon sermon semme.
Se tu me dis que salomon
 En a dit du pis quil ait peu
 Ie te respons si fais ie mon
 Que cila de sens asses peu

Et ne se monstre guetre preu
 Qui peut bien dire et il le tait
 Aussi luy se le lay bien leu
 Ne doit estre creu en ce fait.
Et se tu me dis que leu as
 Que femmes et vin on se soit
 Font les saiges estre a iustas
 Riens ne dis que contre elles soit
 Le vin ne peut:mais se lon boit
 Trop:et aussi cil qui sa fole
 De femme:oultre raison et droit
 Il est plus fol quesse nest fole.
Virgile iuuenal et plaute
 Perse ouide orace terence
 Plusieurs aultres de creu leur faulte
 Par leur gracieuse eloquence
 Alleguez sont en audience
 Chescun dulp tres bien dit:au fort
 Les dames auront pacience
 Vertu est asses reconfort.
Se tous eussent voulu escripre
 Aussi bien pour elles que contre
 On ne verroit mesdisans rire
 Delles:comme estranges monstre
 Mais tousiours ennye se monstre
 Comme aguille dedens vng sac
 Dieu ne sceut aller a rencontre
 Quelle ne luy bailla vng zac.
Mais pource quelles sont plus dignes
 De nous hommes mains souffisans
 Estriuct leurs kers et leurs lignes
 Les faulx enuieux mesdisans
 Veans que vertuz reluisans
 Les sont:aussi faire le doiuent
 A dieu et au monde plaisans
 Ou mesdisans elles miel boiuent.
g iii

Et cestes a vertu impetrer
  Que contre elles ne troys ne quattre
  Ont fait: Ung saige disputer
  Ne daigneroit contre ung folastre
  Les saiges ennuyeux rabatre
  Ont cuide leur vertu haultaine
  Mais sil nont cuide leaue batre
  Au moins ont il perdu leur paine.
Laduersaire qui maint quayer
  Auoit leu et bien le moustroit
  Lors print son sac a desployer
  Et siguer le cas & son doit
  Certainement bien luy sembloit
  Que a ses allegations
  Franc vouloir qui moust lescoutoit
  Ne sceut trouuer occasions.

¶ Ladversaire enseigne par diuerses
hystoires que lomme doit femme fuyr.

Sainct jherosme a nepotien
  Son bon amy bon conseil baille
  Encontre lengin magicien
  De femme: a laquelle dieu faille
  Dist: Vers femme ne bee ou baille
  Adam dauid salomon sampson
  Femme deceut comment qui aille
  Noblie mye ceste chanson.
Tu ne lis plus sainct que dauid
  Et touteffois par barsabee
  Laquelle a la fontaine vit
  Point fut & la fresche barbee
  Contre elle ne fut rebarbee
  Sa sainctete: saincte marie
  Tant en fut deceu qua labee
  En fist tuer le bon vrie.

Salomon sa grant sapience
  Contre femme ne sceut moustrer
  Le mist a telle insipience
  Quelle le fist ydolatrer
  Dieu femme a peu vaincre et oultrer
  Tel saigesse: et que feres
  Ne vullez femmes rencontrer
  En quelque lieu ou vous seres.
Sampson tua dune baise
  Mille hommes par haulte entreprise
  Et touteffois par my la ioe
  Eut il du vent & la chemise
  Car dalida par sa faintise
  Luy couppa & ses cheueulx sept
  Ou toute sa force estoit mise
  A engin & femme: on ne scet.
Aristote tous ses secretz
  De nature a prime comprint
  Je ne scay p ao se le crees
  Mais lon dit que femme le print
  A son engin: et luy aprint
  Comment le cheualet feroit
  Que quant a ce faire entreprint
  Elle des talons le feroit.
De sempreur sa fille aima
  Virgile: et comme femmes font
  Faignant son amy le clama
  Mais puis sceut que ne laima moust
  En vne fenestre a mont
  Le pendit en vne corbeille
  Hommes et femmes entour vont
  Lendemain voir la merueille.
Il sen venga senglantement;
  Car il fist tant quon ne pouoit
  Trouuer feu a romme vilement
  Se querir on ne le venoit

Au cul de celle qui sauoit
Trompe: cest bonne risee
Qui ne men croit a rôme voit
Sercher le palais colisee.
Hercules auoit combatu
Les grans geans espouantables
Lions et moustres abatu
Et enchasse horribles diables
Tirez de leurs noirs estables
Mais quant ne trouua plus a qui
Pour neât ne faignent les fables
Omphale si le conuainqui.
Par cesar fut vaincu pompee
Mais mieulx a elle se rendit
Hommaige fist: rendit lespee
Et a filer puis entendit
Encores plus: le treshardy
Se vestit de cotte hardie
Helas quesse que ie vous dy
Hardiesse estoit mal hardie.
Hercules ses armes de sirest
Femme sa grant force autosie
De surcot tost elle le vest
Helas regardes la folie
En lieu de lespee posie
Il a prise vne quelougne
Force homme est bien abosie
Qui vit iamais telle besougne
Le dieu faulnus au piedz de cheure
Courant nud comme ouide dit
Par les môtaignes cōme vng lieure
Fut deceu par cestuy habit
Car de si loing quercules vit
Cuida que fut vne pucelle
Si que a la fin en iouit
Et vint rembrasser sa cotelle.

Merlin qui le monde enchanta
En fut trompe meschantement
Femme merueilleup enchant a
Il vainc force et entendement
Homme ny peut aulcunement
Resister: et eut les trois testes
Gerion: qui puissamment
Le fort hercules print les bestes.
Si que respondit saigement
Celluy a qui on demandoit
Quelle chose en son iugement
Plus forte en ce monde cuidoit
Femme respond: il regardoit
Que le roy soubz qui tout trembla
Que femme que chiere gardoit
Gouuerna comme luy sembla.
Le vin est bien fort que liurongne
Maistrie: et plus fort est le roy
Dessoubz qui orgueilleup ne grougne
Mais femme par le sang de moy
Ie say leu et veu: ie men croy
Fors saiges empereurs et pape
Tout gouuerne selon sa loy
Ne scay se le diable en eschappe.
Femme est nostre ennemy mortel
Plus a eschiuer que le diable
Le diable nest si grant ne tel
Et trop mieulx est il euitable
La chose est toute veritable
Car soubz vmbre de forme humaine
Porte vng engin ineuitable
Dont homme a perdicion maine.
Bien doit il estre cheualier
Qui se scet de femme deffendre
Et mieulx par le chef sainct valier
Que celluy quon ne peut offendre

Car celle uult son engin tendre
Qui est cil qui si ose embatre
Ferir en bataille ne feindre
Trop scet les horions rabatre.
En mariage naultrement
Ne ty fie le ten recors
Ne ty fie non ville ment
Sieptz diables ont ⁊ deus le corps
Fuy les ⁊ deus: fuy les ⁊ hors
Des diables ont la compaignie
Maintes gens en ont este mors
Par trop hanter leur compaignie.
En quelque guise femme paigues
Dit augustin: et ne se trompe
Ou en quelque forme les saignes
Ne coy chose qui plus rompe
Le couraige domme et corrumpe
Bônes meurs que les doulz attrais
Delles: et en oyr ant leurs trompes
Taster leurs corps pais et pourtrais.
Si est mal fait que leur coustume
Est ⁊ trompez les pouures hommes
Oua les aimeron sacoustume
Car en les aimant tu tassommes
Mais las trop ⁊ bônaires sommes
Et ne puisons estre trompez
Briefues conclusions et sommes
Tous les plus saiges y sont happez.
¶ Laduersaire coseille que lomme ne se
marie a féme pour trop dincôueniés.

Marie toy tantost marie
Iuuenal en est bien dacort
Prens la belle saincte marie
Heureup seras se tu nas tort
Nest si bien fortune qui dort
Auec creature tant doulce

Pourroit il viure en ⁊ sconfort
Qui seul la cose baise et touche.
Je ne scay comment ten prendra
Les premiers iours: mais va auant
Le temps peu a peu tapprendra
Ou en couchant ou en leuant
Ou en derriere ou en ⁊ uant
Iamais ne sera tant couuerte
Se tu nes mal apparceuant
Que ne voye la fraude ouuerte.
Tu la uulp auoir belle ou layde
Or loy comme en seras content
Se belle las: chescun en plaide
Prinse sera son py entent
Chescun la uult: chescun y tent
On la pourra bien attrapper
Quât par tout les rays on estant
Mal se peut la beste eschapper.
Se layde las: helas helas
Quelle ioye: quel reconfort
Voue toy a sainct nicolas
Ou a la dame ⁊ monfort
Qui tostent ⁊ ce ⁊ sconfort
Ou ten va getter en lisiere
Il te vauldroit trop mieulx au fort
Que languir en telle misere.
Certes il nya quung seul point
Qui ne le scet iheros me loye
De bonne femme nauras point
Se le vray dieu ne la tennoye
Pource quen meschance tauoye
De toy bouter en mariaige
Ou len ne loit sentier ne voye
Commande a dieu le charriaige.
Se aultre coustume on trouuast
Quansois quon alast a leglise

Aulcuns iours on les approuuast
Et fut espace & temps mise
Jen priseroye mieulx la guise
Mais nō: vray dieu de paradis
Sans cōgnoistre la marchandise
Le marchie se tient a tousdis.
Marie toy il te vauldra
Au moins seulet ne demeuras
Pacience ne te fauldra
Se la Rufz auoir tu l'auras
Par elle te gouuerneras
Se viure veult a ta partie
Se pacient nes: tu feras
Incontinent la departie.
Socrates sauoit il foison
Fut il bien fier et bien constant
Quant il beut samere poison
Ainsi quon se va racontant
Touteffois & sagesse tant
N'eust: que de femme deshōneste
Ou accropy ou en estant
Ne luy pissast dessus la teste.
Ce ne sauoit il endurer
Neantmains souffrir luy failloit
Aultrement il neust peu durer
Sans souffrir ce quelle vouloit
Tost ou tart on le voit: on soit
Auec la femme homme est martyr
De tous maries dire soit
Oung confesseur ne vng martyr.
Je tais le caquet et les noises
Que te fauldra souuent humer
Ou nest besoing que tu ten voises
Ne que commences a fumer
Laisse la bruire et escumer
Tourne tout a farce et a bourde

Et ten va le feu alumer
Ou daultre besongne te bourde,
Ou se trop fort te selique et claque
Et ne la peus mettre en accort
A la tesse diriplaque
Tantost va faire ton rapport
Car elle ordonne du discort
Entre les femmes et maris
A rōme on ladoure moult fort
Je ne scay de quoy tu te ris.
¶Laduersaire cōtre mariage allegue
Vng icōueniēt a son sēblant ieuitable.

Mais conuient endurer pourras
Que celle q̄ tant auras chiere
Aultre aimer verras et lozas
Dire: ou sen viendra a l'enchiere
Ha la triste et dolente chiere
Que feras quant te scaura coup
Tu souhaidras que la mort fiere
Te puisse emporter tout acop.
D'estre coup point ne tesbahys
Ce nest que commune aduenture
Bien seras aultrement hays
Se ta femme nest de nature
Car selle voit en coniecture
Que delle aulcunement te doubtes
Par flaterie ou couuerture
Aultre: ten ostera les doubtes.
Coup es: et ne se iuge mye
Tu ten doubtes: et ne le croys
Oy ta baisse & s'endormye
Apres souper deux fois ou troys
Vng aultre a ses baisers estrois
On te baise pour temps passer
Coupes tu bien mis a tes droix
Te fut il pas mieulx trespasser.

Ta femme vestz: ta femme sains
  Elle est honnestement paree
  Or nes tu pas le plus prouchains
  Car pour aultruy las reparee
  Que celle peut estre esgaree
  Et rencontrer son bon marchant
  Prendra la souppe en la puree
  Ha mary que tu es meschant.
Voire: et te fera entendre
  Que pour toy seul ainsi sabille
  Que cause nayes de contendre
  A getter aultre part ta bille
  Ou a beaultrip ou a mabille
  Car elle te voult plaire et doit
  Ha babille babot babille
  Es tu gouuerne sur le doit.
Tu te rompras dos et eschine
  Nauras vne heure de repos
  Mains que le varlet ou meschine
  Car auras singulier propos
  Et fusses escurer les pos
  Que ton filz a honneur paruiengne
  Or nest il tien: car en & pos
  Tu las tant que son pere viengne.
Pere nen es pas ne compere
  Mais ta femme par sa putete
  Te fait senfant dung aultre pere
  Nourrir a grande humanite
  Bonne femme as en verite
  Bien ta fait faire et ne le scez
  Cest leur commune charite
  Pensez y maries pensez.
Se tu nes coup tu le seras
  Ou & fait ou de penser hault
  Force si pres la garderas
  Que ne verra ja son ribault

Mais mal vouloir le preshe vault
  Pource ne sont ja bien prisees
  Toutes sont mesmes point ne fault
  Putes: en fait ou en pensees.
Cest du mains: dieu te gart du pire
  Bien te va selon le malheur
  Se jalousie ne tempire
  Tu nas pas ta plus grant douleur
  Garde ten pour dieu: et & leur
  Faire esbouge seul ne tesmaye
  Elle passera sa chaleur
  Par dieu maulgre que tu en aye.
Dung mary ay ouy conter
  Lequel quant & hors sen alla
  Car se doubtoit du mesconter
  La chose sa femme scella
  Menteus tu: le dis sans hola
  Mais quaduint il certainement
  Elle ne se tint pas pour cela
  Au retour le sceut fermement.
Se elle sauoit & son aimel
  Ou estoit comme on dit grauee
  La teste dung petit aignel
  Mais elle grandement greuee
  De ceste maniere grauee
  Fist contrefaire le signet
  Et fut la serreure leuee
  Dont son fait ne fut pas si net.
Ou le signet mal quisa
  Ou sourrier mauluais le trassy
  Et bien le seet il nauisa
  Car vng mouton luy pourtrassy
  Dont le & fermail recloy.
  Puis le marit mattes et mornes
  Quant ce vit dit hay hay
  Elle ma fait vuir les cornes.

Ladversaire dit: que homme ne
doit en femme avoir fiance.

Ialousie ne peut estaindre
Le feu dont femme est en flamme
Plus vouldras & son fait estaindre
Et plus la feras alumee
Contre offence est animee
Le chastier nest pas possible
Passe avant passe la fumee
Ne mes peine a chose impossible.
Complais luy et tout luy accorde
Cest bien dit: cest bien fait tousiours
En grant peril est ie te recorde
Qui est a sa femme rebours
En tout oyant dois estre sours
Et veant: ressembler aveugle
Et ainsi fineras tes iours
Avec celle qui tout aveugle.
Agamenon trouva egyste
Avec sa femme clytemnestre
A force les prist il au giste
Mais il luy eust mieulx valu estre
Devant troye: que sentremettre
Du fait de sa femme vilement
Pour neant avoit il du maistre
Car il se compara malement.
Apaisie fut en son forfait
Femme a tost la bourde trouvee
Et fait entendant que bien fait
Iacoit quelle soit reprouvee
Mais que fist la putain prouvee
Quant sa robe elle luy vestit
Ce nest pas bourde controuvee
Dung maillet elle labatit.
Ou il fault que ta femme croyes
  Et face ce que luy plaira

Ou que son gre ou son dit noyes
Croy la: elle te gastera
Et pareillement te fera
Comme achaz fille iezabel
Laquelle occist et ne ploura
Les septz prophetes disrael.
Se ne fais ses grez et ses dis
Accordant toutes ses raisons
Et sans grouguer souffre tousdis
Garde toy de ses trahisons
Ou de cuigne ou de poisons
Le te vueil ie certiffier
Par denis qui comme lisons
En femme ne sousa fier.
Denis le tyrant ne couchast
O sa femme en nulle maniere
Ainsois que il ne la serchast
Luy propre: devant et derriere
Touteffois savoit il moult chiere
Mais plus seure est la deffiance
De la femme traistresse et fiere
Que la seale confiance.
Au grant gibet de mont faulcon
Plus eureulx est cil quon charrie
Pose quelle ait yeulx de faulcon
De prendre femme cest folye
Car sa vie trop luy ennuye
Soit quon luy conseille ou commande
Homme ne treuve qui sen rye
Bien est fol qui femme demande.
Ne me parlez de marier
Tout est perdu par mariage
Cil dit bien dieu regracier
Qui ne eut oncques le couraige
Sens: prouesse: force: cuer: aage
Tout luy trouble et amortist

C'est ung gouffre: c'est ung voyaige
C'est ung enfer dont la mort ist.

¶ L'aduersaire mõstre par aulcũes hystoires: quõ ne se doit point marier.

Femme diffinit chrisostome
Crees moy ie ne sõ? mes nye
Je ne sõ? dis songe ou fãtosme
Femme est d'amytie ennemye
Peril de maison: bote demye
Mal aduenture cõsiderable
Mal necessaire: quelle amye
Sainct george: elle est pis q̃ diable
Entre en ce baing car on y sue
Maulgre raison tibout tibaine
Fais toy suffier a la sansue
Tu as trop de sang en la vaine
Ha homme vne ioye soudaine
Voire vne ioye orde et subite
Te vient en la prison de peine
Ou tourment greueur te habite
Au mains se dieu te fait la grace
Que ta femme meure: ha quel doy
Prie tousiours qu'ainsi se face
Plus ne te mietz en habandon
Helas et qui se cuiande ou
N'est on pas bien sans aduersaire
Par dieu se bien regarde on
Ta femme est ton anniuersaire.
Marie soy le plus appert
Le plus roy de le plus mouuant
Tantost son ioyeulx vouloir pert
Et deuient aultre que deuant
Marie soy vng clerc scauant
Tantost sa science sen vole

Certes il n'est homme viuant
Que femme ne trompe et n'affole.
Son te veult marier arriere
Respons comme fist cicero
On luy conseilloit en derriere
Quil se remariast: haro
Marita phu io non sero
Respond il: car philosophe
Aussi dist: non le sero
Car saige en femme ne se fie.
Ne fais pas comme fist pacuue
Et cõme l'autrier aulcuns me dirẽt
Que larmes pleura pleine cuue
Pour ses femmes qui se pendirent
Et l'esprit au diable rendirent
A vng arbre de son courtil
Aulcũs voisins le dueil en firent
Mais ne fist pas le plus subtil.
Pleut a dieu quõ luy resemblast
Et plustost que au iour de huy
Encoutre elles ou s'assemblast
Mais ie croy qu'en despit de luy
Je ne te nomme que cestuy
Aulcũs pleuiis dit mal saict martin
Se laissent attrapper au glut
Le iour de la saincte valentin.

¶ L'aduersaire dit que la beaulte de fẽme du mõde ne doit on auoir cõfiance.

Ovedieds nous les affolez
Qui en leurs amyes se fient
C'arilz en sont fort acolez
Se les maris mal se confient
Es maiees femmes: quilz afficnt
Ne sont bien sotz les coquibus

Et des fosses ne se deffient
Ce si leur baillent Equibus.
Tu la nourris et si la chausses
Quen est il: en verite pure
Le soing du ietter & tes chausses
La foy que tu promis ne dure
Et cuide tu que teste ordure
Ailleurs ne se face sentir
Sire par dieu cest leur nature
Qua plusieurs doient consentir.
Pour ta doulceur: pour ta beaulte
Elle taime et foy te tiendra
Sans doubte a quelle leaulte
Croy que le premier qui viendra
Et fera ce qu'appartiendra
La foy promise cest du mains
A luy complaire entendera
Femme est vng gaing a toutes mains.
Qui au meschant soy lamentant
De cil arbre et de larrachier
Par tout formement se dementant
Dit laisse moy mon amy chier
Des gectons de larbre tant chier
Ie veul bien auoir le semblable
Il sceut plus que sont nez mouchier
Qui larbre vit tant prouffitable.
Tout mary vuroit bien prier
Que fut en son iardin plante
Tel arbre pomier ou pirier
Et que par tout en fut plante
Et que sa femme eut voulente
De si prendre a vng las courant
Si seroit & sa cruaulte
Quicte: et & tout le demeurant.
Valentin empreur de rome
Le iour que trespasser vuoit

Ainsi quon luy racontoit comme
Mainte victoire fait auoit
Respondit saigement: on voit
Que iay bien longuement vescu
Toutesfois dieu loue en soit
Iamais femme ne ma vaincu.
Des ans auoit plus de huytante
Quant on vouloit que moustier eust
Ne par marastre ne par tante
Iamais son triumphe ne teust
Qui tout son temps estre ne peust
Que femme eust en riens notoire
Pour quelque chose que ce feust
Sa puissance ne sa victoire.
Elle est bourgoise bien nommee
Doncques faillir ne toseroit
Car elle craint sa renommee
Et vne fois on le scauroit
Le fait tant secret ne seroit
Ainsi de leaulte tasseure
Et que iamais ne le feroit
Las tu nes pas tousdis asseure.
Elle est dame pour son plaisir
Car en amours se vult esbatre
Pour amy ta voulu choisir
Leal est: il nen fault debatre
Leale elle te fera batre
Ou ietter en vng puis parfont
Apres trois espreees ou quattre
Cest la leaulte quelles font.
Ne ty fie galin galant
Se dauenture les abas
Ainsi que len se va galant
Ne metz ton cuer en ce cabas
Soie certain et nen de bas
Femme percee soubz la barre

De chastete na ar plus bas
Que vng vasseaulx qui est sãs serre.
Vis tu iamais ie croy que naye
Quant vng tonneau bien ne perce
Si bien ne lestoupe & naye
Que le vin nen isse et tresperce
Ainsi prus tu voir par ce
Que quant chastete est rompue
Soit de vinbrequin ou de perche
La leaulte est corrumpue.
Tousiours court le tonneau fendu
Ne peut pas que rien se retiengne
Ribaulde pour rien deffendu
Ne creez pas que rien vous tiegne
Possible nest quesse soustiegne
Darrester: quant a prins a courre
Homme & vous ne la retiengne
Ains cheseun sa doit bien escourre.
Entre vous hommes seaues vous
Tout le plus beau don que iamais
Dieu vous fist: cõgnoissiez le tous
Et si ne lobstes huimais
Ilest bel: ie le vous promes
Cest que femme prier deuez
Ou seruir dauleuns entremes
Pour acomplir ce que scauez.
Selles ne fussent refrenees
Dung peu de honte ou de vergougne
Vous les verries si affrenees
Dacomplir la folle besougne
Par nostre dame de boulongne
Que les yeulx vous arracheroient
Car sans filer cop de quelougne
Tousiours soubz ou dessus seroient.
Mais dieu mercy puis quil vous fault
Demander ce quelles vouldroient

Estre fait: la ce moult vous vault
Selles osoient vous sauldroient
Au col voirement assauldroient
Et tant feroient en la suite
Que toutes voz vertus fauldroient
Femme des iambes moult fort suite.
Vng coq quinze poules contente
Cent hõmes ne pas troys milliers
Ne peuent a femme baiser tante
Ie vous dis entre deux piliers
Donequs prestres et seculiers
Que feries vous selles osoient
Certes les plusfors baculiers
Deuant leurs estotz sen fuyroient.
Tiras leu de thyresias
Qui fust en femme couuerty
Ilest a priser que si as
Et que se voles sauant ty
Quen dy tu: auoit il menty
Quant il dit que plus de luxure
Quant il estoit femme senty
Que quant auoit nostre nature.
Ne scay ou couchoit sa iument
Dung seul huit quant elle sespire
Mais se femme pareillement
Toutes les fois quelle souspire
Pouoit auoir ou mal ou pire
Par quãtes fois acompliroit
Son vouloir: ie vous ose dire
Cheseun iour son ventre empliroit.

(¶ A conclure couraige de la luxure des
femmes: laduersaire coste vne hystoire.

De celles de religion
Longuemẽt parler ne me chaulse

Tu sces quen vne legion
Nen trouueras vne qui vaille
Car se lescousse on ne leur baille
Elles se doubtent & leur foy
Mais que en lieu & defaille
Mes sume pour lautre entens moy.
Cil cuide bien faire & grace
Chastes:que vne femme iniure
Affin que de son corps ne face
Peche:vilenie nordure
Sa ribauldise trop murmure
Contre chastete double ou quite
Par mon ame creez moy ien iure
Il fault que nature saquicte.
Ne demandes a qui ne quant
Tousiours est preste & tumber
Femme & trauers ou & tant
Selle treuue a qui regimber
On ne sen pourroit destourber
Vous souuient il des filles loth
Qui pour ribaudement ouurer
Luy firent boire plus dung lot.
Ou son souhet assouyra
La femme en arraige & sir
Ou & cessuy se vngera
Qui nacomplira son plaisir
Se niepce ou ante & gesir
Te requiert:prens la ou prens fuite
Car il te doit bien souuenir
De phedra marratre ypolite.
Et & cesse qui en prison
Fist bouter ioseph le treschaste
Car ne vouloit son prisson
Fourrer:tresardant et non chaste
Puis que sa luxure la haste
Ains sera diableresse a tout rompre

Que sa main ne mette a la paste
Et que ne se face corrumpre.
Bien est vray quant on luy complait
Iusqua la mort vult soustenir
Voire apres la mort elle fait
Pour sa luxure parfournir
De ce or me fait souuente
La femme au conte raymon
En memoire la dois tenir
Parler men oras en sermon
Morte se fist quon lenterrast
Affin que cil que trop amoit
A la mynuit la desterrast
Mais le conte raymon nauoit
Regret a elle:et ne pouoit
Croire que du tout fut oultree
Ains tousiois en dieu se fioit
Quelle seroit rauigoree.
Donc que fist quant ne poup nasame
I senty:et fut plus certain
Que lesperance y estoit vaine
Plomb boullant luy mist en la main
La morte ne le senty grain
Si resquist elle apres longs iours
Et fist beaucop & menu sain
Il nest mal que nendure amours.
Tant souffrit elle que pour morte
Len la iuge:et que le bon sire
En son enterrement dueil porte
Offrande et chandelle & cire
Ho la farse:elle bien pour rire
Celle nuyt propre sa mena
Agens & bien la ouy dire
Cessuy pour lequel forsenna.

¶ Laduersaire produit en iugemēt les
engins comme fardz et aultres artifices
q̄ les femes fōt pour deceuoir les hōmes

Et q̄ vous fault il desclairer
Ne mōstrer par viues histoires
Ce que len voit sans desclairer
Pensez aux scritez notoires
Qui ne sont pas reuocatoires
De iehan de meun que tous aiment
Et vous neutreres es chatoires
Des mouches: qui le miel estraiment.
Nompas estraiment: mais destrēment
Non destrēmant: ains comme ces
Vous enflāment brulent et crenēt
Et ia tant de pouoir nauez
Que leur agguillon estriuez
Que a la mort souef vous point
Doncques affin quen paix viuez
Fuiez celle qui point et oinget.
On voit auec ce que nature
Leur a donne pour vous seduire
Elles mettent entente et cure
Daultres engins forgier et duire
Briefue conclusion pour nuire
Sont elles: soies sur voz garde
Je ny scay remide que fuire
Qui est prez du feu fault quil arde.
Vous veit la femme plus hayz
Que quant despitant la figure
De dieu: pour vous mieulx enuahyr
Rescript: recree aultre figure
Non refigure: mais transfigure
Ce qui nestoit deffigure
Non transfigure: ains deffigure
Loeuure de dieu bien figure.

Va sercher toutes leurs aumaires
Et dieu scet que tu y verras
Ce semblent estre apoticquaires
Tāt de boites y trouueras
Pas toutes ne les ouureras
Car il y put et sont malsaines
Trop bien celles descouureras
Qui sont de pleur de vignes plaines.
Se rien ny trouuiez: les escrius
Emblez les clefz: car la sera
La pip: dont arrachent leurs crins
Et daultres oustilz y ara
Dont telle quelle se fera
La fausse femme pour mieulx plaire
Nompas fera: mais deffera
Le perfaict diuin exemplaire.
Ne voy tu cōment leurs frons tendent
Visaiges et poitrines oingnent
Dressent leurs mamelles qui pendent
Drapeaulx entour elles estraindent
On a la rantaige se faindent
A faire apparoir plus beaulx rains
Toutes telles besougnes faindent
Pour toy prendre au fourches de rais.
Voire: et leurs culs puans blācbissent
Telz les eussent: et telz en conte
Toutes: mais q̄ touiours risissent
Cōme eut la fille au roy de ponthe
Derxtrue: comme len conte
Elle eut les culs de telle forme
Que len ne losoit voir de honte
Toute estoit de bouche de forme.
Se la droite science eut sceu
De noz ouurieres: sa gengiue
Elle eut bien adoube et pleu
Il nest rien que femme ne schiue

Ne voy tu comme & lesspue
Ses cheueulx noirs cōme corneille
Blondist:et sa couleur nayue
En oste:et nous semble merueille.
Helas dieu pardoint a calabre
Moult la diuct les dames plaindre
Et la mettre en pierre & marbre
Jadis tint lescole & paindre
Limaige & mal ioinct restraindre
Tetins endurer:la peau tendre
Quoy plus:elle scauoit tant faindre
Quelle vieille sembloit ieune et tēdre.
No maris crie iuuenal
Mais mieulx eust dit se mest aduis
Vo tous hommes en general
Quāt vous baisés leurs plaisās vis
Plains et potiz a leurs puis
Negluies vous pas bien voz leures
Pour estre vng peu plus assouis
Metés voz langues en leurs baueures.
He fol homme prens tes lunettes
Longuemēt des yeulx nas veu goute
Voy les blanches voy les brunettes
Pense que la femme vault toute
Je te requier du pie la boute
Et ne fais de ta serue dame
Car il te cousteroit somme toute
La valeur du corps et de lame.
Voz maistresses les clames
Voz dames vostre desir et ioye
Voz biens et cuer:tant les ames
Que leurs donnés poulmon et foye
Ha tant ne viue que ioye
Que femme soit dame appellee
A paine est digne quon la voye
Tant soit elle painte ou pelee.

Ostez ostez la fole amour
Amés vous il souffit assez
Pour vng peu & puant doulceur
Et corps et ame ne cassez
Apres que seres trespassez
De celle amour conte rendrez
Et au dit de cathon pensez
Je ne scay se vous lentendes.
Cathon dit:se le monde estoit
Sans la femme certainement
Nostre conuersacion seroit
Auecques dieu communement
Le tres salge cathon ne ment
Femme le monde gaste et pert
Quans en met elle a dampnement
Se oncques napparut:or appert
Souffist il bien:ie me ventoie
Le pot aux roses descouurir
Et ay dit plus que ne cuidoie
Pour la matiere entrouurir
Car on dit lordure couurir
Sicques franc vouloir sil te plait
Sans plus auant la chose ouurir
Amende ce que vous desplait.
Le champion a chiere meure
Comme il auoit acoustume
Trop a respondre ne demeure
A tous les cas quauoit somme
En latin moult fort escume
Si mesmaby qua largument
Ne fut esbahy ne fume
Car il respondit grandement.

℣ Le champion en ce chapitre respond
par ordre a toutes les chyses q̄ laduer
saire a dit côtre mariage et les dames.

                                    B

Ihesus qui en terre neust pere
Ains voulut femme tant cherir
Qui lesseut pour sa doulce mere
A laquelle on doit recourir
Me doint les dames secourir
Et vraye charite commune
Car ie vueil iusques au mourir
Toutes louer pour lamour dune.
Tu as se test aduis attaint
La verite & la matiere
Et dargument poly et paint
Si quelle semblast plus entiere
Dauctorites as fait frontiere
Mais en parlant nas pas conte
Ce quon pourroit en &mentiere
Respondre: ainsi tes mesconte.
Ie scay qui ta meu a ce dire
Si non voulunte singuliere
Ou quayes trouue a redire
En aulcune particuliere
Qui ait este trop seculiere
Que ne croy en ma conscience

Et pose doit estre plusiere
Ie commune la consequence.
Toutes ne dyent comparer
La faulte dune nest ce droit
Les bonnes dames separer
De celle qui ne fait a droit
Sainsi estoit: donc comme droit
Tous hommes mauluais pour vng faulx
Nommer: et certes loy fauldroit
Ainsi appert il que tu faulx.
Et iehan de meun le vilain
Qui en parlant courtoisement
Na pas resemble maistre alain
Faillit et pecha grandement
Mathiolet semblablement
Qui na pas ensuyui michault
A mal dit du sainct sacrement
Mais de leurs iengles ne me chault.
Car de quel pied chopine cloche
Et que mathieu ne se faint mye
De sonner se nuyeuse cloche
Par fin despit & bygamye
On voit on oit leur escarmye
Leur firent faire ennuye ou hayne
A nul si ne plait leur folye
Ne leur ribauldise vilaine.
Or soustiens mathieu le bygame
Qui monstra bien quant tant parla
Qui ne sceut de toute sa game
Que le gamaut ou le la
Sainct esperit ne luy reuela
Ce quil dit contre mariage
Certes ainsi lesceruela
Ennuy & despoir ou la raige.
Contre mariage tu parles
Et semble a ton parler que soies

Des grás cõseillers du roy charles
Et contredit auoir ne dies
A ce que dit as malpensoies
Saiche & vray car sans mentir
On ten peut en parolles coies
En plain iugement desmentir.
De mariage iuste et sainct
Qui mesle ensemble deux couraiges
Et tout en vng lieu deux corps fait
Tant dauises comme & saiges
Il nest riens aux humains vsaiges
Plus plaisant ne plus conuenable
Que la presence et le mainage
De la femme a lomme aggreable.
Trop bien dist dieu: faisons a homme
Aide: qui porte sa semblance
Car il nest bon quenuy lassomme
Ou ait solitaire plaisance
Si fist dieu deulx vne aliance
Telle que deulx deux vng consist
Et dung deux fist en demoustrance
Qui pour deulx: et deulx pour vng fist.
Et pour ceste coniunction
Augustin eust aulcune fois
Moult belle dubitacion
Comme en ses escriptures vois
Il vault comme voir dois
Des mariez la cher commune
Doubta ie say seu ie men crois
Se lune ame auoit & lune.
Cest adire: se lame deue
De celle dadam prise estoit
Ainsi que son corps et sa seeue
Du corps & luy dieu fait auoit
Or laissons ce quoy quil en soit
Nous scauons q en ame et en corps

Ioinctz doiuent estre si estroit
Quil fassent vng et ens et hors.
Salmatis ou nymphe ou deesse
Hermofroditus iouuencel
Priant damoureuse liesse
Des dieux qui tout soient du ciel
Fut mue en luy: et nouuel
Homme deuint masle et femelle
Ainsi fut il et beste et bel
Lung et lautre aiant pellemesle
Encores dit polycratique
Est la fontaine salmatis
En grece: ou sans quelque pratique
Lon est en femme conuertis
Et a on le corps bel et traictis
Par si baigner: or a dieu pleut
Que ædens fusse tout vestis
Ou que telle eaue sur moy pleut.
Mariage est vne fontaine
Ou vng corps en aultre se mue
Ou deux en vng mis ne font haine
Car amours ses vouloirs transmue
Pour sa plaisance alegre et vue
Tousiours auecques soy auoir
Laquelle sans vertu accrue
Elle est: et passe tout auoir.
Et peulx tu iamais plus aisier
Plus conforter plus esiouir
Que toy propre en aultre baisier
Toy voir et aultre et ouir
De toy et dung aultre iouir
De la femme deulx se parler
Faicte pour homme resiouir
Aider conforter accoler.
Marie toy se tu es saiges
Car trop seras desraisonne

h ii

Ou trop farouche ou trop sauluaige
Se tu ny es arraisonne
Je ney vois nulsi forcenne
Ylardant a faire son vouloir
Se femme la endoctrine
Que tout ne mette a non chaloir.
Quans en voit on qui sattachoient
A vingtz ou a trente aguillettes
Et a las & soie lassoient
Leurs beaulx propois ou a bouclettes
Ou chainettes ou bussettes
Portoient: ou quelq̃ aultres frasques
Qui mariez a cordelettes
Ont & puis atachie leurs iaques.
Quans en voit on le leur despendre
Voire tres deshonnestement
Terre et possessions vendre
En fin gaster tout folement
Lesquelz se changent prestement
Quilz sont mariez en bonne heure
Et viennent en amendement
Dieu le veult et femme y labeure.
Certes mariage est lescole
Ou la femme monstre et aprent
Que homme & voulente fole
Trop & choses foles comprent
Et saiches que qui entreprent
De soy laissier tout gouuerner
A sa femme: bien luy en prent
Et ne peut malement finer.
Ambroise dit le mieulx du monde
Qui sans femme et sans maison est
Car il na la ou se reconde
A droit: et ne treuue rien prest
Et ie dis que qui na regret
A elle par mon sacrament

Il naura sa ioye ne het
Et ne viura humainement.
Elle est parement & lostel
Layde & sante et & ioye
Cest vng soleil oriental
Je ne scay plus que dire en dole
A leclesiastique on croie
Qui si haust la femme haussa
Et son dit que nompas la croie
Mais la bonne ainsi epsaulsa.
Je suis bien content que ie die
De par dieu et mauluaise et bonne
Toutes sont femmes ne son mye
Qui a la bonne: dieu la donne
La louenge de femme sonne
Femme doncques et son ymage
Sur vne dyee colompne
Mettons: et louons mariage.
Tu veulx narcysus ressembler
Et a la fontaine dorgueil
Ainsois mourir que tassembler
A femme: par humain accueil
Et se bien son propos recueil
Tu conclus a vng mot tout ront
Que cheseune oeuure ou & voeul
Le clos & chastete torront.
Que doit homme aimer par ta foy
Ou doit il rompre sa durte
Ou doit il en son grant effroy
Prendre paix repos et seurte
Ne son orgueil: ne sa fierte
Ia ne seront amollies
Sil ne remet sa voulente
A femmes: a deux mains lies.
Lunicorne est bien meruelleuse
Et vient les maistres & chasse

Qui n'est beste plus perilleuse
En court; quant on la tient ou chasse
Tout occist: tout rompt: et tout casse
Et n'est prinse par aultre vsaige
Si non quon met ou elle passe
Vne Vierge a plaisant visaige.
Ja ne sera tant courroussee
Que la vierge que l'attendra
Soit elle nauree ou blessee
Car en son gyron se rendra
Ou ne chiens ne veneurs craindra
Tant sera & s'amour esprise
Ainsi quiconque la prendra
Femme en a la premiere prise,
Estes vous bien hault encornez
Bien fiers et mal aprinoisiez
Nature ainsi veult que tournez
Vers femme: et vous y accoisiez
Elle veult que vous y voisiez
Et que toute vostre rigueur
En son beau gyron apaissez
Car en elle est toute doulceur.
Or apres ie te fais demande
Se femme tant soit elle sotte
A homme demande ou commande
Qu'en sottement amant sa sotte
Et que son sens elle luy oste
En fin le pert comme tu songes
Ce ne diroit pas aristote
S'il ne voulsoit faindre mensonges.
Adam David et Hercules
Femme sceut par tout crier
Fuiez les femmes; fuiez les
Fuiez ne vous y confiez
Je vous prie que me diez
Comment les sceurez: et silz

Pour s'en fuir n'auoient piedz
Et pour non voir paupiere et cilz,
Ilz vouloient clorre les yeulx
Affin que plaisir ne preuissent
En leurs visaiges gracieux
Et fuir puissent silz voulsissent
Se d'eulx approuchier se vissent
Mais il est bien fol excellent
Qui cuide qu'entente ne missent
De les auoir a leur talent.
Que aultre part accuse ay
Pour toutes les aultres briesment
Responce continue feray
S'en leur beaulte ou parement
Alegresse ou contentement
Ceulx que tu nommes plaisir prindrent
Qu'en pruent elles: vrayement
Tu scez qu'elles leurs cuers ne tindrent.
Bersabee quant se lauoit
Qu'en pouoit: se dauid le saige
Concupiscence d'elle auoit
Ne tenoit elle son couraige
Certes dauid commist oultraige
Et apert: car se repentit
Quant ploura en triste visaige
Tant que dieu apaisse sentit.
Salomon sa faulte cogneut
Et sa folie confessa
Quant l'esprit diuin plus n'eut
Sampson quitte n'en trespassa
Longue prison moult le cassa
Aueugle fut: dont sa folie
Vng chescun d'eulx recompensa
Par peine: ou par melencolie.
Sans mot sonner povez entendre
Ce que vous ay dit des meilleurs

B iii

Les aultres ie ne quiers deffendre
Des maulx souffisans et preux
Mais entendes les escripteurs
Que sen aulcuns liures trouues
Que femmes tribolent voz cuers
Coulpe principale en ayez.
Qui se brusle a son essient
Puis le feu ou la brese blasme
Il nest pas repute scient
Car tout seul doit auoir le blasme
Ainsi qui en amours se pasme
Et si sont comme plont ou plaustre
Nen blasme ou menasse ou pasme
Que suy tout seul: ce ne fait aultre.
Arbitre humain vist sans contrainte
Qui est cil qui le contraindroit
Il est franc: & nul il na crainte
Il peut faire a tort et a droit
Et qui sa nature entendroit
Et sestroit de branche en branche
Certainement il maintiedroit
Quil nest chose au mode plus franche.
Ou franche voulente seroit
Contrainte: et que vouloir contraint
Fut homme: clerc ce ne diroit.
Il est franc quitte non abstraint
Mesmement mort ne le contraint
Car nest rien si a suy quil est
Soubz subiection nest estraint
Ains tousiours a son vouloir prest.
Ainsi est en eulx de fuir
Celles: qui apres eulx ne courent
Ou & les folement suiuir
Le si ou le non leur demeurent
Doncqs se mal sentedent et meurent
Et trop hatif au las se prenent

Dont puis viuent doulens et meurent
Que pruet mais celles quil prenet.
Force responderas: leurs regars
Leurs contenances: les paroles
Attraient les plus soubtilz gars
Et donnent occasions foles
Ne se sont toutes paraboles
Sainsi estoit ce nest pas force
Ainsi comme tu le paroles
Certes la femme homme nefforce.
Les yeulx sont faiz pour regarder
Dist maistre alain: mais qui te tient
Que tu ne te puisse garder
De voir comme elle se contient
Et faire ainsi quil appartient
Regarde toy: et & toy iuge
Scez tu bien quelle se maintient
Ainsi pour toy: en es tu iuge.
Elle est plaisant mignote et gente
Elle est a merueille courtoise
Pour toy nest pas si diligente
Il sen fault bien plus dune toise
Saulcuns regars vers toy entoise
Cuide tu quelle y preigne garde
Et & eulx tu quelle soit acoise
Ou tousiours les parois regarde.
Nature tout ce bien leur donne
Beaulte: doulx regard: beau maintie
Le residu nous habandonne
Et donc y eust le faulx tuer tien
Penser a mal: non: le tien
Voirement: ie scay et le iure
Quelle ne pense qua tout bien
Et scay que ie ne me pariure.
Veulx tu nature bestourner
Ou le monde bien ordonne

Faire tout aultrement tourner
Homme ignorant desozdonne
Nature leur a ordonne
Ou dieu: que ie soie plus saiges
Quen ce monde seur soit domme
Lieu: comme aux diuins ymages
Simples quotes vergougneuses
Amoureuses et amiables
Attrempees saiges soingneuses
Leaulles doulces piteables
Courtoises saiges charitables
Bonnes belles et amoureuses
Vertueuses et honnoutables
Par mon ame elles sont eureuses.
Et eureux sont qui les regardent
Qui les seruent et qui les honnourēt
Qui les aiment prisent et gardent
Et mauldis qui les desbonourent
Si nesbahy que ne se teurent
Et tost leur langue ne mordirent
Aulcuns: qui a leurs vertuz neurent
Regard: ainsois quilz en mesdirēt.

Cy franc vouloir en louāt lamour
de la femme: respōd a vng fort argu-
ment q̄ laduersaite oppose luy auoit.

Or semble quen guierre mortelle
Estes cōtre les hōnes. Bien et
Encores. quelle est immortelle
Les mesdisans ainsi le tiennent
Ainsi est: pourquoy ne sabstiennēt
Daler apres leurs emuehpes
Ilz sen perdent cōme ilz ny ataisienent
Neantmains les quiertē pour amyes.
Amye est femme vrayement
De homme: par propre nature
Estre ne pourroit vsseinent
Haine en si doulce creature
Mais il qui trop se desnature
Sur elle excuse son pechē
Disant: que par sa forfaicture
Elle a tāt grosse et pechē.
Son pechē sur la femme excuse
Et nest coulpable du foutfait
Se pechet la fait: il laccuse
Et crie quelle a trestout fait
Quant a moy ientens bien le fait
Lenuye qudn̄ a d̄ leurs meurs
Et que si souuent son foutfait
Font ainsi mentir les tengleurs.
Se tu as femme laide ou belle
Mais que bien laime et chertsse
Et cuides tu quelle soit telle
Que ton beau plaisir ney seruisse
Ie ne croy quoncques femme yssisse
Selle a este bien desportee
Pose que mesdire en ouisse
Quelle ne se soit bien portee.

ß iiii

Jamais faire ne se pourroit
　Que femme qui n'est bien aimée
　Certes ainsois elle mourroit
　Consentist estre diffamée
　Qu'elle perdist sa renommée
　Que son mary l'abandonnast
　Possible n'est vierge nommée
　Que son cuer à aultruy donnast.
Il n'est possible son la tient
　La preude femme la seale
　Comme à son estat appartient
　Qu'elle scuste estre desleale
　A son mary sera feale
　Plus que soy mesme l'aymera
　Elle soulentaite et reale
　Desleaulté ne luy fera
Se belle est pour sa singuliere
　Beaulté que ne vouldra guster
　Vers ung chescun se tiendra fiere
　Homme n'en pourra ja gouster
　Aux corneilles pourront bater
　Regarder ne ses daigneroit
　Voisent ailleurs le guez tater
　Rien a elle on ne gaigneroit.
Belle se dit belle se mire
　De nature oeuure especiale
　Cognoist que chescun la remire
　S'il en est trop plus partiale
　Et d'aultre toutte aussi à se
　Propos la seale personne
　De garder la foy nuptiale
　Affin qu'elle soit belle et bonne
　Se mains est belle ou que m'ays plaise
　Laide la pris: tesse ta pleur
　Raison n'est qu'elle te desplaise
　Puis que telle ne t'a despleu.

Ou tu as le sens assez pris
　Quant avecques elle te mis
　Ou tu luy dois rendre le feu
　Dieu scet bien que tu luy promis.
Se laide est toute sera tienne
　Au mains froit au piedz n'en auras
　Doubte n'auras que son la vienne
　Par amours prier: si seras
　Plus aise: et au mengier seras
　Avec elle sans suspection
　Qu'avecques plus belle a luy feras
　Parler Phillippe ou Robichon.
Socrates qui ne fut plaideur
　Dist que tous doiuent mirer
　Le fait: quant qu'a la laideur
　De son corps ne se peut parer
　Entende a l'ame de parer
　De vertuz et aussi le bel
　La vertu du cuer comparer
　S'efforce à celle de la pel.
Le conseil la belle ensuivra
　Affin qu'il n'y ait que redire
　La laide tant qu'elle viura
　Envers Dieu ne sera la pire
　Ainsi belle ou laide beau sire
　Sans garder: aurés seurement
　I pouez vous plus contredire
　Est pas consu vostre argument.

¶ Que la jalousie des hommes ne
vient tant d'amours: q de science &
propre mal.

Qve dirons nous des faulx jaloux
　Ces filz sont touiours en aguet
　S'ilz puissét estre pris des loups
　S'ilz sont plus escoute ne guet

Pour prendre martin ou huguet
Na lespree na matinee
Auec ysabel ou marguet
Qui est a tort suspicionnee.
Jalousie trop ne prouffite
Toutesfois se fait il a peine
Quamoties en beaulte confite
Sans elle soit iour du sepmaine
La propriete si certaine
Nest que ne doubte vng accessoire
Ou quelque aultre chose soudaine
Dont on perde le possessoire.
Et aussi ne vous en doubtez
Faire ne se peut bonnement
Quamours qui toult les voulentez
Muables naturellement
Ne mette craincte aulcunement
Entre les cuers qui aparye
Cest vng miracle vrayement
Quant voulente ne se varie.
Ainsi ne fait pas a blasmer
Jalousie: mais quelle sourde
De bien et leaulment aimer
Et que trop on ne si abourde
Mais se mettre en vne cahourde
Ou se bouter en vng baril
Et cuider que sa femme bourde
Vela le dangereux peril.
Ie ne croy ie que ialousie
Soit es hommes pour amour tant
Que par la grande frenesie
Quilz ont que leurs femmes aultant
En riant ou en caquetant
Ne leur en facent comme ilz sont
En voyant ou en escoutant
Tout a peine: ainsi ialoux sont

Amours ne les fait pas doubter
Mais science & propre inal
Les fait veiller et escouter
Sily a ame aiant naual
Font comme le mauluais cheual
Lequel regimbe en toute estable
Pensant que tous en general
Soient de manieres semblables.
Or suffit bien que maris tous
Tant et si fort ialoup se veissent
Que nussent ilz auoit ka tous
Enuers celles dont fort cheuissent
Que iamais aultres ne rauissent
Ne cabusassent ne trompassent
Et a leurs seulettes seruissent
Et leurs luxures attempassent.
Moult ialoup sont ceulx qui consentent
Quaulcuns viegnent en leur hostel
Car atantaige et going y sentent
Et quil aient part au tortel
Murdris soient & mal couste
Et enfouy: ou art sieus
Que pour office de chastel
Ilz sont a leurs femmes truffiens.
Jay veu et se scay et seray
Et se prouuer se me conuient
Assez de tesmoingz trouueray
Aulcunis bien aisiez quant on vient
En leurs maisons: et quo deuient
Amoureup: iay veu maint marp
Qui va au vin et nen reuient
Jusquapres le chasiuary.
Quans en est il en grand office
Car ilz ont sceu et endure
Quon a eu part au benefice
Comme le principal cure.

Je loy maint en tresbault degre
Que sil neust fait la houllerie
Et vilainement labenre
Ile fust en telle seigneurie.
Et si vous jure par sainct george
Son esperouuoit le jugement
Quon faisoit daue et de fleur dorge
Et de pouldre anciennement
Pour scauoir veritablement
Se femme auoit peche ou non
Mille mescroit on faulcement
Qui saurolent leur preuuer nom.
En quelque sont les bons maritz
Qui se confient plainement
En leurs femmes: aussi cheris
Et aimez sont dieu scet comment
Auec la femme honnestement
La te puis esbatre et gesir
Sans que le mary vitement
Ait souspection ou desplaisir.
A rôme ne sont point ainsi
Ne par le pais de toscane
Ne en toute la langue de sy
La femme est serue comme vng asne.
La na marie ne jehanne
Qui ose des cincq sens vser
Leurs maritz ont le vmicane
Ainsois quil vieignent a lespouser
En escosse et en angleterre
En zelande brabaut holande
En flandre a moult bonne terre
Et en allemaigne la grande
En la grace terre normande
En la joyeuse picardie
En france asses femme commande
Mais ailleurs ne scay que le die.

Mais pource que qui femme prent
Laisser ne la doit en sa vie
Vers dieu et le monde mesprent
Quautrement fait le vous affie
Par sacrement lonime se lye
Et ne doit si legierement
Prendre femme se en sa vie
Ne veult tenir le serement.
Qui est lye et se deslye
Apres est il plus fort lye
Si doit voir se bien se lye
Que ne puisse estre deslye
Se nest pas peu destre allye
A femme: car qui sen dessoulue
Pour estre plus fort ralye
Au diable denfer se raloiue.
Regardes ou quant et comment
Et toutes aultres circonstances
Auant quon face le serment
Des amoureuses acointances
Trop tart vient on aux repentances
Mourir souuient en celle peau
Car qui fait sainctes ordonnances
De celles ne doit il faire appeau.
Aulcuns seunes par couuoitise
Seulement aux vieilles se joingnent
Non pour leur amour et couintise
Ains est que leur paine leur oingnet
A mon aduis mal se conjoingnent
Qui ainsi cuident estre joinctz
Quât fines amours ne les joingnet
Certainement tost sont desjoinctz.
Le bygame machioset
Je ne scay qui le taria
Mais il fut bien nisse et folet
Se folement se maria

Na iheſus ne a maria
En doit il faire ſa complainte
Se la Vieille ſaparia
Dont il euſt puis triſteſſe mainte.
Le coquart Vne reſue print
Non pour amour aulcunement
Faulce auarice le ſurprint
Il eſt a croire fermement
Et puis comme par iugement
Quant il ſe vit pouure et chetif
Des femmes et du ſacrement
Meſdit comme Vng paillart retif.
Les Vieillars auſqlz les ratus doulent
Demandent choſe merueilleuſe
Quant ieunes dames auoir veulent
La ioincture eſt moult perilleuſe
Il eſt froit: elle eſt chaloreuſe
Fera Vieilleſſe bon lieu
Auec ieuneſſe fertilleuſe
Et neny par ſainct iulien.
Venus ieune Vermeille et blanche
A Vulcanus fut eſpouſee
Furent boiteulx & toute hanche
Fut bien la choſe propoſee
Non: ſa ieuneſſe ſuppoſee
Et la nobleſſe dont venoit
Elle duoit eſtre alouſee
De tel mary quil conuenoit.
Penſez Vous que le pantonnier
Vulcanus leuſt peu reiouyr
Le Vilain cheim charbonnier
Deuoit il de celle iouyr
Merueille ne fuſt Quitrouir
Que le gentil dieu mars aima
Et ſil luy fiſt le cuer bruyr
Je tien que mais on len blaſma.

Si en iectant mainte goulee
Quant les eſchines il eſtendy
Sur elle: et fut accolee
Du dieu phebus en plain midy
Jaſoit ce quelle luy rendy
Car en ſes filles miſt les raiges
Notez cecy que ie Vous dy
Bien ne ſe ioingnent diuers aages.
Quans en eſt il qui prez et Vignes
Rentes poſſeſſions treſors
Regardent: parens amis ſignes
Et nont doeul a lame nau corps.
Soient Vieulx chanus ieunes fors
Jreup diuers rechignez chiches
Tout eſt bien ainſi ſont leurs ſors
Se les filles ont maris riches.
On doit les Voulentes conioindre
Et ainſi cognoiſtre que cherir
Les cuers et corps enſemble ioindre
Ne mariage tencherir
Mais premiers on doit enquerir
Dargent quil napartient au fait
Neantmains fait en paulmes ferir
Qui en peut auoir ſi en ait.
Ainſi marient ilz largent
Et le Vouloir ne ſe marie
Gueres ne leur chault ſon eſtgent
Mais que richeſſe ſaparie
Encores y a ſaincte marie
Quon marie aulcune: mais maintes
Auſquelles le Vouloir Varie
Mains côtentes et plus contraintes.
Ghimenes le dieu des mouches
Qui fors chantes ioyeuſement
Quant les cuers mariez douches
Par amoureup conſentement

Tu dois bien & spiteusement
De ta couteinuse piper
Quant on se marie aultrement
Que cuer a cuer: ou per a per.
En mariage aulcuns se boutent
Seulement par plaisir soudain
Et nen demandent nen escoutent
Tantost fierent ilz en sa main
Ny sont iusques au lendemain
Leur plaisir passe: la pourrette
Las comment gaignerat son pain
Quant demouree elle est seulette.
Heureux sont qui en ung vouloir
Et en condicions semblables
Lesquelles sont amour valoir
Sont en mariage accordables
Ainsi sont leurs ioyes durables
Maulgre fortune la peruerse
Se ainsi ne sont: pardurables
Ne sont: le premier vit les verse.
Mais se dieu me donne salut
Femme comment marier sose
A homme vivant: dia selle eust
Son pareil: se fut aultre chose
Il nest si meschant qui enclouse
Tenir ne la veulle en conclaue
Par lame qui en moy repose
La femme est bien a homme esclaue.
Chescun est roy en sa maison
Le tingre orguilleux scet bien dire
Et comment ie ne sy mais hom
Qui ne fut en son hostel sire
Me doit on seans contredire
Il luy est aduis fermement
Que dire eust: dieu le vous mire
Ie feray voz gre plainement.

Pose quil eust este paillart
Et neust encontre femme telle
Laquelle la sur le gaillart
Vestu & nouuelle cottelle
Quant il aura seu en coste elle
Trois ou quattre nuitz: il sauldra
Sur son fumier: et sa pourette
Sans quelle ait meffait assauldra.
Et sil est impotent ou piffre
De nature ou tauernier
Souldomier qui semble une ciffre
Hasardeur qui nait ung denier
Ribault ou pire quung mounier
Ie tais les aultres mauuaistyez
Encor le malestru asnier
Delle se dira maltraictiez.
Et se femme est si fortunee
Que son mary ne soit tel homme
Elle aura aultre destinee
Ou elle ne repose somme
La grant paour & luy lassomme
Ou il ne luy complait iamais
Et bruit et rechigne: helas comme
Pouroit estre son corps en paix.
Doulceur a sa nature affiert
Pource contre nature fait
Qui femme & rudesse fiert
Pensez vous que plaisir y ait
Telle chanson point ne luy plaist
De son mary qui tousiours grogne
Bien scauez que trop luy desplaist
Quát tousiours et sans cesser rogne.
Et se dieu si bien la pouruoye
Que son mary tresdebonaire
Soit: et souuentiers la voie
Encores ne se peut il faire

Quil la mauluaise herbe ne flaire
La ialousie ou la soussie
Et qualleurs elle ne repaire
Le faulx ialoup ne se soussie,
Mens uous a conte comment
Le ialoup & schante sa true
A sa femme: et a quel tourment
Sans quelque occasion il derue
Pource seulement uous reserue
Que quant sa femme se marie
Doit dire or suis dolente et serue
Las aide moy saincte marie.

¶ Le champion prise celles lesqlles se
mettēt en religiō: car elles sont hors
& la durte et du seruage des hōmes.

Celles sont bien conseillies
Qui en religion se mettent
Elles ne sont pas assaillies
Ainsi quant a dieu se soubmettent
Et a luy duyre se permettent
Et soubz les hōmes estre ne daignēt
Qui foy et bonne amour promettent
A celles que puis ilz desdaignent.
Telz couraiges moult esleuez
Qui seront par leur grant haultesse
Une fois en ioye esleuez
Ihūs maintiengne en leur prouesse
Et face ma dame labbesse
Quen sabbaye aie plusieurs rendues
Car urayement pour la rudesse
Dommes: ses femmes sont perdues.
Saincte aldegonde: saincte clare
Saincte radegonde priez
Que dieu par sa pitie esclare
Les mauluais traistres mariez

Et si doulcement suppliez
A celle de misericorde
Que dorenauant uous aiez
Plusieurs femmes & uostre corde.
Femmes ne sont pas mariees:
Mariees sont: toutes languissent
Elles ne sont appariees
Leurs pareilz mesmes les murdrissēt
Leurs prouffit fut quelles esquyssēt
Sans les hommes et comme bestes
Les uilains hommes resenquissent
Dessoubz lesquelz ne uous meistes.
Parle as des religieuses
Si lourdement et sans uergōgne
Que tes parolles ennuyeuses
Mont plusfort puy que charougne
La faulse enuye toudis hougne
Et de menterie se paist
Au fort lon dit pour une euergōgne
La pire roue tousiours brait.
Tuscia laquelle accusee
Estoit de telz tengleup que ty
Que sa uirginite louee
Auoit rompt et amulenty
Moustrant quon ment et a menty
Et mentiray de plusieurs nonnes
Et quon est tresmal aduerty
De leurs uirginitez tresbonnes.
Elle a la deesse uesté
Pria que se preche auoit
Tel tourment luy fut appreste
Comme au peche appartenoit.
Et se a tort on laccusoit
Que deuant tous luy fut pssible
Puiser de leaue qui couroit
Et luy porter dedens ung crible.

Tant se fia en ses vertus
Quelle osa & leaue puisier
Au crible: aiant mille pertus
Et lemporta sans lespancher
Deuant beste quelle eust moult chier
Lors tous ceulx confus demeurerent
Qui luy souloient reprocher
Le peche que pas ne trouueret.
O se dieu miracle monstroit
Sur toutes les suspectionnees
O quantes on en trouueroit
A tort prinses et ransonnees
Maintes vilanies reprouuees
Quon fait & prieuse ou dabbesse
Seroient mortes et finees
Et loueroit on leur noblesse.
Item les deuotes recluses
Selles sont vng peu resueillies
Le faictes vous par les babuses
Que vous dittes a leur treillies
Du diable ne sont assaillies
Tant que & voz regars maustrais
Qui semblez gelines mousties
Quant vous estes deuant les fais.
Et silme fault dire oultre amen
Les moynes comme excuseras
Je te prye par amours dy men
Quelle chastete y verras
En laquelle abbaye iras
Et se tu nes moult occupe
Es chambrettes nauiseras
Pos et pastes et lautre. p.
Cures chanoynes chappellains
Viuent ilz pas moult chastement
Quans en est il comme poulains
Effrenez apres la iument

Mais quas en est il publiquement
Qui viuent apres leurs ribauldes
Et qui les parent richement
De diamans et desmerauldes.
O la tres horrible besongne
Contre tout honneur de lesglise
Comme peut prestre sans vergogne
Viure en publicque ribauldise
Et saillant de la paillardise
O sent le filz dieu approucher
Et es dois plains & puantise
Le tenir leuer et toucher,
Helas apres la messe dicte
Il tourne es bras & sa mye
Nest il pas & son prebe quitte
Il sen est confesse nest mye
O la trescruelle folie
Que vault telle confession
Sans propos damender sa vie
Faire en fauste execucion.
Ceulx qui iadiz sacrifioient
Aux dieux manuals fais et faulgiez
Sur toute rien estre vouoient
De lupure nets et purgiez
Et vous qui buues et mengies
A la table du dieu des dieux
Nauez honte destre plongiez
En lordure iusques aux yeulx

¶ Cy moustre le champion que les
hommes folemēt se glorifient & ce
q̃ les femmes accusent: et lesquel-
les faulsement ilz Receuent.

OR dieu ie a respōce pour telles
Lesquelles par ta courtoisie
Diffames blasmes et dscelles
Et ueu est ta langue espaisie
De mesdire elle est moult aisie
Que se creance ne donnast
A la commune frenesie
Jamais ainsi ne sermonnast.
Nulles nouuelles en la ville
Sout: que de la pourre personne
Quant la lessiue fait ou fille
Lon crie quelle sabandonne
Ainsi et quoy elle nest bonne
Lon sceet par ou et quant passa
Chescun a son gre en raisonne
Et oucques en mal ny pensa.
Elle aime tel: on voit le signe
Elle est bien au differēt
Tel sceet bien comme elle le signe
Quant il passe par my la rue
Ainsi chescun sen met en rue
Par vug ribault qui la serra

Chescun au dois la monstre et hue
Jamais le nom ne luy cherra.
Ha daniel qui dliuras
La susanne de mort prouchaine
Et son nom perdu recouuras
En vainequant lenuieulx are haine
Mainte accusacion vilaines
Contre les dames trouueroies
Se ores viuoie: et d haines
Mainte et maintes dliueroies.
Les refuses tant seulement
Naccusent la iuste innocentē
Mais tous vuiuerselement
Je ny mes ville difference
Tous sans remors de constience
A leur gre delles parlementent
Et contre vraye epperience
Ne leur chault guere sil en mentent.
En quelque guise en quelque forme
Quelle se puisse comporter
Tantost sault sus qui les reforme
Qui mal y sceet interpreter
Nelles ne peuent transporter
Loeil: d sung a lautre cornet
Sans quon se puisse dporter
De dire elles nout le cuer net.
Selles chantent: selles sesbatent
Sans mal penser ne vilenye
Incontinent leur nom rabatent
Les hommes plains d felonnye
Puis vne femme ses banye
Et a le couraige courtois
Espandu comme fleur espanie
Vous dittes quelle sent le putois
Que selle est fiere et se recule
A part: fuyant lesbatement

Vous dictes quelle dissimule
Et quelle sentent aultrement
Et la figures proprement
A leaue ou au viuier dormant
Et ainsi lie se scet comment
Tenir: quon ne la voit blasmant.
Et se dieu vous a regardez
De quoy et comment les blasmez
Et se vous mesmes vous gardez
Du peche dont les diffamez
Et que pis est: les renommez
Vous faictes en voz ribauldises
Somme en voz pensers sommez
Et serrés soz grans cornadises.
La simple femme deceuez
Par vostre faulce illusion
A vostre plaisance sauez
Et puis en la conclusion
Faictes vostre derision
Et lapellez ung peu trop baulde
Voire: et par grande abusion
Diray ie le lait mot: ribaulde.
Ribaulde dia: et cil trop hault
Qui fist merueilles a entendre
Sera il point nommez ribault
Force ne fait il a reprendre
Car ung ribault doit par tout tendre
Cest adire soy pourchassier
Et la femme se doit deffendre
Et il poursuit et chassier.
Et touteffois telles les font
Les ribaulx par leurs ars soubtilles
Helas non font pas: mais deffont
Plusieurs &notes iennes filles
Elles croient comme euangilles
Ce que les faulx ribaulx leur chatet

A matines et a vigiles
A toutes heures les enchantent.
Suppose que chescun sempesche
Et toy et elle quant prehez
Dy moy par ta foy qui plus presche
Et qui est le plus empeschez
Certes tu es plus entachez
Car tu las faulcement trahye
Ou pour estre tout despeschez
A force prise et enuahye.
Et tu en dois le los auoir
Selle est deceue et prinse a force
En doit le blasme receuoir
Dont vient ce droit: ie croy que force
Qui plus en trompe et en enforce
Qui plus a de lances brisiez
Qui plus la bataille renforce
Il est de vous le mieulx prisiez.
Et meschans folz oultrecuidez
Cuidiez plus grant prerogatiue
Auoir: a prescher se cuidiez
Demoustrez men lindicatiue
Or retenez ma traditiue
De quant plus de peine mettez
A faire la copulatiue
De tant plus de mal commettez.
De ribauldise vous vantez
Voire de fornicacion
Vostre puinaisie esuentez
En grant glorificacion
En bonne interpretacion
Voz horribles pechez prenez
Et de maindre transgression
Les simples femmes reprenez.
Il fait tout de bon compaignon
Qui en prent ou trouuer en peut

Et celle ne vault vng ongnon
Laquelle faulsement &receut
Luy los:elle blasme receut
Il sauance:elle est mise arriere
Las qui esse qui naperceut
Que tout va ce kuant derriere.
La verite est clere toute
A voir ne lempesche woz tentes
Entidez quoy ne la loye goute
Si fait:et woz faulses ententes
Manifestes et euidentes:
Car contens nestes de prescher
Se woz ribauldises patentes
Nales publier et prescher.
Voire dis ie:ie fis:ie feray
Ie dis:lon permist:lon fera
A tel iour:a telle heure iray
La besougne se parfera
De par dieu quant on le sara
Lon dira il est bon compains
Ou austrement sermonnera
Le ribault que ne vault deux pains.
Que si il est mariez pour tant
Dune ou daultre ne sabstendra
Que il ne sen wise vantant
Quant sa femme ne lentendra
A laquelle foy ne tendra
Quant pourra il la fera couppe
Et en couraige maintendra
Quen froissant foy ne fera coulpe.
Que soy ie des maris parlant
Quant ilz sont hors de la maison
Lors voit on qui est bon galant
Qui aime fresche venoison
Qui mieulx scet trouuer achoison
De nouuellement bouhourder

Et de eslier la sieson
Quil doit a sa femme garder.
Lors dient ilz de beaucop prouerbes
Ou lung dit en soy excusant
Poulain aime nouuelles herbes
Et laultre qui se sent pesant
Ou laultre sa femme accusant
Trois fois la crye en son absence
Delles se vont ainsi rusant
Et nen font vlle conscience.
Comme vlixes ne font ilz pas
Lequel par iuste souffrite
Pour la belle fille dathlas
Voulut rompre sa leaulte
Touteffois immortalite
Luy promettoit celle deesse
Las combien de faulsete
Font ilz sans tenir promesse.
Ie demande au ribault mary
Au faulx traitre qui ne tient ferre
De quoy il doit estre esmarry
Se sa femme aussi se desserre
Veant quant aultre il se serre
Et derriere luy fait la loupe
A elle tort:non par sainct pierre
Selle luy fait de tel pain souppe.
Lactence de quintilien
Raconte:quil ainsi disoit
Qui vouldra que sa femme bien
Luy garde:et bonne femme soit
Certainement monstrer luy doit
Forme de vie nette et pure
Car quant aultre elle cognoit
Ne la met il a lauenture.
Certes lactence dit tresbien
Les maris occasion sont

A aulcunes:que si tres bien
Comme raison souffist ne font
Ilz les ẽlaissent:ailleurs sont
Et quant elles voient la truffe
Le plus grant tort du monde uont
Se leurs rendent buffe pour buffe.
Seneque aussi en ses epistres
Dit:et la foy pareillement
Que cilest desloyal et traistres
Qui commande especialement
A sa femme:que chastement
Vine:et touteffois il est tel
Quil ose ferir baudement
A tout enghume son martel.
Mais ilz excusent leurs folies
Comme sainct augustin raconte
Ou liure ẽ ses homelies
Disant:que nest pas si grant honte
De faire ce que vous raconte
A eulx comme esta leurs femmes
Assignans trois raisons en conte
Ainsi coulourent ilz leurs blasmes.
Dient premierement les bestes:
Bestes sont en ma conscience
Nous sommes hõmes:femmes estes
Auoir deuons plus de licence
Ha la mauluaise consequence
Quant vous commettes villenye
Et ne mõstres vostre excellence
Estez vous hommes:ie le nye.
Hommes estez:saiges et fors
Et vaincques doncques lardeur
Et la luxure de voz corps
Et la moderez de froideur
Esprouuez la vostre vigueur
Car auoir de la cher victoire

Nest pas foiblesse:mais grandeur
De force:il est assez notoire.
Seigneurs sommes:et obeir
Debuez dient secondement
Sur nous nauez vous que rire
Punnir vous pourons grandement
Bien respont a cest argument
Augustin:allegant lapostre
Ie vous prie entendes comment
Femme ce touche le fait vostre.
Quel pouoir:quelle seigneurie
Lomme a:femme vous ne scauez
De son corps il na seigneurie
Car sur luy la puissance auez
Cest a dire:auoir la deuez
Car sans vous faire ne doit rien
Et son pechez vous le trouuez
Couper luy pouez son mesrien.
Encores a prouuer leur meschief
Dient les orguilleux coquars
Entre nous hommes sommes chief
Femmes sont noz membres et pars
Ainsi concluent par leurs ars
Que fornicateur ou auoultre
Et de son corps large ou eschars
Peut mieulx hõe estre:et passer oultre
Se chief sont:ou chief estre veulent
Que ne les conduisent et apprennent
Corrigent:quãt les chiefz se deuulent
Part de la duleance ne prennent
Les membres:et doncques mesprennẽt
Leurs beaulx maris fornicateurs
Car se de cela les reprennent
Ilz sont de leurs pechez acteurs.
Si ne sçaiz ie pas pour ce dire
Que la femme dung vilotier

En leaulte & uiengue pire
De plus loing que de deuant hier
Lon voit souuent qua vng putier
La bonne femme maintiendra
Leaulte: en cuer tres entier
Plus quau ribault napartiendra.
Ce nest grande signifiance
Que le bon mary doit auoir
En sa femme ferme fiance
Mais pource vous fais ascauoir
Que qui ne fait bien son deuoir
Enuers sa femme: il luy enseigne
Quelle se doie ailleurs pouruoir
Et querir vng a aultre enseigne.
Je ne puis conter tous leurs crimes
Leurs espitz leurs baras dōt sourdēt
Males diuisions et rysnes
Et que daultre femme se hourdent
Que les leurs batent et alourdent
Menassent: tempestent et affolent
Tant quelle du lit ne ressourdent
Ainsi doulcement les accolent.
Ne ie ne dis quilz ne leur rendent
Au besoing lamoureux peage
Ou quilz ne sont: ou quilz larrendent
Ailleurs: et si ne baillent gaige
De leaute: ou loing voiage
Font: ou les mescroient a tort
Femme par homme en mariage
Souffre mille espece de mort.
Mais apres testes passions
Que la femme en foste endure
Le ribault ses processions
Entour elle fait: et ne dure
Pour son amour vit en ardure
Silnen iouyst il est perdu

Quil nacomplisse son ordure
Il aime mieulx estre pendu.
Ne iour ne nuict ne cessera
Deuant apres ou encoste elle
Tousiours laspre ribault sera
Pour luy conter sa quirielle
Pas ne sera en la chappelle
Quil ne monstre chiere piteuse
Et a son courage rappelle
Quelle luy est tant despiteuse.
Il maulgrie regnie et iure
Sil ne peult son honneur garder
Jure et regnie et se pariure
Affin quil y puyt abourder
A la fin se laisse encorder
La simple que trahyson ne doubte
Et il qui ne fait que bourder
I met son entencion toute.
Il pleure: et sil ne peut pleurer
Douguons et par son nez pinssies
Scet faire ses yeulx esplourer
Helas le vaillant espissier
Au puis se ferra tresbuchier
Selle ne laime il se pendra
Plus hault que ne sont les clochier
Puis dieu á elle se prendra.
Or est il accouchie et tremble
La fieure luy est suruenue
Fremist comme la foeulle du tremble
Puis rentre en chaulde continue
Se sa passion continue
Deuant dieu rendra son esprit
Accusant & plaine venue
La dame qui lamours lesprit.
Mieulx assez et trop vous monstre
La maniere & la hayne

[ii.

Et donne remede a lencontre
Quant elles cuident eschapper
Qui voulez femmes estrapper
Lisez son liure si scaurez
Tendre les filles et huyper
Apres elles: et en aurez.
Ne creez choses quil vous die
Femmes pour pleurer ne pour rire
Le ribault sil a maladie
Enuoiez le parler au mire
Pour vous il est en tel martyre
Se dit: helas ne vous en chault
Se grand douleur a mort le tire
Ce ne vous fait ne froit ne chault.
Il se pendra laissiez le pendre
Pendu soit ains qui vous desrobe
Helas ne creez vous la mendre
Parolle: le traistre vous lobe
Il dit que se vit tout soubz robe
Il se noiera vrayement
Mieulx aimeroit perdre sa robe
Quil eust songé tant seulement.
Helas trop de legier creez
Par vostre simplesse aguéline
Et la trahison ne vees
Du regnart apres la geline
Ne la mauluaise carpeline
Cognoissez: de cil qui vous rue
Qui de sa male iaueline
Vous fierra cil vous tient au pruine.

¶ Franc Vouloir preuue par les anci-
ennes poesies et hystoires le barat et
la fraude des hommes enuers les
femmes.

AV fort ce vous est grãt hõneur
Quõ ne sço? a du premier sault
Et quel trauail a le veneur
En vous tirant mortel assault
Jupiter monstra bien que vault
Apres vne femme chassier
Et que le plus de fois il fault
Tous ses engins et raitz laissier
Jupiter ne pouoit remide
Trouuer: si estoit il dieu digne
Comme il peust iouir de lede
Sil ne se muoit en vng cigne
Pourquoy laissa de dieu le signe
Et comme cigne sempluma
Par la quelle faintise indigne
La virginite luy pluma.
Ia ne peut ses souppes mouillier
Auecques alcmena la belle
Qui fut dampbitrion mouillier
Sil ne faisoit telle cautelle
Pource le corps et la cotelle
Damphitrion vesti au fort
De la tresbelle damoiselle
Engendra hercules le fort.
Auoir ne pouoit par nulle guise
Dame calistonie lapperte
Et luy conuint quil se desguise
Car ainsi nest sa fraulde ouuerte
En fin la viole et deserte
De sa belle virginite
Mais toutesfois par ceste perte
Luy en donna grand dignite.
Acrise sa fille entourra
Affin quon ne la sceust
Mais iupiter tant entour a
Este: quen la parfin il leust

Par les tieulx luy mesme cheut.
En fuite dor dedens le sain
Des dames: quoy quelle en conceut
Jetta ung cop de sa main.
Deroupte auoit il grant enuye
Quant il se voult transfigurer
En toref: sur quoy fut rauie
Ainsi le conuint figurer
Il ne seust pxu deffigurer
Aultrement pour parler quelcõques
A la chastete deflorer
Ne se fut elle accordee oncques.
Le dieu phebus: le dieu mercure
Et neptunus dieu de la mer
Pareillement mirent leur cure
A tromper celles qui amer
Ne les voulurent: transformer
Conuint il en vielle ridee
Phebus: ainsois que deffermer
Peut: eyone de pres gardee.
Mercure endormist celle mesmes
Quant de sa verge labatist
Puis a son gre en prist a mesmes
Et oncques elle ne le sentist
Mais tant nature y consentist
Quil lengrossa a celle emprainte
Se son pere ne sen batist
Si en eust elle honte mainte.
Athlant a nul ne vainquast
Aimer: et sauleun la requist
Il couuenoit quil la gaignast
Au mieulx courir: et la vainquist
Et iasoit ce que tous conquist
Iuglez a la teste coupee
Toutesfois ypomenes quist
Moien: cõme elle fut trompee.

Celle couroit plus fort que vnt
Tyronde ne seust pas attaint
Dont vit que mal fut son couent
Ipomenes si sen complaint
A venus: qui luy attraint
Trois pommes dor & sa belle arche
Disant: mes les et totaulx ingint
Par ou la Vierge court et marche.
Secretement parmy les prez
Pommes et ioyaulx espendy
A courir vint: il va apres
Mais en fin il la retendy
Car a cueillir il sattendy
Les pommes dor et les ioyaulx
Ainsi la Vierge dont ie dy
Trompa le ieune damoiseaulx.
Et preapus dieu des courtis
Ne cuida il pas en dormant
Rauir la deesse lotis
Son nice et fol amour blasmant,
Il luy leuoit le pan deuant
Soubz la gracieuse fueillie
Quant ung asne vint requanant
Dont la Vierge fut esueillie.
Se vous dictes que se sont fables
Certes plus gracieusement
Voz ribauldises &cepuables
Ne puis ie moustrer bonnement
Et si sachiez certainement
Que les poetes que lisons
Nous enseignent coniuertement
Voz &sleastes trahisons.
Se vostre forme ne muez
Pour auoir bestrip ou collette
Neantmains faictes ce que puez
A deceptuoir la femmelette

i iii

La bonne voulente pour faicte
Est reputee:ce scauez
Mais pensés comment la simplette
Cautelensement decepuez.
Les vielles tout premierement
Endormiez:affin quelles soient
Le moyen et auancement
Enuers les ieunes que les croient
Lesquelles se voz plaisirs noient
Prendre a force vous assaiez
Voire plusieurs & vous les noient
Lon scet bien comment fait auez.
Ne don ne promesse espargnez
Et selles au dop vous respondent
De faire fors ne vous faigitez
Quant en est que ymages fondent
Tostent aguissonnent et tondent
Jen dis trop:mieulx scauez que mp
Que voz faulses ars correspondent
Aux plus faulses & lennemp.
Des seigneurs parler noseroie
Au fort scet on bien comme il sont
Quant iamais ie ne le diroie
Et comment femme on corrompt
Par argent et or les aront
Par barat ou par violance
Et encores sen vanteront
De leur ordre concupiscence.
Il ne men fault iurer sainct mor
Quans en est qui sont cop a cop
Comme sichem le filz amor
Qui print dyane fille iacob
Dont a la ville meschent trop
Car ia soit ce que sen contitent
Et filz et roy:neantmains a cop
Les filz iacob tous ilz occirent.

Moult en trouueras se bien iuges
Comme la femme dung leuite
Dont on lit ou liure des iuges
Prise a force tost et vite
Car quant luxure homme inuite
Il comme loup entre brebis
Ne meurdre ne vergongne cuite
Tout leur est vng et blanc et bis
Oultre eulx ne vous dirions nous
Quen disant toute verité
Apres ne nous en repentons
Mais soit des aultres recité
Et dit a nostre voulente
On ne nous doit mettre en vng sac
Contons la grande faulsete
Dung traictre appelle betisac.
Betisac oncques ie ne vy
Mais lon ma dit quen la langue doc
Certain temps il eust auiny
Tirant a haure et a croc
Or men souuient:car puis en och
On ne vit mal plus diabolique
Aussi en fut il mis au foc
Veu quil se disoit heretique.
Dune dame senamoura
De laquelle le bon mary
Emprisonna et entourra
Pas ne scay sil sauoit mery
Faulse luxure le sery
Dist a la dame & sa bouche
Que son mary mort et pery
Sera:sauee elle ne couche.
O dure nouuelle:o amour
A la dame que conseilloie
Chastete nette comme flour
Comme a amours contredisoie

O leale dame:ou estoie
Ton mary perdre estoit ta mort
Chastete perdre ne pouoie
Sans blasme:o dieu quel desconfort.
Amours vainquit:la dame esleut
Dame et de corps le deshonneur
Ainsois que faillist au salut
De son mari o loyal cueur
Or oyes maintenant horreur
Betisac dampne et perdu
Quant il eust ataint son ardeur
Luy monstra son mary pendu.
La nuyct quauec elle coucha
Betisac traitre plus quung diable
Au honteux gibet accrocha
Son mary o faict piteable
La pouure dame miserable
Le cuidoit lendemain auoir
Et le ribault despiteable
Mort au gibet luy monstra voir.
Au diable est il:plus nen parlons
Daultres hystoires plus courtoises
Seruans a propos racontons
Et tesmoingnent les sabinoises
Que estes dames et bourgoises
Auv temp des romains conuoquees
Par grand baras forces et noises
Furent prises et efforcees.
Et nous recordons de pauline
Romaine moult soubtiuement
Plus que de regnart nestgekine
Deceue dung fault garnement
Qui trant coustumierement
Que moult se tenoit au moustier
Aduisa maniere comment
Taster luy pourroit le tartier.

Darrier les ymages se mist
Et elle comme acoustume
Auoit:duotement se prist
A prier son dieu custume
Quant beaucop doroisons seme
Eust:et assez soust aultre place
Le gars qui ne fut entrume
Dist:femme tu es en ma grace,
Dieu nous ouyt tes deuocions.
Et tes meurs qui nous plaisent tãt
Quen forme comme nous mettons
Et de toy alons vng enfant
La simple escoute cestuy chant
Et cuide que dieu a parle
Si sen va pensant et pensant
A ce que luy est reuele.
Lendemain audit lieu reuient
Et comme aduenu luy estoit
Semblablement il luy aduient
Si pensoit plus et repensoit
En fin ce que ouy auoit
A son mary dit et conseille
Que se plus le dieu luy parloit
A son gre faire sappareille.
Tiercement a leglise ala
Et y pria iusques a la nuyct
Le fault garson qui estoit la
Mussie paresseement luy dit
Oultre plus que luy fist vng lit
Et sapprestast a conceuoir
Car il vouloit sans nul respit
Celle nuyct delle vng filz auoir.
Au dieu duotement obeist
Le lit para le sacerdos
Cuidoit que saincte rikle feist
Et le gars quauoit dit les mos

f iiii

La nuict vint torches et fallos
Chandestes estaint et se couche
Le ribault la beste au cup dos
Cerchant tost auec elle se couche.
Dieu cuide embrasser: et heureuse
Sur toutes femme se repute
Laultre par art malicieuse
Sa grande ribauldise execute
Et lendemain lappelle pute
Et se va dire par toute rome
A femme Ruyn ℞ cleute
Nest si perilleux que batat domme.
Que fut de la parisienne
Sil vous plait ie le vous diray
Plustost quaultre hystoire ancienne
Ne la ne vous en mentiray
Comme souuent ouy dire ay
Deux vilains freres & billettes
Firent ce que raconteray
Pour trouuer bois a leurs billettes.
Ung Ruy auoit entre les mains
Cest adire quil confessoit
Une bourgoise et son compains
Ribauldement la couuoitoit
Si luy dit comme que ce soit
Ie Rultz sa compaignie auoir
Ainsois deugins que trouue soit
Comment la pourrons Recepuoir.
Aduise fut quon escriproit
De lettre dor en quattre estite
Que dieu luy mandoit quelle auroit
Ung filz le quint euangeliste
Mais quauec frere baptiste
Dormist pour la conception
Du benoit filz qui sainct calixte
Passeroit en deuocion.

Apres se pensa on comment
Lescriptel qui de dieu Rnoit
Mettroit on bien secretement
Si dist cil qui la ialousoit
Au viellart qui luy complaisoit
Confesse la moy longuement
Ie le metteray en ung destroit
En ses heures secretement.
Ainsi fut dit: ainsi fut fait
Aulcuns iours apres la bourgoise
Lit lescript prise et se fait
Il fault que son confesseur voise
Lescript luy mostre: il mout luy poise
Dit que sans cause ny est mis
En la fin croire ne luy voise
Que ihesus ne luy ait transmis.
Dieu dist il: vostre sainct Resuage
Regardant a cestuy sainct pere
Veult que en vostre Resue aage
Et luy enfant facez en terre
Certe tel filz de telle mere
Ee de tel pere Reuit doit
Accomplisses cestuy mystere
Ou nom de dieu qui benit soit.
La dame de Ruoction
Ia soit quelle ne fut sans doubte
Sen va a lanunciaction
Conter tost et lamenter toute
Au sainct preudomme qui lescoute
Ioingnant les mains et lamentant
Que sa continence soit roupte
Laquelle aime et a amie tant.
Si fut encuse tout se fait
Car elle fist une fillette
Cuida ung beau filz conceputoir
Or quen aduint il: la simplette

Dame entres çdens ma chambrette.
Dist il: il ney fault plus parler
Mais en la fin puis qua dieu hette
Trop bien scauoit dissimuler.
O traitre homme plains de fraude
O ribault homme vous disiez
Que femme vous decoit et fraude
Que tant faulcement se duisez
Or desprisez: or mesprisez
Et sachiez queuers dieu vous nestes
Des plus pres ne les mieulx prisez
Trop het tel traitres deshonnestes.

¶ Remōstre le barat des hommes frāc
vouloir: et replicque a laduersaire leurs
vaultez deformitez et mignotises en ex
cusant.

A femme moult diuersement
Fustes ja ou temps passe prisees
Mais ores plus peruersement
Estes trahyes et sousprises
Neantmains dit on questes aprises
Dagensier et robes et guimples
Faire couleurs blanches et grises
Pour deceuoir les hommes simples.
Je vuldroie que lon se vist
Premierement: et de luy seul
Ains que des aultres sen cheuist
Pensez vous que ie aye grant dueil
Quant par enuye et par orgueil
Dictes quelles sont contrefaictes
Quant le Roy eseremeut a soeil
Quen contrefaisant vous deffaictes.
Ne scay pas se mieulx estes fais
Et a nature mieulx plaisez
Quant de la barbe estes deffais
Mais ainsi trop me desplaisez
Force dires que plus aisez
Estes: quant la barbe ne vent
Je vous prie taisez vous taisez.
La cause de la ne despent.
Au gretz ne nuit ceste forest
Et sachiez que nature a honte
De vous regarder quant for est
Et force plus homme ne vous conte
Ne scauez vous que barbe monte
Que cil qui de nature a barbe
En droicte puissance surmonte
Toute chose qui se rebarbe.
Vertu homme estre signifie
Pour niēnt nest ou visaige entee
Mais certes ie vous certifie
Que la premiere barbe ostee
Fut chose seee et barboutee
Pour mieulx se visaige aplanir
Et se vieillesse y fut plantee
Faire semblant de rajeunir.
Luxure qui tant se barre
Affin quelle appere plus fresche

Fait faulcher la belle prarye
Du menton qui nest pas en fresche
Ne tant seulement se refresche
Deaue affaitee ou daultre rien
Ou la barbe cordelee et fresche
Ou a nature oste le sien.
Vostre barbe ostez que plantee
Nature y a: et se pensez
Au raisoir seroit desplantee
Affin que plus ieunes fussez
Ou plus douce la pel eussez
Mais quant la pucelle se pare
Et considerer ce deussez
Que nature rien ne despare.
De voz beaultes vous desparez
La barbe ostez vostre parage
Ostant nature: reparez
Se cuidz semble vostre visaige
Sen soy parant fait quelque oultraige
La femme: au mains elle ne blesse
Nature: ains luy fait auantaige
Quant sa beaulte croit en noblesse.
Item dittes que semblestist
De paintures certainement
La beaulte que de la belle ist
Vous aueugle entendement
Belle elle est naturellement
Mais car voz portez groing si haue
Vous concluez que doulguement
Se pollisse elle: palugne et laue.
Ame de vous ne se tenoie
Ame de vous plaire ne veult
Ie voy que chescun se cointoie
Le plus nouuellement quil peut
Veste affule chausse cueult
Les femmes de ce faire apzenez

La grant sainte de vous queult
Reprenez vous doncques: te prenez
Diray ie le ne me puis taire
Dont vient q voz chausses fourrez
Et voz iambettes de beaucaire
Regrossissez et rembourrez
Quelle responce my dourez
Fredons escuiers damoisseaulx
Qui quant les chausses descouurirez
Semblerez assez sur fuseaulx.
Ne voulez vous pas amender
Loeuure de nature: si faictes
Par chausses garnir et bender
Musses voz iambes contrefaictes
Affin quelles semblet mieulx faictes
Aux vnes et aux aultres gens
Et aux esbatemens et festes
Semblez mignos frisques et gens.
Pourquoy si bas vous attachez
Et voz porpois portez si loings
Si non affin que vous cachiez
Et mussiez voz mesgres iambons
Les habis sont et beaulx et bons
Mais vous faictes maint garnemét
Mal content des naturelz dons
Et pour luxure seulement.
Dittes moy ie ne my cognois
Sót plus en court machees freggees
Ou sont ces chappeaulx bourbónois
Robes lointisses et pressees
Grosses cornettes bien troussees
Entour de la gente testiere
Sont elles ia presque passees
Les met on en aultre maniere.
Non pas tousiours ne les met on
Car il souffit du bourrelet

Par despit autour du menton
Mais que diray ie du colet
Et du solet au signolet
Et daultres notables fassons
Ou il ne fault pyl ne polet
Je vous prie que nous le sachons
Vous soliez les robes porter
Jusques a la iambe demye
Ores les faictes escouter
Sur les genoulx ne faictes mye
En tant que se le vent fremie
On peut voir voz petis draps
Vierge du puy vierge marie
Voys me faictes croisier les bras
A bras croisie ie vous auise
Car le vent nest pas si muable
Comme vous estes vne guise
Ne vous est vng tour amiable
Ha dieu le couraige notable
Et sarret quon peut & vous dire
Voz meurs sont pour faire vne fable
Voz meurs font les saiges soubrire
Voulez vous que ie vous en dye
Telz changemens et telz vsaiges
Certes monstrent la maladie
De voz cuers et de voz couraiges
Que se vous fussiez bons et sages
Et en vng propos arrestez
Il souffiroit a voz couraiges
Du maidre abis que vous portez
A vous hommes il est tout notoire
Que mignotises nourrissiez
Fais ie ceste interlocutoire
Vou sist dieu que mentendissiez
Et gros iours iaques vestissiez
Sans reposer nen lit nen couche

Et a chasser vous hastissiez
Ceulx qui vous crachent en la bouche
Ce vous dis ie principalment
Car vous estes plus fouruoiez
En viuant plus mignotement
Que nulles gens que vous voiez
Ne fault il pas que vous soiez
Frisquement seculier et carme
Mesmement la ou vous oiez
Que lon crie par tout a larme
Je ne dis quon ne se dose
Gentement tenir par mesure
Selon son estat on le soie
Et nait on de soy soing et cure
Mais vostre oultrageuse lupure
Ne doit estre recommandee
Car a dieu au monde a nature
Desplait: elle est par tout fardee
Nen robe nen corps nen visaire
Femmes sont tant se vaultez
Et saultennes en ont, ce faire
Font voz grandes & sleautez
Voz ribauldes vibantez
A vous maris qui auez regne
Dis ie, car par tout vous boutez
Come se porceau sainct anthoine
Et dit nauoie vrement
En quelle bonne intencion
Voua femme nouueau parement
Que pour voz fornicacion
Vostre preuaricacion
Voz ribauldises les contraignent
Quen nouuelle apparicion
Saffulent vestent chaussent sainct
Meum la dit en son trespas
Voire en aulcunement doubtant

Quant a moy ie nen doubte pas
Estes toutes plus que & tant
Plesgerose en argent contant
Et Rulz maintenir que fardure
Fut premier faicte en lamentant
Vostre luxurieuse ardure.
Naccussez cestes & florence
　Car tant ne peuent estes fuire
　Que la mauldicte pestilence
　Ny regne; ho ie ne lose dire
　Nepcōmunier ne mauldire
　Que sainct pere sceut oncques faire
　La: nen mainte part & sempire
　En a peu ses hommes retraire.
Et ce Scant Vng pape saige
　Les florentines dispensa
　Dozner et polir leur Visaige
　Encores pardons leur donna
　Car par se moien se pensa
　Que le mary plus nabusast
　Quant Seroit si bella donna
　De laquelle a son gre Vsast.
Pas ne scay se cestes & ieunes
　Absolut lors: mais pour retraire
　Les hommes: il couuint que ieunes
　Se tiennent gardant leur Viaire
　Or & tout ce se Seut on taire
　Car assez pert que se malfait
　Femme: ce luy faicte Sous faire
　Et estes cause du fourfait.

¶Franc Souloir pour confermer ce &s-
sus dit: ramaine a propos soultrageu-
se luxure Vaulcuns.

S'Onneur ne Soussit maintenāt
　Qua tous tes dis se respōdisse
　Car iamais nest apperteuant
Que homme honneste ost parler isse
Pource Scrgongne la faitisse
Ma touslours conseille se taire
Et qua tes langles contredisse
Le plus tart quilse pourroit faire.
Mais or suis contrains et hastez
　De dire & noz damoiseaulx
　Qui font faire ses grans pastez
　Plains &spices et molmiaulx
　Affin que leur entre es boiaulx
　Quelque chaleur pour les rais Vidie
　Encor les affaictiez ribaulx
　De certain huise se font oindre.
Je tais estancon et tartuffes
　Et maintes chyses quaulcūs prenēt
　Pour leurs luxurieuse truffes
　Soustenir: dont par trop mespreuēt
　Car contre nature se tiennent.
　Las comme peut dieu endurer
　Que les ordures quilz maintiennēt
　Puissent si longuement durer.
Ilz ne portent pas longue chaste
　Pour leur grande chaleur amortie
　Et maintenir Vse plus chaste
　Ains Sulent ame et corps rotie
　Et a luxure consentir
　Maulgre naturelle acosee
　Nature se Suft repentir
　Destre en leurs corps ainsi foulee.
Que diron sans ame nommer
　De ceulx qui seruir se faisoient
　Affin quilz se peussent pasmer
　En la luxure ou ilz ardoient

De femmes qui mies estoient
Je ne diray le remenant
Mais le plaisir que ilz faisoient
N'est au princes bien aduenant.
Oez vous chose bien notable
N'estoit luxure bien seruie.
En sale en baing et en table
Est il point de plus belle vie
O rage qui n'est essomie
Que par ignorance fournoies
Se de prescher ne tant ennuie
Qua presche faire oeuure les voies.
O minos: o radematus
O eacus qui presidez
Jugiez en l'infernal vertus
Et prins a tout presche rendez
A loz bourreaulx recommandez
Ceste luxure insaciable
Et nouueau tourment luy gardes
A ses merites couuenable.
La loye a presche me donnez
Auquel par inclinacion
Vous estes asses aduriez
Par mauluaise condicion
A presche et corruption
A vous ce dire me couuient
Je le vous dis sans fiction
Ne souffist se pis ny aduient,
Lors dames en voz lictz subiectes
Dormies: et voz ribaulx maris
Accoloient les bassesettes
Et les bourgoises de paris
Et par de loyaulx esperis
Croire sans doubte vous faisoient
Quil seroient mors et pris
Se tousiours auec vous gisoient.

Quant ilz estoient ennuyez
De vous embrasser seulement
Le medecin disoit fuiez
Seigneurs le doulx esbatement
Car trop continuellement
Les haitez: et trop vous efforce
Il vous fault solitairement
Aulcunes nuitz dormir par force.
Las ou temps de cestuy usaige
Il n'estoit luxure puant
Tant fut elle orde ne sauuaige
Dont le corps naissassent titant
Bien ha couraige de truant
Et trop folement s'abuse
Qui tent sur aultre usage
Et sa seule dame reffuse.
Ainsi mes dames la deesse
Venus: trouua couuertement
Le moien comment ont vous laisse
Seul dormir bien honnestement
Ce fist elle a mon iugement
Car ne s'cauroient aduiser
Pourquoy vous deussent tellement
De nuit a aultre reffuser.
Les filles loth ne blasmes tant
Se plus n'accuses son purete
Iherosme dist sans les flatant
Qu'on e'pruse leur hardiesse
Car cuidoient par leur simplesse
Que perir fust humain lignaige
Si voulurent en leur ieunesse
Repeupler vne nouuelle aage.
De ruben que ne parles tu
Lequel dormit auec bala
Et fist son bon pere cocu
Dont en sa fin mal en ala

Et babsalon qui viola
Les concubines de dauid
Ou de amon qui brinbala
Sa seur thamar et la rauit.
Ha quay ie dit que diray iou
Telle enormite ne feroit
Le diable sye a mont iou
Comme le diray or endroit
De quelle luxure art estoit
Cil qui voult iouir de la morte
Puis que delle ioup nauoit
Quant viuoit en humaine sorte.
Ioueray ie encor a la morte
Metteray ie en ieu les sodomites
Pour lesquelz sodome et gomorre
De font en fons furent destruictes
O luxures chauldes et cuites
O homme: or nest il cruaulte
Ne pxhe ou ne te delictes
Et se mesdis daultruy bonte.
Estaingnez doncques la luxure
Dont voz cuers brulez et ardez
Et si nectoiez vostre ordure
Ainsois que femme regardez
Et voz conscientes attendez
En mesdisant delles en ce cas
Car affin que vous sentendez
Voz sebles les bouchz ou les chas.
Oncques ort bouch de luxure oingt
Ne puyt plus que vous puez
Ne neuf houseau engressie doingt
Zu feu sua comme suez
Emprez celle que vous huez
Et reprenes de ceste ordure
Ne voz estes iamais huez
Car voz voules que tousiours dure.

Et aussi naturellement
Vergougne qui les cuers nettie
Et retrait le fol prudement
De vous quant femme chastie
Vostre orde luxure enhattie
Et aidee de mal vouloir
Laquelle vous fait iours et nuitte
Vers le monde de dieu pis valoir.
Et que pis est vous esbatez
A viure plus ribauldement
Et de ris voz palmes bates
Quant faictes plus vilainement
Vous auez ouure grandement
Se telle ou telle est attraypee
Pensans continuellement
Que lune ou lautre soit trompee.
Maintesfois ay ouy quoy quon die
Auy maistres qui ce me lisoient
Et par vraye philosophie
Le fait de nature auisoient
Que les femmes quelconques soient
Sont merueilleusement frisseuses
Mais les plus frois hommes disoient
Plus chaulds que les plus chaloureuses.
Si ne voy pourquoy vous dctes
Doubter: de femme ne dame
Et que asseurs vous nen soies
Sans en entrer en ialousie
Car par la vierge marie
Qui vierge fut en enfantant
Vous les passez en la folie
Or le dis ie sans vous flatant.

¶ Comet dame nature vit en la sale:
et en plaie audiēce fist sa cōplaite: en
accusāt les hōes de plusieurs vices.

Malebouche & spit et pasle
Bouloit abaier haultement
Quant &uant luy en my la sale
Une dame soudainement
Belle tresmerueilleusement
Comparut: dont il &inoura
Trop plus esbahy malement
Que celluy qui grant paour a.
Merueilleux bel atour portoit
Et robbe moult bien figuree
De regard asseuree estoit
Et de beaulte bien coulouree
Mais comme se couler puree
Deust: ou prestrir flaon ou tourte
Sa belle chemise doree
Rebrassee auoit iusquau coute.
Le champion incontinent
Luy fist ung des genoulx a terre
Lonneur qui luy fut pertinent
Et elle par la main le serre
Disant: as tu fait bonne guerre
Franc champion: franc capitaine

Contre malebouche le serre
Qui tant fait aux dames bataine.
Le champion lors respondit
En courtois et humble blaire
Se iay bien fait se iay bien dit
Dieu et vous le mauez fait faire
Dame dont on ne peut retraire
Le bien la valeur la puissance
Qui pouez &ffaire et reffaire
Et de tous auez congnoissance.
Et se iay dit ou mains ou plus
Quil nestoit de necessite
Erreur qui nous fait superflus
Ou eschars selon verite
Ma de son baston effronte
Mais dame qui tout entendez
Et faictes par equalite
Sur moy vostre grace estendez.
Et se lattente ne vous griefue
Car tousiours estes en ouurage
Dictes une parolle briefue
A ceste gent de fier couraige
Affin que leur rude langage
Au mains ung petit samollie
Et des ormais et fol et saige
Sachent congnoistre leur folie.
Dont dit la dame debonnaire
Qui ne fust des austres congneue
Iauoie bien ailleurs afaire
En terre en mer en air en nue
Mais ores icy suis venue
Les fais des dames conferuer
Et dampner cil qui continue
Amon frere et elles blasmer.
Male bouche et tous ses subgiez
Qui la mort puist aggrauanter

A coups estendus àrrengtez
Laisserent hors le caqueter
Et tout beau leur fait escouter
Ce que la dame bien aprise
Dire vouloit et raconter
Laquelle dist en ceste guise.
Hommes ignorans et ingrats
En vostre ignorance obstinez
De vostre ingratitude gras
Hommes tresmal moriginez
Hommes qui conte ne tenez
De beau don quon vous ait donne
Venez a ce sermon tenez
Pieca le vous ay sermonne.
Nature suis la grande mere
Grande ouuriere et de sens pleine
Chamberiere du treshault pere
Et damours propre seur germaine
Celle qui gouuerne et demaine
Toutes les choses quon peut querre
Des le ciel qui la lune maine
Jusques au centre de la terre.
Je suis celle qui en ma forge
Fais les elemens estre vniz
La terre porter blef et orge
Composer aux oiseaulx leur nidz
Plouuoir: venter: le mont semis
Couurir de nesge et de glassons
Et quoy oncques ne me teins
De faire bestes et poissons.
Depuis mon pere premerain
Et eue la commune mere
Qui furent fais du souuerain
Ouurant sans aulcune matiere
Present amours mon seal frere
Jay forgie toute humanite

Fors celle du filz du grant pere
Qui la fist a sa voulente.
De mon metal estes vous faiz
Et de mes marteaulx mattelez
Et quant me plaist estes deffaiz
Et en cendre tous chappelez
Mais lesperit dont vous parlez
Ne puis je mettre a pourriture
Car il vint des cieulx estellez
Qui ne souffrent point de rompture.
Si estes: se bien regardez
Comme je suis bonne ancienne
Dedens pieces faiz et souldez
Lune haulte et laultre moienne
Lune œuure celestienne
Et qui se peut comme or brunir
Laultre est essouillie et terrienne
Qui tousiours sen court a finir.
Et la soit ce que ne soiez
Quant a lame du ciel gettee
De mes marteaulx puis et ploiez
Car de mes coups est exemptee
Nest pas ma science contee
Pour grandement suppellatiue
Quat par moy luy est aprestee
Si propre place ou elle viue.
Remirez vous point humain corps
Comme il est forgie nettement
Et comme il respond aux accors
De lame et de son mouuement
Et se plus conuenablement
En aultre figure eust este
Le pouroit on plus proprement
Forgier en toute equalite.
Ny ay je sceu tout arrengier
Chambres: retrait: sales parees

Huis: frenestres: gardemanger
Seruantes matins et seree
Si bien: que se lame honoree
Ieuilt estre a honneur seruie
Et nest lors de soy esgaree
Merir puit pardurable vie.
Pource ceulx grandement sabusent
Que quant ilz faillent lourdement
Moy et nompas eulx ilz accusent
Faire ne se peut aultrement
Dient ilz: car encliuement
Nature donne a peche faire
Certes ilz mentent faulsement
Ie vueil bien: et hay son contraire.
Aussi le vertueux senecque
De qui la notable escripture
Monstre signifie a la lettre
Quil estoit bonne creature
Rien nescripuit sans couuerture
A lucillius son amy
Que vertuz est: selon nature
Quelque peche ne vient de my.
Et marc tulle en ses tusculanes
A monstre veritablement
Mais pour neant le dis a vous asnes
Qui nauez point dentendement
Quen voz engins nayuement
Iay mis semences virtueuses
Lesquelles gastez faulsement
Doppinions infructueuses.
Mais force pas vous nentendez
A quelle fin ie veulx venir
Tantost le scarez: attendez
Se silence pouez tenir
Iay tout ce dit pour paruenir
A demonstrer quen voz malices

Ie ne vous veulx pas soustenir
Ains reprandre: et blasmer voz vices.
Ie suis venue pour moy plaindre
De vous: et moy faire partie
Pour les dames: quamer et craindre
Debuez vous sans foy repentie
Et ne puis souffrir la sottie
Dont contre amours voulez vser
Si veulx que chescun se chastie
Sans soy vainement excuser.
Ie me plains tout premierement
De vous hommes qui affermes
Que ie suis le commencement
De tant de maulx que vous auez
Pour certain a tort me blasmez
Car ie ne suis plus a malaise
Que de voir mon corps diffamez
Par vostre voulente mauluaise.
Ne scay ie pas certainement
Que quant bien les gouuerneront
Voz espiritz trop dignement
Lassus es cieulx vous tireront
Et part de leurs ioyes auront
Epaulcez en magnificence
Et la les anges loueront
Mon ouurage et ma sapience.
De tout louurage que ie faiz
Seul corps humain lassus sen vole
Quant lesperit legier sans faiz
La introduit a bonne escolle
Doncques ie seroie bien fole
Se tousiours ie ne desiroie
Que cher humaine mate et molle
Nobeist a lame: si seroie.
Se chescun bon ouurier desire
A son ouuraige presenter

Et excellent et puissant sire
Et a souls sur tous vanter
Pour pris et honneur conquester
Ne doy ie aussi pareillement
Vouloir requerre et quementer
Que le mien ait epauscement.
Si fais: et dire ne pourroie
Comment ie vous aime et cheris
Quant lesperit ma cher charroie
Par les sentiers dulx et seris
Et par ses beaulx vergiers flouris
De vertu qui lassus les porte
Ou grace dieu aux biens meris
Perdurable couronne apporte
Et pource quant ie vous regarde
Qu'entre les bestes vous mettez
Et par vostre oiseuse fetarde
A leur seul bien vous arrestez
Hommes nestes plus reputez
Et de mon oeuure me repens
Car a lescient le gastez
Et gy a perdu mes despens.
Cuidez vous que la fourfaicture
Viengne de moy: certes il fault
Que cil peche contre nature
Auquel de mon honneur ne chault
Mais lors me faictes vous assault
Quant tant buuez et engoulez
Que le ventre distre vous fault
Et en sont voz membres foulez.
Nay ie donne a bestes mues
Mesure a la viande prendre
Se donques le glouton se tue
En doit on nature reprendre
Non: il est legier a entendre
Que ie naie a homme donne

Attrempance et mesure maindre
Des le premier iour quil est ne.
De couuoitises: & rapines
Deceptions: iniquitez
Ausquelles voz ames diuines
Boutez empaluguez ahurtez
De toutes austres vanitez
Lesquelles sont infinies
Quen diray ie: voz voulentez
Ne sont elles par moy bonnyes.
Vostre folie est en apert
Ne voit on que vous voulez faire
Par lauarise qui vous pert
Ce qui est impossible a faire
Dittes: nest il bien necessaire
De perdre temps en larquemie
Dont vous voulez largent extraire
Et lor: de la ou il nest mie.
Vous comptes fours et fornaises
Soufflets enclumes ou marteaulx
Alembis empoules estimaises
Cuissiers andiers triplers tresteaulx
Pinces tenailles et cousteaulx
Pour engendrer a vostre poste
Ce que les grans corps celestiaulx
Font naistre en la terre reposte.
Regardez comment couuoytise
Vous maine bien a virly
Quant ainsi les cuers vous attise
A faire argent et or poly
Nauez vous bien le sens failly
Qui cuides faire en vne cruche
Le fin argent de plomb paly
Au feu dune petite busche.
Cuides vous tel feu alumer
Ne scauoir les astremens

Qui fauſt au vray metal former
Selon tous les fourniſſemens
Pour certain pour voz ſoufflemēs
Ne leur donneres iamais iour
Pois couleur ſon atouchement
Tant ſoient roſtis en vng four.
Cil qui engendrer cuideroit
Dehors la femme ou filz ou fille
Moult et moult hors du ſens ſeroit
Ne ſeroit: ouy par ſainct gille
Cil auſſi ce decoit et guille
Qui vieult en la fournaiſe querre
Ce qui ſe concree et habille
Dedens le ventre & la terre.
Je prie a tous les arquemiſtes
Qui ſont tant prinez de nature
Et ont entendement ſi miſtes
Quil ſe mettent a laduenture
De faire vng arbre en ſa verdure
Par leur charbon et par art
Dedens quelque maiſon obſcure
Ou le ſoleil ſes raiz neſpart.
Je demande ſil eſt poſſible
Je croy que non ſemblablement
Il meſt aduis eſtre impoſſible
Que vous puiſſies perfaictement
Tant faciez vous & changemens
Vray metal lung & laultre faire
Dehors le ventre meſmement
Ou leur natiuite repaire.
Neantmains pouez vous ſouffler
Qui vous faictes oz ipocrite
Dont vous ſoulez fort eſcoufler
Les gens contre la loy eſcripte
Mais qui vaille une ſeule mitte
Quant eſt a la droicte racine

Non vrayement: ie le vous quitte
Le meilleur eſt cil de la mine.
A mein point ne vous accordez
Na maiſtre arnault & ville neuue
De nature vous deſtordez
Quāt vous commences teſle eſpreuue
Conuoitiſe plus ne vous meuue
A telz grans dampnables labours
Aſſez dargent en terre on treuue
Mais touſiours faictes au rebours.
Mais comment vous faulx homicides
Murdriez & ſang humain bourreaulx
Qui me vuſſies donner ſubſides
A faire des hommes nouueaulx
Pourquoy portes lances carriaux
Arcs et arbalettes tendes
Pour deffaire ainſi mes corps beaulx
Voſtre grant rage regardez.
Comment oſes vous leuer loeul
Contre moy quant porter me faictes
Tant ſouuent le doyleyreux doeul
De mes oeuures que vous deffaictes
De dagnes deſpres et de ſaiettes
De mille manieres de mort
Telles fureurs ſont elles faictes
Par moy confeſſes qui a tort.
Je doy bien eſtre malcontente
Je doy bien voz rages mauldire
Quant iay tant de paine et dentente
Mis: a vous baſtir et confire
Et ie voy que par crueuſe ire
Inceſſamment vous deſmembrez
Et pour nient ie vous puis dire
Car de moy vous ne remembrez.
Ceſt la ioye que iay de vous
Incontinent que vous ſcauez

B ii

Que ie vous ay parfourny tous
A combatre vous apprestez
Et cheualereux reputez
Qui plus a de sang espandu
Ne moy courousser redoubtez
Mais il vous sera bien rendu.
Le potier sil ryoit ses pos
Apres que par trois fois ou quattre
Leur auroit poly manche et dos
Eulx entrerompre par combatre
Ne seroit il pas bien folatre
Sil prenoit en gre leur hurtis
Neust il autant a broier platre
Gaingnie: qua les faire faictis.
Et moy qui ay plus desplaisante
A voir vng homme sur la plante
Que ie nay en toute sauance
Car cest ma singuliere plante
Et dont sur toutes ie me vante
Et me repute glorieuse
Suis ie bien heuree ou meschante
En vostre rage furieuse.
Mauldis soies et le seres
De moy et du grant createur
Quantesfois vous vous efferes
Et courserez vostre facteur
Et quantesfois amours acteur
De ce monde et de paradis
Le singulier mediateur
Namerez: vous soies mauldis.
Ensemble en bon accord viuez
Viuez viuez humainement
Quant mortellement estriuez
Mains viuez que bestialment
Les loups ensembles mesmement
Lesquelz viuent de rapinalge

Ne sentretuent tellement
Que les folz de humain lignalge.
A vous princes premierement
Appartient il considerer
Que telz estes principalment
Pour les faulx cueurs amoderer
Et leur faire paix honnourer
A viure en concorde tres ferme
Mais au contraire labourez
Je vous voy sans foy et sans terme.
Japelle de vous au haulte iuge
Et de tous voz plus haulx bernages
Qui sang espandez a reluge
Sur mes champs et sur mes haberges
Puis que ie ne puis voz courages
Apitoier: ie requier dieu
Que vous voz souldars et voz pagis
Guerdonnes en temps et en lieu.
Quans en est il de vous qui rufent
Le monde en paix entretenir
Et qui gens: armees nacueillent
Pour faire le peuple finir
Helas et vous deussiez tenir
La palme de paix en vo main
Et vostre gent faire venir
Au grât puis damours soir et main.
Conuoitise destrange terre
Et de seigneurir haultement
Ainsi les cueurs vous arme et serre
Et aueugle lentendement
Mieulx vous vaulsist certainement
Trop plus bassement seigneurir
Encôtre dieu premierement
Et moy vostre mere courir.
Si soiez trestous asseurez
Vous de sang humain respandeurs

Que de dieu et de moy serez
Punis en ce monde ou ailleurs
Et ne pense nulle de erreurs
Sur moy: car ie ne fais a homme
Que tous biens et toutes honneurs
Se vous dis ie et respons en somme.
Force direz vous quà iupiter
Estes contrains moult durement
Et par feminine figure
Et par ison admonestement
Or considerez sainement
Et redressez plus hault voz testes
Pour regarder plus plainement
Dont: et de quel seigneur vous estes:
Voz ames sont en vostre main
Vous les pouez perdre ou sauluer
Delles ne me messle ie grain
Ne en temps deste nen temps dyuer
Mais se ie voy que soubleuer
Veulet leurs corps par ciuirés faites
Assez tost ie me puis leuer
Et leur rendre de graces maintes.
La chet moult fort vous aguillonne
Vray est: car il est necessaire
Que le metal tousiours bouillonne
Car sans cesser ien ay affaire
A repos ie ne me puis traire
Iour et nuict ma fournaise fume
Et aime: ie ne le puis faire
Qui bon coup fiert sur mon enclume.
En ce cas se ie ne doubtasse
Le prince offenser grandement
De prehe ie vous epensasse
Vous deffendisse plainement
Mais ie voy le commandement
Que sans rompre debuez garder

Auquel me fault entierement
Obtemperer et accorder.
Le prince veult et a mande
Qua me ne forge en ma maison
Se il ne luy est commande
De bonne foy et de raison
Or doy ie a luy toute saison
Obeir: car de luy tiens m'a forge
Si ne veulz ie quen trahison
Et oultre son gré on y forge.
Il veult quon forge par compas
Et quon face aultre melodie
Que toutes bestes ne font pas
Qui forgent a teste estourdie
Et que son martel on conduie
A une propre et seule enclume
Dessus laquelle on estudie
A marteller humaine escume:
Ainsi plus que subiectz vous estes
Auy loix du prince perdurable
Vous qui nestes pas brutes bestes
Mais ornez despirit entendable
Naturellement desirable
Donneur: vues par mariages
Maintenus en foy perdurable
Entendre auy naturelz vsages.
Item soyent voz corps si estrois
Si malaisiez: si amassez
Que lame luy puisse de ses droits
Vser et administrier assez
Certes si bien sont compassez
Quelle sans contrariete
Peut: se bien vous y pensez
Vser de franche voulente.
Ia soit quen la chair gratilleuse
Laisse a ie ne sçaie poincture

f iii

Ou souuent lame catoulleuse
Sahurte:ostant ses droictures
Ne sempeschent telles ordures
Quelle en son net siege ne monte
Et regarde en Viues paintures
Cōbien Vault mieulx hōneur q̄ hōte.
Aussi nay ie peu nettoier
Humain limon si nettement
Que lon ne si puist ordoier
Par Vain et fol consentement
Votre noier mauluaisement
Ou bruler ou soy mettre a mort
Mais qui ce fait:luy seulement
Blasme:ie ne luy ay fait tort.
Se aulcun homme magnificque
Recoit en son hostel quelque hoste
Se leans ou feu il se fiche
Ou dedens leaue il se pacote
Ou a la Dame prent riote
Et trouble toute la maison
Qui dit q̄ celle chose sote
Estre le deugie par raison.
Le herbergeur excuserez
Blasmant loste tant seulement
Ne ferez Vous: si ferez
Aussi dis ie semblablement
Que se lame oeuure folement
En mon corps on ne doit pas dire
Ainsi quon dit communement
Nature nous semont au pire.
Donne luy a le dieu greigneur
Ung franc arbitre si puissant
Que il na point de contraigneur
Et engin si resplendissant
Que sil Veult estre cōgnoissant
Plus qua point ne trabuchera

Et a chose mains souffisan-
De luy:il ne sabuchera.
Et ainsi demonstre comment
Ne courroucez et offendez
Par Vōstre fol gouuernement
Et que Vōstre bien nentendez
De Vous me plain que ne rendez
A amours toute obeissance
Et loz cuers luy recommandes
Hōmes plains de mescōgnoissance.
Qui ne nuit a Vous Vouldoit faire
Que luy qui treuue appointement
De ioindre contraire a contraire
Fors son ioīntif moiennement
Qui fait Viure ioieusement
Que luy qui est tresor & ioye
Qui monstre & reuierement
En paradis la droite Voye.
Franc champion ne seur as tu
Monstre en appert et en plain
Le bien la doulceur la Vertu
Damour mon doulx frere germain
A qui dieu a mis en la main
Par dessus moy ie le confesse
Cestuy gouuernement mondain
Cōme il appert en lettre expresse.
Si nest besoing que ie mamuse
A en parler plus largement
Mesmement que ie le temps Vse
En Vain en cestuy presentement
Car on ne pourroit Vrayement
Tant ployer Ung cuer obstine
Quil ne retourne prestement
A ce quil a determine.
Et neantmains ie ne puis auoir
Pacience quant ie regarde

Que si tresmal sont leur deuoir
Enuers moy qui les fais et garde
Meschemiēt qui ont auantgarde
Fait:et esmeu ost et armees
Pour desconfire quoy quil tarde
Amours et mes dames amees.
O durs courages rebouffis
Cuers & voulentez affolees
Cuers en ruyn mortel confis
Cuers & pensees desolees
O faulses langues affilees
Plus que ne sont les fins rasoirs
Comment gettez vous telz goulees
Sur mes beaulx et clers miroirs.
Sont ils ainsi polis et pains
Par mon estude curieuse
Affin que couchiez et ataīs
Soient de langue venimeuse
O gent rebelle et orguilleuse
O male bouche serpentine
Dentreprinse presumptueuse
Commencee:lamais tu ne fine.
Regarde toy et te remire
Congnois que tu plus: que tu vaulz
Aussi se tu treuue a redire
En toy qui es prince & maulx
Commande a tous tes generaulx
Que lon face aux dames honneur
Cōme aux clers miroirs principaulx
De tout bien et de tout bon eur.
Car apres ce que iansay
Que cuer domme fut rudement
Forgie:la femme composay
Plus gentement plus doulcement
Et la rousay dung oignement
Si doulx: que le plus adurcy
Sil en approuche seulement

Sassouplit et crye mercy.
Ie ne peuz a homme baillier
Ioye:qui mieulx luy conuenist
Ne plus belle ymage taillier
Dont plus souuent luy souuenist,
Et pour la quelle se tenist
Doulx mignot gracieulx courtois
Et rien ne luy mesauenist
Pose quil la fist en sotois.
Si sutz champion valoreux
Que les dames entierement
Deffendes:et les amoureux
Soustienges vigoreusement
Car cy ne puis plus longuement
Deuant les hommes demeurer
Sans leur monstrer euidamment
Que femme suis pres a pleurer.
Quant il me souuient de lordure
Que se puis en fer empulente
Ou homme qui se de nature
Doutrisse son ame excellente
Ie viens tant et tant doulente
Que le cuer me fent en cuy pars
Pource eschieue ton entente
Le lieu me put:le mien depars.
Nature en sait sesuanoit
En espleuree et triste face
Et onques puis on ne lout
Quelle se partit de la place
Si cōtinue sa preface
Franc vouloir:et commēce a dire
Fault il quaultre sermon se face
Voulez vous nature de dire.

Cy dame saicte esglise doulente et
espleuree se cōplaint piteusemēt pour
b iiii

la persecution que plusieurs hommes luy
font: ou par ignorance ou de fait apense.

Ces motz auoit il dit a pine
Quant vne dame vint en place
Toute espleuree & dueil plaine
Comme il apparoit a sa face
Mais ie ne croy pas que dieu face
Jamais plus belle creature
Car il luy a donne sa grace
Oultre tous les hons de nature.
Son visaige angelique estoit
Plus poly et plus argente
Que la belle lune ne soit
Et pour acomplir sa beaulte
Ou meilleur point de sa clarte
Jeulx et bouche luy vermeilloient
Du sang diuin: en verite
Sur elle tous se esmerueilloient.
Vng tel col et telle pictrine
Telz bras et telles mains portoit
Quen toutes ses pars enterine
Et faicte par compas estoit
Quel maintien: quel regart auoit

Vous ne le deuies pas enquerre
Quant cestuy dieu hault qui tout voit
Pour elle seule vint en terre.
Aournee estoit ceste dame
Dung moult precieux vestement
En tout ce monde iamais ame
Ne vit plus gentil parement
Ne qui fust fait plus gentement
Ne mieulx ioinctif ne mieulx seant
Cestuy qui fit le firmament
Ainsi le fist a lauenant.
Couronne elle portoit de pierre
Plus viuement enluminee
Que le fin feu ne que le verre
Ne que la clere matinee
Si estoit elle auironnee
De telle clarte que mon oeul
Pour veue que luy fut donnee
Ne pouoit respondre a mon veul.
Chescun la dame regardoit
Esbahy: et principalment
Male bouche ses yeulx dardoit
Vers elle despiteusement
Et luy vouloit soudainement
Dire reprouches: le bon sire
Quant elle moult courtoisement
Commenca deuant tous a dire.
Ha champion qui eulz le pris
Auoir en si noble conqueste
Quant vaillamment as entrepris
Comme cil qui honneur acqueste
Nas tu encores fait requeste
De moy tresangoisseux tourment
Ne me eusses tu sans requeste
Icy deffendre franchement.
Regarde moy: lieue les yeulx
Ton sens et ta raison recueille

Dresse le front envers les cieulx
Puis ton regard vers moy accueille
Et le fait de cestuy temps cueille
Si jugeras sans t'estimant
Que c'est force que je me doeille
Plus que dame qui soit vivant.
Regarde moy: ne suis je mye
Se tu me scez bien remirer
L'espouse la seur et l'amye
Du seul dieu qu'on doit honnourer
Lequel se voult enamourer
De moy si fort qu'il en osa
Treshorrible mort endurer
Tant me chierit: tant me prisa.
Tant me prisa: tant m'ayma il
Que non obstant cestuy retour
Qu'il fist: & ce mortel peril
En son tresglorieux secour
Pour assouagir le labeur
Et les griefz souspirs ennuyeux
Que je soustiens & jour en jour
Me laissa son corps precieux.
Tant m'a il fait: tant m'a donne
Cestuy dont je suis tresamee
Tant est il a moy adonne
De voulente franche et fermee
Tant m'a il fait & renommee
Que j'en suis en ciel & en terre
Princesse: et royne clamee
Qui clos paradis et desserre.
Qui de ma puissance fait doubte
Dedens ce codicille lise
La verra l'auctorite toute
Que le filz de dieu m'a commise
Lors nostre mere saincte eglise
Devant tous evidemment
Ouvrit les tables & moyse

Avec le nouveau testament.
Disant petis et grans lisez
Regardes comment on m'appelle
Congnoissez moy et advisez
S'il y a point ou monde telle
Congnoissez moy: chascun r'appelle
Son couraige a meilleur propos
Si entendrez mieulx la querelle
Qui ne me laisse avoir repos.
Je suis saincte eglise la mere
De tous ceulx qui ihesus hystnouect
La doulce mere non amere
A tous ceulx qui leurs pechez pleurct
Confort de tous ceulx qui labeutent
En ce perserinage humain
Le salut de tous ceulx qui meurent
Soubz ma baniere: soubz ma main.
Homme en ceste vie mortelle
Ne peut prouffiter vllement
N'aquester la gloire immortelle
S'il n'est soubz mon gouvernement
Se je ne l'ay premierement
Rendu aussi net et poly
Par mon precieux sacrement
Que s'il n'eust oncques este souilly.
Je suis vne: simple et entiere
Par telle singularite
Qu'on ne peut par quelque maniere
Diviser ma simple vnite
Je suis la dame en verite
Dont salomon en ses cantiques
Remplies de divinite
A dit tant de motz auctentiques.
De ma vertu: & ma puissance
De ma haulte misericorde
De mon sens: & ma congnoissance
Que fault il que tant en recorde

Sachiez: iamais homme naborde
Au ciel: sil na mon saufconduit
Et se ie nay ploié la corde
Que rigueur & iustice duit.
Ce vous dis souverainement
Affin que plus tost entendez
Que faulsement et nissement
Vers moy vostre debuoir rendez
Qui tidy seulement ne tendez
Voz oreilles qua discors
Et voz faulses langues bandez
A prescher mon precieux corps.
Vous voules par vostre rudesse
Diuiser ma belle Vnité
Soubz les piedz mettre ma simplesse
Et abolir ma chasteté.
Ce qui ne fut oncques atempté
Encontre moy maintenant faictes
Mais tout rabatu et conté
No moy: mais vo?mesmes deffaictes.
Quant plus me cuidez obscurcir
Quant plus me cuidez abaisser
Tant plus me faictes esclarcir
Tant plus me faictes vous hausser
Rien ny vault le contrepenser
Dame doiuultray seule et vne
Asses ailleurs le temps passer
Vous abayez apres la lune.
Quant mastin pour abayer hault
Son cours a la lune ostera
Disant orguilleux pour esch affault
Quil sace: au ciel montera
Ma puissance sabsconsera
Par droit: par force: ou par rigueur
Mais pensez quant il se fera
Que chose impossible ait vigueur.
Il est et sera impossible

Maulgre toute infidelité
Lisiez tout le cours & la bible
Que ie perde ma dignité.
Ne qua humaine auctorité
Comme conuainqueue me rende
Scauez vous pourquoy: verité
Qui toustiours vainc: est & ma bende.
Il nest terrienne puissance
Tant soit elle desordonnée
Que me puisse faire greuance
Tant que ie soie gouuernée
Conduicte adressée et menée
Par mon espoir le dieu des dieux
Duquel ie suis acertainée
Si bien que lon ne pourroit mieulx.
Les empereurs et les tyrans
Quantesfois mont ilz cuidé nuire
De toutes puissances tirans
A moy confondre: a moy destruire
Le feu nest pas contre la cyre
Si fort: que leur pouoir sembloit
Mais il ne mont peu desconfire
Car dieu ma force redoubloit.
Les heretiques par hault braire
Par vaines et faulses raisons
Ne mont il pas cuidé deffaire
Plusieurs fois en maintes saisons
Sont il ne ruins ne poisons
Quil naient consis contre moy
Nont il serche mille achoisons
Pour me mettre au bas et la foy.
Que me firent les arriens
Manichees: et donatistes
Euthyriens: ne torriens
Nouaciens: macedonistes
Sabelliens: origenistes
Eluidiens: iouiniens

Lucifer antropoformites
Fotiniens et titusiens.
Que mont greue plus dung millier
Voulans par leur oultrecuidance
Soubz les piedz mettre et epiler
Ma seigneurie et ma puissance
Tousiours glorieuse arrogance
Ay ie heu de mes ennemis
Rien ne surmonte ma vaillance
Dieu la pieta dit et promis.
En guerre ie me glorifie
Ie ris en persecucion
En aduersite me confie
Et chante en tribulacion
Et telle est ma condicion
A celle fin quon ne me voie
En humaine subiection
Le bon dieu ainsi me pouruoie.
Pour souffler que face le vent
Le soleil du ciel ne se muue
Se lon me tribole souuent
Ma dignite ne se transmue.
Se guerre est contre moy esmeue
Cest vng orage qui tost passe
En fin suis louee et creuue
Verite tout vaint et tout passe.
Iherosme Hus et iauiclef
Et aulcuns aultres estourdis
Mal parlans de la digne clef
Dont ie defferme paradis
Nont ilz et par faiz et par dis
Toute boheme et mainte terre
Na gueires comme trop hardis
Esmeu contre moy a la guerre.
Que mont il fait: suis ie pas prise
Ay ie este contrainte de fuyre

Poc a dure leur entreprinse
Poc on a veu leurs armes luire
Vng seul des miens pouoit souffire
Pour les mettre a confusion
Et que vous en fault il tant dire
Ie suis dame en conclusion.
Dame suis: mais il ne le semble
A plusieurs: qui ne me cognoissent
Ausquelz erreur grant sens emble
Tellement quilz se descognoissent
Ce sont ceulx qui gastent et froissent
Leur vie en lamour temporel
Ausquelz est aduis quilz se coissent
Silz nont le plaisir corporel.
Lors me cuident estre folee
Quant lay perdu prosperite
Et sa et la suis tribulee
Par tempreste aduersite
Las alors croit ma dignite
Adonc se monstre ma valeur
Alors est ma felicite
Alors prens ie bonne couleur.
Toutesfois quant ie considere
Le malheur ou vous ahurtez
La dampnacion et misere
Ou voz poures ames boutez
Quant ainsi me persecutez
Ien pleure aparmy et larmye
Car ie suis ne vous en doubtez
A tous vraye mere et amye.
De vostre bien: et vostre gloire
Mesiouis merueilleusement
Pareillement deburez vous croire
Que quant vous faictes aultrement
Et le diuin commandement
Nacomplissez: ne mon vouloir

Je me courrousse grandement
Lamour & vous me fait douloir.
Lamour & vous pleurer me fait
Lamour & vous fort me tourmente
Et touteffois quant a mon fait
Certainement pour vrit' qui vrité
Pour angoisse qui me tourmente
Ne pers je mon bien ne ma joye
Que se je suis mate et doulente
Vostre amour ainsi me guerroie.
La bonne mere ne doit veir
Sans larmoier amerement
Ses enfans erreur ensuyuir
Et tresbucher a dampnement
Ainsi ne puis je aulcunement
Vostre folie regarder
Sans gemir angoisseusement
Et vous a dieu recommander.
Pourquoy vant comment erreur
Vous conduist gouuerne et demaine
Et tant que vous nauez horreur
De moy donner trauail et peine
Je viens comme & pitie pleine
Vous requerir que vous allez
Sur le chemin la voie plaine
Car trop meschantement faillez.
Erreur a qui sagesse fault
Comme sil fut mon messaigier
Vous a fait armer & prin sault
Pour vrité mettre en dangier
Et par consequent dommaigier
Ma puissance et ma dignité
Quoy plus: diray je voir changier
Mon fait a vostre voulente.
Il sest mon herault renomme
Il sest & mes armes vestu

Et a par le monde semme
Que ie ne vaulx plus ung festu
Et quel pres toute vrtu
Se puissamment vous ne madiez
Il sest puissamment combatu
Pour mon bien: ainsi le cuidiez.
Pour mon bien: las son entreprise
Sa x testable intelligence
Oncques ne fut faicte ne prise
Fors qua moy faire violence
Il na pas telle diligence
Et vire mon estat maintenir
Ains est pour ma haulte excellence
Faire auilier et bas venir.
Erreur se vaillant capitaine
Scauez vous en quel part il tire
Entendes quelle part vous maine
Ou en royaulme ou en empire
Entendre vous fait le bon sire
Quil vous maine a moy secourir
Mais il couuient verite dire
Il vous maine a honte mourir.
Il vous maine liurer assault
Sieges: batailles: et trahyson
Contre les notables consquil y
Contre tous ceulx & ma maison
Contre tout bien: contre raison
Contre moy: contre ma puissance
Contre dieu en toute saison
Esprouuez la vostre vaillance.
Il vult que vous iuges soiez
Du conseil que dieu a tenu
Et maintient comme vous voiez
Ou lieu quil nest pas inchgneu
Ou ches cilz & vous est venu
Vne fois son hommage rendre

Et a promis et conuenu
De laimer garder et deffendre.
Icy point ne tesclaire assez
Ou erreur maine vostre armee
Je vous pry oultre ne passez
Retournez teste et armee
Vous neutretes porte fermee
Dieu propre garde le passage
Pour main quil ait en guisarmee
Qui dieu ne craint il nest pas saige.
Cest a vous princes seculiers
Que je parle principalment
Deuenuz estes escoliers
Ce mest aduis nouuellement
Qui voules aprendre comment
A basse me suis gouuernee
Vous commencez trop haultement
Leisson nest dune matinee.
Meslez vous de vostre mestier
Ne gloses la saincte escripture
Veulliez vostre office traictier
A voz subgietz rendre droicture
Ne faictes la besongue obscure
Plus quelle nest: car vrayement
Se mon fait est tel: a laduenture
Cest par vous princes mesmement.
Nauez vous pas contre vnite.
Cest assauoir contre vnion
Controuue la neutralite
Mis le peuple en diuision
Arrest et diffinicion
Fait: son concil general
Ha la mauldicte opinion
Tant elle a engendre de mal.
Mes concilz generaulx: seigneurs
Ne cognoissez vous aultrement

Ilz sont en terre les grigneurs
Ilz sont assemblez deuement
Sur tous ilz ont gouuernement
Car sainct esperit leur gouuerneur
Leur donne aduis et sentement
Auctorite pris et honneur.
Qui contre eulx fait: il me refuse
Qui me refuse: il nest a my
Qui nest a my: tant il sabuse
Qui se fait de dieu ennemy
Et aussi qui leur est amy
Je laime: et qui iaime dieu garde
Mais iaperçoy helas hemy
Que vous ny auez point pris garde.
Ilz sont mes chasteaulx et mes fors
Qui sont forgie diuinement
Contre les assaulx et les fors
De heresie principalment
Et derreur qui presentement
Fait par le monde son chipoulcre
Pour nous mettre a effuyement
Et trasgloutir comme en vng gouffre.
Apres mes sainctes euangilles
Je nay chose dautorite
Plus grande: que mes saictz cocilles
Assemblez en vraye vnite
Crestienne communite
Ne peut tenir qui ne les tient
Ne catholicque vrite
Car qui me tient il les maintient.
Respondes moy: je scay bien tant
Des armes: que le prince a
Deffendu a tout combatant
Quil sen aille tant quil fera
Lassault faillir: nul nosera
Partir ne bougier de sa place

Car qui aultrement le fera
Puigny sera sans avoir grace.
Vous doncques qui estes venuz
En larmee du dieu haultain
Et auez estes retenuz
A ses gaiges: et de sa main
Tant est le bon sire humain
Vous a en son papier escript
Comme soldoiers soir et main
De leglise et du sainct esprit.
Vous en pouez vous sans coulpe
A vostre plaisance soustraire
Et au premier propos songier
Vostre gent & son ost retraire
Helas contres vous le piare
Ou vour seigneur ne le contez
Ceste conclusion fault faire
Ou trahyson luy commettez.
En ung concil dittes le moy
Ou la foy se moustre et deffent
Qui est lempereur ou le roy
Qui est le premier president
Certes sainct esprit y descent
Qui le gouuerne maine et vuit
Soubz qui tout est: & qui tout peut
Si ne peut estre mal conduit.
Mais forte vous excuserez
Vostre mal et vostre ignorance
Par aultruy meffait: et ostez
Que vous naiez donne creance
A mon concil na sa puissance
Depuis quil sest diminue
En suppos et en obeissance
Helas que cest bien argue.
Pource saulcuns se sont soustraitz
Par leur singuliere practique

Alienez desioinctz retraitz
De la nostre chose publicque
Doit le concil tres auctentique
Perdre sa vigueur et sentente
Est il ung mot euangelique
Qui ce monstre ne qui ce sente.
Tous confessez que deuement
Il a este encommencie
Vous lauez tous communement
Loue: esprouue: epaulcle
Tous lauez en couuenantle
De lonnourer et maintenir
Se vous auez ce fiancle
Deuez vous encoutre tenir.
Se plusieurs se sont departis
Comme peu amans mon honneur
Concluez vous gens abestis
Que sen soit alle le seigneur
Vostre presumptueup erreur
Vous fait il entendre o gent rude
Que mes sainctz concilz nont vigueur
Sinon en grande multitude.
Ne dip ne douze ne vingtz mille
Ne donnent pas la dignite
Ne la puissante a ung concille
Ce fait diuine auctorite
Et la commune charite
Quon a de ma besongne faire
En bien en paip en unite.
Ne veullez croire le contraire
Quant ie vins au commencement
Le monde et la foy enhorter
Et contre erreur hardiement
Mon gentil estendart planter
Helas me pouoie ie vanter
De dip ne de douze milliers

On sect bien sans le raconter
Le nombre de mes soldoiers.
Ihesucrist a ung peu de gent
Mis aux armes nouuellement
De gent vainquit cent mille et cent
Par droit et raison seulement
Qui pense a mon commencement
Auquel ieuz tant dauersite,
Il se merueille grandement
De ma presente auctorite.
Donques donques se vaincu ay
En ma ieunesse et mon enfance
Le monde: hardy fort et gay
Et en la fleur de sa puissance.
Qui me fera ores greuance
Qui est cestuy qui me confonde
Nay ie pouoir: nay ie aliance
Espars es quatre pars du monde,
Ainsi en vain entreprenez.
De moy vouloir a vo gre duire
Ainsi encontre moy soyez
Pour temps perdre et auoir du pire
Mais ihesus vous veuille conduire
Et le sens tout enluminer
Que vous ne presumez de dire
Ce que ie vueulx exterminer.
Ia chaussoriz ne ressemblez
Mes seigneurs et mes damoisiaulx
Et au premier vent ne tremblez
Ainsi que les petis rostiaulx
Soiez ou bestes ou oiseaux
Car estes vous ainsi viuant
Plus perilleux et deseaulx
Nestes que de tïer au vent.
Et pour retourner au propos
Vous apertient il denquerir

Duug conseil ne de ses suppos
Et vostre obeissance encherir
Faulses occasions querir.
Pour paruenir a vostre entente,
Certes qui vuelt au port ferir,
Il ne quiert que la droite sente.
Se vos prelatz mal aduisez
Et vous auec semblablement
Estes du conseil diuisez
Et laissez dieu seet comment
Esse par luy aulcunement je,
Fait il ceste diuision
Doit il comparer iustement
Vostre droit vostre adiusion.
Reuenez y: qui vous destourne,
Mandez y vos saiges prelatz
Las le voy que chescun satourne
A son particulier soubas
Au bien commun estes vous las
Au propre auez le cuer ardant
Et de moy ne vous chault helas
Et si pleure en vous regardant.
Voz prelatz se sont emploiez
Quat ilz ont eu toutes leurs plumes
Or ne vous seruent en tous lez
Yle de parolles ne de plumes
Tant ont fait que sur mes enclumes
Je leur ay les armes forgie
Jentens et decretz et volumes
Dont mon conseil est dommaige,
A vous aussi en lieu doffices
Nesse grande felicite
Dauoir en main les beneficez
En faire a vostre vulente
Certes se iauoie conte
Tout ce que ie ne vous dy pas

Pour certain le plus a honte
Baisseroit le visaige au bas.
Que voulez vous faire a maïence
Que feres vous à franquefort
Voulez vous vostre science
Monstrer: et faire grant effort
Ne cuidez vous donner confort
Par telle iustice: ha princes
Ha seigneurs temprez: au fort
Mes clos sont durs cõtre voz pices.
Mais pourquoy me débas le tant
De ma certaine auctorite
Pourquoy me vois ie combatant
Contre erreur: contre faulsete
Mes puissances et ma verite
Sont en tant de lieux espandues
Que par nesune auctorite
Iamais ne seront confundues.
De mon concil: & ma naissance
De sa continuation
De son honneur: & sa puissante
Que feray ie aultre mention
Ne fin: ne diffinicion
En ce iour mettre ny pourroie
Quen toute tribulation
Ia dix ans sont passez guerroie.
Ie veulx que pensez seulement
Le mal qui au monde adviendroit
Se cestuy concil franchement
Navoit sa maistrise et son droit
Certes le premier qui sauldroit
Moy mise arriere et despitee
Gouverner le monde vouldroit
Dor en avant a sa testee.
Dittes moy qui corrigera
Le pape: quant par adventure

Heresie il commiettra
Ou aulcune aultre fourfaicture
Aura mortelle creature
Puissance en mon gouvernement
Du tout a sa voulente pure
La chose se fait aultrement.
Il nuy a cardinal ne pape
Quant temps est & punicion
Que ie ne redargue et frappe
Et reduise en subiection
La divine provision
A ce fait: sil nestoit ainsi
Par vostre humilite abusion
Mon fait seroit du tout transi.
Dõc se voulez vivre soubz moy
Et estre reputez des miens
Il fault que maintenez ma loy
Et tenez ce que ie maintiens
Soustenez ce que ie soustiens
Et honnorez mes saincts conseaulx
Aultrement ie ne vous retiens
Ne mes subiectz ne mes vassaulx.
Pource que souffrir me faictz
Force nen faicte vous extime
Et ne vous chault se vous olez
La division et le cysme
Vray est: adversite me lime
Ie souffre: mais le iugement
De dieu: est si parfond abysme
Quon ne scet a quoy ne comment.
Iendure tant qua dieu plaira
Mais soiez tous acertainez
Que quelque fois ilz monstrera
Le travail que vous me donnez
Punis serez: habandonnez
Ou vous me renderez la foy

Ceste parolle retenes
Elle vous touche plus qua moy.
Force dignes ne serez
Que vous apparteuez ma gloire
Vous mourrez: vous trespasserez
Deuant le iour de ma Victoire
Vray est: et vous le debuez croire
Il fault quen la fin ie domine
Las qui en doubte: il est notoire
Verité mon fait atermine.
Maintenant me faictes la figue
Comme se ieusse tout perdu
Chescun de vous a fait sa ligue
Et contre moy son ost tendu
Or vous auez trop attendu
A rompre et casser ma bataille
Et vous nauez point entendu
Que le glaiue de dieu tout taille.
Or ihesucrist mon doulx saulueur
Par sa doulce misericorde
Vous face sentir la doulceur
De tout ce que ie vous recorde
Tellement quen paix et concorde
Dessoubz mon estendart viuez
Et a erreur et a discorde
De toute puissance estriuez.
Celluy ie prie: celluy requier
Tousiours pour vous treschierement
Vous sçauez bien que ie ne quier
Fors vostre haultain sauluement
Et naiez doubte aulcunement
Car ie le vous ferez auoir
En vous gouuernant aultrement
Et pourtant vueilliez y pouruoir.
A ces motz la dame se part
Dune clarte aniromee

Laquelle en la sale sespart
Tellement que la gent dampnee
Ne voit ou elle est retournee
Ou selle est en terre ou es cieulx
La ny a il personne nee
Qui ne mette la main aux yeulx.
Franc vouloir le preux combatant
Qui nauoit aultre voulente
Que de tirer tousiours auant
Et louer dames a plante
Commence a la communite
Dire en parolle moult ioyeuse
Seigneurs se dieu vous doint sante
Qua dit la dame glorieuse.
A elle parle a voz barrettes
A este sa parolle ouye
Force de grans clous de charrettes
Auez estouppe vostre ouye
Dieu que ma force est resiouye
Dieu que ie doy fermement croire
O gent digue destre enfouye
Que iauray notable victoire.
Telle dame telle deesse
Neust daigne en ce lieu venir
Vous remonstrer vostre simplesse
Si non a mon fait maintenir
Si en doy ioyeulx deuenir
Et plus hardy que ne soloie
Pour le proups entretenir
Lequel pieca dire vouloie.

Franc vouloir tirant a sa fin au los
des dames coste la leaulte daulseues.

Nagueres il mestoit aduis
Que ie penelope veoie

Moy blasmant pource que suis
De la leaulte ne faisoie
Certes delle et daultres sçauoie
Pieca raconter lexcellence
Mais lesglise a qui dieu doint ioie
A voulu auoir audience.
Penelope monstra se femme
Scet garder leaulte entiere
Et se de legier on entamme
Son cuer: par don ou par priere
Elle est lexemple et la lumiere
Que femme son mary absent
Nest de mal faire coustumiere
Et a aultre amour ne consent.
Vlixes dix ans demeura
Auec maint baron deuant troye
Tandis delle senamoura
Maint homme qui neust lamour soie
Car solitaire simple et coye
En leaulte le iour passoit
Iamais nauoit plus grande ioie
Que quant a Vlixes pensoit.
On la menasse: on luy afferme
Quen bataille est Vlixes mort
Tousiours tient elle la foy ferme
En foy tenir est son confort
Lon la tient de si pres au fort
Que dit ne sera fiancee
Se ne voit tourlet et se bort
De ceste toille encommencee.
Chescun en espoir attendy
Que ceste toille fut finee
Mais elle aultrement sentendy
Car iusques a la retournee
Dulixes: ne fut parfinee
Car pour vng fil quelle y mettoit

La dame: chescune iournee
Deux ou trois ou plus en ostoit.
Ha cuer comme tu te vouloies
Moult estoient longues ses nuytz
Loing de celluy que tu vouloies
Comme enduras si grans ennuyz
Quantesfois a toy mesmes dys
Vlixes Vlixes pourquoy
Seulette demeuree suis
Helas que nes tu auec moy.
Vlixes dire que sçauoit
Quant tel tresor de leaulte
A son tardif retour trouuoit
Il eust par especiaulte
Le cuer de celle leaulte
Adorer et prier les dieux
Que penelope de beaulte
Deesse feissent en leurs cieulx.
De dido souuenir me fait
Penelope et si larmye
De son dueil et piteux fait
Ne cuidiez que de celle dye
Que Virgile faint: quant amye
La fist du mauluais traitre enee
Et dont augustin mainte fie
Pleura lisant sa destinee.
Dido enee ne fut vue
Et se vue leust mille fois
Sachiez quil ne leust pas beue
Comme au poete conter fois
Qui par trop faint comme tu vois
Car la tres bonne et chaste femme
Faint faire folie en vng bois
Louant de pitie lomme infame.
Mais de la foy conter vous vueil
Que la dame voulut tenir

Tellement que ployer son veul
Homme ne peut: que contente
Ne se voulsist: et soubstenir
Ainsois la mort et sans reprouches
De soy mourir que conuenir
Auec homme en seconde nopces.
Dido royne de carthage
En beaulte et en bien heureuse
Telle ne fut en la quart aage
Dido pour sa foy plantureuse
Soccist & fpre douloureuse
Amere mort ne sen remort
Monstrant quelle estoit amoureuse
Seulement de son mary mort.
Son peuple forment la preschoit
De marier: et pour le roy
Des musitaines la pressoit
Si leur respont comme ie voy
Voulez que ie faulce ma foy
Et mary aie: or ie sliray
Cestuy qui doit estre auec moy
Et tantost ie le vous diray.
En vng lieu monta la royne
Et a tous son commandement
Fiche lespee a sa poitrine
Et dist vers les cieulx regardant
En vraye leaulte gardant
Ay vescu et pour plus merir
Vois au mary moy attendant
Leale veulx viure et mourir.
Qui puist ceste royne fors
Veoir sans larmes et sans pleur
A hommes preux hardis et fors
Regardez le feminin cuer
O dame de bien et donneur
Alez & dido souuenance

Laquesse de mourir neut peur
Pour la leale conuenance.
Dido et mainte aultre et grece
Pour leaulte laissant la vie
Ensuiuit la royne lucrece
Laquelle ia soit que rauye
Leust: tant en auoit grant enuye
Le filz de lorguilleux tarquin
Neantmains par courroux transie
Se tua quant collatin.
Le faulx traitre a force la prist
Faire ne luy peut resistence
Et sachez quelle ne mesprist
Nen couraige nen conscience
Et si ne perdit lexcellence
De sa chastete en cas tel
Toutesfois pour son innocence
Moustrer: se tua dung coustel.
Present mary: presens amis
Elle soccit ainsi parlant
De ceste foy que iay promis
En soit tesmoing ce sang coulant
Et mon esperit aux cieulx voulant
Presentement que ie nay point
Consenty au mauluais tyrant
Qui ma efforcee en ce point.
O lucresse: o dame leale
O cuer qui ne peut supporter
Quelque suspection desleale
Cuer qui ne se peut desporter
De prendre mort pour emporter
Renom leal: et mieulx saima
Que ce quon eut peu raporter
Lucresse son cuer entama.
Maris or vous esbahissez
Quant telles leaultez retrais

f ij

Temps fut que voz cueurs haissez
Voz cueurs contrefais et contrais
Qui ne sont ne beaulx ne vrais
Mais pour leur trahisons subtilles
Desservent que trainez et trais
Soiēt par les quarfors & les villes.
Aduersaire ung ris esclatant
Respond: tu me bas oultre bort
Leaulte & dame flatant
Ne se colaudes si tresfort
Tu sces bien que tu as grant tort
Et sans dire le dis scavoir
Car a peine est son mary mort
Quant femme pense daultre avoir.
Dies illa: dies ire
Encores nest pas accomply
Quant Resue a son cuer a dire
Et mis son mary en obly
Tant fut il saige et anobly
Croys tu quelle y puit plus muser
Incontinent fait nouveau ply
Femme sesbat a gens vser.
De patrenostres: & chandelles
De faire requiem chanter
De manieres asses font elles
De pleurer et & lamenter
Mais cest pour le monde enchanter
Que pour leaulte ce ne firent
Et quant tous mose vanter
Que pour ung mort cinq vifz & sirēt.
Celles qui en ont neuf ou dix
Apres leur bon mary premier
Sont moult leales tu le dis
O cuer & leaulte fermier
Mais cuer & lisse ou & fumier
Qui sapputist et enchiemist

Apres la cher: pres du fumier
Et daultre aueune ne hennist.
¶Encor racōte frāc volxoir daulcūes
aultres dames plaies & grāt beaulte.
LE champion ses mos luy brise
En disant ie me deusse taire
Vilain es et & pute guise
Vilain et paillart & putaire
Menteur maudisant malefaire
Que nest icy: helas hemy
Pour leal refuages retraire
Ruth fillastre de noemy.
De par dieu beau sire en bon an
Se la femme se remarye
Ou a paris ou a milan
Ou ailleurs a la sienne fie
Fault il pour tant quon en mesdie
Et que foy a chescun ne tiengue
Mais quelle soit & bonne vie
Et que doulcement se maintiengue.
Quantes furent: quantes seront
Quantes sont maintenant presentes
Lesquelles furent: seront: sont
De leal refuages contentes
Dieu scet cōme elles sont doulentes
Quant leur foy secondement baillent
Mais pour leurs parēs ou parentes
Fault souuēt qua aultre amour saillēt
Dieu le scet: quant se remarient
Pour faire taire seulement
Les faulses langues qui mesdient
Sans regarder quoy ne comment
Las femme Resue mesmement
Ne scauroit pas ung pas aller
Quō ne die legierement
Quelle serche le brimbaler.

Vostre parler est suspection
Fait mainte dame mainte et mainte
Prendre le las en lammesson
De mariagge: et se la crainte
De vostre iangler tart estainte
Ne fut: mainte mal uniee
Du second ou du tiers ensainte
Point ne se fist remariee.
Mais de quoy ille & bas se: comme
A il la leaulte si fertile
Si tenant a coste et a gouse
Qua plusieurs femmes ne safferme
Ne voit on que quant le terme
Se marient et remarient
Ne pour les mortes vne larme
Pleurent: et nen ieunent ne prient.
Force parleres & tybere
Et sa leaulte conterez
Comme escript le grant Valere
Et graccus apres mettrez
Aucuns aultres en trouueres
Mais se saines sont lors prisees
Plus piteup le cas iugerez
De ces leales trespassees.
Deux serpens eut en sa maison
Li tybere maske et femelle
Dont sung conuint tuer: raison
Dire ne scay telle ne quelle
Mais il eust dung diuin nouuelle
Que se la femelle tuoit
Sa femme mourroit: et se celle
Plustost: il seulement mourroit.
Si fut si leal que le maske
Tua: dont tantost il mourut
Ainsi ne doubta sa mort maske
Pour sa femme a qui secouru
Et quant il luy fut apparu

Que sa femme nestoit pas viue
Tantost cest dung consteau feru
Viue telle leaulte: viue.
Leaulx furent: a louer firent
Mais encores le pris il eurent
En leaulte ne desconfirent
Dido ne maintes qui moururent
Ycantmains & plus amour furent
Et de plus enuteres vertus
Et plus de louenges receurent
Que le desleal admetus.
Il ne peut estre desliure
De mort: sen ce ne le sequeure
Son plus prouchain si a liure
Sa femme: laquelle ainsi meure
Ha tres vil ceur quautours nasseure
Que pitie tantost a mort mosfre
Las le desleal qui hieu tire
Laissant sa femme en morte le coffre.
Ainsi ne firent pas les femmes
Lesquelles leau liurent aimerent
Leurs traitres maris et infames
Par le moien quelles trouerent
La garde des prisons prierent
Quelles puissent a eulx parler
Ilz qui desles ne se doubterent
Les laisserent de dens aller.
Elles entrees se desuestent
Et leurs maris qui de peur tremblent
Tantost de leurs robes se vestent
Et en la forme delles semblent
Doncques leales ne vous semblent
Quant pour leurs maris desliuer
En la nostre prison sasseimblent
Et vont leurs corps a mort liurer.
Ce que conte Valerius
Des femmes vaulsius a le mās

Au temps que viuoit marius
Je croy que feu fus es romans
De francoys picars ou normans
Ou en maint cas damour notable
Je tien que puis lez septz durans
Lon naspas ouy le semblable.

Apres que marius romain
Eust les alemans desconfis
Et mis le pays soubz sa main
Celles dont les maris occist
Luy supplierent quil permist
Quauecques vierges se rendissent
Et que chescune le feu fist
Et a saluet de suage entendissent.

Aultres maris ne vouloysoient
Seuir lamenter mener dueil
Viure en tristesse mieulx amoient
Que pour aultre amour leuer loeul
Mais quen aduint il: quant lorgueul
Du romain consul entendirent
Rien ny vausrent larmes dueil
Toutes ensembles se pendirent.

O femmes leales que fistes
Affin quapres voz maris mors
Aultres neussiez: vous vous pendites
O leaulx cueurs entiers et fors
O amours tous brises et tors
Il nest rien tant dur ne tant cher
Que tu ne puisses par tes sors
Despecier froissier et trencher.

En indes les femmes estriuent
La quelle ou leur mary mourra
Tant bonheur nont celles qui viuent
Que celle qui mourir pourra
Ainsi quant le mary dira
Telle ou telle est la mieulx amee
Celle tantost sapprestera
Pour estre auec luy cremee.

Julia fille de cesar
Femme de pompee empereur
Tantost quelle eut leu son tabar
Taint de sang pour le grant freeur
Lors regnant ainsi le seureur
Qui par cesar tue ne fut
Amours luy estouffa le cuet
En mort telle pasmeson cheut.

Portia fille de cathon
Quant elle ouyt que son mary
Fut trespasse: ne de baston
Ne de glaiue elle se fery
Estrangement elle pery
Car charbons vifz elle aualla
En belisee champ floury
Apres son mary sen ala.

O rage damours ques tu forte
Riens ne sens amer ne terrible
Ta force tout puissamment porte
O nouuel tourment et horrible
Eust on pense quil fut possible
A femme: charbons vifz humer
Je leusse cuide impossible
Mais tout fait leaulment amer.

Hanibal quant mourir deuoit
Soubz scipion duc des romains

Cōgiteut se sa femme lamoit
Et selle voulut souffrir mains
Car ia soit que par piteup plains
Elle fut de mort respiree
Touteffois prenant en ses mains
Ses cinq filz ou feu sest boutee.

Las seneeques en quel dueul mouroies
En ton baing: las en quel tourment
Quant ta bonne femme roies
Toy requerant amerent
Quentre tes bras non aultrement
Mourust: car voz ames iroient
Ensemble aup dieup en vug moment
Aussi voz corps en terre aroient.

Dauid Rust moult aimer micol
Sa femme: car tres leaulment
De mort de sep ou de ricol
Le deliura soubtillement
Maulgre lenuieulp pensement
Et la malice du roy saul
Femme aime naturellement
Dieu tant dire a peine men saul.

La tres leaslle ne tairay
Darthemoisie lamoureuse
Encores conte ien feray
Pas ne fut la plus rigoureuse
Mais mostra: que moult douloureuse
Fut de son mary manseole
Quant sa cendre mal sauoureuse
Mist en son ventre: rien aultre ose.

A peine qui le voulsist croire

On ne trouueroit a la ronde
Quelle voulsist ses cendres boire
Mais en miracle plus redonde
Que ken parler nay le faconde
Apelle: car il fut tant beau
Une des miracles du monde
Pour ses os fist faire vug tombeau.

Mes seigneurs plus ny regardez
Mires vous en la beaulte
Des dames: et si bien gardez
Clere et entiere leaulte
En vous nait quelque faussete
Se tenir cheres les voulez
Foy tenez: ou la lascheté
Descouurez plus que ne soulez.

¶ Laduersaire contre cestes esquelles le
chapiton a parle: daulcunes aultres fait
sa face et son ris.

f iiii

A son filz: et si fist occire
Sa seur: et queste empoisonna
Son mary: et ne scaiz pas dire
Quelle fist maint temple destruire
Et que iamais sabandonnast
A herode des iuifz sire
Quelque chose quiklup donnast.

Encore de dire nay ie enuie
Que par son doulx enchantement
Anthoine mary doctoule
Se maria tres folement
A elle: il scaut clerement
Sa ribauldise ribaudant
De sa mort foy ie seulement
Parlant: en sa recommandant.

Anthoine son bon mary mort
Voire: car il occis sestoit
Elle considerant au fort
Quaultre marchant recouureroit
Sefforsa tant comme elle puoit
Dauoir octouien a sire
Elle aultre rien ne demandoit
Que dignite pompe et empire.

Octouien conte nen tint
Sage fut: et bien aduisant
Ores escoutes quil aduint
Elle de vie desplaisant
Empres anthoine mort gisant
En atour et habis royaulx
De serpens comme on va lisant
Se fist trespercier les boiaulx.

OEa ie cuidoie q̃ nous contasses
De maite aultre bõne marastre
Dist laduersaire: et no? Vetasses
Ou messaline ou cleopatre
Leur fait nest tant obscur ou atre
Quon ne le puist bien reueler
Toutes les nonnains de mont martre
Nont fait ainsi elles parler.

Cleopatra egyptienne
Sur toutes auaricieuse
Et de ribauldise ancienne
Vault bien que sa fin glorieuse
Soit louee damour piteuse
Car amours a mort lattrahy
Quant sa beaulte tant gracieuse
Octouien pas nattrahy.

Je tais quelle se maria

Ses vaines ouurirent les serpens
Mammelles et ventre luy sufferent
Ha quay ie dit ie men repens
Si beau corps les serpens rougerent
Quen dirent ceulx qui sauiserent
O amours o grant conuoitise
Qui tel corps aux serpens baisserent
O tres seasse ribauldise.

Ha Valeria messaline
Qui ne nuyt ne iour ne cessas
De broyer blanche canteline
Entre les seasses non as
Seras tu teue non seras
Tu iamais ne fus de con nue
Et eus le renon et aras
De seaulte a maint cognue.

Franc vouloir vaillant champion
Aues vous oblie la dame
Qui de pauot et dappion
Endormoit son mary par mame
Vous en eussiez auoir grant blasme
Son art soubtile et sa luxure
Dessert bien que sa bonne fame
Soit mise en toute lescripture.

Messaline forte espiciere
En bruuaige et en poison faire
Ne trouua plus vaillant herbiere
Ne plus sachant apoticayre
Aussi luy fut il necessaire
Quelle sceut le monde enherber
Empoisonner ou faire taire

Sesse vouloit de nuyt timbler.

Claudia vnng empereur femme
Pour sa luxure insaciable
Quelle auoit si vouloit en somme
Acomplir sur banc ou sur table
Par sa poison tres prouffitable
Endormoit tant quelle saisloit
Dempres luy couroit en lestable
Ou a tous ruans en baisloit.

De nuyt es bout de aulx sen aloit
En robe estrange et tant fut chaulde
Que de nul homme se sauloit
La luxurieuse ribaulde
O messaline o le smeraude
O la perle de seaulte
Vaust elle point quon sa costaude
Si fait en bonne verite.

Mais voirement de resmonde
Dirons nous riens fut elle mise
Vne des seasses du monde
Jen vueil dire sans quon me prie
Tant par sa fausse putterie
Tant pource quelle fist tuer
Son mary en vne myrtle
Lon doit telle dame louer.

Par venus ou par aultre art
Elle mist a mort son amant
Son bon mary roy des lombars
Ala par doulceur aleschant
Et lui chis son barlet trenchant

Lequel tant enchante et endort
Quil consent en fin le meschant
De mettre son seigneur a mort.

Cestuy murdre sans peredeus
Estre perpetre ne pouoit
Ainsi affin que fussent seup
Elle aduisa quelle feroit
Si deliberera quelle iroit
Auecques perendeus gesir
En lieu de celle quil amoit
Ainsi seroit fait son plaisir.

Quant peredeus leust embrassee
Pour samye la pute fausse
Luy conte toute sa pensee
Disant que luy sera sa sausse
Se lespee ou le mail ne hausse
Pour son mary murdrir: helas
Peredeus adoncques essausse
Tout son gre ainsi pris au las.

Donc peredeus et elmechis
Font le murdre: et puis sa malsage
En lieu de cent mille mercis
Print elmechis en mariage
Qui ne fut qui gueires long aage
Car elle luy donna a boire
Ung uinneux mortel bruuaige
O dame digne de memoire.

Romulda la noble duchesse
Occist son mary gisulphus
Se fut de grant bonte princesse
Bien monstra elle a cathanus

Cõme aux femmes ne souuient plus
De leurs maris qui sont tous mors
Ains pensant au premier ritus
Pour le seul plaisir de leurs corps.

Le roy cathanus luy auoit
Occiz son mary en bataille
Et en ung chasteau lassiegeoit
Mais si tost que de la muraille
Elle leust veu: plus tost que paille
Cest dedens ung grant feu bruslee
Ylestoupe dedens la touraille
De son amour fut affolee.

Depuis heure ne reposa
Jusques a tant que du chastel
Rendre auec luy composa
Et touteffois par marchie tel
Que il partiroit le gastel
Auec elle et lespouseroit
Et il par son propre escritel
Accorda quainsi le feroit.

Or fut moult aise romulda
Quant escria ville gaingnit
A leure quelle luy manda
Doncques atournee et pignie
Pour iouyr de sa compaignie
La la veoir en ses pauillons
Mais elle fut moult engignie
Pas nous ne nous en merueillons.

Auecques elle vne nuytte
Coucha pour estaindre son feu
Et aussi que de foy mentie

Apres reprendre ne la peu
Mais oyes donc tout le bon ieu
Que cathanus fist a lespouse
Quant de son corps eust assez eu
Couchier la mist auec douze.

Aux regaches et aux souillars
Apres fut elle habandonnee
Tout lost y iecta ses coustars
Affin quelle fut mieulx vanee
O femme a male heure nee
O leaulte quon doit vanter
O luxure desordonnee
Tu trouuas bien ou te suenter.

Encores sur moy le pied as
Mais ie pense et ainsi sera
Que la royne olimpias
Haudement me releuera
Helas qui belle se taira
A la bonne pas ne souffist
Que sa chastete sentira
Se son mary tuer ne fist.

Ie suis bien fol se ientreprens
A conter leurs murdres sanglans
Par ou tu en truz si en prens
Dempoisonnans et destranglans
Leurs maris piedz et poigz sanglas
Et iectans en parfonde fosse
De testes est plus que de glans
Il est bien fol qui sen endosse.

Iay dit: dy apres se tu scez
Ne fut pour ses gens ennuiet

Daultres se ten diroie assez
Dont on ne peut le fait nyer
Le fault il doncques regnier
Dist le champion: si le fault
Moult dommes ay pour supplier
Trestout le feminin deffault.

¶ Le champio excusant cleopatra: bla
me lordure et la folie de aulcus homes
et mesmement la desordonnance de main
tenant.

Tu parles de cleopatra
Comme il te plait honnestemet
En disant quelle perpetra
Tant de maulx si diuersement.
Et cetera: certainement
Encontre les amours loyaulx
Tu reuenges petitement
Les hommes faulx et desloyaulx.

Selle fist mal Dieu luy pardoint
Moult est sage qui ne folye
De sa mort ie ne doubte point
Que pour la grant melencolie
Que anthoine eut finist sa vie
Joyeusement mourir ne voulut
Ja soit ce que maint acteur die
Quen despit doctouien fut.
Et suppose que par despit
De luy: la rsue desolee
Ne fist a sa vie respit
Mais pour son sang lame colee
En lair assast a la volee
Au ciel volast ou ius cheist
Doit elle mains estre louee
Que le grant cathon qui soccist.
De force on loue cathon: car
Mieulx sama luy propre tuer
Que venir es mains de cesar
Ou sonmettre ou saluer
Ne peut on oncques arguer
De cleopatra en grant cuer
Car ne se laissa pas huer
Au triumphe de lempereur.
Les vices ie ne veulx deffendre
Mais sil en fault avant ietter
Et buffe oultre chaque rendre
Cause nauras domme ruter
Ne de leurs louenges chanter
Aussi as tu la volp trop casse
Je voy le point a toy mater
A layde de iehan boucasse.
De fine franche cappeline
A lestourdy ne te desplaise
En parc tu as mis messaline
Comme la tresque plus maulvaise

Et mesdis en as a ton aise
Mais il fait meschante renange
Et luy est meilleur quil se taise
Que en aultruy blasmant se vange.
Mettray ie en avant mydas
Pourry et toute lescherie
Oncques encor ne le cuidas
Mais chescun sect sa besterie
O diray ie sans menterie
De gaius galsicula
Qui par puissance et flaterie
De bon renon maint recula.
Ne doy ie point avant bouter
Claudius empereur notable
Doubtant science de router
Et degossister a la table
Et cathanus dont tu fais fable
Qui fist si tres vilainement
Treuue le point homme coupable
Plus que femme en ton sacrement.
Viendra en parc se bon neron
Le filz du grant diable denfer
Pas ne scay que nous en diron
Plus cruel fut que lucifer
Quant se veut gaber et truffer
De sa mere par son command
Murdrie: ha cuet plus dur que fer
On nen peut faire bon command.
Tous ses murdres et ses poisons
Gloutonnies: forsenneries
Toutes ses faulses trahisons.
Sacrileges et roberies
Ses orgueilz: ses barateries
A faire long proces ne quier
Car ses ordes ribaulderies
Te mettent hors de leschaquier.

Tyberius tairay ie mye
Maistre de toute ribauldise
Dire nose et soduyre,
Le fol vieillart a barbe grise
Deuant luy a la table mise
Faisoit ses ribaulx ribaulder
Affin quen regardant leur guise
Se peut du plaisir regarder.
O vielempereur enfume
O du monde chief et lumiere
O empereur tres renomme
Son honneur par quelle maniere
Essaufferons en la taniere
En la fosse et en la cauerne
Affin quil fut loing et arriere
Fist faire bourdeaulx et tauerne.
Messaline de nuyt aloit
A son plaisir: cestuy vieillart
Des lieux secretz ne se partoit
Ou tousiours trouuoit nouuelle art
De ribauldise: o se paillart
O cesar maistre des bourdeaux
O empereur nice et fetart
Plus enfangie que les porceaux.
Et se messaline endormit
Son marit ne scay quantesffois
Jour et nuyt ce vieillart dormit
Ou milieu de deux ou de trois
Et quant son appetit fut froitz
Ribaulder il fist ses ruffiens
Ainsi fut comme conter ois
Dung qui fut cardinal damiens.
Item la chaleur la ieunesse
Et la grant beaulte cristalline
Qui pas naffierent a vieillesse
Epeusent ung peu messaline

Mais sort vieillart : eust en leschine
Pouoir, neantmains iour et vespree
Fut entre berte et ameline
En liste nomme capree
De rostulda: et resimonde
Ne daultre esbahy ne me fais
Ilme souffit que ie confonde
Les hommes de plus vilains faiz
Desquelz a present ie me tais
Et suis content de dire en somme
Que tu ne trouueras iamais
Male femme sans peieur homme.
Helas helas qui oseroit
A la coulsente destrengier
Helas et plusieurs que diroit
Quon a vu en telz baings nagier
Et oultre la teste plongier
Et a mynuit en lieu de nonne
Chanter danser boire mangier
Auec la seconde personne.
Seneccques maistre des nieurs
Pourroies tu de doulx viaire
Regarder aulcuns des seigneurs
Jour de nuyt: et de nuyt iour faire
Pour plus secretement complaire
A leurs luxures: o comment
Bon conseil leur est necessaire
Apres si fol gouuernement.
Vertu tient elle les cordeaulx
Du regime de noz seigneurs
Quât de nuyt vôt par les bourdeaux
Es habis de leurs seruiteurs
Dieu quelz notables gouuerneurs
Helas le peuple est bien sans chief
Quant il a princes et pasteurs
Habandonnes a tel meschief.

Ilz vont & nuyt par les estuues
Vnes et aultres estrillier
La xxxas en baings et en cuues
Leurs corps toute nuyt nourrißier
Boire mengier rire raillier
Faire et dire les trente mille
Quiconques soient leurs cõseillierz
Ilz sont les plus sotz de la Ville.
Tant en la nuyt font ilz excés
Quau matin nont poit de ceruelle
Ne le nez net:ne les yeulx secs
Ne bien ne ioye en la fourcelle
Ilz nont:ne piedz ne bras nai sselle
Dont ne se deussent les yurongnes
Si est plus sol qui les appelle
A traictier les haultes besoingnes.
Trop de chandelles despendez
Mes seigneurs en la nuyt obscure
A prendre repos nentendez
Sans faire greuance a nature
Elle de tant veiller na cure
Elle veult repuser a heure
Et nest possible quelle dure
Se maulgre soy elle labeure.
Dormies la nuyt:veillez le iour
La nuyt a laise reposez
Le iour entendez a labour
Et de vostre estat composez
Jamais ne soiez abusez
De gaster nuyt et iour ensemble
Ainsi en vain le temps vsez
Et la chose publicque en tremble.
Le prince en la chose publicque
Est comme sang dedens le corps
Le sang mauluais fait vie oblicque
Et iette en fin lesprit dehors

Le bon rent les esprits fors
Et donne aux menbres nourriture
Par ses vertuz par ses effors
Ionne a estat vie et nature.
Ainsi en la publicque chose
Quant bonnes vertuz espandez
En sante bonne elle repose
Et tresioyeuse la rendez
Mais quant aux vices entendez
Et menez vie corrumpue
Vous la gastez:vous la perdez
Elle est destruicte:elle est rompue.
Prendre & sordonne conduit
En secret ou publicquement
Iouer au dés toute la nuyt
Regnier dieu tout plainement
Esse mettre gouuernement
Esse bon exemple donner
A voz subgetz:certainement
Cest vous destruire et vous dãpner.
Seigneur seigneur droit marchiez
Grans faiz vous auez a condyire
Alez droit et ne variez
Regardes que vostre cher tire
Le peuple en voz oeuures se mire
Et voulentiers a vostre exemple
Ou il samende:ou il sempire
Et de vertu se vuide ou emple.
Tulle ou tiers liure de ses loyx
Reprent vng prince durement
Quant il est dissolu galois
Non pour son peche seulement
Mais:car la cite prestement
Ensuyt la mauluaise coustume
Sil voit peche:certainement
Le peuple incontinent le hume.

Sÿques mes seigneurs qui vivez
A propre salut acquerir
Et qui aussi faire debuez
La chose publicque flourir
Entendez a vertu cherir
Vices hayr et vanite
Affin que doublement merir
Puissiez envers la trinite.
Fuiez fuiez faulses delices
Qui les suyt il ne peut entrer
Dedens les vertueuses lices
Ne soy gentil homme monstrer
Vertu ne peut iamais hanter
Auecques orde negligence
Elle ne scet ydolatrer
Ne varier sa conscience.
Seigneurs se vous auez passe
Le temps en plaisir transitoire
Et trespetit auez prise
Au bien & la perfaicte gloire
Au mains en fin aiez memoire
De iecter vng tres dur souspirs
Vng desplaisir reuocatoire
Qui tous voz maulx face tappir.
Vous ieunes princes mesmement
Qui en lescole de sagesse
Pour gouuerner publicquement
Mettre debuez vostre ieunesse
Eschiuez luxure et paresse
Et de flateurs vous abstenez
Car raison vult et gentillesse
Quon ne vous maine par le nez.
Cestuy abus qui des piece a
Pour entrer en gouuernement
Le liure aux princes despessa
Et leurs osta lentendement

Ne vueilliez croire auleunement
Car qui est en haulte puissance
Il vit tres perilleusement
Silna des lettres cõgnoissance.
Les cuers des mesdisans adoncques
Se conflarent pareillement
Comme fait en pot ou en conques
Quant il a feu trop largement
Le franc champion tellement
Chauffa leurs coles et leurs esgues
Quilz ne dirent mot longuement
Nedt plus que mutz ou que besgues.
Malebouche tout sanguiste
Ne scauoit plus de qui iuer
Quant vng trop cuidier appelle
Vint ou champ son gaige ruer
Disant se tu vulz arguer
Franc vouloir: pourquoy te reposes
Voy cy qui te vient sahuer
Aultrement que tu ne proposes.
Adonc le champion & tire
Sceut son propos entretenir
Mains esbahy que nest la hire
Quant il voit les anglois venir
Et dit auant: au couuenir
Au ioindre serron qui sera
A tel pourra mesaduenir
Qui du ieu ne se vantera.
Trop cuidier trop hardy iousteur
Qui semblez maintenant saillir
De la bourse vintg encanteur
Contre vous me vulz ie escueillir
Parlant & celles sans faillir
Lesquelles arez et auez
Sans ce que les aiez cueillir
Toutes sont vostres se scauez.

¶ Cy finist le second liure du chāpion
des dames: et commence le tiers: ou quel
est recitee la bataille de trop cuider, soul-
dōier & male bouche encontre franc bou-
loir: et demōstre par raisons et par hystoi-
res: que en folet en Vain amour les hom-
mes plus Vilainement et plus communee-
ment faillent que les femmes.

A Vrai amours: a lamours fait
Ainsi me convient il descendre
Mōstrāt que lōme plus a faint
Plus prebe et fait a reprēdie
Et se Vous Vulz te faire entendre
Tellement que puisse prouuer
Quen tout amour et hault et maindre
Les hommes sont a reprouuer.
Ja soit que cil qui ma tramis
De Venus ne de son affaire
Ne de ceulx qui sont leurs amis
Nait en nulle guise que faire
Car son estat ne luy peut plaire
Tant est il incertain et trouble
Cest a iour en iour a refaire
Venus en tous ses fais est double.

Et ne Vuisse mon embassade
Trespasser: ne me diuertir
A parler de Venus la sade
Toutesfois pour Vous aduertir
De tout: et soz meurs conuertir
Monstreray comment en seruant
Faittes a soz cuers assotir
Et qui est bon ou mal amant.
Mais pēsez Vous que cousinage
Ou parente ait en amours
Non obstant tout son Voisinage
Car iasoit ce q ses haulx tours
Ses tournois: eschaffaus et cours
Ou nom damours tienne et celebre
Toutesfois different leurs mours
Comme font clarte et tenebre.
Si erre cil qui en seruant
Venus: dit quil est proprement
De la court damours bien auāt
Certes la chose est austrement
Mais: car il fault communement
Parler: car se sages y Verres
Ducs et aultres presentement
Par nom semblable appelleres.
Amours & ce ne te desplaise
Car pour erreur mettre en adresse
A erreur fault que ie complaise
Et ton hault nom si hault ne dresse
Erreur par erreur se redresse
Souuent: et ainsi en errant
Parmy ceste amoureuse presse
Monstreray maint et maint amant.
Pour se temps que ie mesbatoie
Es plaisans Vergiers et es bains
De Venus: ou ieune batoie
Car tout ce solas estoit Vains

Japris dung amoureux compains
Que plusieurs ont amour aimer
Par folie ou ardeur espains
Car ilz ne sceuent pas aimer.
Disoit que tousiours lestincelle
De raison: doit il remuer
Qui flamboye ou estincelle
Et ne quiert fors que lestimer
Car par elle peut eschiuer
Maint mal et maint ennuy porter
Et a lappetit estriuer
Lequel ne se scet desporter.
Ainsi conseilloit que raison
Fut en amours: et bien disoit
Raison est tousdis de saison
En quelque chose que se soit
Car comme apres il deuisoit
Ja soit que toute on ne la voye
Au mains vault ce peu quon en voit
Peu de clarte monstre la voye.
Se lamant na point de lumiere
De raison: ce nest pas merueille
Quant errant par my la fumiere
De fol desir moult se traueille
Et sil ne voit heure de veille
Ne de dormir: ne quant doit dire
A celle que se dort resueille
Fol amant a moult de martyre.
Car souuent les aigres auale
Sans les conter: ou le bourgon
En lieu de bon morceau auale
Ou dangier a tout son fourgon
Contre qui maintefois brigue on
Ne voit embusches au passage
Nenuye en langue de dragon.
Brief: sans raison on nest pas saige.

Si concluoit cestuy amant
Que tant on ne sabandonnast
Que raison ne fut en amant
Laquelle lamour ordonnast
A venus on ne sadonnast
Tant que la voulente refrainte
Ne fut: quant le cas si donnast
Amour ne doit estre sans crainte.

¶ Franc vouloir raconte quilz
tous commandemens.

Or ly? Vueil ces commandemēs
Conter les qlz au sceus gardoiēt
Ainsi que roy auly mandemēs
Et iamais ne les trespassoient
Et pose que contraires soient
En partie a iehan de meuns
Et a ouide: ilz les tenoient
Sans en mettre en obly nesuns.
Ces choses dois considerer
Et ainsois que tu la requieres
Tes meurs au siennes comparer
Joieuses fermes et entieres
Car les amours bonnes et chieres
Fait laccord des condicions
Et les dessemblables manieres
Haynes sont: et sedicions.
Jamais nest ferme lamytie
Se les condicions pareilles
Ne sont: ou plus de la moitie
Et ainsi ton cuer appareilles
A aimer bien: et te conseilles
Se ton amour mes en aulcune
Laquelle ait le cuer despareilles
Tu serches discord et rancune.

iii

Bien se voit il: qui bien se mire
Or ne te peuz en mal miroir
Bien veoir: car le visage empire
Gresse ou gros le fait apparoir
Ainsi que dame ault avoir
Pour toy en son amour mirer
Prens la teste: ie te dis voir
Que tu nen puisses empirer.
Dame est le miroir de lamant
Vray amy se voit en saniye
Veoir: comme en vng dyamant
Et se voir ne si peut mye
A plain: ains a faceademye
Force si voit: ia ne croiray
Que moult en souspire et larmye
La raison ie le te diray.
En dame soy mirer nest fors
Veoir que son fait et son voeul
Selle recoit ne ens ne hors
Rien encontre le gre & vocul
Pareille ioye: pareil voeul
En monstreras semblablement
Menteurs tu q ie dire voeul
Dire ne le scay aultrement.
O qui tout en dame se voit
Quelp plaisir a il: quelle ioye
Comme se paradis avoit
Ie croy que ou cuer il se resioie
Nest il moult heureup ql se voie
Hors et ens vivre doublement.
En soy vit: et en sa mont ioie
Qui garde son cuer noblement.
Doublement vit: et aultrement
Quil ne souloit: car tranfmue
Il a son cuer plus haultement
Voire ame en ame permue

En sa dame se voit mue
Elle en luy: tout leur est commun
Amours a ainsi remue
Lung en laultre: et de eup fait vng.
O miroir ioyeulp et saintif
Dame & quelle ioie emplist
Lamant: qui na le cuer faintif
Qui a la servir sassouplist
De tous biens le nombre accomplist
Regretz souspirs souhetz & ffaulte
Tout est mort: elle le remplist
Tant a: quil ne scet quil luy fault.
En elle tout voit et tout prent
Heureuse paip: humble doulceur
Espoir qui vray confort esprent
Richesse leaulte & cuer
Vraye ioye respoir asseur
Heureup tres et tres amant tel
Et par vne dame tout leur
Est le bien du monde mortel.
Mais entre tant damans a peine
En ay ie vng seul veu et voy
Qui ait fait diligence et peine
De querir dame selon soy
En saigement amant: pourquoy
Merueille nest se maint amant
Car il ne scet damours la loy
Voit en amours en soy blasmant.
Incontinent que tu la vis
Pour ta seule dame lestis
Force nouys oncques sa vis
Quant tu en fais le iehan iolis
Adoncques est tout sens faillis
Car se tu es gentil galant
Aussi belle se tient a lis
Tu prens les grues en volant.

On dit que trop hastif se schaulde
Si vault mieulx son morceau souffler
Que prendre viande trop chaulde
Ainsi doit on seyant souffler
Et peu a peu soy resconffler
Que si tost a autour seruir
On ne doit auoir pour souffler
Ce quon ne pourroit desseruir
Pour mieulx auoir endicte:endure
Il vault mieulx vng peu endurer
Que pour mal endurer endure
Pasme cheoir et mal durer
Mais en endurant procurer
Dois ce que apres la duree
Te pourra guerir et curer
Et resioyr a la duree.
Ainsi par chetiue largesse
Aux dames voz cueurs presentez
Je dis que se nest pas sagesse
Car souuent vous en repentez
Et malgreez et despitez
Amours et elles et morez
Et pis que mors vous reputez
Quant en tel estat amourez.
A la plus belle vuls donner
Et corps et cuer: et heritiere
Par bon testament lor donner
Or entens bien ceste matiere
Et ne te metz en la litiere
Ainsois questre malade voies
Force la maladie entiere
Dedroit plus tost q̃ ne vuldroies.
Se tu nes bel et gracieux
Tel qua sa beaulte appartient
Deuse que corps si precieux
Voit tost ce que luy auient

Si ie scay pas coment ten pleut
Quant pour aultre esse sapgresse
Si dois scauoir: aussi loy tient
Que beaulte vult beaulte paresse.
Premierement et auant omnia
Ains qua seruir amours tentendes
Ve que ton cuer a souspir seuure
Et a aultruy voulois tarendes
Je tauise que tu entendes
Le pvint des amoureux lieus
Et par longue saison attendes
A toy cognoistre lyes et esle
Je ne tenseigne comme ouide
Lequel en son liure exilis
Lart damer escript et escuilde
Comme sil leust es champs pisse
Je ne scay se borgne ou louche
Estoit: quant escript si grant sas
Denseignemens moins subtisse
Trestous non valques kuy pacas.
Ses comandemens si ne tendent
Que les aulcuns de ce pouoir sachent
Les dames: et seurs rois estendent
Si bien quen la fin les ensachent
Et sans difference ses cachent
Grans et petis saiges et sotz
Voire se ceulx qui se pourchasseit
Les prenment: ilz en aront los.
Cheualier fait cellui quicoguyes
Seet tromper dames et alourder
Et nait il pas vaillant kuy quoliqs
Il est prince de bonhourder
Trahir mentir faindre bourder
Sont les engins les crois les hasnis
Dont tout amant se doit hourder
Disant: ma dame ie vous ainis.

Da aux marchez dist cestuy maistre
La viennent toutes telles bestes
Ne fut que pour tes yeulx repaistre
Notez bien leurs meurs et leurs gestes
Et toy comme les amonnestes
Elles ne sont toutes semblables
Les unes par dons et par festes
Prent on: et les aultres par fables.
Ouide a decepuoir aprent
Les dames: non pas a amer
Selon luy bien chasse qui prent
Si doit lamant par tout semer
Ses rois: mainte dame sommer
A ceste fin que point ne faille
Helas comment doit on nommer
Cil qui telle doctrine baille.
Jehan de mieun si ensuit sa chasse
En ceste grant cheualerie
En quelque guise que lon sache
Il vous enseigne tromperie
Amours nest pas: ains lescherie
Ce quil vous deuise en sa rose
La science de tricherie
Non pas damer y est enclose.
Entens a moy: car ma doctrine
Laquelle nest a refuser
A tromper dame nenclinie
Car qui en vouldra bien vser
Quant les aultres ferra muser
Plains denuye et de desespoir
Amours mauldire et accuser
Confort aura de son espoir.
Apres que tu te cognoistras
Voire tellement quesseine nit
Et a veoir dames istras
Je vulz que tout si bellement

Taches ton cuer et tesseement
Quen nulle place ne se boutes
Se vise ny as longuement
Et tendu loreille aux escoutes.
Auise regarde coungnois
Espie pense espreuue enquier
Parle supplie souuent oys
Et puis en toy mesme te quier
Ne te haste ie te requier
De ton amour a dame offrir
On y doit longuement loquier
Et ainsois longuement souffrir.
Suppose que loz cuers conuiennent
Et desirent estre conioinctz
Neantmains qui sont et dot viennet
Noblie a espier de loins
Quant en est il qui sont desioinctz
Par personnes interposees
Et qui ne peuent estre reioints
Nauoir les ioyes proposees.
Et pource que nest pas scauoir
Ce qui est deuant les yeulx vir
Mais est scauoir de conceuoir
La chose qui peut aduenir
Tu dois prophete deuenir
Et darder ta veue si loing
Quon ne te puist trop fol tenir
Quant raison te fera besoing.
De ces quattres enseignemens sourdct
Tous les aultres particuliers
Et tant en y a quilz assourdent
Les oreilles des escoliers
Mais te baille ses familiers
Commandemes: car ie les sens
A les tenir assez ligiers
Et plains de raison et de sens.

¶ Le pmier point q̃ lon doit cõsiderer a-
uant ce que lon se boute en amours.
O Uãt au pmier poy dont tu vses
Qui tu es: et que tu sces faire
Ou noble ou sage ou plais de biens
Courtois ioyeux et debonnaire
Plaisant: ou qui vies desplaire
Vilain malostru affamme
Mesdisant qui ne te puis taire
Ignorant hays diffame.
Quant au second pareillement
Auir est se simple ou sage
Vilaine ou nee noblement
Gente de corps ou de visaige
Ou selle est fiere de couraige
Ieune ou aggee ou bien nommee
Et selon le commun langaige
Par sa folie diffamee.
Touteffois il est souuent veu
Que belle dame a amy lait
Nature y a ainsi pourueu
Aussi nest il si lait quil nait
Ou en contenance ou en fait
Quelque vertu suppellatiue
Pour laquelle a la dame plait
Destre damour appellatiue.
Amer desires dame ~~notable~~ noble
Et test aduis que tu seras
Empreur de constantinoble
Quant son amy tappelleras
Or soy a qui en parleras
Et senoble es ou homme lige
Seruante ne demanderas
Car noble a gauet ne soblige.
Noble cuer content a hauteffe
Par nature honneur luy auonce

Que tousdis croisse sa grandesse
Et a lestat maindre renonce
Que se damours se treuue vne once
Entre dames portans floquars
Et amant qui maindre se nonce
De hayne y trouueras dix quars.
Tantost sa nature retourne
Cheseune chose: et nesuiement
La dame quant elle satourne
En soy se prise grandement
Et quant prise auleunement
Au vilain qui est son amy
Son noble cuer certainement
Souspirant dit helas hemy.
Bonne la quiers: dieu la te doint
Doucques ta conscience attende
Que dieu tes pechez te pardoint
Aultrement vous seres de rude
Force est que malice contende
Et combate encontre bonte
Il nest si coquart qui nentende
Que ie dis toute verite.

¶ Le tiers point pour amour maintenir
O Uãt au tier point voir contient
Comme tauoie propose
Qui est cil qui va et qui vient
Ou lieu ou ton cuer as pose
Car tost il sera dispose
Tellement quil te vaulsist mieulx
Que tu te fusses repose
Ou eusse perdu lung des yeulx.
Voy sil y a pouures ou riches
Silz sont estranges ou priue
Vindicatif hardy ou nisses
Aimes du monde ou reprouue

iii iii

Pense a qui seras trouue
En meschief et comment pourras
Saillir se batu et greue
Seras:ou sa ce cop mourras.
Ja soit que de Venus la rage
Telz pensemens ne veulle auoir
Au mains aime a maindre dōmage
Que tu y pourras perceuoir
Et ne te veulles deceuoir
Et mettre a mort pour vng baisier
Mains aultre solas receuoir
Peus:et toy aultrement aisier.
Hero la belle ama leandre
Lequel a son amour hardy
Fut comme en bataille alexandre
Car en fin la vie y perdy
Pour la voir venus hardy
Tellement que rien ne doubta
Et si folement sen hardy
Que sans nef en mer se bouta.
Hero enfermee en la tour
De iour visiter il nosoit
Si luy aprint vng aultre tour
Amours qui pas ne reposoit
Quant la clere lune luy soit
Il nauoit par la froide mer
Amours tant hardy le faisoit
On souffre tout pour bien aimer.
Loing temps ses amours mena
En ce peril:et comme souuent
Aduient:a la fin le mena
Fortune et tempeste de vent
La mer orguilleuse venent
En vain contre elle se combat
Sur vne onde naige et reuient
Sur laultre:en fin elle labat.

Tant va le pot au puis quil brise
Leander qui auoit passe
Tant de fois par grande entreprise
La mer:en fin est trespasse
Mal auoit au peril pense
Et se sens eust eu a lalee
Il eust aultrement repasse
Quen nalant par la mer salee.
Le filz au marquis de ferrare
Ipolite ne ressembla
Auquel nest pas petite ne rare
Memoire:car il sassembla
Par amour:comme luy sembla
A la femme de son dit pere
Venus trop de sens luy embla
Venus en son fait trop espere.
Ja ne se deust enamourer
Aussi a bonne occasion
Ne peut la chose demourer
Par leur communicacion
En finale conclusion
Le marquis sceut et par sentence
Capitale punicion
Deulx deux fist faire en sa presence.
Que diray ie du cheualier
Qui tant amoit couuertement
La chastelaine du vergier
Fait on rien tant secretement
Que fausse enuye appertement
Ne congnoisse die et descelle
Je lay apris dieu scet comment
Entre enuyeux rien ne se celle.
Le temps et leure congnoissoit
Seulement par le chien et duist
Quant il y entroit ou issoit
Et nauoit aultre sauf conduit

Enuye qui saultruy mesdit
Neantmains le fait accusa
Et cougneut on que vray estoit
Quant vne mort les encusa.
Ne se fie en chien affaitie
Qui en court demeurer desire
Vng theseun y est enhettie
A espier voir et dire
Car si soubtilment escripre
Ne pourras quvng plus soubtil oeul
En blanc papier ne face lire
Ce que tu cuide scauoir seul.

¶ Le quart point quon doit considerer
qui se fiche en amours.

Quant au quart point pensez au pis
Aduenir: quant on sescriza
Quelles noises haynes et pis
Sourdront: se pour toy aultre ara
A souffrir quil sen ensuiura
Si nulles en sens habonder
Tant que ce que venir a bura
Puist sur toy seulet redonder.
Paris quant Helene rauist
Menelaus qui tant l'ama
Les inconueniens ne vist
Tant le roy priant assomma
Car toute la grece sarma
Pour vuger cessuy grant oultra
Et tant fist que troye enflamma
Toute la fleur de cessuy aage.
Pluton quant il print proserpine
Fille de ceres mal pensa
Qui l'aduendroit de sa rapine
Car tant de mal lui pourchassa

Que de son enfer lenchassa
Le preux le vaillant theseus
Ou hercules ne se lassa
En deliurant pirotheus.
Les trois contre enfer sengaguerent
Si fort: que des mains de pluton
Dame proserpine gaingnuerent
Cerberus plus mol quvng ploton
Deust lors mauldiee le glouton
Qui mist proserpine en leurs fours
Car il euyst maint cop de baston
Et plusieurs aultres mal iours.
Ainsi amant quant tu folies
Voy que les tiens en ton pais
Ne se doeulent de tes folies
Tu en seroles trop hais
Aultrement faisant: tu trahis
Ceulx qui en toy ont confiance
Tu les assault et enuahis
Sans que leur face deffiance.
Ie ne parle des aduentures
Auy quelles ne peut obuier
Homme: tant saige descriptures
Les plus soubtilz sont desuier
Mais quil se laisse conuier
A amours le meilleur esliße
Fortune souuent foruoier
Fait: homme de son entreprise.
Pyramus et tisbee amerent
Moult secretement: toutesfois
Dure aduenture rencontrerent
Comme a ouide conter fois
Dont ie te dis galin galois
Se tu me fais de lamoureux
Veritablement tu ne dois
Estre enrage aduentureux.

¶ Le chāpion monstre ce que doit fai-
re lamant pour leaulment amer.

Ainsi moustree la maniere
Damer que chescun retenir
Scet: car elle nest ligiere
Qui ne vult a raison venir
Mais quil men puisse souuenir
Vous diray ce que faire doit
Amant: pour dame entretenir
Comme laustre le commandoit.
Disoit: que de Artuz semblance
Voit auoir tout vray amoureux
Affin quil en ait allegance
En son ennuy plus rigoureux
Et dung souspir plus sauoureux
Son ardeur nourrisse et paisse
Car sans elle maint malheureux
De grief & desespoir se repaisse.
A sa dame bonne foy garde
Lamant a ferme charite
A lonneur delle ainsois regarde
Que mettre a fin sa voulente
Treuue luy telle leaulte
Quapres elle vuille ou non vuille
Et se trop il est tourmente
Au mains en bon espoir se vuille.
Amer plus chier tenir couuerte
La flamme du desir ardant
Que sa dame soit descouuerte
Vle quon la vise regardant
A hynte: ains son honneur gardant
Pour elle: souffrir sesiouisse
Saigement soy contregardant
Que son amour en blasme nisse.
Amours nest pas: ains trahison
En blasme de sa chiere amye

Moustrer la flamme du tison
Et bien naime qui ne larmye
Souuent en lardeur qui flammye
Trop hault & ses larmes nestaint
Affin que par luy ne soit mye
Le bon los & sa dame ataint.
La dame a plus de priuilege
Que na son seruiteur sans faille
Cest vng droit empereur en siege
Qui sa grace a son vouloir baille
Pource se tu en as lescaille
Et vng aultre en a les noiaulx
Souffrir le te fault ne te chaille
Elle est dame de ses ioiaulx.
Se tu me respons qui saburte
A seruir dame leaulment
Et contre enuye et dangier hurte
Pour la seruir tres franchement
Attend il auoir paiement
Demande il aultre guerdon
Si non quil ait entierement
Le cuer de sa dame en don.
Qui sert pour auoir vng loptn
Lequel il met en sa besasse
Ainsi que fait le iacopin
Qui a remplir sa prouque tache
Iamais ne croiray quil sache
Amer: quil aye point de cuer
Et se cuer a: il est si lasche
Quil nest pas bon a seruiteur.
Seruons nous amours nuyt et iour
Sers te ma dame et ma maistresse
A celle fin que tour a tour
Nous amendons & sa richesse
Amant est bien plain de paresse
Peu fier et mal auentureux

Qui ne se prise vne princesse
Dedens le chasteau amoureux.
Je te respons ie te replicque
Entens moy si feras que saige
Qui a seruir amours sapplicque
Il met son vouloir a seruaige
Il nest si dur ne si sauluaige
Si froisse ne si endurci
Sil entre en lamoureux voiage
Que son cuer ne mette a mercy.
Je roy y ruient seruiteur
Est il grant maistre: est il grant sire
Clerion y ruient le docteur
Rien ny vault hault parler ou lire
Amours: que vous en fault plus dire
Il appetisse et humilie
Sagesse royaulme et empire
Amours tout vainc tout amolie.
Il aux dames tant seulement
En sa court et en son pourpris
Octroye le gouuernement
Sur les cuers de son feu espris
Et a ordonne quil soit pris
Et mis en prison de fin fait
Qui ne portera los et pris
A la maindre dame quil ait.
Si ques se tu es seul mignon
Se tu es le droit assote
Loue dieu gentil compaignon
Car tu es heureux a plaute
Mais se ta dame a voulente
De complaire a aultre qua toy
Dois tu blesser sa magesté
Non: tu nas sur elle chastoy.
Se tu veulz seruir en la tour
Damours recougnoistre te fault

Dont vient le bien et dont il sourt
Et auoir soef et bas et hault
Souffrir souuent et froit et chault
Attendre tant par bien seruir
Que se lung meurt et laultre fault
Tu puisses grace desseruir.
Certes les amoureux lieus
Rendent subgect puissant et saige
Charles le bon duc dorleans
Nous en peut donner tesmoignaige
Et aussi fait son bon signaige
Et tout le sang des fleurs de lis
Qui ont fait aux amours hommages
Pour tendre aux amoureux lis.
Se tu ne me crois si enquier
Le liure quil fist en iuglant
La part se les dames eust chier
Et se venus la la feuglant
Mais pourquoy loy le tant iuglant
Pourquoy sur ce le temps pers ie
Amours sen va cheseun cinglant
Cheseun est batu de sa verge
De cestuy duc: & cestuy prince
Je parle singulierement
Car en prison il apprint ce
Dont nous parlons presentement
Cest celluy qui nouuellement
Saillit de senglosse prison
Par le notable appointement
Du duc qui porte la toison.
Hors de sa terre: hors de france
Fortune fort lassugeti
Endura il dure souffrance
Longue peine ennuyeux parti
Neantmains de la ne parti
Sans rendre aux dames le truage

Sans estre dantour aduerti
Et les seruoit comme leur page

¶Encor enseigne le champion ce que
garder conuient a lealment amer.

BEl amy par lame mon pere
Lon dit souuent et on dit voir
Il n'a bien qui ne le compere
Cuide tu pour nient auoir
Ce que vault mieulx que nul auoir
Et que ne peut estre estime
Sans que tu faces ton debuoir
Ou as tu te accoustume.
Se tu veulx estre gardien
Du hault tresor: tu ne dois faire
Ainsi que cure ou doien
De tes reliques couurir taire
Dissimuler et maint contraire
Souffrir vng auant appartient
Ainsois qua personne desclaire
Le riche don quen son cuer tient.
Et de cuer naime lealment
Qui sa leasse dame encuse
Cuidant estre secretement
Amee: et pose quil sexcuse
Disant: que sans parler delle vse
Mal sa vie: il a cuer felon
Quant sa leasse dame amuse
Le traitre plus que ganelon.
Quant dame de son cuer fait monstre
A amant: et luy baille en garde
C'est par ainsi quil ne le monstre
Ains lenferme en sauluegarde
Et si secretement le garde
Que nesun veoir ne le puist

Car celle Ruby que seul regarde
Le bien dont elle lenchierist.
Amours de dame cest relique
Laquelle vault estre enchassee
En cuer tres secret non publique
Monstre: ains en seule pensee
Pource que tant plus est pensee
Et en vng retrait du cuer veue
Tant plus est sa chaleur haussee
Et plus chiere et plus noble beue.
Comme lescharboncle reluit
En la nuyt secrete et obscure
Ainsi lamour de dame luit
En cuer qui de celer a cure
Et comme fine pierre et pure
En for se resiouist et aise
Ainsi est dame par nature
En amy leal a son aise.
Mais maintenant les dames baillent
Leur cuer a ceulx qui ne les cellent
Qui non de fain mais dennuy baillet
Silz nont a qui ilz les descellent
Les vngs et les aultres appellent
Ausquelz tous leurs secretz publient
Aises ne sont silz nen flauellent
Silz ne sen farsent ou sen rient.
En est il vng qui considere
A garder lonneur de sa dame
Et qui saigement amodere
Son desir que trop hault ne flamme
Est il sachant cachier sa blasme
Ne dissimuler sa destresse
Et qui le plaisir du corps naime
Plus que lonneur de sa maistresse.
Que se lers elle nose aller
Mander escripture ou enseigne

Tenir se puisse en parler
Et a son amy ne lenseigne
Contant & loisel en escaigne
Ce qui ne doit estre conte
Et luy est aduis quil se baigne
Quant il a tout le fait conte.
Amour ce conseille a lamant
Voire guillaume comme il vult
Cestuy fait dire en son romant
Qua son amy de bout en bout
De ses amours doit dire tout
Lamant: car il sera plus aise
De descouurir le cuer qui bout
Mal conseille ne luy desplaise.
Je ne maintien pas quil ne puist
A son amy dire le fait
Selle le vult: mais quil le fist
Sans le gre delle: cest bien fait
Non: a parfaicte amour ne plait
Quon soit plus sain enamoure
Et face on a sa dame plait
Pour estre mains enlangoure.
Ainsois doit vouloir que le preigne
La mort: que lamour & samye
A personne viuant apreigne
Car quant a pure courtoisie
Elle: qui en sa foy se fie
Luy monstre tout quanque elle a
Il est plus que traistre nest mye
Sil lencuse ne sa ne la.
Neātmains tiennent noz amoureux
Quilz peuent a leurs amis dire
Leur fait: pour auoir entour eulx
Alegement de leur martyre
Or nest pas des dames la pire
La quelle consentir voulsist

Que le plus secret & semplre
Le cuer de son amy sentist.
Et toutesfois chescun promet
Dacomplir leur commandement
Au diable et a dieu se soubmet
Se faire le vult aultrement
Ainsi tous amans vrayement
Sont traistres: le le puis conclure
Et trahison font doublement
Et ont foy plus fondant que byrre.
Vous les appelles voz amies
Voz dames voz haultes princesses
Voz cofors voz desirs voz vies
Voz biens voz ioies voz richesses
De meschines faictes du chesses
Toutes sont dames en amours
Et habilitez voz nicesses
Par seruir en leurs nobles cours.
Donques puis que renduz subgies
Vous estes liberalement
A elles: et tantost obligies
Quon ne peut plus estroitement
Les pouez vous villainement
Pour feu & charbon ne de brese
Trahir ainsi: non vraiement
Sans crime de maieste lese.
Encores plus ie vulz prouuer
Que se ta dame aulcunement
Se laisse dung aultre trouuer
Tu le dois souffrir plainement
Que celle se vult mesuement
De sa noble court retenir
Tu nen dies trop durement
Douloir ou malcontent tenir.
Selle est dame et tu es seruant
Cest raison que sa voulente

Soit faicte:et quelle aille deuant.
Trestout rebatu et conte
Elle auroit peu dauctorite
Elle seroit bien a toy maindre
Se sa doulceur se sa bonte
Ne se pouoit lors aultre estendre.
Si se descouurent voulentier
Et non pas a vng ou a deux
Car se son soit maniere entiere
Ton monstre comme son est heureux
Mais se font les folz malheureux
Qui habandonnent leurs richesses
Si meschans et mal amoureux
Qui mettet a mort leurs maistresses.
Amours en secret se nourrist
Comme le feu dessoubz la cendre
Plus est au vent:plus samenrist
Jen puis exemples diuers prendre
Et ainsi ie te fais entendre
Que celluy qui sa dame celle
Et ne fait son sens hors estendre
Il art de plus viue estincelle.
Aies harreste ou pilades
Dit ouide:cest a dire aies
Vng compaignon leal ades
Le trouueras ne ten esmaies
Je te pry que tant en essaies
Que tu en aies vng trouue
Qui en receuant mort ou plaies
Pour toy:soit tres leal trouue.
Il nest phicias ne dinion
Qui tant leal donis trouua
Il nen est nul tel se nest mon
Lors toute amytie sesprouua
Leaulte tous eux les saulua
Car phicias mourir deuoit

Quant son compaignon arriua
A leure que promis auoit.
Et suppose que tu en treuues
Vng leal par quelque adueuture
Et en toutes maniere esprenues
Que son cuer soit dune nature
Ne te soit la parolle obscure
Seneeque disait qui desire
Destre cele quoy quon luy iure
Ne face nul de son secret sire.
Ne fais daultruy ton secretaire
La langue humaine trop tost dire
Quant tu pourras ton secret taire
Tu ne te doubteras du dire
Qui fait de son cuer aultruy sire
Et luy met lame et son Viure
Il nest pas en petit martyre
Dieu seet en quans ennuys il entre.
Si vault mieulx vng mal soustenir
Que deux:il vault mieulx la moitie
Son amour en secret tenir
Que le dire par amytie
Car qui se taist il est haitie
Certain queuneuse ne sera
Et qui la dit:a sang froitte
Tremble:que son seu sera.
Helas ne puit prendre plaisir
Lamant:qui bien leaulment ame
Il pensera son beau loisir
A lamour de sa chiere dame
Helas helas si fait par mame
Penser non obstant que desir
Qui sont plus ardant que la flamme
Cest vng des amoureux plaisir.
Si scay ie:il ne se conuient dire
Que qui sa maistresse ne voit

Il n’est pas tousdis prest à rire
Et pis est cil qui ne soit
En quelque forme que ce soit
Aler noir ou iour ou nuyt
Il est certain quil na pas froit
Ains quil est en grant ardeur cuit.
Va vient sassiet et les bras croise
La mort souhaide et par grant rage
Malgree dieu ou sainct ambroise
Que iamais dame eust couraige
Ou se souhaide oiseau volaige
Ou aussi petit qung siron
Car cil auoit tel personnaige
De sa dame iroit ou giron.
A tous amans fust bien duisible
Tanelquen vng cheual destrain
Bises trouua: dont inuisible
Estoit quant lauoit en sa main
Car par luy sans quon le vit grain
Eust la royne de lydie
Qui en veult scauoir plus aplain
Marcus tullius estudie.
Et quilz peussent adez adez
Toutes les fois quil leur plairoit
Faire comme cleomades
Quant clerimonde veoir vouloit
Il par lair hauktain sen voloit
Sur vng chariot enchante
Et sa doulce amye acoloit
Malgre dangier se redoubte.
Ou se le nif du blanc hairon
Puissẽt trouuer et vne herbe eussent
Son nõ pas nous ne vous diron
Auecques elles souuent fussent
Ou se la pierrette cõgneussent
Que portent les roys empennez

Et maint austre mistion sceussent
Il ne fauldroit dire nenez.
Mais on cõgnoit bien en lassault
Damour: et en la pruisence
A qui raison la sage fault
De laquelle se remembrance
On na: il nest pas en puissance
Que lamant samour ne honnisse
Et qua deshonneur et greuance
De la dame: sa flammye nisse.
Peu a peu passez la fumee
Attendant que se point nez
Affin que ne soit diffamee
Celle a qui cuer et corps donez
Par vng peu souffrir vous pouez
Vaincre dangier et malebouche
Laquelle comme vous ouez
En mordant faint quelle ny touche.
Mais ãcelles contens ne serez
Iusques a ce que nu a nu
Leurs corps sucrez attoucherez
Or sachiez que nest pas tenu
Vray amoureux: qui nest venu
Veoir la dame principalment
Pour faire le ieu trop cõgneu
Il est maint austre esbatement.
Bien dussent penser les ribaulx
Aux septz maris sarra: lesquieulx
Le diable estrangla: car trop chaulx
Furent en leurs desirs charneulx
Car ie croy que pires ou tieulx
Sont quant leurs dames sont noir
Ribaulx sont tous ieunes et vieulx
Tant quilz ne se peuent seoir.
Mangier son pain ou flair du rost
Sans soy tant doulcement haster

Au dieu damours plaist haster tost
Mais lemprise il en fait taster
Si ne se doit on arrester
A lopinel quant fault semblant
Prie quil voise a honnesté
Malebouche boit los emblant.
Lamy la vieille aultre plusieurs
Secueillent toute sa pillerie
Son mignon en fist que les fleurs
Du rosier eust par tricherie
Veez la grande besterie
En son rommand ou il trespasse
Par sa faulse baraterie
Le quaulteurs & sleurs quon ne passe
Et pour entendement final
Lamant a considerer avoit taché
Copie de loriginal
Son diett damours a le se cache
Si ne luy chault comment on sache
Mais quand reliques ait touchie
Il est content que chescun sache
Quavec bel acueil ait couchié.
Vray amant son livre ne lis
Et se davanture y advises
Aulcuns enseignemens iolis
Ile prens garde a ces trudaises
Les &honnieurs des dames files
Comme peché si tres horrible
Que telles sont par luys trahies
Lamender nest pas si possible.
Lis souvent maistre iehan froissart
En son livre et en son traitié
De lorloge damoureux ou lart
De saige amour a bien traitié
La sesquas se cuer affaitie
En amours doit la sienne ardure

Quoy quil desire estre haulte
Attremper par bonne mesure.
Certes cuer ou amours se loge
Comme il monstre clerement
Estre doit ainsi que lorloge
Compasse en son mouvement
Que sil va extrement
Comme il advient aulcunesfois
Ou ly souvent hastivement
Doit ravunder regles et poix.

¶ Ly reprent le champion les amou-
reurs & maintenant pour leurs sainti
ses et leurs desseaulxez

Mais de quoy parle le & quoy
Les plus beaulx plainement dict
Que len ne doit tenir sa foy
En amours: car les dieux sen rient
Des amans qui mieulx estudient
A courrir leur & se gaulte
Deceuoir celles qui se fient
Frequenter toute faulsete
Apres une cinq en avoir
Apres cinq trois au remenant
Chasser et faire le devoir
Comme franc chevalier errant
A la principale dautant
Mentir et tenir aux abais
Et par tout brouer le terrant
Doient les amans blons ou bais.
Lon ne se doit point assoter
De femme tant soit elle belle
Dune en aultre soy transporter
Engendre plaisance nouvelle
Cuer qui en dame ou damoiselle
Repose il fait bughyd & huppe

Et ains que passe le mois esse
Ie fait nyce bec iaune ou duppe.
Puis que ce vieut a fecolier
Face la folie son cours
Ile se laisse le fol lier
A vne dame par amours
Ait tousiours a maintes recours
Car plus fort est qui en a luy
Aux festes et a tous les iours
Le dit ouide le baueux.
Mainte aultre seaulte verras
En son liure: et de maint amant
Se saigement enquiers orras
Se comme est loyaulment amant
Si iure dieu et sainct amant
Verras esquelz fais ma clamour
Que tous qui nous alez blasmant
Na tache de leal amour.
Moult beaulx sont les mignos frisques
Les precieux les tant habilles
Que sur les patines morisques
Contrefont alant par les villes
Leurs manieres sont moult ciuiles
Tant plaisant q̃ cest vng droit songe
Mais leurs pnsees sont si villes
Que toutes puent de mensonges.
Vng sappelle palamedes
Laultre paris ou galehault
Laultre le beau ganimedes
Que laigle emporta au ciel hault
Lancelot tristan ou michault
Tant de choses sont: nostre dame
Et si doulcement que mieulx vault
Que toz leurs fais sentent le basme.
Cestuy vaillant anasareus
Cognoissant veritablement.

Quiconques estoit damours pretus
Par taster son pous seulement
Se ore viuoit quel iugement
Pourroit il de noz amant faire
A voir leur seul contenement
Iiugeroit de leur affaire.
En tous leurs fais en tous leurs dis
A tant de gracieusete
Qua pinne sont ilz escondis
Dune part de leur louzente
Dachates pierres de boute
Que le vaillant pirrhus pourtoit
Pour acquerir graice a plante
Na mestier lamant ou quil soit.
Leurs gracieusete faintiue
Est de douleur entresouppee
Tant quelle semble estre nayue
Et de tres bon lieu eschappee
Mais cest le lieu de la pipee
Comme au doulx chant est pris losel
Ainsi est la dame trompee
Par se gracieulx damoisel.
A lune vont: a laultre viennent
Bourdes donnent en payement
Ou traitres sont: seaulste tiennent
A vne sont tant seulement
Et si auront prochainement
Donne leurs cuers a plus de vix
Croire leur sont certainement
Que la septmaine a luy synclis.
Tout leur dit ne vault pas vng gant
Neantmains en vng cop en espendent
Plus que tous les moines de gant
En tous leurs mosins ne demandent
Tout en reutant se recommandent
Mais la dame nest pas parfaite

Se a ceulx qualnsi se commandent.
Ile dit asez laumosne est faicte.
Le bon amant reclamera
La seule dame: et suy asseure
Que iamais austre namera
Et que celle mourioit en seure
Mourroit: mais pource ne demeure
Quelque chose que bouche die
Que le faulx cuer plus noit q̃ meure
La dit en secret ne desdie.

¶ Contre maistre iehan de meun qui les
amoureux enseigne: et incidentement de
son vilain langaige.

Veez le ribault en son liure
Au quel fin amours la mene
Tant fait long proces le folz viure
Tant cest il longuement pene
A monstrer quil a esgrene
Le bouton et le rosier tendre
Tant a il parfont assene
Quil luy fait les feulles estendre.
Ung hostier remply de ceruoise
Diroit il plus ribauldement
A quelque entendemẽt quil wise
Parla il pas trop baudement
Et se parler couuertement
Vouloit de chose mal honneste
Nen deut il parler aultrement
Et comme tusse lamonneste.
En nature grant signe auons
Quant les choses sales et brutes
A voulsu couurir: quen debuons
Parler en parolles obscures
Et ainsi de choses trop putes
Dire a point: ou faire silence
Se cestuy propos vain reputes
Jen appelle en tesmoing terence.
Puis que linique eust corrumpue
La vierge en contant sa luxure
Dist il: iay escorce rompue
Jay fait au boutonnier blesseure
Quant il a dit son aduenture
Et son compains enquiert du fait
Il respond folz de bureslire
Queust on auec la vierge fait.
Pas ne dit quil eust tant erre
Que venu soit au sainct suaire
Et son beau bourdon defferre
Touchie ou noble sainctuaire

Or tout ce ay ie dit & bade
Car on ne trouueroit pas ung
Qui de bien aimer soit malade
Et qui ne ressemble meun
Copinel le ribault commun
Qui voulut la rose pillier
Et en amours ne print aulcun
Plaisir: que de hurtebillier.

Il ne daigna mention faire
De cuyr marteles rubissans
Qui ou que face son repaire
Les bourdons sont hors pendissans.
Jen dy trop: ce parler est ort
A honneur desplaist le paillart
De parler ainsi eust grant tort
Et aussi nauoit il pas lart
De bien dire: car le coquart
A la raison tres Vergongneuse
A fait nommer coulles coullart
Sans quelle soit mal gracieuse.
Il se fonde en ceste raison
Puis que raison a les motz dit
Selon leur estre et leur saison
A ses nommer ny a mal dit
Attendu quelle oncques ne fist
Chose vilaine ainsi & coulles
Mieulx parleres sans contredit
Que de harnoys ou de andoulles.
Ho le paillart le vilain nacre
Qui les dames par la charriere
Doient faire a la mort batre
Ou se ietter bien loing arriere
Trop fut sa parolle legiere
Et mise en feble fondement
Nulle ne baille sa maniere
De parler ainsi lourdement.
Socrates dit que honnestement
Ne peut on raconter ou dire
Ce quon fait deshonnestement
Vray dit: on ne sen peut desdire
Si se doit on truffer et rire
De ceulx q̃ a pleine goulee
Dient ce quon ne doit escripre
Car vertu en est trop foulee.

Las & quoy seruiroit Vergongne
La grande amie de honnestete!
Sen parlant & toute besongne
La langue auoit sa liberte
Et ce comme fol effronte
Ung saige homme aloit sans reprise
Par la ville a cul escource
Las ou seroit Vergongne quise.
Certainement sansuie la paix
De ceulx qui parloient laidement
Comme Vergongne a tous noz fais
Doit faire et donner parement
Nostre parolle principalment
Doit elle polir et piser
Quiconques le pense aultrement
On le peut cordure accuser.
Bien ne dirent aulcuns escripts
Quon dit tout franchement nommer
Toutes les choses par leurs crys
Encores sont plus a blasmer
Qui sans Vergongne aulcune aimer
Par my la ville ou ilz aloient
Voulans toutes gens informer
A viure ainsi comme ilz souloient.
Mais vous dires par aduenture
Pourquoy on ne dit coulles ou vit
Sans en parler par couuerture
Comme on dit telle tel rauit
Et muldit ung aultre luy dit
Ou largent dune esglise prendre
Ou tel regnier dieu ouit
Ou tel vit tel son pere pendre.
Ces choses elles sont maluaises
Et touteffois nous les disons
En parolles nompas punaises
Au mains crainte nous nen faisons

ii

Coment doncques ne nous duisons
 A nommer les choses lesquelles
 Se nature nous y accusons
 Honnestes sont bonnes et belles.
Tulle responce vous y baille
 Comme iay dit premierement
 Nous debuons ensuir sans faille
 Nature en nostre parlement
 Car celle a vergongneusement
 Aulcuns de noz membres couuert
 Monstre a: que secretement
 En parlons: et non a louuert.
Quiconques elopinel soustiens
 Respond a largument de tulles
 Item le tiens pourquoy abstiens
 Des choses ordes et reculles
 Comme celles te fussent nulles
 Tu couure les yeulx et le nez
 Si es tu et fusses tu tulles
 Net et ort par nature nez.
Voy tu doncques que tu refuses
 Aulcunes choses naturelles
 Et naturellement nen vses
 Car ton plaisir nest entour elles
 Leur especes incorporelles
 Encor ta fantasie cachent
 Et ne sont pas tant corporelles
 Que puantise ou mal te facent.
Ainsi entre les mets aulcuns
 En y a tres souef flairans
 Comme leurs choses et leurs jus
 Aussi sont tresmal odurans
 Dont il aduient que les oyans
 Se reiouissent et grimassent
 Quant honnestes sont les parlans
 Ou raillent de ce quilz ne mattent.

Le mot o luy sa chose porte
 Qui craint si parle entre ses dens
 La fortune et la fumee aporte
 De celle chose entre les gens
 Et pource auec tulle le sens
 Disant: quen tout nostre langaige
 Debuons ensuir par grant sens
 Nature la bonne et la saige.
Mais vous direz que pince pinces
 Bourses harnois bourdõs billettes
 Qui ne poingnét pas comme espines
 Ains sont doulces comme violettes
 Par leurs nõs peut on aux fillettes
 Ou quant gens donneur nommer
 Soit or aux freres des billettes
 Je dis quon les doit surnommer.
La cause est: pource que nature
 Telz membres couure: et aussi quãt
 A forger enfans mettez cure
 Ne le criez pas a leuchant
 Si ne doit auoir plus hault chant
 Le mot: que la chose et son oeuure
 Item aussi en descliquant
 Si folement fol se sir seuure.
Sur ce dappelles dire vueil
 Qui tant saigement paindre sceut
 Antigonus qui neust quung oeil
 Que voir laideur on ne peut
 Qui parler honnestement vult
 Ainsi doit mettre soubz couuerte
 La chose qui desplaire seult
 Et garder que ne soit ouuerte.
Or vous direz: mcum courrir
 Le fait des rosiers ou des roses
 Je vous respons: que tant ouurit
 Le texte: quil ny fault la glose

Lis en la fin sans que se gloses
Te sera proprement aduis
Que deuant toy faces les choses
Dont il fait son paillart duis.
Dung baiser æ buoit tout couurir
Et se plus en fist mains en dire
Folie faire et æ scouurir
Cest foier æ pire en pire
Il luy æ buoit assez souffrir
De dire se rosier baisay
Et par bel acueil dieu luy mire
Mon deul angoisseup appaisay.
Or alons doncques ie suis party
Monstrant que maint amant ensuit
Mien au cuer double est party
Et le plaisir du corps poursuit
Pourquoy toute vraye amour fuit
Et ne luy chault par quelque gabe
Lesse l'ardeur qui son cuer cuit
Mais que bel acueil pisse et gabe.
Se æ fait æ cuer et æ leure
Le noble tristan seal fut
Et que lancelot lors genteure
Nulle faulcete ne conceut
Se dame sidoine perceut
Que leaulment ponthus lamoit
Se iadis leaulte parut
En aucuns: ne scay: dire on soit.
Mais lose dire sans fursee
Qui soueroit denchantement
Comme en iouoit morgue la fee
Par ma foy par mon sacrement
Il ne trouueroit seulement
En tant æ cuers nobles et frais
Vng qui a vendre chierement
En leaulte voulsist æuy francs.

Morgue fee enchanta le val
Tellement que qui y entroit
Et a sa dame desleal
En fait et en pensee estoit
Iamais sans son gre nen partoit
O dames: or pleut or a dieu
Que lors amis en ce destroit
Fussent: si verriez vous beaulp leu.
Lancelot æ ce val issi
Car il fut vaillant preup et saiges
Mais æ vous ne seroit ainsi
La æmoureroient pour leurs gaiges
Raconter pourroient leurs paiges
Disans les nouuelles piteuses
Mais la fineroient leurs aages
Et leurs trahisons malheureuses.

¶ Comment aup cheualiers et gentis
hommes pricipalment appartient æ deffen
dre les dames.

Jadiz les cheualiers erroient
Par le monde diuersement
A espier silz trouueroient
Dame accusee faulsement
Ilz neurent aultre pensement
Que de deffendre et preseruer
Les dames; qui presentement
Vous mesdisans voulez greuer.
Tant que prouesse a entendu
Au fait des dames et damours
Elle a son bon nom estendu
Et esleue par tout son cours
Cites chasteaulx villes et bourgz
Ont este de sa gloire plains
Mais ores tout est au rebours
Tant que sans cause ne me plains.
Alors prouesse a haultes esles
En tous lieulx incongneue aloit
Veoir dames et damoiselles
Et de peril ne luy chaloit
Trop mieulx dassez tantost valoit
Plustost mourir de cop de lance
Quant une dame le vouloit
Que longuement viure en balance.
La chose est toute retournee
Mais que lon puisse fort bauer
A ung bon feu de cheminee
Noblement se passe yuer
Ou qui peut le chault eschiuer
Soubz une gente galerie
Helas fault il plus estriuer
De lordre de cheualerie.
Le cheualier de cheual vient
Cheual engressie en lestable
Retif se fait puissi deuient
Il ne peut estre prouffitable

Mais son le vult faire notable
Prest a la main; duit a labour
Repeu soit a escharse table
Et souuent mis hors de sa tour.
Ainsi le cheualier se pert
Sil ne va souuent estrader
Sil nest legier viste et appert
A tournoier et penader
Il se doit faire regarder
En tout pais en toute marche
Tant que pour son hault nom garder
Il ait une triumphant arche.
Jadiz les cheualiers romains
Empres les cendres ne trouploient
En voiages es pais lontains
Membres et aages rompoient
Certes pas ilz ne sachoupoient
A klit ne a mignotise
Toute la saison soccupoient
En honnourable conuoitise.
A rome ia ne retournassent
Ainsois eussent mort endure
Se quelque honneur ny apportassent
Dont le pais fut honnoure
Aussi ont ilz tant laboure
Et vescu si notablement
Que leur bon nom cler et dore
Durera pardurablement.
Jen voy plusieurs qui sentremettent
De conquester honnourablement
Qui sabusent; car ilz ne mettent
La main a chose pardurable
Se la terre nest labourable
Las pourquoy y semeras tu
Aussi hault nom et venerable
Ne vult que chose de vertu.

Vous cuides pour estre parez
Ou frisquement ou richement
Que plus en soiez honnourez
Et quon vous presche haultement
Aussi pour viure largement
Ou es disners ou es soupers
Vous pensez viure honnestement
Lisez la vie aux douze pers.
Vous mettez toute vostre entente
A belle liurees porter
Auoir compaignie bien gente
Vostre court souuent transporter
Faire des choses apporter
Qui ne valent pas vne mouffle
Et tandis qui vous scet flater
Cest le maistre aigle cest le escoufle.
Riches buffetz honneur vous font
Sales tendues mesmement
Les dames la gloire parfont
Je le confesse plainement
Et quant on corne haultement
En vostre court peut on plus dire
Il vous est aduis proprement
Que vostre nom passe lempire.
Telz fatras nont point de demeure
Vng iour les emporte et esteint
Aussi conuient il que tout meure
Car par eulx le loz on nataint
Mais qui veult auoir nom bien taint
Et qui soit escript de bonne encre
Face que vice soit estaint
Par vertu plus arde que tenche.
Lisez souuent ou breuiare
Du doulx poete alain chartrier
Esleuez touiours le viaire
A haultes besongnes traictier

A ce se doit il affaitier
Comme espriuier apres la proie
Cest son labeur cest son mestier
Qui ne men croit plus saige croie.
Comme les bestes nous ensuiuent
Ainsi noz seigneurs regardons
Grans et petis tous vous saluent
Tout vostre commant attendons
Et pourquoy esse nous cuidons
Que comme noble vous nommez
Soiez de vertueux brandons
Enluminez et alumez.
Vertu quant elle eust enfante
Noblesse la tresreluisant
Pour sa beaulte pour sa bonte
Elle luy fist vng don plaisant
Cest comme nous alons lisant
Que tous ceulx qui delle sauldroient
Du grant iusquau mains souffisant
En ce monde honnourez seroient.
La vertu de vostres parens
Vous a le tresor espargnie
Dont sur tous estes apparens
Et sans main mettre auez gaignie
Et par ce vous est enseignie
Que chescun de vous soit actif
Curieux et embesongnie
Dauoir honneur superlatif.
Accroissez doncques lauantaige
De honneur qui vous est venu
De succession et heritaige
A tous nest ainsi aduenu
Car maint vaillant homme chenu
Deuient en vertueux labeur
Qui ne sera ia retenu
Ne prise entre gens donneur.

n iii

Se voz desirs naguissonnez
A viure virtueusement
Et voz cuers ne humiliez
Pour voler au ciel gentement
Certes vous faillez grandement
Et vaulsist mieulx que fussez nez
Plus pourement plus bassement
Pour estre ainsi malfortunez.
Vng noble homme, vng hōme gentil
Quant il est lasche a vertu faire
A conquester honneur nest il
Cōme vng bouton qui rien ne flaire
Lequel on doit du rosier traire
Sans en faire aultre medicine
Pource quil est & fait contraire
A sa plante et a sa racine.
Je ne dy pas que vous alez
Passer les deserz darabie
Aussi ne vueil ie que saillez
Encontre les ours de indie
Ou contre les loups darchadie
Ou des lions queres la luite
Ou que mōstrez chiere hardie
Aux grans cocrodilles degypte.
Nentres ẽdens le lac berinthe
Ne faictes cecy ne cela
Ne ne raportes pos ne pinte
Du parfont gouffre de sylla
Nalez ou hercules ala
Ne vous mettez a la volee
Comme dedalus qui vola
Tout par dessus la mer salee.
Nalez voir la minotaure
Ne phiphemne en sa maison
Ne les griffons ne le mont taure
Ne cerces plaine de poison
Ne faictes comme fist iason
Qui par sa hardiesse horrible
Gaingna la fee toison
Ne faictes chose si terrible.
Faictes choses que vous pouez
Seruez dieu tout premierement
Au bien publicque vous vouez
Puis au vostre secondement
Seruez les dames leaulment
Et vous faictes de tous amer
Que vostre gloire largement
Soit esparse en terre et en mer.
Se ne voulez soing voiagier
Et aler combatre les turcs
Par les perilz de mer nagier
Vous habandoinier a tous heurs
En la closure de voz murs
Et entre vostre gens priuee
Par voz couraiges netz et purs
Vertu peut bien estre trouuee.
Neātmains hōneur est plus haulte iiij
Plus prise plus esmerueillie
Quant est quis en pays loutain
Et quon y a plus trauaillie
Pource a este bien conseillie
Philippe hault duc de burgougne
Quant il a naue appareillie
A mettre rhodes en besougne.
Lor se doit prendre en haulte mine
Pour nient nult a honneur tendre
Qui es loutains pays ne chemine
Et qui ne fait son nom estendre
Mais ien dis trop: assez entendre
Pouez: que ie dy & escrie
Car il ne peut grant honneur prendre
Qui grandement na merite.

¶ Comment l'amant ne doit aulcunement
faulser sa promesse: et sur ce du jugement
michault.

Or se retourne à parfiner
Ce dit de l'amant qui contoit
Que ceur seul vivre et finer
En tenant sa promesse il doit
Et encontre tous maintenoit
Que les dames sont plus leales
Et son opinion prouuoit
Par raisons fortes et reales.
Quant amant se dit a soye
Que vne seule seruira
Et son cueur a elle a soye
Na aultre ne lasseruira
Car son gre a la servir a
Et est sa vie en elle mise
Ia pardon ne desseruira
Sil luy faulse la foy promise,
Pour quelque chose qui aduiengne
On ne doit promesse faulser

Et raison est que foy se tiengne
A cil qui ne la vult casser
Pour rien ne doit on trespasser
Ce quon a promis et iure
Quel bien peut on dire et penser
Dung homme qui sest pariure,
Amant donques qui promis as
Cuer corps voulente et pensee
Aduise toy que tu feras
Soit bien ta promesse ysee
Et voir ta dame disposee
Tant que nulle autre ne luy a part
Sainsi nest, ta foy est passee
Et leaulte & foy se part,
Que se tu es oblige tant
Que viue ou morte autre n'aras
Celle se meurt la lamentant
Penser a elle tu debvras
Et tant loing comme tu yras
Faire comme la tourturelle
Laquelle quant tu ensuiuras
Maintendras amour naturelle.
Je ne m'acorde au iugement
Michault: car la dame povoit
Son amy mort incessamment
Plourer: et faire se debvoit
Sa douleur dist il maindre estoit
Car ce que cueur ne voit ne dueust
Mais tousiours le sebevier voit
Ce que vng cuer tourmenter seult.
Je nay pas veu tous les chapitres
De tulle fleuue d'eloquence
Mais iay bien leu en ses epistres
Vne veritable sentence
Que les choses en conscience
Et ou couraige ymaginees

n iiii

Sont nostres:comme se en presence
Nous les uons mortes ou nees.
Il dit vray:se seul prent plaisir
Ou desplaisir a regarder
Aussi peut memoire choisir
Ce que laissier uust ou garder
Viuement se peut recorder
De ce qui est mort ou absent
On ne luy peut les yeulx bender
Quant la voulente si consent.
Souuenir bien enrassine
  Arrouse & pleurs douloureux
A peine est il desrassine
Des cuers loyaulment amoureux
Car se les sens sont entour eulx
Qui moult de choses leur presentent
Touteffois bien ou malheureux
Eulx mesmes & plus pres se sentent.
Lame quant dedens soy recueillie
  Par forte contemplacion
Elle surmonte de pleine escueille
Quelconque aultre occupacion
Si que par recordacion
La dame son amy auoit
Soubz telle imaginacion
Que son cuer de doulceur creuoit.
Quant leaulte forte et fermee
  Vne fois se fait apense
Dedens le cuer sest enfermee
Tout son propos est compasse
Amours la clos de son fosse
Et luy a fait promesse faire
Que pour vif ne pour trespasse
Ne partira de son repaire.
Elle y vit comme vne recluse
  Secretement: quotement

Sa vie et son corps elle y vse
En seruant amour leaulment
Que se par mort ou aultrement
Elle est seulette habandonnee
Estre ne peut que peusement
Naccompaigne sa destinee.
Se le cuer nestoit plus parfait
  Que ne sont les sens & noz corps
Moult petit seroit nostre fait
En vain penseroit on aux mors
Pour nient seroit grans effors
Vers dieu: qui ne voit en terre homme
Mais tu scez que la cher nest fors
Sepulcre & mort: ou vng somme.
Les vertuz du cuer sont plus fortes
  Que les yeulx ne que les oreilles
Elles trespassent murs et portes
Quant le corps dort elles sont veilles
Si ne te doit estre merueilles
Se par penser ou souuenir
Tres angoisseusement trauailles
Ou ioyeulx te fault deuenir.
Aussi la dame quant perdu
  Auoit ce que iamais iournee
Ne luy pouoit estre rendu
Pour chose en cestuy monde nee
Pouoit elle estre pls meinee
Ne porter plus de desplaisir
Nestoit pas sa ioye finee
Mort son amy:mort son plaisir.
Selle eust veu son amy viuant
  Et tresbuchier en pasmoison
Se son amy uust estre amant
Et luy rompt foy et sroison
Na elle pas bonne raison
Se elle est tres et tres contente

De congnoistre la trahison
Plus tost q̃ par plus longue attẽte.
Repreugne vng aultre seruiteur
Selle veult plus estre seruie
Et espie silest menteur
Ou de bonne ou de male vie
Elle doit estre bien iolie
Quant son beau cuer est escriture
Duug traistre qui par sa folie
Zeust en fin a honte sture.
Au propos se le cheualier
Dont cestuy michault haultement
Parle: nompas comme escolier
Veoit de ses yeulx vinement
Que son amye nullement
Conte de luy plus ne faisoit
Dis tu quil faisoit saigement
Se pource ou sit se gisoit.
Premierement faire se peut
Quil nauoit rendu son debuoir
A sa dame: et ainsi ney eut
Occasion de se douloir
Selle le mist en nonchaloir
Car qui ne sert bien loyaulment
Se debues vous chescun scauoir
Il essert congie plainement.
En apres se serui sauoit
Leaslment selon son cuidier
Et neantmains elle le greuoit
Par vng aultre amer et aidier
Auquel vouloit tousiours plaidier
Et donner samour et sa graice
Debuoit il tout son cuer vuidier
Despoir: et a mort faire place.
Il debuoit dire: puis que iay
Failli a dame qui ne me veulle

Certainement le requerray
Dieu: que qlque aultre me recueusse
Et faisoit ce que ie me deulle
Touteffois mon deuil sestaindra
En esperant quamours escueulle
Mon bon cuer qui ia ne fauldra.
Mais quoy: la dame dyst le parle
Veant son amy enterre
Soubz vne grant pierre de marbre
Dont elle auoit vng cuer serre
Qui ne peut estre desserre
De pleurs ou de sangloup hideup
La mort luy auoit tout barre
Quant mise sestoit entre deup.
Tout le forgier estoit casse
Ou elle auoit mis sa richesse
Tout le prin temps estoit passe
Qui luy pouoit donner liesse
Rien plus neust este que tristesse
Ou testament de son amy
Puis quil en feasse promesse.
Fina sa vie helas heny.
Helas heny puis quil se tint
Leaulment: nestoit ce raison
Que la dame deul en maintint
Et le plourast toute saison
A dieu en fist mainte oraison
Et a la mort sabandonnast
Siques de humaine prison
En laultre monde len menast.

¶ A conter son propos: le champion
met auant les desleaultez de pluseurs amoureup.

Mais ou sont ceulx q̃ de leurs dames
Puissent vser aukunemẽt
Puis q̃ mort les a soubz ses lames
Ensepueliz certainement
On ne voit pas communement
Ung se sa dame est trespassee
Qui la vulsist tant seulement
Seruir dune seule pensee.
Oublie, oublie, faisse aller
Disent noz amoureux loyaulx
Elle est morte en fault il parler
Va faire aultre part tes ayyaulx
Ainsi chantent leurs amyaulx
Ainsi leurs dames ilz regrettent
Les traitres et ses deslegulx
Qui le seul bien du corps aguettent.
Voulentiers sceussent ilz sa guise
De leurs Dames entroublier
Et faire comme fist moyse
Qui fust le maistre doublier
Cestuy cas doit on publier
Car il sceut par astronomye
La maniere sans parler
Propice a oblier samye.
At barbis et bryoptenne
Laquelle ia ne consentist
Quen sa contree egyptienne
Ralast: et delle se partist
Il qui aultre chose sentist
Ung anel luy bailla: purquoy
Sa grande amour elle amortist
Et sentroblia poy a poy.
Orpheus qui menoit sa lire
Si souef que le rade fleuue
Oublioit son grant cours et lire
De sion de loups ou de loupue.

Samostoit, fut grant espreune
De leaulté garder a dame
Car pour endice lon y treuue
Quil emploia et corps et ame.
Ou fin fons denfer se bouta
Ne pluton au rouges paupieres
Ne ses grans prines redoubta
Des ames boissans es chauldieres
Menassent luy furent legieres
Il nest peril quamoürs ressoigne
Et sont ses loix si tres entieres
Que lung pour laultre sembesoigne.
Orpheus sa harpe accorda
Et quant celle gent mauluaise
Ses amourettes raconta
Si ny a cil qui ne sappaise
Les tourmentez sont a leur aise
Des horribles diables nont peur
Lon crie que chescun se taise
Et quon escoute le harpeur.
De son harper tous se merueillent
Car iamais nont ouy tel son
Les vngs endort les aultres veillent
Escoutant la doulce chanson
Tant harpa destrange fasson
Tant est piteuse sa maniere
Et tant prie humblement quon
Luy rent sa dame prisonniere.
Qui sa dame ayme tart loublie
Et morte la pense et regrette
Ne daultre luy chault vne oblie
Car pose que delle ait soufferte
En corps toutesfois luy est preste
En memoire et a dieu requiert
Quauecques elle tost le mette
Par mort ne luy rest qui tout fiert.

Mais comment leur pensees seroient
Tost trespassees: quant des viues
Ne leur souuiêt que quât les voient
Jason aux parolles faintiues
Monstre que les dames chetiues
Incontinent sont obliees
Et que leur leaultez nayues
Sont sur les hommes publiees.
Fut il pas bien leal iason
Quant tant l'ama dame medee
Qui l'eust par elle la toison
Tant merueilleusement gardee
Il leut bien peu recommandee
Quant il l'a trahy faulsement
Aussi sestoit elle accordee
A l'amer trop hastiuement.
L'on sçet la pitie de phylis
Qui pour demophon se pendit
Le desleal comme tu lis
Sa promesse ne luy rendit
Paris aussi par qui sourdit
Trestant de mal a grecque
Fist il bien quât il senhardit
De rauir la plus belle nee.
Samye laissa hercules
Et si l'amoit si leaulment
Briseis deceut achilles
Et la guerpit faulsement
Saphos aussi semblablement
Dame nommee entre les clercs
Se plaint de son amy forment
En ses beaulx et notables vers.
Cesar et le roy alixandre
Qui voulurent leur haulte fame
Par tout ce mortel monde espandre
Trahirent mainte vaillant dame

Que fault plus dire de la blasme
Des amans: liures et croniques
Nous enseignent assez par mame
Que vous estes ribaulx publicques
Plus damoureux vous nommeroie
Plus de mauluais de sleaulx cuers
Et plus de traitres vous diroie
Pource plus auant ie nenqueurs
Si soies certains et asseurs
Que seleaulte est ou monde
Es cuers de noz dames et seurs
Si leur plait: elle plus habonde.
Moult dexemples dire pourroie
Mais plus en scauez bien le sçay
Que iamais nen raconteroie
Pourquoy ne my arresteray
Tant seulement vous monstreray
Que de propre condicion
Celles que iaime et aimeray
Sont de leaulle entencion.

¶ Coment on doit tenir la foy pmise.

Qui promet et baille sa foy
Affin q̃ la maintiegne mieulx
Il doit auoir comment et quoy
A qui et quant Quant les yeulx
Ne face compte ne scay quieulx
Qui promettent du premier bout
Et puis incontinent sont tieulx
Que de promesse rien ne font.
L'on voit que hardy promesteur
Ainsi quil promet hardiment
Il est habandonne menteur
Et rompt sa foy legierement

Et mieulx la tient qui meurement
Son amy de foy certifie
En promesse hastiuement
Faicte: quant a moy ne my fie.
Or est ainsi que noz amans
Qui se monstrent par leurs langaiges
Aussi entiers que dyamans
Du premier cop baillent leur gaige
Cuers corps prinsees et aaiges
En leurs promesses tout desfrique(n)t
Ilz sont merueille: il sont raige
Affin que les dames appliquent.
Tout promettant au mot premier
Rien ne se laissent au besoing
Mais quant se vient au dernier
De foy ne tiennent vng plein poing
Aussi nont ilz cure ne soing
De garder honneur trop souuent
Leur bonne foy est mise au loing
Et abatue au premier vent.
Les dames ont aultre maniere
Vous sçaues aussi bien que moy
Quelles oient maintes priere
Ainsois quelles baillent leur foy
Considerant co(n)uinie(n)t: pourquoy
Mesmement du temps aduenir
Car cest contre dieu et la loy
Donner la foy sans la tenir.
Aussi en grant paour la donnent
Et par tres long temps y attendent
Mais aussi iamais nabandonnent
La main ou leurs vrais amis tendent
Car puis quelles a eulx se rendent
Pour certain cest par telle guise
Que iamais elles ne conte(n)dent
A leur briser la foy promise.

Honte et honneur aussi deffendent
Que leurs cuers en plusieurs parties
Ne se sclatent partent et fendent
Et naient leurs amours parties
Selles estoient imparties
Ily trouueroit on a redire
Quant ks leaultez amorties
A painé poues vous bien dire.
Certes quant la dame a haulse
Son honneur est mieulx nommee
Tant mains de foy et leaulte
A cil ds qui elle est amee
Que sa desleaulte clamee
Est: et lamour promise efface
Il naura bonne renommee
Pour quelque chose quelle face.
Item elles sont conuoiteuses
Donneur de renon et de gloire
Et de louenges ambicieuses
Leur condicion est notoire
Si debues tout fermement croire
Que si tost leaulte ne brisent
Pour laquelle les hommes voire
Toutes les femes mieulx les prisent.
Et aussi plus coustumierement
Plus lealles sont que vous n(')estes
En fais en dis en pensement
En contenances et en gestes
Plus saiges plus meures pl(us) prestes
A seruir amours en temps deu
Et pour vray: les amans sont bestes
Au regart delles: ie lay sceu.
Mais tous en villes et en bourg
Maistres sont de desleaulte
Comme baudouin de sebourg
Qui ne garda pas leaulte

Et touteffois par faulfete
Se veftit & froc et & gone
Tant quil eut experimente
Se fa dame luy eftoit bonne.
Tant fift il quil la coufeffa
Et quelle dit entierement
Sa confcience: elle penfa
Que il fut moine proprement
Las il debuoit premierement
Sa defleaulte retraictier
Et puis ainfi ou aultrement
Celle & fanpe aguettier.

¶ Comment les hommes pource quilz
font defleaulp cuidēt les dames eftre tel
les: et fur ce eft louee lamour paftourelle.

Eur leaulte fufpectionnee
A efte plus que mignotife
Seft diuerfement faffonnee
Et a fceu iouer & faintife
Se felon lancienne guife
Amours eftoient toutes nues

Les dames: ie vous en aduife
Seroient plus fermes tenues.
Mais puis q̃ plaifirs diuers vindrēt
Les hommes de vanitez plains
Si tres leales ne le tindrent
Car cuident ores les compains
Que comme friquement font fains
Ou chauffiez pour telle ou pour telle
Que les dames en penfent mains
Quant elles ont gente cotelle.
De perpoins robes chapperons
De coletz faintures cornettes
De foliers houfeaup efperons
Tant & guifes tant & fornettes
Tant & ieup tant & chanfonnettes
Font pour acomplir leurs folies
Iugans par eulp que & corps nettes
Ne foient les dames iolies.
Telles les cuident comme ilz font
Mais la difference y eft lee
Tout ainfi gens fe contrefont
Que eulp foit aulcune affollee
Mais fe bien fainte ou affublee
La dame eft: nature commande
La paroffe eft aillieurs alee
Vne leaulte lauftre demande.
Ie dis que ceulp amours deftruifent
Que tant de vanitez damupces
Trouuent: et les dames inftruifent
A eftre oultre mefure ornees
Plufieurs Elles font fubournees
Seulement par leurs aurelos
En conuoitife forcenees
De noz gracieup dozelos.
Pour cornette fort embournee
Ou robe eftroite au bas colet

A vng gris bort & hors foulee
Et neufz souliers au signollet
Cuide le gracieulx varlet
Quoy laime mieulx ou amer doie
Par dieu tel porte vng chappellet
Quoy voit plus voulentier en voie.
Amours ne doit faire son ny
En gales nen pompes mondaines
Il est incontinent finy
Sil nest tresperce iusquau vaines
Il ne sarreste es choses vaines
Comme richesses et vstures
Car les gras beaultez mais soudaies
Treuue on es champs tres verdures.
Ie dis amours fermes et fines
Comme le dit meun et tres bien
Furent sans mauuaises rapines
Par bois: et du fruict terrien
Sans prendre appetit daultre rien
Ou de robes ou de viandes
Les femmes et femetien
Es bois se payssoient de glandes.
Les plaisirs que nous auons ores
Adoncques auoir ne sarrestoit
Le corps nuz et les tresses sores
Et les cueurs seaulx regardoit
Pource seal et ferme estoit
Et plus heureux dedens les bois
Et es praries: que nestoit
Maintenant es sales des roys.
Se ie dame venus seruoie
Comme ie fis na pas ans deulx
Cestuy temps ie souhaideroie
Car cestuy est trop dangereux
Et estre vouldroie amoureux
Dune tres belle pastourelle

Si seroie trop plus heureux
Que dauser nen tour nen tournesse
Aussi bien sont les amourettes
Doulces seulles aduenans
Soubz buriaulx de soubz brunettes
Voire et plus longuement tenans
Daugier fortune mesdisans
Laissent bergieres et pasteurs
Et vont tourmenter les amans
Qui sont es chasteaulx et es tours.
Que fault ila seal amy
Quant a samye peut parler
En paradis est a demy
Ie croy sil la peut accoler
Et longuement soy rigoler
Aueques elle sans doubtance
Tel plaisir doit son cuer saouler
Et maintenir a souffisance.
Les bergiers et belles bergieres
Contens & petites promesses
Par les pres et par les vergiers
Dansent entour des fontenelles
Et ne content pas deulx genesses
A fortune enuye ou daugier
Car par leurs haines criminelles
Ne se peut leur soulas changier.
Quant paris o sa bergerette
La belle cenone dormoit
Et laccoloit sur la flourette
Nauoit il quanques il amoit
Que plus en ce monde vouloit
Nestoit il en place reposte
Nle fausse enuye ne cremoit
Et voit sa dame a sa poste.
Il faisoient comme ilz vouloient
Ou es prez chanter ou danser

Ou es haultes foretz aloient
A la saulueigne chasser
Aultre rien ne deurent penser
Fors comme en cent mille ioye
Pourroient nuyt et iour passer
Sans regretter robes & soye.
O malheureux paris quant il
Lamour franche et tresbien heuree
Laissa: et aima en peril
Helene la tresmalheuree
Amours en pensee langouree
En ennuis daugiers et assaulx
Print: laissant la tres asseuree
Entre les peupliers et les saulx.
En lict dore souluit gesir
Auec helene en guerre fiere
Et perdre solas et plaisir
En paix et seurete planiere
La ioye neust il trop entiere
Entre vng millier & xx plaisance
Il qui auecques sa bergiere
Auoit eu tant doulce plaisance.
Quant le rossignol escoutoit
Samye entre ses bras tenans
Je croy que plus aise il estoit
Que quant troye laissault tournant
Toute la cite estonnant
Car pour certain a grande ioye
Paour nest pas appartenant
Qui craint par tout ne se resioie.
Si dis les amours pastourelles
Estre plus seures plus prouchaines
Plus durans et plus naturelles
Et de plus haultes ioye pleines
Les citoiennes et mondaines
Mortes & crainte et de soussy

Car jamais ne sont si certaines
Que tousiours il y a vng sy.
Pource venus quant aduisoit
Adanus aux cheueulx dorez
Que tant estroictement baisoit
Dedens les bois & vert parez
Bien luy disoit gardez gardez
De chasser beste dangereuse
Si chasser voulez si courez
A beste qui nest perilleuse.
Le sangler est arme & broches
Lours & sire tout a sa pate
Le cerf de cornes souuent broches
Le loup rent comme las et mate
Certes qui les suyt il se gaste
A lheure ou a conuin chassez
Et se plus grant plaisir vous haste
Faulcons ou espruiers lachez.
En verite souuent on chasse
Aux plus grandes de la cite
Et malement on y pourchasse
Dangier y est tousiours boute
Donequez se tu as voulente
A la chasse ou souuent va on
Prens la perdris a seurte
Plus tost qua dangier le paon.
Ve tamuse a dame isabel
Ou a ma dame marguerite
Car tu y laisseras la pel
Se tu nes de bonne conduite
Et sen bien aimer te delite
Va au bois tous plains de florettes
Et loy quelque belle a se slite
A qui donne tes amourettes.
Dangier fait tousiours ses embusches
Es citez: la scet il greuer

Les amans darmes et de buches
Et puis cuyde ainsois crever
Vouldroit: que laissast eschever
Le gre damours: voirement sans
Quon y pense le va baver
A tous les voisins et passans.
Fortune mere de tristesse
Et nourrice dafflicion
Pareillement mainte jeunesse
Elle met en afflicion
Ja soit que sa mutacion
Ceulx des champs et des villes verse
Neantmains pour sa condicion
Monstrer: es villes plus converse.
La maint dresse que tost abat
La maint nourrist que tost oblist
Maint aplante que puis bat
Et a maint promet que trahist
En faisant trahison se rist
C'est sa plaisance c'est son jeu
Dessoubz ses mains on entre et ist
Comme on fait a la queu le jeu.
Plusieurs souffre amer haultement
Et laisse peu a prix monter
Puis reprent si lourdement
Quil ne se scevent ou bouter
Et veult plustost persecuter
Ceulx qui sont en amours loyaulx
Que ceulx qui sen seulent vanter
Destre traitres et desloyaulx.
Trop plus loing que je ne voulsisse
Ay este en ceste matiere
Mais contraint mas que tout en disse
La vostre ennuyeuse maniere
De mesdire tant coustumiere
Que l'on ne scauroit ung mot dire

De verite pure et entiere
Ou elle ne treuve a redire.

¶ Ladversaire pour confondre lopinio
du champion replicque largement
comme sensuit.

Seigneurs dit adonc ladversaire
Qui contre son gre se taisoit
Quelle responce doit on faire
A cest amoureux: qui pensoit
Que Venus laquelle accusoit
Il a guaires si hault blasonner
Voulsist: comme devant disoit
Il nen devoit ung mot sonner.
Il baue fort a lonneur
De celle faulse pute marche
Et comme ung bon endoctrineur
A lamant enioint et encharge
Que combien que Venus luy charge
Moult dauersite sur la teste
Jamais ne doit laisser la barche
De raison ou celle tempeste.
Il veult quamant a sa luxure
Serve a raison et leaulment
Treuue secrete son arsure
Et daultres choses folement
Conseille: et a ce seulement
Quil puist trouuer et maintenir
Que les dames plus saigement
Ament: a ce veult il venir.
Contre maistre Iehan de mehun
Ouide et aultres clers notables
Qui a grant soing et a cuer ieun
Escripuirent leurs dis notables
Le fol a dit songes et fables
Cuidant par sa presumption

Quelles soient plus prouffitables
Que leur vraye introduction.
Choses impossibles fera
Lamant sil fait selon son art
Le feu gregoys ne sentira
Je dis le feu qui les cuers art
Et se mira ne tost ne tart
Au mire pour sa trencheson
Ains a raison aura regart
En sa plus grande arrageson.
Nest il bien sans raison qui vult
Raison mettre ou raison trouuer
La ou iamais estre ne seult
La ou ne se pourroit sauluer
Iamais tu ne pourras prouuer
Que dup contraires se concordent
Tousiours seulent ilz estriuer
Tousiours lung lautre sentrebourdent.
Comme se tenebres venues
La lumiere sen fuit a tant
Ainsi venans les continues
Damours : sen va raison Uantant
Venus les humains cuers batant
Het mort : et pleure et gemit
Et mauldit leure que lamant
Raison en courage luy mit.
Raison renuoier ne vouldroit
Auecques homme se maistresse
Ylestoit pour se conduire a droit
Et a tort le mettre en adresse
Si ne pourroit voir a traitresse
La faulse loudiere la gaupe
Que par son art enchanteresse
Fait mains voir home que la taupe.
Venus quant elle a pris dassault
Lomme : et sentent agrandoier

Dame raison despartir fault
De sa place et son fouer
Venus ressemble au souldoier
Qui gaste toute ville gaignie
Et va tous ceulx batre et foier
Qui ne sont de sa compaignie.
Ainsi venus quant elle a pris
Lamant par force ou aultrement
Tant est esperdu et souspris
Quil ne scet quil fait bonnement
Il sent sans auoir sentement
Il regarde sans y voir
Il entent sans entendement
Dieu russe a son fait pourueoit.
Amant en sa subiection
De venus pert sa liberte
De vraye ymagination
Elle la du tout deserte
Certes platon dit et rite
En son liure appelle thimee
Lame na plus sa dignite
Quant elle est de vice oprimee.
Ne quier raison fors qua raison
Soit aduis sans rien aduiser
Iustice en toute de raison
Sagesse a faire homme abuser
Force dont on ne peut vser
Maniere sans maintien auoir
On ne pourroit trop accuser
Dame venus ie te dis voir.
Tu as presche daultre vertus
De foy tenir et cetera
Se pour le temps du roy artus
Lon tint la foy : qui men croira
A vne on ne sarrestera
Car qui plus en a mains fol est

Et a qui seul est et sera
Il est bec iaune au pol folet.
Oncques amant si fol ne vistes
Que cil qui apres vne abaie
Car cestuy qui par tout quiert gistes
A qui nen chault mais quil en aie
Tant daultres douleurs il nassaie
Que cil qui a vne seule suye
Pour qui saulte buisson et haie
Et le vent endure et la pluie.
Plus aime et plus partout se boute
En la folie: et quant issir
En veult: plus auant se reboute
Cest vne raige pour transir
Et touteffois son cuer assir
Ne veult que pour hurter au ventes
Si vault mieulx en ce cas saisir
Le pourchas que les propres rentes.
Theseun scet bien ou amours tire
Et quel est son pelerinage
On scet a quel sainct va la cire
Et combien dure son viage
Il nest malade fol si n'aige
Se il na k̃s doulx sauemens
De ceste relique sauluaige
Vous sçauez bien que ie ne mens.
Que vault le songier et lattendre
Pour la maladie allegier
Lon doit a la premiere tendre
Son offrande et soy abregier
Et qui ne sen peut deschargier
En la ville si voyse aux chans
Ou il ne fault faire forgier
Endosses hmes ne brochans.
Certes & flammettes ou & pie
Ne creue on lamoureuse boute

Et son bon feu par la semble
Aussi lardant eaue ne coule
Et la quinte essence qui roule
Es rains comme en vng caquemare
Ne sinte pas Rhoro le puise
Sans feu & femme qui ne mart.
Et pource se venus te plaie
Et les entrailles te fait frire
Va ten tantost purgier la plaie
Et ne te laisse ardre ne cuire
Mon amy puis quil te fault dire
Si te couient les bistourner
Desbource la fueille ose et tire
Va ten la cendre gouerner
Si ne veulz ie pas maintenir
Quon face bien a femme amer
Mais ie veulz dire et soustenir
Que son cuer en vne fermer
Cest soy destruire soy tuer
Languir & fain a pleine table
Transir & soy en haulte mer
Quoy plus; se mettre a la mort male.
Tous tes dis ne repeteray
Mais tu as failli grandement
Disant ie le recorderay
Que lamant doit premierement
Soy voir singulierement
Et selle doit il sesiouist
Ne doit tromper aulcunement
Qui oncques mais se dire ouist.
Ou raison na se congnoit il
Et comme aultruy peut congnoistre
Qui na de sens vng grain & mil
Et voit mains que ne fait vng oistre
Item dame ou nonain de cloistre
Et quen est il que vous en chault

On voit que la plus noire poitre
Jaulne en fait plus q̃ tout ne vault.
Jamais le bout il n'en auroit
Que par soubtilite ou fraude
Baguenauder on ne scauroit
Femme tant soit elle ribaulde
Se delite quant on la fraude
Et luy met on beaucop d'abuys
Et froide se fait la plus chaulde
Comme est la chaiēne d'ung puys.
Maintenir fault follement
Reguler si l'en est mestier
Leurs complaire et tout liement
Les voir en dance ou en moustier
Promettre & sen point aguetter
Car par le sainct sang de fecamp
Ceste foys tu vouldras luitter
Que tu les trouueras en champ.
Voire et tousiours son honneur sauf
Prie la dame debonnaire
Disant que tu mettras en sauf
Son cuer en ung beau reliquiaire
Mais de tout ce me fusse taire
Car meun quo ne peut pas reprēdre.
Monstre au dit coment on doit faire
Pour bel acueil au chasteau prendre
Dessoubz la courtine donneur
Et soubz le tapis courtoisie
La dame & son blasonneur
Deust estre par les rains choisie
Car se tu dis ta frenesie
A pleine gueule elle dira
Fi ostez ceste punaisie
Ja mon corps ny consentira.
Mais pour bonne chose gaingner
Tenir de ris ne m'en pourroie

Quant a essient enginer
Se laissent cuidans quon ny voie
On dit dame de toute ioie
Ie creez que le tour passasse
Sans vous voir: et si mourroie
Ainsois que d'eshonneur pensasse.
En vous amant treuue mon eur
Que se vous m'amiez tellement
En tout bien et en toute honneur
Ma dame nompas austrement
J'auroie l'acomplissement
De mon souhet & mon desir
Vous estes celle seulement
Qui me pouez donner plaisir.
Graice mercy pitie pardon
Secour salut aide confort
Tant de beaulx motz ne recorde on
A nostre dame de mont fort
Faignez amant: faignez plus fort
Sens vous entendent et si faingnēt
Affin que les prises du tort
Et de la trahison se plaingnent.
Aussi a les auoir pratique
Auoir conuient: et est les prises
Sage n'est pas qui ne pratique
Destre deseure de leurs prises
Folees se tant ta dame prises
Quoy que tu promettes ou schuente
Que pour elle toutes desprises
Prens par tout: a tel four tel fuite.
Ie l'is tu oncquemais comp̃te
Quen sa nature chaloureuse
Son masle estrangle le vipere
Ainsi femme serpentineuse
Plus sera de toy amoureuse
Plus t'amera: plus tost le col

Te rompra Vierge glorieuse
Bel amy et que tu es fol.
Ne foy ne couuenant garder
Leur dois: se tu fais comme sage
Ains te vueilles contregarder
Tant haient elles beau parage
Et si te dis que pour la raige
Amortir: & sauoir trop viel
Il n'y a meilleur auantaige
Que soy rebouter en nouuel.
Jherosme dit ou ie ne scay
Que le viel amours le saige oste
Quant il a lespreuue et laissay
De nouuel et qu'il s'en assote
Et sur ce pas recite et note
Assuerus qui plus n'ama
Vasti trop orguilleuse sote
Car daultre femme s'enfanra.
Force diras qui a promis
Sa foy ne doit contre venir
En cas de peche beaulx amis
Peu vault promesse maintenir
Et ne se peut on mieulx punir
Qu'entendre a leurs ceremonies
Car soubz umbre de foy tenir
Elles brassent leurs simonies.
Leurs simonies et usures
Dis ie bien: car ses bonnes vsent
Leurs insaciables luxures
Comme dit le sage: et s'abusent
Qui a leurs foy en riens s'amusent
Car leurs poitresses enflammees
De desleaulte les accusent
Ce sont estoupes allumees.
N'as tu leu de thiresias
Qui fut en femme conuerty
C'est bon a croire que si as

Je ne scay plus sage de ty
Quen dy tu auoit il menty
Affermant que plus de luxure
Quant il estoit femme senty
Que quant auoit nostre nature.
Jeuz se dit si en sept somme
Sans plus trois onces de luxure
Mais quant iestoie femme en somme
Jen euz dix & bonne mesure.
Ce ne vous dis ie a ladueuture
Car iay par le vouloir des dieux
Sentu lune et laultre nature
Pource m'en deuez croire mieulx.
Deuant les dieux se maintenir
Osa il: pource errauiment
Le fist aueugle deuenir
Juno courroussee forment.
Mais iupiter certainement
Saichant qu'il n'eust mal merite
Le fist maistre en diuinement
Pource qu'il en dist verite.
Vray dit: si que se tu abstiens
De les voir et converser
Et tant dur contre elles te tiens
Que ne te puissent reuerser
Ne de leur dart mortel verser
Tu es heureux fais bonne chiere
Mais se tu ne t'en peux passer
Prens ung blanc en ta gibeciere.
Perseus monte a cheual
N'osa de meduse approucher
Sans auoir escu de cristal
Auironne de fin assier
Car elle pouoit trespercier
D'ung dart de ses yeulx seulement
Ung homme arme mon amy chier
Entens tu ce fait sainement.

Elle auoit teste de serpent
Et de venin tant pleine estoit
Quelle enuenimoit ung arpent
Au premier oeil quelle iettoit
Le coc basile surmontoit
Qui des yeulx le monde empusente
Moust en grant dangier se mettoit
Qui veoit dame si puente.
Perseus se couurit descu
Et tant fait il en la bataille
Quil a meduse conuaincu
Et que la caboche luy taille
Dont tant de sang issy sans faille
Que le gent cheual en est ne
Nomme comme lystoire baille
Pegasus le bien empenne.
Pegasus dont ie vous parlant
Si tost quil est fait et fourny
Sen va par le monde volant
Comme loyseau qui sault du ny
De luy est langage insiny
Oui oncques vist cheual voler
Oncques mais cheual ne henny
Qui de luy fist ainsi parler.
Bel amy entens tu le conte
Oeuure loeil & lentendement
Si verras mieulx combien quil monte
Car il est plain denseignement
Par meduse certainement
Laquelle eust beaulte merueilleuse
Et par chaulst regart proprement
Jentens toute femme amoureuse.
Femme amoureuse cest meduse
Laquelle a teste serpentine
Tant que des yeulx corrumpt et vse
Ceulx qui nont escu ne platine
Tantost une chienne mastine

Comme empoisonne de regard
Qui ne combat qui ne huyine
Par raison encontre ses dars
Mais qui veult estre perseus
Et soy garder de femme fole
Tant que il nen soit pas cheuz
Lescu de sapience accole
Car qui sen habille il affole
Meduse: et luy copx le col
Dont puis saillit ung cheual q vole
Par le monde merueilleux vol.
Cest pegasus qui autant vault
Que bon renom qui vistement
Dit par le monde et bas et hault
Le quon fait virtueusement
Ainsi quant vigoureusement
A femme tu te combatras
Moy doulx amy certainement
Bon renom en rapporteras.
Mais quoy: tu as le iugement
De paris: qui par sa simplesse
Loua venus plus haultement
Que iuno dame de richesse
Ne palas dame de sagesse
Amours tant son cuer abusa
Que toute aultre bonne noblesse
Pour dame venus refusa.
¶ Le champion respond a ladversaire en
reprenant maistre iehan de meun: lequel
a imite bel acueil a lescole de la vieille:
comme soubz bon docteur.

Lors franc vouloir leua le col
Et me ressembla proprement
Cestuy grant bastart de sait pol
Dont chescun parle haultement
Pource que tousiours seaulsment
Il sest porte enuers les dames

Et qui l'est bel parfaictement
Et mesmement vaillant es armes.

Ho dit le champion seaulp
Or voy ie que folement femme
Les roses quant les porceaulp
Et nestes dignes que de femme
Ion bous parle: que se mon esme
Ne fut de la dame parler
Du ciel et de la terre gemme
Tost men veriez bous en aler.
Que vault parler: que vault science
Si non pour verite scauoir
Et honnourer en conscience
Quant on la peut apperceuoir
Et que vault proces esmouuoir
Et puis faire la figue au iuge
Dissimuler contre se voir
Certes cest vng vaillant refuge.
Verite comme archesillas
A dit on ne la voit pas goute
Nest au fons du puis ne plus bas
Car se voulez la vez toute
Mais chescun de vous la reboute
Et na cure de sa presence

Car elle a plevne vue redoubte
Le remors de sa conscience.
Pithagoras chescun entende
Disant apres dieu tout mortel
Parfait amour et honneur rendre
A verite son mot est tel
Je vous conseille et bien et bel
Car sans elle vous ne pouez
Plaire a nostre dieu immortel
Lequel vous amez et louez.
Or la suyues tant que vouldrez
Je scay quen la conclusion
De menterie vous vouldrez
De la male obstinacion
Engin et cauillacion
Ne peut verite aqueuline
Vaincre: et mettre a confusion
Dit tulle contre catheline.
Quant iamais on ne parleroit
Delle encontre toute nature
En labysme on la celeroit
Si viendroit elle a ouuerture
Car comme se pre sa verdure
Iuer passe sans degeler
Ainsi elle qui tousiours dure
Certain temps ne se peut celer.
Se tu ne veulp oreille ouurir
A raison et a verite
Et es tant beste que couurir
Le te laisses a faussete
Le doit comparer la bonte
Des dames et des damoiselles
Que vault ce que tu as conte
Non pas deux petites noiselles.
Quant apolo qui estoit dieu
Entendit marcias vanter
En toute place et en tout lieu

De bien flaioler et fluter
Pour son grant orgueil rebouter
Il fut content que mydas vint
Le ieu & tous ceulx escouter
Or escoutez quil en aduint.
Les grandes oreilles mydas
Deusses tu en sa teste auoir
Pource que mal entendu as
Et as iuge contre le voir
Ceste fable te fault sçauoir
Pour resiouir la compaignie
Et faire fumer et mouuoir
Ta lourde teste mal pignie.
Iay souuent leu que minerua
La deesse anciennement
La pipe et le flaiol trouua
Par son subtil entendement
Et dit on: que premierement
Deuant les dieux elle en siffla
Qui se riserent grandement
Au premier cop quelle souffla.
Les dieux se vont delle trompant
Quant regarderent son visaige
Enfler: et bouffer en pipant
Se leur est chose moult sauluaige
Mais si tost que la dame saige
Aperceut que lon nen tint conte
Et quon rioit par son pipaige
Elle sen part rouge & honte.
De grant despit et de dueil plaine
Sen va piper secretement
Sur la riue dune fontaine
Et la se mire plainement
Si dit le conte prestement
Quant eut veu la ioie et la lippe
Quon fait en pipant vrayement
Au loing rua flaiolet pippe.

Or escoutes ie ne vous mens
Marsias vng gentil galant
Depuis trouua ses instrumens
Sa voie et son chemin alant
Et tant en alast flaiolant
Et flutant quil sen alla en fin
Ainsi que lon me va parlant
Deffier le dieu apolin.
Quant apolo qui estoit dieu
Entendit marsias vanter
En toute place et en tous lieu
De bien flaioler et fluter
Pour son grant orgueil rebouter
Il fut content que mydas vint
Le ieu & tous ceulx escouter
Or escoutez quil en aduint.
Apolo toua ses chansons
De lung et de laultre instrument
En telz accors et en celz sons
Quon ne pourroit plus doulcement
Iouer pouoit diuinement
Comme dieu et moult estoit fol
Qui le cuidoit humainement
Surmonter au ieu du flaiol.
A vix haultaine enuoiellee
Parmi le flaiolet chantoit
De la region estellee
Et moult de choses y contoit
Comment chescun ciel fait estoit
Et du temps et du mouuement
Comme dieu qui pas ne mentoit
Il chanta merueilleusement.
Ses gracieuses chansonnettes
Furent toutes entrelardees
De la dance des septz planettes
Ensemble moult bien accordees

o iiii

En disant quelles sont fardees
D'influences et d'onguemens
Affin d'estre mieulx regardees
Des bas et humains iugemens.
Les douze signes ne leust pas
Ne le cher ne la poussiniere
Ne pheton qui en son trespas
Fit ou ciel la blanche charriere
Il conta toute la maniere
Du lieu et de l'estat haultain
Fors de dieu et de sa chaiere
Dont il ne fist homme certain.
Quant vint au ieu de la musette
Il entremesla son doulx chant
Du vent qui le monde visette
Et fait et deffait maint marchant
Et de la nue descouchant
Pluies tonnoires et gresil
Et de vulcanus le meschant
Plus et plus sec que bresil.
Aussi chanta il de la mer
De ses pritz de ses ciclades
Pourquoy elle a le goust amer
Et les tempestes si malsades
Ou hercules posa ses gades
Et quant perseus print thetis
Et de neptunus le dieu rades
Chantoit apolo les faictis.
La matiere aussi des balaines
Mist en ieu: et principalment
Il fist mencion des seraines
Qui chantent merueilleusement
Et conta la forme comment
Dessus la cruppe d'ung dalphin
Arion harpant doulcement
Print port de mer et bonne fin.

De la terre et de sa grandeur
Chanta le sage iuuencialx
Comment sa grande pesandeur
Soustient les signes et corbiaulx
Domines de bestes et d'oiseaulx
De pierres metaulx d'arbres herbes
Et de tous ses aultres fardiaulx
Apolo dit de bon prouerbes.
Et conta comment la cybelle
Iadis une gent enfanta
Comment les dieux du ciel rebelle
Que iupiter moult redoubta
A brief parler il raconta
Tant de choses en son langaige
Et si haultement les chanta
Quon vist quil estoit plus que saige.
Quant il eut tout ce deschaite
En champ tout remply de fleurettes
Il pipa de saultre couste
Puis dit deux ou trois bergerettes
Doulces et assez legierettes
Et certes il ny faillit mye
De raconter les amourettes
De coronys sa belle amye.
A haulte voix racontoit il
Que coronis dont iay parle
Enfanta ung tressuaillant filz
Esculapius appelle
Auquel ne fut oncques cele
Secret qui au corps appertint
Tant que terre au soing et au le
Dieu en medicine se tint.
Quant il eust tout ce recorde
Et fleute en doulce accordante
Marsias qui fut en corde
Et aueugle d'oultrecuidance

A iouer du flaiol sauance
Comme sil eust le dieu ouy
Car il a ferme conscience
Quil na ouurier au monde que luy.
Quant il eust assez flaiole
Il va deuant sa pire enfler
Helas il est bien affole
Qui contre dieu se veult enfler
Il nest pas digne de ronfler
Ou durler côme ung chien sauluaige
Et touteffois au mieulx siffler
Contre appolo iecta son gaige.
En ses flaiolz et en ses ieux
Il sabusa moult lourdement
Mais mydas fut plus oultrageux
Qui pour luy fist son iugement
En seur disant iay plainement
Voz chansonnettes entendu
Mais appolo certainement
A lonneur et le pris perdu.
A pine auoit dit la sentence
Quant les dieux du ciel qui tout voiêt
Et comme silz fussent en presence
Tout entendent sceuent et oient
Pource que lespit ilz auoient
De ce fol et faulx iugement
Car le contraire bien scauoient
Ilz le punirent grandement.
Deux pareilles oreilles dasne
En la teste luir luy firent
Aussi longues comme vne cane
Plus de cent mille bien le virent
Le ciel et la terre risirent
De luy qui monstrer ne fosoit
Les dieux iustement le punirent
Ou sens: dont faulsement vsoit.

Tay ie baillie bien longue fable
Tout au propos say ie conte
Car rien ne te vault dit notable
Puis que tu nentens rrite
Mais se diuine maieste
Vouloit sur toy faire merueilles
En lieu de chappeau cest este
Tu pourteroies ces oreilles.
Entens bien sans estre lourdin
A ceste fin que tu ne soies
Comme mydas asne boudin
Et sans vergoigne homme ne soies
Verite plus meurement oies
Et quant lauras bien escoute
Garde bien que tu ne foruoies
Par erreur et par faussete.
Or trop auez dissimule
De complaire a la baiant lisse
Mordes sa: elle a trop parle
Temps est quelle sen se puetisse
Entre ses deux: et iamais nisse
Pour mesdire des vaillans dames
Iamais elle ne fut propice
Ses escriptures sont infames.
Contre moy son crie et son hue
Car iay dit quung amant na guietes
Lequel not nom gaultier ne hue
Conseilloit a vng & ses freres
Quen toutes formes et manieres
A son pouoir raison seruist
Et a ses voulentes ligieres
Du tout en tout ne sesseruist.
Disoit il: mal se peut il faire
Quung amant en sa maladie
Pacient ou rassis appaire
Item est il homme qui die

Quil baille mieulx a lestourdie
Frapper ens sans nulle cremeur
Quauoir voulente mains hardie
Et estre plus fort et plus meur.
En lamoureux raison nabite
Et si ny pourroit habiter
Car Venus tous ses sens labite
Et met au bas sans respiter
Ce dictes vous: et reputer
Le doit on hors du sens tout oultre
Dant a ce ne vous quier flater
Mais es bois vous chasses le boutre.
Cest adire peine perdez
Comme vous auez de coustume
Entendez se cas entendez
Les sens de lamant et sensume
Se iay dit que Venus alume
Je nay pas voulsu inferer
Que durant la flamme qui fume
Raison toute y peut demeurer.
Qui a tout: il est bien paisible
Car ses cinq sens dehors ne diuguet
En porsuiuant chose nuisible
Ausquelles voulentiers sestringuent
Et se dressent et destringuent
Comme ses poulains desbrides
Qui tant ne regimbent et fringuent
Quant de leurs resnes sont bridez.
Mais iay dit et encores dis
Que lamant qui a Venus sert
Peut auoir en fais et en dis
Raison aulcune: et ne la pert
Toute: et se dire eusses souffert
Je leusse prouue gentement
Et la difficulte ouuert
Au mains selon mon sentement.

Aulcuns philosophes maintiennent
Que ceulx q̃ vne vertu ont
Toutes ensembles pas ne tiennent
Aussi ceulx qui vng vice font
De tous aultres coulpables sont
Je ne scay pas se vous tendez
A sentendement ou ilz sont
Ou comme aultrement sentendez.
Je dis que tu peux estre chaste
Ou daultre vertu renomme
Et neatmains pour ta grippant paste
Seras de larrecin diffame
Pareillement vng aultre ame
Pour ses aulmosnes et pour ses bõs
Sera de luxure enflambe
Ainsi ne tout faulx ne tout bons.
Augustin a iherosme escript
Surce disant ceste sentence
Comme ie le loy en escript
Que homme vne vertu sans ce
Quil ait toutes en excellence
Peut auoir: ainsi le proteste
Que lamant peut en sa semence
Auoir quelque sens en la teste.
Car comme entre moult de pechez
Ou a vertu aulcunement
Ainsi fol amant asseechiez
De lamoureup enchantement
Pour auoir non pas plainement
Raison: mais en quelque flamette
Laquelle en son mauluais tourment
Deuant ses yeulx clarte luy mette.
Sinderesis le poignant ver
Tant soit orguilleux ou glout
Pericieus enuieus amer
Tant se mescognoisse ou par tout

Elle fait getter vng sangloud
Souuent dont on estraint les dens
Ainsi cestuy qui damer bout
Peut bien auoir vng peu de sens.
Certainement ie nen fais doubte
Mais doit estre saige dit.
Car a vne amer ne se boute
Ains sa et la tousiours randit
Oncques vray amant ce ne dit
Car damours la vraie sagesse.
Se le saige alain nest desdit
A vne tient fole largesse.
Fol large est cestuy et prodigue
Qui le sien despent sans mesure
Si dit on a lamant la figue
Faire: qui tant se besmesure.
Que le sien amour ne luy dure
Et gaste le tresor tant riche
Saige qui les choses mesure
Trop ne donne: aussi nest trop chiche.
Contre amours tant me coniurez
Vous orguilleux lous enuieux
Vous qui le bon dieu periurez
Vous gloutz lous auariticeux
Jpocrites ambicieux.
Vous de mille maulx entachiez
Et soiez ainsois curieux
De vous que les aultres touchiez.
Esbahis estes grandement
Quant vng amoureux humilie
Son cuer et loffre franchement
A sa seule dame iolie
Et vous ne ves la folie
Dorgueil ire & conuoitise
Et daultre pręche qui vous lie
Et hors de la foy desbaptise,

Vous faletes encontre nature
Et mesmement tous qui serez
Damphez: car dieu de vous na cure
Car or argent et cuiure adorez
Et vng peu de terre honnourez
Et en estes si resious
Que deuant ce que vous morez
Voz cuers y sont tous enfouis.
Toute vertu en vous est morte
Et sans cause vous abusez
Mais ceulx de lamoureuse sorte
Par nature sont epcusez
Se le petit liuret lisez
De messie du de grauson
Vous trouueres des biens assez
En lamoureuse cuisanson.
Amours tout fetart habilite
Et tout ignorant assagist
Et tout mal gratieux fait viste
Et tout conuoiteux eslargist
Tout rude a doulceur alargist
Et tout amant fait honnourable
Courtois renommee en luy gist
Tout bien honneste et desirable.
Qui fist lancelot et arcus
En armes si aduentureux
Tristan perseual et ponthus
Sinon qui furent amoureux
Amours les fist cheualereux
Certainement on le peut croire
Que sil neust este entre eulx
Deulx ne fut maintenant memoire.
Qui a fait tant habilles gens
Tant de clers tant de choses faire
Tant de maintiés courtois et gens
Tant de bien quon ne peut retraire

Amours au monde est necessaire
Chescun a quelque chose empaint
Amours sers qui tout bien repaire
Amours le monde pare et paint.
Commandemens coustumes lois
Amours a mis expressement
Sur tous les compaignons galois
Veullans vivre amoureusement
Charles les garder humblement
Voua: et promist en prison
De les garder entierement
Sans faulsete ou mesprison.
De sa court nest qui ne les iure
Et qui les iure et il les fait
Mais que ne luy face iniure
Sur tous devient homme parfait
Je ne vis oncques si deffait
Se les lois damours accomplit
Que tantost il ne soit refait
Amours & ses biens se remplit.
Se vous nentendes que ie dis
Lises ou escoutez le liure
Du bon duc dorliens ou dis
Commandemens amours suy sivre
Certes en sa court ne peut vivre
Nentrer en gre aucunement
Qui ne met son cuer a deliure
A les garder parfaictement.
Vray amant doit premierement
Mastiner son corps et bobance
Et endurer principalment
Toute amoureuse doleance
Toute sa force et sa vaillance
Est a souffrir doeulz et ennuytz
Et toute male mescheance
Quamours seult donner iour et nuytz.

Secondement qui se vult mettre
En celle court notable et haulte
Il doit vouer iurer promettre
Destre leal sans faire faulte
Cuer qui & dame en dame saulte
A une tire a laultre court
Et sans arrest trompe et saulte
Naura ia honneur a la court.
Tiercement se tu veulx avoir
Gre en amours certainement
Il te fault faire ton devoir
Et toy couurir tres sagement
Cest & gouuerner tellement
Ton maintien tes yeulx et ta bouche
Que malebouche aucunement
Lonneur & la dame natouche.
Et quartement se conquester
Veulx bon renon honneur et grace
Iamais ne te vueilles vanter
Dauancement quamours te face
Amours & son papier efface
Ceulx qui & leurs dames se vantent
Rammenteuans leure et la place
Quant comment et ou il les hantent.
Ces quattre poins dois tu garder
Se tu cuides quamours te doie
Comme son seruant regarder
Et quil de ses haulx biens tenuoie
Car il te mettront en la voie
Den accomplir six aultres bons
Pour prendre en lamoureuse ioye
Toute la chulee et les bons.
Le premier point apres ces quattre
Que tu dois garder fermement
Cest quil te fault tousiours esbatre
A toy tenir tant gentement

Tant nettement tant frisquement
En robe en soulez et pourpoint
En tout aultre habillement
Qui ny aie a dire ung seul point.
Le second point est que tu doie
Auoir courtoise contenance
Sans trop embrasser le haultdoie
Ou faire a personne greuance
Car iamais amant ne sauance
Silnest courtois et gracieux
Vers sa dame: et toute lauance
Comme ung knot religieux.
Tiercement de tout ton pouoir
Il te conuient a honneur tendre
En tous lieux te faire valoir
Ton nom et tes vertus estendre
Haultes besongnes entreprendre
Fuir oiseuse mesmement
Par ainsi tu feras entendre
Ta dame a ton auancement.
Quartement tu dois estre large
Et en temps du habandonne
Homme qui est destroicte marge
Ia ne sera bien fortune
Donne ainsois quil te soit bonne
Nespargne comme ung vsurier
Iamais vilain auisonne
Damours ne sera tresorier.
Quintement ung et aultre haute
Les bons espectallement
Dauoir compaignie meschante
Garde toy singulierement
Car tu ne la peuz longuement
Hanter sans estre vergougne
Onc homme neust auancement
Pour estre mal acompaigne.

Le point sixiesme garderas
Quât pour ta possibilite
Tout ton engin enforceras
A lamoureuse habilite
Danser en lieu dolsuete
Chanter et balades rimer
Et maite aultre ioyeusete
Fait on pour loyaulment amer.
Il fault ces commandement ditz
Garder ou sa plus grande part
En cestuy mondain paradis
Ou amours ses souhentez part
Ou il ny a frere frappart
Qui son couraige namolie
Comme ung enfant ou ung poupart
A loeul dune dame iolie.
Vray est quil y a fort a faire
A les garder perfaictement
Tel se sect bien celer et taire
Qui ne se vest pas gentement
Et tel se pare habillement
Qui a tant de mauluais caquet
Quil ne voit dame mesmement
Dont il ne die ung soubzriquet.
Pource qui veust a la haultesse
Damours selon soy paruenir
Il doit aller des sa ieunesse
A son escole et retenir
Souuent aprendre et souuenir
Grande science en homme fait
Iamais ne vistes deuenir
Viel escolier maistre parfait.
En bresse es confins de sauoie
Nagueres vne dame vis
Pieca plus belle veu nauoie
Ne plus sachant a mon aduis

Faire moult gracieulx ruis
Du propos dont ie vous parolle
Oncques nen festes nen conuis
Ie ne fus a si doulce escolle.
En despit de toy malebouche
Ie la nommeray plainement
Elle est dame donneur: la mouche
Lappelloit on communement
Mouche de miel certainement
Mouche sans fiel et sans pointure
Dont on ne peut dire aultrement
De si tres doulce creature.
Certes se iestoie amoureuse
Disoit la dame dessusdicte
Saniour me faisoit si heureuse
Que de luy ne fusse desdicte
Choisir ie vouldroie a leslite
Quelque bon enfant de bonnaire
Qui se fist dessoubz ma conduicte
Bon seruiteur prest a tout faire.
Ung homme fait: ung homme aagie
Pour seruant auoir ne pourroie
Trop fier et trop encouragie
Seroit a ce que ie vouldroie
De grant desplaisir ie mourroie
Se iauoie estendu ma graice
Vers ung amy que ie verroie
Delaisser ma lesse et ma trace.
Verge endurcie mal se tourbe
Quant vne robe a pris son ploy
Il mest aduis quil se destourbe
Qui luy veult baisser aultre loy
Se le chien couchant ma chastoy
Quant asses grandelet sera
Ou il naura cure de toy
On iamais bien ne chassera.

Ung esprunier sor: ung branchier
Iamais ne sera tant ame
Que cellui quon va abranchier
Ains quil soit du tout emplume
Car laultre a locul au bois rame
Ou il soloit les oyseaulx prendre
Et cestuy cy est reclame
Au premier point quil se voit tendre.
Semblablement quant ie vouldray
En amour mettre mon courage
Ien auray ung ou ie fauldray
Qui aura son premier plumaige
Auquel iapprendray mon vsaige
Ma voulente et mon desir
Par telle guise quen haulte aage
Il accomplira mon plaisir.
Telle feray quil ne fauldra
Iecter le loirre ne crier
A ung iect doeul il mentendra
Prest dobeir sans estrier
A moy se laira maistrier
Ung mot ne dira de trauerse
Et me vendra mercy crier
Se ie luy suis rude ou diuerse.
Quant iauray son cuer abatu
Du tout a mon commandemēt
Rien ne vauldra sil nest vestu
Et abille tresfrisquement
Sil neutent coustumierement
A toute chose vertueuse
Selon son pouoir: aultrement
Ie nen pourroie estre amoureuse.
Mais de vertu me deusse taire
Car en vostre amour rien a gain
Qui plus de ribauldises faire
Scet: il a meilleur engin

Comme regnart en ysengrin
Lung par rage laultre par fraude
Prennent ou berbis ou poussin
A femmes baillier la picaude.
Telz estes que fustes antan
Rauissans et malicieux
Car faictes vostre tu aute
Et soubz plaisir delicieulx
De toutes dames enuyeulx
Estes:et de foy faire fi
Vous amoureux ieunes et vieux
Nen doubtez ie le vous affi.
Or prusez aux dictes parolles
Et a la vielle clopinel
Qui de lart damer tint escolles
Et donne a bel acueil ly snel
Denseignemens vng plain benel
Entre lesquelz moult fort escoute
Tu qui ne tiens de foy lanel
Toutes pour tous:et tous pour toutes.
Toutes pour tous vierge marine
Cest parle amoureusement
Dames escoutes la doctrine
Retenez cest enseignement
Ha iehan de meun tresgrandement
Tu as failly ce mest aduis
Tu as parle trop baudement
Vray amant ce diroit enuis.
Tu metz bel acueil a lescole
Dune vielle tres assottee
Qui le gaste pert et affole
Ne luy met elle en la testee
Comment tantost laage est gastee
Et quil espargne en sa ieunesse
Car il ny a dame rentee
Qui nait bien a faire en vieillesse.

Il mest aduis quant ie lescoute
Que ce soit vne maqueresse
Laquelle a vng genoul sacoute
Assise au feu sur vne selle
Et presche vne ieune pucelle
Et si luy dist mon enfant tendre
Car ie vous voy plaisant et belle
Il vous fault vng petit aprendre.
Vous bel acueil et sauoreux
Si ne pouez vous eschapper
Quon ne soit de vous amoureux
Et quon ne vous veuille attrapper
Mais ne vous vueilliez achopper
Il a beau maintien na doulx langage
Ce nest que pour les gens tromper
Soiez auisee:soiez saige.
Ne faictes tant du gracieux
Mon enfant que vous ne soiez
Contre rouge malicieux
Quelque chose que vous oiez
Tousiours au prouffit pouruoiez
Sil vous fault vostre amour donner
Ia si loing vous ne lenuoiez
Quil ne puist tantost retourner.
Soiez enseignee et aprise
Et ne vous laissez retourner
Car qui de vous aura la prise
Il pourra haultement corner
Laissiez maint homme seiourner
Deuant vostre huis comme vng perdu
Vous en ferrez xux retourner
Bon pris soit vostre corps vendu.
Beaux doulx enfant belle cher tendre
Aux bons marchans qui ont de quoy
Doit on sa marchandise vendre
Vous estes ieune creez moy

Au plus offrant baissez la foy
Mais que le cuer vostre demeure
Il ne men chault & verge en doy
Se vous aues franchise seure.
Tirez tousiours le pain croisie
Tant que vous durera ieunesse
Quant vostre vis sera brisie
Certes vous naurez plus de presse
Helas la maudicte vieillesse
Sen vostre point dieu mauoit mis
Iauroie bien la hardiesse
Dentretenir troys cens amis.
Faictes moy les bourdes aux paulx
Excusez vous legierement
Et quant viendra le printpaulx
Baisez le moy estroictement
Si lon argue aulcunement
Pseures iurez dieu et les saintz
Quil ne vous durera longuiement
Sil ne vous est courtois et sains.
Se ce cas vient que vous soiez
De voz coquars accropelee
Lung de beau regart accoiez
Laultre dune doulce accolee
Soiez sagement escolee
De faire le truq si couuert
Que chescun ait sa bien alee
Et fut il stable & vaulbert.
Prenez tousiours ou croix ou pisse
Le cul & les bourses reuersez
Des belles choses & la ville
Souuent demandes et assez
Tout en vostre coffre entassez
Ne donnez nulles de voz choses
A espargnier tousiours pensez
Femme doit auoir les mains closes.

Femmes ne doiuent riens donner
Et selles donnent dauenture
Ce nest que pour mieulx asseter
Ou a fermail ou a sainture
Par dieu se seroit grande ordure
Se pour ung lasset & deux blans
Elle nauoit drap ou fourture
A parer ses rains et ses flans.
Elle peut bien ung grain de ble
Ruer pour prendre le musart
Son treson doit estre comble
Par faulx engin et par mal art
Et se baudechon ou cosart
Luy font quelque male meschance
Elle doit tout par ung hasart
Recouurer et rentrer en chance.
Je ne suis nul pour conter
Comment la vielle sendoctrine
A soy mignotement porter
Marchier le pas: tendre poitrine
Il mest aduis quon mesgratine
Ou que iay les yeulx au rebours
Quant ie vois que celle mastine
Va preschant damer par amours.
Jehan & meun mais q te fist maistre
En lart damours: helas comment
Osas ainsi bel acueil mettre
Soubz la vielle en gouuernement
On ne peut pas honnestement
Amer se la vielle dit voir
Amours sest le dit vrayement
Se nest que ieu & plus scauoir.
Se nest que ieu & plus scauoir
Se nest que droite trompeie
Cest vne chance pour auoir
Se nest quune hoquelerie

Cest vne droicte mocquerie
Cest ribauldise entierement
Diray ie pis:cest Houllerie
Et pis y a certainement.
En quelque maniere que baille
Mieulx la science damer
De leal amour ne luy chaille
Mais quil puisse bel acueil tumer
Lequel aussi faindre et plumer
Aprent:car fol est qui ne plume
Cestuy quil seust amy clamer
Iusques a la derniere plume.
Comme toussiours deuant dit ay
A bon amour il nauisa
Et qui croire le veult pour vray
Peu de science et dauis a
Mais pource quil en deuisa
Selon que les gens faire seulent
Et faulse amour ne desprisa
Tous amoureux son liure veulent.
Le perfait conseil que lon baille
A amant:cest que se offert
A son cuer vne seulle aille
Tantost a laultre ou il se pert
Et soccist sa vne sahert
Et mieulx que pleine ne me valgue
Franc et quite quil soit couuert
A riue doraige et de baulgne.
Veez le point de la besougne
Si fault il que de moy puoie
Contre telz amoureux besougne
Ia soit ce que chescun puisse voir
Quil ne raconte pas le voir
Car qui de maindre mal sempesche
Par raison il doit mieulx valoir
Que cestuy qui en plus gras pesche.

Contre Venus plus se suertue
Qui nest que dung brandon batu
Que sil qui tant se desuertue
Que dung et daultre est batu
Ainsi doit estre consentu
Que le ribault qui plusieurs quiert
Yla pas en luy tant de vertu
Que cil qui vne seule quiert.
Donc ia soit que Venus seruir
Sans peche ne puisse personne
Toutesfois plus se doit serf dyr
Qui plus a elle sabandonne.
Et plus la sert qui plus luy donne
Et plus luy donne qui plus laime
Et plus laime et se desordonne
Qui complait au corps quant laime.
Ie tien que dieu plustost essausse
La priere dung leal cuer
Qui a sa dame foy ne faulse
Ains laime en gardant son honneur
Que de vng ribault flagorneur
Qui se periure et se malgree
Et mainte met a deshonneur
Car foy garder ne luy aggree.
Ie ne dy pas que vous doiez
Donner voustre foy pour mal viure
Mais monstrer vueil que vous soiez
Plus traitre que se dyrez suiure
Quon eust au simples a la liure
Pour fin orget que soubz foy fainte
Plus venimeuse que la vipre
Dous deshonnoures dasse mainte.
Mais ie dis que lon doit aux dames
Foy garder iusques a mourir
Et plusfort que les freres darmes
Lesquelz pour foy seulent perir

p

Car vous ne poues mains merir
En mourant amoureusement
Que cestuy qui va secourir
Son amis et ne scet comment.
La foy quaulx dames promettez
N'est pour batre ne pour occire
Mais que ne vous entremettez
Destrange amour il doit souffire
Celle des armes semble pire
Car qui en vault bien besougnier
Pour son frere il se me fault dire
Il ne doit la mort ressougnier.
Donc se pour celle foy garder
L'on va a la mort euidente
N'a dieu na parens ne parente
Souuent sans soy recommander
N'est pas celle damours plus gente
Plus humaine plus gracieuse
Se le vray dieu ne sen contente
Nature au mains en est piteuse
Or pour ung mal en quoy sçauis
Vous met en faictes neuf ou dix
Et que pis est vous semblent nulz
Les dames par voz piteux dis
Gabes vous perjures toudis
Charite vraye en vous est morte
Foy qui est clef de paradis
Ame et vous meschans ne porte.
Voz vices vous multipliez
Et bourdes faingnez en deuisant
Leur deshonneur vous expliez
Aises en mainte dame aimant
Luxure en vous n'est pas dormant
Elle vous fait tout eschauffer
Et si bien faictes son commant
Quauec esse alez en enfer.

Item vous semblez bestes brutes
Et faictes pis quelles ne font
Leurs manieres ne sont si putes
Auscuns a leurs seules sen vont
Mais quen parle se si parfont
Voz deffauttes vous ignorez
Celles iront au plus parfont
Denfer: vne fois le scarez.
Au mains sentre tant damoureux
Les nobles seaulte amassent
Et comme francs cheualereux
Leurs puissses aux dames gardasse
Et amour honneste hantassent
Mais ie vois que les cheualiers
Foy seaulte rompent et cassent
Et plus tost que les escuiers.
Que se feaulxy ne sont: comment
Le seront bourgois et vilain
Honneur leur affiert doublement
Noblesse de cuer et de main
Diligence en espoir hautain
Leaulte ferme et bonne amour
Le breuiaire de maistre alain
Doibuent lire vne fois le iour.
Force et bouche auscuns se dient
Et semblent tres deuocieux
Mais amours et bon cuer ne prient
Car ilz sont trop fictitieux
Ce sont regnars religieux
Qui sceuent bien plus dung sermon
Dame a cuer moult deuocieux
Selle n'est prinse a leur iargon.
A les tromper sont moult expers
Aussi quant ilz nen veulent plus
En excusant sont moult apers
Et cuide que Virgilius

Contant que sepere iusius
Laissa Dido la belle dame
Nous demostra que le sourplus
Des amoureulx na ne foy name.
Car il a monstre sa pitie
Deust oultrequides homme autosster
Se diroit iustice equite
Peut aduant a dame lier
Il ne la deuoit oblier
Le faulx traitre qui au plus fort
De lamour a sa destier
Son nauier et partit du port.
Errant par les mers le retint
Et en sa ville se receut
Mieulx qua son estat nappartint
Las grandement luy en mescheut
Le plus ingrat des hommes neut
De celle qui tout luy donna
Pitie: ains toute la deceut
Et seulette labandonna.
Delle se partit: ne depuis
Eust il de son amour memoire
Tant quil fut de suale ou puis
Ou il ny a ne bien ne gloire
Ou charon a la barbe noire
Les ames passe en son giron
De riue en autre: et les fait boire
De lorrible fleuue acheron.
La trouua il dido samye
Auec mainte dame amoureuse
Comme euadne et leodomye
Et ysiphille la piteuse
Quant il vit la tres douloureuse
Errant auecques les compaignes
Las dist il: dame malheureuse
Que faictes vous en ces champaignes,

En ces champaignes & douleurs
En ceste region obscure
Ou il ny a que cris et pleurs
Vous ay ie fait venir le iure
Cestuy haulx dieu que tousiours iure
Que maulgre moy me separty
Delaissant la doulce adueuture
Que vostre amour mauoit party.
Las dame se ieusse cuide
Que pour mon seul departement
Vous eussies vostre sang vuide
Et cy descendu infamement
Certes ieusse fait aultrement
Ieusse acomply vostre vouloir
Las ie neuz oncques pensement
Que tant vous en deussiez douloir.
Comme eux ainsi sont tous
Affin que leurs plaisances aient
Les dames prient a genoulx
A tout accomplir ilz se ssaient
Quant prises les ont: ilz les paient
Dung congie ou dung traitre ris
Font comme les chiens qui abaient
Apres ceulx qui les ont nourris.
Si feray vne generale
Conclusion: a fin vieil tendre
Que femme en faim our principale
De matiege doit entendre
Et en cil qui fait a reprendre
Cest en seruant Venus la fausse
Peu suist et seult in teulx sa foy rendre
Que home qui cop a cop la fausse.

¶ Comment apres la conclusion du
champio raisonnable et veritable: Ania
ge & Vrite se print a mouuoir.

p ii

Trop plus que quant encalgne.
¶ Ladnersaire.
Tu mens dit il ridault tu mens
Dieu vie voie et verite
Apres noz bons enseignemens
Monstrant que tu as herite
En raison et en equite
A fait nostre ymage mortoise
Endurer na peu sa bonte
Quon soubstenist faulx contre voir.
¶ Le champion.
Le champion dist quant loray
Quelle contre moy parlera
Adoncques vaincu & mourray
Car toustours iuste parlera
Mais quoy quen dies non fera
Car se dieu y monstre sa grace
Le temps viendra quelle dira
Chescun aux dames honneur face.
¶ Ladnersaire.
Honneur dist ladnersaire fel
Pendre te puisses par ton col
Ainsi que fist architofel
A ung gibet sung bon licol
Arragie &lespere fol
Scees tu plus que les clers agus
Cuides tu donc a ton flaiol
Endormir les cent yeulx argus.
A prinse les aueugles vient
Quelles sont dames et chambrieres
Vierges vefues quelconques soient
Recluses nonnains et claustrieres
De mal sont toutes tresorieres
Qui prcher vuelt si les acoute
Toutes ont semblables manieres
Remuer ny fault cul ou pointe.

Malebouche leua la hure
Et frappa son siege du poing
Regniant dieu et sa figure
Et dit tu mens parmy ton groing
Lors escripte estant au coing
A ces motz: se fut grant miracle
Mais elle ne fault au besoing
Se remua en son tabernacle.
Comme quant vng subtil esprit
Dedens le corps entre ou tressault
Ainsi a tressaillir se prist
Lymage qui neut froit ne chault
Et puis mist en son aueuglant
La main dont la bouche clouoit
Lors ny eut gaultier ne michault
Sachant que ce signifioit.
Chescun est esbahy du signe
Car on nentent quil signifie
Malebouche pour luy se signe
Aussi le champion si fie
Disant escripte certifie
Que iay bien mon proces gaigne
Dont ladnersaire le deffie

¶ Cy finist le tiers liure du champion
des dames: et commence le quart liure:
ou franc Vouloir encontre Court entende
ment souldoier & malebouche epaulée
et loue les dames dessus les hommes
en toutes vertuz quon peut humaine=
ment auoir.

Ne plus ne mais q̃ quãt les cilles
Dune bataille sont trenchies
Se le corps prẽt vertuz nouelles
En lassault a lances couchies
Pour faire fentes esbauchies
A la pietaille enguisarmée
Qui puist les espées haussées
Entrer a sa guise en larmée.
Encontre lost de malebouche
Le fier Vorguissieur capitaine
Le champion sa lance couche
En hardiesses moult hautaine
Il ne doubtoit vne mitaine
Le remenant de la bataille
La victoire luy est certaine
Il gaignera comment quil aille.

Quant le roy Charles print pontoise
Dassault il na pas longuement
Il fut moult loyeur et moult aise
Car cestoit beau commencement
De besongnier heureusement
Sur les anglois en normandie
Le champion pareillement
La chiere auoit baude et hardie.
Tantost a Court entendement.
Qui se mist en ieu pour respondre
Maistre attitus dist il comment
Voulez vous les dames confondre
Va mener les gelines pondre
Car tu ne sçes que tu wulx dire
Ou te faiz la cabouche tondre
Comme le plus fol de lempire.
Escoute moy sans mot sonner
Car se tu sces faire silence.
Tu moras tantost blasonner
La verite & ma sentence
Et ne vueilles penser quen ce
Ne tant ne quant iangler ie taille
Ie diray en ma conscience
Ce que la vraye hystoire baille.
Propos nay de toutes parler
A homme impossible seroit
Mais de ce me puis ie mesler
Que plus petit de moy feroit.
Mains sage entendre oseroit
A louer les dames vaillans
Et le malgré ne doubteroit
De nous ne de loz biens vueillans.
Dire ne puis ne desreugier.
Quant en la bible nest trouue
Auant que sceut arche forgier
Noe sur les eaues sauluee

p iij

Desquelles loue et prome
Sont les biens du feminin gendre
Mal ne fut gueres esprouue
Ce croy ie en cestuy aage tendre.
Mais apres que le grant deluge
De terre es abysmes parti
Je treuue et de ce te fais iuge
Que comme ains quil fut desparti
Par les terres et esparti
Voulut vne tour composer
Et voulut ie le preuue par ti
Son coupian pres du ciel poser.
Pource cuidoit cil orgueilleup
Du enuyeup de dieu diuin
Par ledifice merueilleup
Percier le haulf ciel cristalin
O lorguilleup: o plain de vin
Qui cuidoit par sa haulte tour
Faire desualer dieu son nyn
Et deuenir dieu a son tour.
Comme sur femme crieriez
Et vous batriez vostre giron
Se fait sauoit: la maudiriez
Plus que dathan et abiron
La femme maindre quung syron
Diriez vous a voulu combatre
Dieu et changier a seruiron
De langues plus de vingtquatre.
Siques se commence a nembroth
Et aup mathons orientaulp
Qui firent appeller pain broth
Et taille froment: et broth aulp
Pour remonstrer aup bauereaulp
Comme somme cuida logier
Le chief des septz pechez mortaulp
Ou ciel: et Dieu mettre en dangier.

Laultre respond par rethorique
Qui vult aucun magnifier
Ne soit fumeup ou colerique
A lonneur daultruy deffier
Seulement se doit confier
Es vertuz de cil quil esfausse
Vng meschant se lose affier
En aultruy mortier fait sa sausse.
Se femme vultz vestir et taindre
De bonne vertu en bonne eur
Pource comme ne dois ataindre
De reprouche ou de deshonneur
Moustre tout le bien et lonneur
Delles ainsi que tu scauaras
Et ne nous fais du flagourneur
Car mains de louenge en auras.

ℂ Le champion a reduire les vertuz en la louenge des dames commence aup plus anciennes et aup hommes plus necessaire: comme fut dame ceres. et dame isis.

Raue vouloir dit se ie commēce
Aux hōmes en vai tu te farses
En chāps ne met on sa semēce
Se les males herbes esparses
Ne sont: et trencheees ou arses
Et purgees iusques aux bourues
Les brahaines et les escharses
Gastent et corrumpent les bonnes.
Donc vouloie monstrer apert
Quant parloie de loz pechez
Que sil en vain son temps il pert
Que en champ ort et empesche
Lequel nest net ne despesche
Veult semer et cueillir bien fertil
Pourtant ny queres fruict presche
Se ne purgez vostre courtil.
Mais puis quil te plait aultrement
Ne soit mon principe accomply
Ains entendu sommierement
Quen homme orgueil prist son ply
Et le sainct esprit qui remply
Les apostres a pentecoustes
Dont que mon propos acomply
Soit: a la louenge de toutes.
Ie veulx monstrer sil plait a dieu
Que ce mondain gouuernement
La femme a eu en tant de lieu
Que homme: et aussi haultement
Et quelle se peut plainement
Au tant ou plus vanter que luy
Ainsi sans quaultres preschement
Vers dame ceres le mien fuy.
Se nous ne voulons desmentir
Plusieurs anciens escripteurs
Lesquelz neussent daigne mentir
Car ilz furent vaillans docteurs

On ne voit charton ne bateurs
Nen champ nen maison nen grange
Deuant ceres cy ne ailleurs
Vie humaine estoit moult estrange.
Lomme se nourrissoit de glande
Aise estoit quant il en auoit
Et pour estancher sa soif grande
De seule riuiere buuoit
Pain de fin froment ne trouuoit
De racines et herbelettes
Es champs et es forestz viuoit
Comme les aultres bestelettes.
Quant elle vit les affamez
Par sa tres humaine bonte
La dame fist les champs semez
Porter froment en quantite
Et monstra par subtilite
Aux vagabondes bestiaulx
Pour tenir la vie en sante
Faire pain tartres et tourtiaulx.
Elle aprit au charton arer
Cognoistre le temps de semailles
Le champ nettoier et parer
Les grains separer de leurs pailles
Nourrir moutons bestes ouailles
Labourer en toute saison
Vendre le ble a maintes mailles
Estre bien aise en sa maison.
Depuis que ceres commensa
Lomme menger autre morcel
Certainement il ne croqua
Le gland auecques le porcel
Depuis ne beut on a tuissel
Plain de rayries et de crapaulx
On mit en botte et en vaissel
Daultres bruuages principaulx.

p iiii

Les hommes ça et la espars
  Aſoient leur vie querir
Parmy la terre en toute pars
Quant ceres voulant ſecourir
Aux affamez: toſts accourir
Fiſt a elle: il eſt trop prouue
Comme on voit geſlines courir
Au coq qui a ung grain trouue.
Telz biens fiſt elle aux terriens
  Ie ſcay ſi vous ſemblent petiz
Comme ne mengoit comme riens
Quant elle fiſt le pain faictiz
Et les eſpars et les chetiz
Miſt enſemble pour faire labour
Leſquelz eſtoient plus fuytifz
Que ne ſont lieures au tabour.
Cauſe fut de faire les villes
  Et dapriuoiſiez les ſauluaiges
Soubz les droiz et les loix ciuilles
Et laiſſier beſtes et boſcages
Auoir bons et humains vſaiges
Et religion celebrer
Milles biens fiſt et auantaige
Home ne les ſcauroit nombrer.
Pourquoy par le commun conſeile
  Elle de ce monde partie
Son ymaige fut en cecille
Tres precieuſement baſtie
Ou en plourant ſa departie
Le peuple euſt delle remembrance
Encores la plus grant partie
Sont en celle perſeuerance.
O femme inuentiue et mouſt ſaige
  Et a nature ſecourant
Pour qui fuſt on faire langaige
Encontre tout le demourant

Cheſcun aſoit de faim mourant
Quant par ta grande humanite
Homme par les foreſtz courant
En ville mis et en cite.

¶ De dame iſis: qui fiſt moult de biens au monde.

Iſis ne fut mais prouffitable
  Aux ſauluaiges egypciens
Par ſon art et engin notable,
Apriſt ieunes et anciens
Semer et recueillir les biens
De terre pour leur nourriture
Faire maiſon: demourer ens
Laiſſer la ſauluaige paſture.
Elle apriſt les arbres enter
  Pour meilleur fruict q̃ de chaſtaignes
Pour vin auoir vignes planter
Es valees et es montaignes
Les plantes mortes et brehaignes
Faire reuerdir et ranter
Tant monſtra de belles enſeignes
Que ſe fiſt deeſſe nommer.
A la gent rude lourde et folle
  Iſis la ſaige et la prudente
Apriſt comme enfant a leſcole
Les lettres par tres grande entente
Si fut egypte tant contente
Et vrayement tant eſperdue
Que pour la merueille euidente
La cuida du ciel deſcendue.
Ainſi pour ſon grant beneffice
  Nom de deeſſe deſſeruy
Et eut de diuin artifice
Image que cheſcun ſeruy
Et adora comme vauy

Celle aage: et long temps aprez
Et na gueres pres paris vy
Lidole a sainct germain des prez.
Je te puis bien louer opis
Femme du grant roy saturnus
Elle ne fist a homme pis
Les affamez pouures et nudz
Et lors sung saulstre incongneuz
Conforta tres humainement
Et pource tous exceptez nulz
La doyent louer haultement.

¶ Laduersaire replicque: que se les da
mes firent ce que dist est: elles ouurirent
la porte a tous pechez: et sur ce se complait
du temps present: ou par Saincte Vertu est
mise arriere.

En dis puis auant te ten prie
Laisses moy rompre ta parolle
Dit laduersaire qui fort crye
Laisses moy ietter hors ma cole
Tu as dit la chose plus fole
Que la homme viuant dira

Dont sera mis en la bricole
Qui bonne raison te fera.
Oses tu cy aux ydolatres
Plains derreur et de mescreance
Aux ignorans bestes solatres
Adiouster ne foy ne creance
Ceulx qui ont ferme confiance
En dieu qui par tout a les yeulx
Doibuent tlauoir souuenance
Ne de desse ne de dieux.
En lacien temps la gent rude
Et comme sans humanite
Nauoit librarie nestude
Ne clercs de haulte auctorite
Par ainsi de la ma este
De dieu congnoissance on nauoit
Et viuoit on diuinite
A cil qui plus de bien trouuoit.
Le monde adoncques fut si neuf
Et tant le vray dieu ignoroit
Que maintesfois ung cornu beuf
Ou quelque aultre beste adoroit
Les simulacres on dressoit
De ceulx qui sembloient plus sages
Desquelz la Vertu apparoit
Comme dame aux gens sauluaiges.
Dire ne Nulz toutes les sectes
Des peuples mors en ceste erreur
Je tais croissans sinies et cometes
Mais jay merueilles et horreur
Comme en despit du createur
Tiens ton parlement des deesses
Lesquelles le nen suis menteur
On deuroit appeller diablesses.
Et croy que le sathan despit
Conuoiteux de pugnir la gent

Qui ne feust ꝗ ſay ne reſpit
Auoir pour or ne pour argent
Fut curieulx et diligent
Es corps ꝙ̃ telles femmes entrer
Et ſe monſtrer intelligent
Pour faire gens ydolatrer.
Item doit on croire les fables
De celle faignant poeterie
Verbes menſonges bourdes gabes
Telles fait on a la faerie
Poetes nont que bauerie
Et a leur gre font fiction
On ne doit ꝙ̃ leur ienglerie
Entre clercs faire mencion
Auſſi platon les bouta hors
De la cite quil compoſoit
Monſtrant euidemment alors
Que poete riens nuy faiſoit
Conter fables ne luy plaiſoit
Ne ꝙ̃ comedies vſer
Car pure verite diſoit
Choſes ſont pour gens abuſer.
Si ne tiens conte ꝙ̃ tes iengles
Car ſcay que ne ſont que menſonges
A qui tu pourras ſi en iengles
Pris ne puis eſtre ꝙ̃ telz ſonges
Fables en vain forges et ſonges
Par la verite treſbuchier
Et tant fais comme ſe tu ronges
Vng caillou pour oiſe ſuchier.
Louecde quelle deſcouurirent
Toutes les choſes que dit as
Je te reſpons quelles ouurirent
La porte aux frauldes et baras
Pource ſont venus ſi pet as
Enuies murdres roberies

Orgueil gloutonnie cabas
Trahiſons faulſes tricheries.
Telz poetes trop ſe lamentent
Du temps ou ſaturne veſqui
Et kaage preſente lamentent
Diſant malheureulx qui naſqui
En ceſtuy fort eleſie par qui
Peche eſt mis en la chaiere
Et vertueulx fais releuqui
Juſtice boutee au derriere.
En louenge nette et franche
Comme le poete pretent
Le gland mengoit ꝙ̃ ſoubz la branche
Homme ꝙ̃ tres petit content
Ores ſe la peau ne luy tent
Et ꝙ̃ roſtis et ꝙ̃ boulis
Par ordre gloutonnie atent
Broues chaudumiaulx et coulis.
Lors la fontaine ſouffiſoit
Pour la ſoif eſtaindre et paſſer
Or conuient il comment quil ſoit
Pigmens et ypocras braſſer
Et tant ꝙ̃ bruuages entaſſer
On ventre que pis en valons
Vin nous fait vertu treſpaſſer
Et a dieu tourner les talons.
Nas tu iamais ouy parler
De ceſtuy outrageulx buueur
Qui pour le bon vin aualer
Et gouſter ſa bonne douleeur
Pria dieu que par ſa ferueur
Il luy donna vng col ꝙ̃ grue
Affin quen buuant la ſaueur
Taſtaſt deſpace continue.
Cheſcun louffiſt: cheſcun louldroit
Je nen oſte ieune ne viel

Auoir le col et long et droit
Quant il sauoure le doulx miel
Vng chescun prent ioye du ciel
A leure de sa volupte
Mais las: on ne voit pas le fiel
Qui est dedens elle boute.
Puis que nostre langue gouta
Les morceaulx de volupte plains
Et faulx desir si adiousta
Nous auons fait souspirs et plains
Et vers les cieulx tendu les mains
Que moult de choses acquississions
Et que neussions ne plus ne mains
Fors quen grande aise vesquissions.
Les premiers viuans de prunelles
Et sans vin coule ou pressoir
Eurent les vies eternelles
Las a ppine emprez le dressoir
Pourons viure iusques au soir
Tant aions farsis les boiaulx
Gloutonnie ne se peut soir
Destrangler gens de ses noiaulx.
Quāt meilleurs morceaulx on esgorge
Quāt on quiert plus ventre fournir
Tant plus on se couppe la gorge
Et seult on mains net deuenir
Plusieurs sen vont sans reuenir
Par boire et mengier sans mesure
Aux anstres voit on aduenir
Me seserse ou aultre ordure.
Certainement les gras morceaulx
Le bon vin les fortes espices
Font les gens queuir porceaux
Luxurieux fetars et nices
Ilz nous enclinent a tous vices
Tant est souefue leur semonce

Sage est qui aux faulses delices
Du corps entierement renonce.
Ie croy que gloutonnie cause
Le plus de maulx que nous faisons
Et encores plus quelle est cause
Que viuons si briefues saisons
Semble que nous mengons poisons
Au regard de laage passee
Ou ne mouroient les bons hons
Tant que nature fut lassee.
Et quatre ou cinq cens ans viuoiēt
Enuiez de longuement viure
Grāt corps beaulx nez toꝰ ilz auoiēt
Et puissance aperte et deliure
Et qui pseroit a sa liure
Lung de noꝰ plains contre leurs os
A peine se pourroit consiuire
En pesanteur dire le los.
Et touteffois ilz ne seicherent
Lesturion ne la lamproie
Ne par la haulte mer pescherent
Ne affaicterent oiseau de proie
Sil fault que les saiges on croie
Chiere leur fut bien vne abouse
Sans auoir espice quon broie
Ne le saulpiquet que soy couse.
Si ques mal ne sesmerueilloit
Plinius le bon naturel
Quant a ceste chose pensoit
En sa chambre ou sur le turel
Car semble cours innaturel
Que nous viuons si briefue espace
Et si tost peau laisse et burel
Homme: qui six vingz ans ne passe.
Ou semble que le ciel soit las
De mouuoir et nous gouuerner

Et que le temps de dire helas
Ou orrons les dyables tonner
Esperis en leurs corps retourner
Anges crier au iugement
Approuchez sicques et finer
Nous fauldra tous hastiuement.
Mais lon ne voit es planettes
Nen tout le ciel mutacion
Pourquoy noz natures maluettes
Plus tost preignent corrupcion
Le ciel a vne mocion
Celle mesme du premier iour
Et ne fait alternacion
Dont nous aions maindre seiour.
Si fault dire que les malices
Vices et pechez corrumpuz
Et les ennuielees delices
Dont tous noz mebres sont rompuz
Font les corps febles et rompuz
Et mettre a desconfiture
Corps et ames sont destompus
Par nostre bonne consiture.
Au bois sont les sauluaiges hommes
Gros loing tant corpruz tant fors
Seans se font en maugier pommes
Digniens sommes en noz fors
Pour gourmander a grans effors
Greuons nostre nature tendre
Laquelle ne demande fors
Vng peu de fruict ou chose meindre.
Diogenes de sa potee
Fut plus content que lepreuse
De choulx ou dung peu de puree
Pouons nous contenter nature
Que fault il auoir tant de cure
Et de si long temps pourueoir

Aux morsiaulx qui par leur ordure
En la fin ne daigne on voir.
Dont viennent guerres et assault
Trahisons murtres et pillages
Dont capitaines et vassaulx
Apatissent bourgs et villages
Dont par les mers et les orages
Bastean nauiant et leuant: mae
Rage dauoir: ardant courages
Rompt ainsi humain estomac.
Rage dauoir qui les cuers hours
Et trait a maluite conuoitise
Depuis a fait mettre or en coupx
Et treuue le sens et maistrise
De monnoier cheseun atise
Maintenant a nestre content
Tout cuer humain se gaste et brise
Pour auoir ce a quoy il tent
Depuis mydas a desire
Que tout ce quil attoucheroit
Deuint fin or ou bien dore
Rage dauoir trop se feroit
Point dauarice ne seroit
Se lon ne voit les metaulx
Et iamais homme ne feroit
Vng millier de pechez mortaulx.
En serchant vaines et minieres
Pertus et cauernes hideuses
Pour auoir de toutes manieres
Metaulx et pierres precieuses
Et ne sont personnes heureuses
Se nont pierres or ou argent
Robes et richesses pompeuses
Cest auarice qui art la gent.
Qui a les biens il semble roy
Orgueil ainsi les gens abuse

Elle met Barbes en arroy
Affin quapres elle son muse
Et tout le temps employe et vse
Que se puist des aultres tirer
Hommes selon soy ne sceuse
Quil ne veuille aultruy maistrier.
Et ire aussi vindicatiue
Chescun veult pillier et fouler
Se personne luy est retiue
Et ne veult glasser ou couler
Ne finera de rebouler
Et de recepuer hors et entre
Iusqua ce que batre et rouler.
Luy aura fait et dos et ventre.
Depuis enuye sur le pie
Morte de rage languissant
Celle soit vng brain de pourpie
En ton iardin bien flourissant
Par sa poison cuer pourrissant
A charite mortifie
Je ne loy homme nourrissant
Amour: ien suis certifie.
Or ne scay qui me respondra
La cause pourquoy les seigneurs
Sen orgueillissent: on vouldra
Force dire ilz sont les greigneurs
Saincte marie que donneurs
Et dont vient leur preeminence
Sachons aux bons freres mineurs
Sil accordent ceste sentence.
Vng seul adam fut qui sema
Lumaine generacion
De celluy dieu qui tout forma
Semblable a nostre creacion
Dont se rien vault libacion
Freres sommes nous tous ensemble

Et ne vient la presumpcion
Par nature comme il me semble.
De ce se deussent recorder
Ceulx qui sont plus hault esleuez
Pour humblement soy racorder
A ceulx qui soubz eux sont greuez
Mais ainsois seroient greuez
Dorgueil, et a la teste enflee
Murmureroient comme aueuglez
La plus part du monde est soufflee.
Je niacorde et aussi le fault
Que nous aions princes et roys
Pour gouuerner: et se deffault
Corriger et les desarrois
Mais les couraiges fiers et rois
Nen deussent pource deuenir
Veu que de semblables conrois
Dieu fait tous au monde venir.
Mais quant se voit auironne
Comme de choses terriennes
Ou que se sent roy couronne
Ne daigne les choses moiennes
Orgueil luy en baille des siennes
Croire luy fait sil est iect a point
Que des vertuz celesticiues
Doubte ne voit il auoir point.
Le roy nabugodonosor
Le fier le dur et seingneurie
Pour son auoir pour son tresor
Orgueil auoit tant enseigne
Quil cuidoit bien auoir gaigne
Quoy deust adorer son ymage
Tout orguilleux est engaigne
Quant chescun ne luy rent hommage.
Dont est tant de sang espandu
Dont sont tant de pais destruitz

Dont a on tant de gens pendu
Dont sont les noises et les bruitz
La principale cause truis
Couuoitises & biens mondains
Dõt cuers humains sont ars et bruis
Et vieulx diables & ieunes saincts.
Ainsi a cause de ces biens
Lesquelz folement couuoitons
Car tous ne sont neãt plus q̃ fiens
En peche noz ames boutons
Se nous auons nous ne doubtons
Ne dieu ne sa benoiste mere
Mais q̃ tousiours plus hault mõtõs
Toute vertu nous est amere.
Ainsi iustice la tres bonne
Allee en est dont elle vint
Veant que sa loy et sa bourne
Ung tout seul des hommes ne tint
En bas puis elle ne teuint
Ou hault ciel fait sa demeuree
Oncques pis au monde naduint
Quant elle ny est demeuree.
Plus ny est comme leuangile
Il est vray regardez par tout
Jen appelle a tesmoing Virgile
Qui la serecha de bout en bout
La bonne dame oncques ne voult
Estre auec ceulx qui ne lamoient
Dont ceulx esquelz charite bout
Or en lamentent et larmoient.
On a voulu auoir champ art
Et la terre proprietaire
Chescun a embrassie sa part
Par auarice solitaire
Deuant le temps au roy clotaire
Neusmes nous la terre commune

Et ny a cil du presbytaire
Qui ne vueille tirer pour lune.
Et cuide moy que la cibelle
Laquelle souloit de bon pur
Getter ses biens quint rebelle
A leure quelle vist le iour
Et la haie assembles sur
Ce quelle enuoioit en commun
Car elle vouloit ien suis seur
Quautant en eust laultre que lung.
Si la fault ores entamer
Percer & hacher et de socz
Fumer arrouser et semer
Purgier de pierres et de bocz
Et semble quon tire a vng hocz
Ce que souloit de graice pleine
Donner: car il nest roy ne rocz
Qui maintenant ait bien sans peine.
Au premier temps que lespỹ gtenu
Croissoit et amenoit son per
Le fruict pendoit gros et menu
Sans enter arbre ne couper
La table a disner et souper
Tousiours fut preste aux terriens
Las or fault la terre frapper
Auant quelle porte riens.
Quant il neisoit ou pluye ou uut
Ceulx qui estoient mal couuers
En lieu de maison ou dauuent
Se mettoient soubz les arbres verds
Et se le froit fut trop peruers
De chaulde mousse se fourroient
Je ne voy maintenant couuers
Qui teste a sure vouldroient.
Je croy quadam aussi enoch
Souuét leur pouure cher couuroient

De quelque escorce faicte & nouee
Quãt froit ou chault trop fort sentirẽt
Et se dauenture ilz vestirent
Peaulx ᵭ moutons ou ᵭ berbis
Vous ᵭbuez croire quilz en firent
Comme ᵭ leurs meilleurs habis.
Or fault tondre laigneau velus
Faire escarlate et graine tainte
Tistre cramoisi et velus
Auoir robes ᵭ guise mainte
Lune en bas coulant laultre estraite
Lune simple laultre a deuise
Or en est la saison estainte
Or vient qui daultres en deuise.
Or semble estre vng ieu de batreaulx
Des gens qui sont parmy le monde
Vestus de robes de manteaulx
Les vngs si ont la manche ronde
Cestuy porte queue da ronde
Et toy espase de mouton
Voulez vous que ie vous responde
Trestout ne vault pas vng bouton.
Democritus souloit soubrire
De la mondaine abusion
Ores a plain denroit il rire
Sil voit la conclusion
Et la grant dissolucion
Des habis que souuent haussons
En laquelle imitacion
Les grans ensuiuent les chansons.
Dyogenes en son tonneau
Tournant au vent de tous coustez
A tout son viel et ort pruneau
Ester y debuvroit escoutez
Et dire visins escoutez
La folie que les gens font

De la queue ou me suis boutez
Ie voy que tous se contrefont.
Des princes ne se trufferoit
Et de leur grand mondanite
Et par mon ame si feroit
Il diroit que leur dignite
Fondee en grande vanite
Naime sagesse ne vertu
Et qui ne fait seur voulente
Il nest pas prisie vng festu.
Quant en verroit ilz gouuernez
Ou auisez en leurs affaire
Par les sages moriginez
Ausquelz ne verroit plus tost plaire
Vng flateur qui ne se scet taire
Vng farseur ou vng lisse losse
Vng iengleur q̃ maint tour scet faire
Qung sage hõme et vray philosophe.
Ou coquinet ou vrligay
Ou colart ou boiteux ou court
Ou tabary ou petit gay
Ou vng yurougne ou vng fol lourt
Ou vng flateur mauluais assourt
Ont vers eulx plus dauctorite
Que les sages hommes dont soirt
Toute vertu et vrite.
Il ne fault plus estudier
Ores pour honneur acquerir
Car cest mestier pour mendier
Et pour honteusement mourir
Or voit on folie flourir
Et receuoir par tout le monde
Le hault tresor que conquerir
Deussent sans prouesse et faconde.
Au maius se ceste epydimie
Regnast entour eulx seulement

Qui les cheueulx chenus uont mie
Et sont de ieune sentement
Mais non:a ceulx communement
Les tres plus sages appellez
Sont de cestuy enchantement
Plus lourdement enchappellez.
Je ne puis taire escrite
Nauez vous cogneu clerement
Que plusieurs ont bien merite
A viure deshonnestement
Et ont este tres haultement
Pourueuz pour raisser et pour boire
Ou pour faire vng adiournement
Sans serge:il est a tous notoire.
Aulcuns de noz seigneurs de france
Nont ilz souffert quen table pleine
Quelque paillart a grosse pance
Fist ou deist chose vilaine
Sle donnoit on pris ou estraine
Au plus punais au plus camus
O chose fole:o chose vaine
Vierge marie quel abus.
Mais aulcuns affaitiez flateurs
Voulans par fine flaterie
Epcuser princes et seigneurs
Respondent:que leur seignourie
Seroit tantost morte ou perie
Silne sesbacoient souuent
A quelque baboynerie
Par ma foy ce nest fors que vent.
Ilest moult de diuers plaisirs
Que lon peut prendre honnestement
Non ne peut pas tous ses desirs
Fournir:et viure sainctement
Et quant on est plus haultement
Constitue:de tant dit on

Viure plus virtuesement
Jen appelle en tesmoing cathon.
O abus tu as trop regne
Abus abus tu as en france
Le de a ta poste mene
Trop as tu gouuerne ta chance
Dieu te doint la male meschance
Telle que nous apperceuons
Noz seigneurs auoir cognoissance
Deulx:des mauluais et des bons.
Quant des folz vous vouldres esbatre
Seigneurs ie le dis plainement
Nen retenez ne trois ne quatre
En prenant vostre asbatement
Vous vous foules plus lourdement
Que nesun fol que vous soiez
Par vostre fol gouuernement
Vous et le monde desuoiez.
Si te respons quiconques ait
Descouuert ses biens temporaulx
Certainement il a malfait
A tous les hommes corporaulx
Car par eulx viennent tous les maulx
Qui ou monde sont et seront
Et les courages des mortaulx
De les amer ne cesseront.

¶ Le champion a la matiere que laduer
saire a introduicte : come par maniere
de suiure:respond et monstre le contrai
re:en luy recordant lexces et labus de
plusieurs:comme de prelatz et de leur
gouuernement.

Ne chose que lon sache querre
Ne nous fait bouter en sepulchre.
De poetes nul ne mesdit
S'il ne scet cela quilz faisoient
Et premierement estudie
De quoy et pourquoy ilz parloient
Et lors il verra quilz nestoient
Bourdeurs ou tengleurs sans science
Car des choses ilz ne traictoient
Sans en auoir experience.
Platon quant il imaginoit
Vne cite bien gouuernee
Dehors elle ne se mettoit
Comme personne dart dampnee
Mais car ieunesse forsenee
En leurs comedies et ieux
Estoit: et si tres effrenee
Que pour vng pie en prenoit deux.
Aussi tous ne sont dune guise
Lung resiouist tant seulement
Laultre sentendement aguise
A chose de grant sentement
Laultre descript couuertement
Des fais des hommes et des meurs
Chescun en fait diuersement
Pour le prouffit des auditeurs.
Leurs liures mal serche et esple
Qui dit que leurs dis autant valent
Comme dung gay ou dune pie
Qui sans science on prouffit parlent
Pour certain iamais ne se gastent
En langaige doulx et plaisant
Tant qua pvint les morceaulx dise sylee
De quelque sentence prisant.
Et qui leurs manieres desprise
Demande pourquoy ihesucrist

Se tu scez quicte leu iouer
Dist lautre et ioieusement bordes
On ne ten dit pource louer
Mais certes en vain si tabourdes
Destrange matiere te bourdes
Pour mattrapper au trabuchet
A qui tu des vendre tes bourdes
Jen donne assez pour vng niquet.
Le sophiste maistre en logique
Que ne peut son ennemy vaindre
Par quelque falace il sentrique
En aultre argument pour ladioindre
Et scet si soubtillement ioindre
La matiere en quoy il se lance
Polir: et de doulx parler oindre
Qui saura de troc ou de lance.
Tu as fait vng long preschement
Des prebez qui sont sur la terre
A dire vray moult nissement
Car qui vouldra parfont enquerre
Et tout compasser a lesquerre
Il trouuera que vin ne sucre

q

Qui scauoit toute la maistrise
De bien parler et faire escript
Si souuent sermonna et dit
Ses paraboles moult couuertes
Et en parlant tousiours ne fit
Toutes ses parolles ouuertes.
Et si ont souhedie ceste aage
Ou lon mangoit herbe et racine
Cestoit pour mater le couraige
Des gloutons amans la cuisine
Et de moustrer que la saisine
Des biens mondains nest rien en somme
Et quauarice a poy rasine
Engluie le cuer de maint homme.
Silz ont mauldit nef ou galee
Blasmer nous peu plus doulcement
Vostre quarite fort soillee
Silz ont mauldit semblablement
Espieux espees ou ferrement
Cest affin que vous entramez
Mais saichez que principalment
Soubz tel langaige estes blasmez.
Voulentiers ie te respondisse
Puis que suis si auant entre
Sa faire fin ie ne tendisse
Du propos que iay atoute
Mais tu mas le chemin moustre
De coq en lasne reculer
Si que tu seras rencontre
Et combatuz a brief parler.
Quant ie pense a la charite
De nostre dieu certainement
Ie suis de sens desherite
Ne scay que die bonnement
Tous nous a il habondamment
De bien donne que nous auons

Tout cestuy monde entierement
Mais entendre ne le scauons.
Il a fait anges congnoissans
Clers legiers soubtilz impassibles
Cieulx estoilles resplendissans
Elemens ensembles paisibles
Oisiaux poissons bestes sensibles
Par tout a sa bonte espars
Mais se ne sommes insensibles
Les biens auons de toutes pars.
Par engin sommes entendans
Semblables aux intelligences
Raison nous fait a Dieu tendans
Par noz deuotes diligences
Que se ne sont noz negligences
Lune et soleil surmonterons
Et des terriennes pestilences
Lassus en gloire monterons.
Et pource portons nous en signe
Col droit et visaige dresse
Affin que tousiours droite ligne
Layons au retour adresse
Et que lentendement presse
Ne soit point du terrien trousse
Nen sa cage si engresse
Quil ne puist reuoler au ciel.
Aultre sensible creature
A la feste ou elle retourne
Et semble que de sa nature
A faire humilite satourne
Vers homme qui va en contourne
Par la terre seigneur et maistre
Pour luy le lion se destourne
Ours et toreaux laissent le paistre.
Capitaine est de ce chastel
Dieu luy a donne a garder,

En terre et mer sans bastel
Peut il tout prendre et garder
Mais bien se doit contregarder
Quil nen vse nen mal nen honte
Car ia ne pourroit accorder
A son maistre en la fin du conte.
En signe de ceste puissance
Dieu les bestes fist conuenir
Deuant adam: qui congnoissance
En eust: et ses sceut retenir
Qui comme il vit appartenir
A leur nature les nomma
Lors & ce que &buoist tenir
Deuant dieu le nombre somma.
Ainsi seurement ie maintien
Que comme tres bien moyenne
Le bon ange celestien
Est maistre et seigneur ordonne
Par dessus tout ce qui est ne
En terre en lair et en mer
Dieu pour luy ce monde a orne
Tel quil est: tant le vult amer.
Sil veut vser de ce que dieu
Luy a baillie entre ses mains
Et tendre rethz et fichier pieu
Pour prendre cerfz biches et dains
Vestir & souz et draps bien tains
Toutes minieres descouurir
Viure conuient ie suis certains
Et sa et la seugin ouurir.
Ne se &buroit dieu courousser
Et repentir de ses beaulx dons
Sil nous regarde conuerser
Entre les asnes aux chardons
Et espartir par les buissons
Courir comme font les reguars

Autāt vauldroit que nous fussions
Bestes sans sciences et sans ars.
Par droit firent hommes citez
Quant par nuy les foretz crcoient
A faire chasteaulx et citez
Esquelz ensemble &mouroient
Affin quant plus sentrameroient
Par amour sentrebrassassent
Et iusques a ce quil mouroient
Leurs iours en charite passassent.
Au commencement qui premiers
A ceste besougne penserent
Et les poures gens des fumiers
Aux bons hospitaulx emporterent
Et aux ydiotes monstrerent
Ars et mestiers en ville idoynes
Dont honneste vie apresterent
Louez le saige ysidoynes.
Les gens &dens la ville enclos
Chescun a par subtilite
Son engin ouuert et desclos
A aulcune nouuellete
Femme a pestit et bullete
Et tissu chemise & lin
Et homme plus dur a porte
A son col le ble au moslin.
Grans et diuers sont les estudes
De nostre humaine policie
Que iamais neurent les gens rudes
Demourant au pais & sichie
Et sachiez que cite bastie
De bonnes ars et meurs courtoises
Mieulx vist on sans foy repentie
Que au bois mangant &s frāboises.
Tu me diras vices empeschent
En cite tout homme viuant

q ii

A qui tient il: ny sont qui preschent
Et le derriere et le devant
Ny peut on viure en dieu seruant
Selon ses commans et ses lois
Si fait ie diray plus auant
Et encor estre bon galois.
A viure vertueusement
Nempeschent perdris ne faisans
Ne draps tant precieusement
Ne tresors ne dames plaisans
Ne sommes nous pas souffisans
De prendre telz biens a la vie
Sans ce qui nous soient nuisans
Nen gloutonnie nen enuie.
Que ten chault il se tu regardes
Tes voisins & fortune plains
Se perfaicte charite gardes
Ne kulp ne tes aultres te plains
Et se tu vois les seigneurs pains
Ou couuers dor tout a lentour
Ne peuz tu dire a toy compains
Chescun ne peut faire ce tour.
Cest de droit diuin et humain
Que nous aions des souuerains
Et des seigneurs qui soubz leur main
Gouuernent comme prismerains
Les citoiens et les forains
Les vertueux guerre donnans
Les mauluais & pledz et & mains
A iuste peine habandonnans.
Se tu es roy constitue
Dessus le peuple & toy maindre
Se & sens nes & stitue
Tu sces que tu & uendras tendre
Comme les aultres: si peuz prendre
Humilite perfaicte en toy

Maint prise as cuide dorgueill fendre
Que raison a mis en chastoy.
Le roy est vestu de drap dor
La royne de cramoisy
Jen suis content soit ainsi or
Et adam buing belin ny sy
Compains se requiers muse y
Et prises aup gens et aup temps
Et quant tu auras tout choisy
Je croy que tenourras contens.
Il fault seruir au temporel
Et monstrer la magnificence
Car le couraige incorporel
En garde plus & reuerence
Plus de craincte et dobedience
Vers dieu le prince et prosme
Des gens fault faire difference
Malgre quen aient les boesmes.
En ensuiuant la gerareshie
Danges et dareshanges benois
Auons en nostre monarshie
Petis moiens gteigneurs et roys
Si doit ou se ne iuy congnois
Chescun en son taist & incilter
Et selon quil a & tourne lors
Et de puissance soy parer.
Or argent diamans rubin
Ne loyaulx que royne porte
Ne dampnent gaultier ne robin
Se par raison il se & porte
Tous qui entrent par vne porte
Ne sont equallement receuz
Aup vngs pain et vin on aporte
Les aultres ne sont apperceuz.
De tous qui en ce monde viennent
Aussi est il pareillement

Les aulcuns grans maistres deuiennet
Et de dieu ont lauancement
Ou fortune amiablement
Du bon tonneau luy donne a boire
Laquelle na aulcunement
Des aultres pitie ne memoire.
Or vas tu et viens par les voies
Et les quarfors beaulx et plaisans
Et ne peut estre que ne voies
Aux quabaretz perdris faisans
Vins enmyellez fors frians
Changes: et draps pleine bouticle
Aux fenestres dames luysans
Comme sfy cristal ou beriele.
Des choses vois plus dung millier
Qui nestoient ou temps passe
Dont ne se sceurent esueiller
Ceulx que piera sont trespasse
Mais se raison ait compasse
Ton sens ainsi quelle doit faire
Tout lor de ce monde amasse
Ne te pourroit a peche traire.
Quant rompre on peut la roitz q̃ tent
Sathan sur la chose mondaine
Tout bon cuer doit estre content
De luy donner assez de peine
Nous pouons par force haultaine
Passer les choses temporelles
Par voie droicte et certaine
Tirans aux espirituelles.
Mais en vray: trop de legier
A peche sommes enclinez
Par conuoitier ou par mangier
Pourquoy ne vous en destournez
Pourquoy nestes enclinez
De raison que boutez au loing.

Se Elle conte ne tenez
Elle vous fauldra au besoing.
Tout aussi bien vng glouton peche
En mangant vne baguenaude
Vne chastaigne ou vne pesche
Come en mengant la perdris chaulde
Se la voulente nest trop baulde
Et trop son plaisir ne poursuit
Ains lappetit reclout et saulde
Gloutonnie pas ne sensuit.
Pareillement daultre entens ie
Dorgueil denuye et de luxure
Que quant la voulente se renge
Dessoubz raison et est plus seur
Contre la pointe et la morsure
Du diable ou du bestial chatiel
Vertu ioyeuse et sans blessure
Hardiment se tient au crenel.
Nostre vie nest quung droit ost
Et vne bataille tres fiere
Incontinent nous nez tantost
Appertient il que chescun fiere
Qui se vouldra musser dartiere
Peu aura de los et de pris
Bon combatant a la frontiere
Se tient: et ne craint estre pris.
Et prent grant soing et fort courage
Quant voit ladnersaire saillant
Et plus a de force et de rage
Quant plus se regarde vaillant
Lors nespargne dos ne taillant
Lors a le bras bien desgourdi
Des horions quil va maillant
Vng mur seroit bien estourdi.
Aussi vng bon homs ne sesmaie
Quant les trois ennemis lassaillent

q iii

Sa raison a fichee sa haie
Autour en vain beent et baillent
Pource ceulx tres grandement faillent
Disans les biens mondains nous gastent
Car se les ennemis leur baillent
Assault: pourquoy ne se combatent.
Se nous voulons tenir vigueur
Ainsi que sa & buons avoir
Mercions dieu & sa rigueur
De la bataille et du devoir
Que peche font pour nous avoir
Car en fin confus sen iront
Le devons faire a dire voir
Au mains les saiges le diront.
Ne vueil parler de nostre pere
Premier: quand droit et a raison
Ung temps fut quil navoit compere
Qui laidast a faire toison
Ou chasser a la venoison
Ou peschier a fil ou a roitz
Ou faire logette ou maison
Si non & la mousse du bois.
Mais sachent tous quen paintes sales
Nous pouons vivre humainement
Et netz courages non pas sales
Avoir: ie te diray comment
Se nous vsons molennement
Des biens & terre et & ses dons
Sans y fichier sentendement
Le lieu celeste ne perdons.
Ne pour ce knulz se soustenir
Lorgueil la pompe et le boubant
Ne les abus quon seult tenir
En sale: et en pas de brabant
Les pechez ne loy se gabant
Mais ie dis q mondaines choses

Ne sont les vertuz destrobant
Ains les voulentez trop descloses.
Ne pas dis que Democritus
Ne Dyogenes ne rioient
Des princes et de leur abus
Tant seulement sil les voient
Car des plus hault clers que viroit
Des conseillers dabbes veusques
A scauoir se il se faisoient
Des cardinaulx du pape avecques.
Par tout est mal: mais qui est ce
Car vous clers & sens rassottez
Qui ne deburez avoir tache
De ces mondaines vanitez
Vous estes ceulx qui vous boutez
En la farse plus lourdement
Voire qui les pechez flatez
En querant vostre avancement.
Pourquoy ne seroit vng fol nacre
Receu a la court grandement
Quant chescun vous y voit embatre
Pour folier plus haultement
Ne voit on pas communiement
A tous vos chappes et sarros
Humer le brouet plainement
Des princes & roys et & les rotz.
Helas se tant en humissiez
Que le peuple sen engressast
Et es cuers de princes missiez
Iustice qui les embrassast
Droit seroit quon vous exaulsast
Mais non par la vierge du puy
Helas qui iamais se pensast
En mal fait leur faictes appuy.
De leur avarice affamee
Vous estes les maistres veneurs

par vous perdent leur renommee
Car vous les faictes capitaines
Et tandis quen vous gouuerneurs
Comme en saiges testes se fient
Leurs biens richesses et honneurs
Se perdent gastent et sen fuyent
Voz soubtilles inuentions
Nont elles pas semé en france
Gabelles imposicions
Maltoutes et aultres meschance
Et puis vous qui sçauez la lance
Gouuerner comme vne espaulee
Nauez vous eu la congnoissance
De la guerre en toute maniere
Depuis que les mittres voulurent
Le fait des bassinetz sçauoir
Et les bastons tronchus costurent
Aux crocetes lances leur debuoir
Vous nauons peu apperceuoir
Que france seust la baniere
Telle quelle souloit auoir
Chescun faisant sa chastumiere

¶ Le champion entreiecte de ce monde
aulcunes questions et arguments en
demonstrant sa ruine.

Q uant a ce que parlez du siecle
Et de noz ans qui sont si cours
Iurant saict mor et saicte tecle
Que nous en aurions plus cours
Que les manieres et les mours
Tenions de laage de hestre
Certes mon amy par amours
Ne dis plus ainsi cest folie.
Je sçay bien que plusieurs se tuent
Ou viuement de vins pourris

Ou de salaire ou de vins puent
Quant soient en superflus nouriz
Que se les herbes du largris
Eussent mangie vng seul pain dorge
Des gloutons ne se fut on ris
Qui se sont penduz par la gorge.
Mais comme tousiours te proteste
En parlant de vin ou de saulse
Mesure fait toute la feste
Et nature soustient et haulse
Quant les sopins et les trais taulpe
Et liure au bec par porcion
Vrayement volupte la faulse
Faire ny peut extorcion.
Bien est vray que tantost mourrons
Lessans noz corps a pourriture
Et ingnis en vie demourrons
Que lanctenne creature
Et nauons grande pourtraiture
Comme les geans espaulus
Et semble que nostre nature
Soit folee et nen puissions plus.
Je nose parler de la fin
Du monde ainsi que entens
Et puis imaginer affin
Que nen soiez tres mal contens
Aussi seul dieu omnipotens
Le sçet nonques se reuela
Toutesfois seurement iatens
Que vne fois dirai le rez la.
Et suir ne fault aristote
Qui preuue le monde eternel
Sa sentence au feu les gens boute
Car celle a peche criminel
Platon et ceulx de son tinel
Direnv trop mieulx il est notoire.

q iiii

Que les cieulx solitaire et luniel
Auront mouuement transitoire.
Lactence a dit ne scay comment
Que le monde seroit fine
Quant le ciel par son mouuement
Auront sip mille ans parfine
Et ont ainsi determine
Car comme sip iours labourer
Dieu voulut: et loeuure a fin mener
En repos a sa demourer.
Ainsi les sip mille ans coulez
Qui ne sont de sip iours a luy
Ciel de mouuoir sera foulez
Et toute chose aura ennuy
De son trauail: et ainsois luy
Que demain vouldra reposer
Je ne scay pas desquelz ie suy
Quant toy largument proposer.
Aultres redient quantecrist
Est la ne de nouuain sacree
Et sen vient contre ihesucrist
Preschier en chescune contree
Or sera la foy dessaulcee
Et crestiens persecutez
Se le vray dieu ne nous recree
Tantost serons expecutez.
Bien scay que le ciel cessera
Son mouuement: cest nostre foy
Mais on ne scet quant se fera
Dieu le scet trestout aparsoy
Et pource quant parler le oy
Tel et tel comme secretaire
De dieu: sachant et quant et quoy
Bonnement ie ne men puis taire.
Bien confesse que nous sachons
Que de ce iour grant et horrible

Incessamment plus approuchons
Quant plus le temps q court est rible
Plus tost que leaue par ung crible
Ou le vent qui parmy lair va
Et qua scoir le iour terrible
Chescun au matin se leura
Cest nostre fin: cest nostre terme
Cest la nostre seule iournee
Deuant le iuge iuste et ferme
Est la creature adiournee
Elle est publiee et tournee
Pieca des le commencement
Aler y fault sans retournee
Rien ny vault le delayement.
Si mest aduis pour retourner
Au propos: que nous deuions mais
En terre viure et seiourner
Que ne firent les premerains
Raison: car nous sommes daralus
Et de celle grant fin plus pres
Si deuons estre plus prouchains
De passer et courir apres.
Ceste chose assez nous appert
Car tout naturel mouuement
Est plus legier et plus appert
En la fin quau commencement
Jettez la pierre haultement
Vous verrez quelle descendra
Plus tost et plus appertement
Quant de la terre pres vendra.
A sa fin toute chose tire
Car son repos en elle prent
Et se par force on la retire
Vers elle se chemin reprent
Cest nature qui tout aprent
Laquelle on ne peut destourber

Si est moult fol et bien mesprent
Qui Nule a pointe regimber.
Faicte est doncques nature humaine
Nompas pour en terre touchier
Plus se haste et embrasse prine
Quant plus pres se voit approuchier
De sa fin: et pour latouchier
Vole plus que la plume a mont
Dont a mourir et a couchier
Plus tost nature se semont.
Toutesfois aulcuns dire veulent
Quil est une isle ne scay ou
Ou les gens toudis vivre seulent
Ou on ne meurt ne peu ne prou
Ne scay sils entendent du trou
Ou la sebille fait merueille
Quant a moy len croy aussi pou
Que de songes ou de foles veilles.
Mais se sa mienne opinion
Daultre creance rencontrez
Car ce nest diffinicion
De conseillés ou de mieulx lettrez
Et se ou monde me moustrez
Ung golias ou ung cacus
O briareus au piedz feutres
Ou antheus ou polisphenus.
Semble que nature soit lasse
Ou visitee pieca
Car oultre gens moienne et basse
Long temps a que ne sauanca
Et alesgrement sefforca
De faire grans et fors geans
De prtis de la et de sa
Clerement le sommes rans.
Comme en larbre ses premiers rains
Sont plus grãs meilleurs et plus fors

Que les rettons et les refrains
Semble ainsi que les humains corps
Qui sont partiz et issuz hors
De cestuy qui fut mary seue
Et fist en la pomme le mors
Les desrains aient mains de seue.
Et ceulx dapres nous plus meschãs
Comme ie puis coniecturer
Seront a la ville et au champs
Et si les verrons mains durer
De ce ne vueil ame assurer
Souuuenir y peut accident
Mais ne men cuide partirer
Car il est assez euident.
Filer lathesis et cloto
Voit on continuellement
Mais antropos tantost clouft o
Et rompt les filz ne scay cõment
A paine est le commencement
De vie nis sur le mestier
Quant le tire a definement
Et met au fons de son ratier.
Se mes vieulx us semblent folie
Ou pronõce trop folement
Sainct gregoire en vne omelie
Lisez le vous pry chierement
Car il compare pleinement
Laage premeraine a ieunesse
Et celle ou nous presentement
Viuotons: rapporte a viellesse.
Car comme en ieunesse le corps
Est en ses membres vigoureux
Les bras sont plains nerurs et fors
Le sang bouillant et rigoureux
Iambes et piedz auentureux
Visaige ouuert ioyeuse chiere

Tout y est vert et amoureux
Toute chose en jeunesse est chiere
En vieillesse par le contraire
Toutes les vertuz samortissent
La teste crolle et le vlaire
Palist et les nerfz senroidissent
La voix deffault dures souspirs issent
En lieu de parolle joieuse
Toutes choses anientissent
Vieillesse est une aage piteuse
Ainsi dist ce vaillant docteur
Cestuy monde au commencement
Eust de puissance et de vigueur
En tous ses membres largement
Mais on voit ores clerement
Regardez le moy soir et main
Quil est prest du finement
Et a la chandelle en la main.

Le champion oeuvre et desclaire que
la legierete des engins de maintenāt
argue la fin du monde tel surce parle
de la perfection des ars presentes.

Mais tu me demanderas force
Et a occasion tres bonne
Dont vient q̄ nature sefforce
Plus a lengin de la personne
Maintenant a ung enfant donne
Plus de sens a neuf ou a dix
Comme chescun le voit quon ne
Veoit les anciens jadis.
Certainement tout vray est il
Quenfant est plus tost cognoissant
Or est a lengin plus soubtil
Acu soudain et ravissant

Et nest si tost du bers issant
Quil est jalicieux et cault
Le fait nature la puissant
A qui grandement il en chault
Elle nous voit de briefve vie
Et que narrestons ung moment
Et pource la sage a envie
De nous introduire forment
Si ainsi se sentement
Donne et sauance tout acop
Comme disant faisons briefument
Cestuy cy ne vivra pas trop.
Et aussi aultre cause y treuue
Car des anciens nous avons
Lart sepperiēce et lespreuue
Et les choses prestes trouuons
Si nest merveilles se sçavons
Plus tost ou plus quilz ne sçavoient
Car encores nous adioustons
Beaucoup aux choses q̄lz trouuoiēt
Pour le temps du mauluais cain
Quant jubal trouua la pratique
En escoutant tubalcain
Accorder les sons de musique
Lart ne fut pas si auctentique
Quelle est au temps de maintenant
Aussi fust la rethorique
Nle se parler si advenant.
Tapissier carmen cesaris
Yla pas long temps bien chanterent
Quilz esbahirent tout paris
Et tous ceulx qui les frequenterēt
Mais oncques jour ne deschauterēt
En melodie de tel chois
Le mont dit qui les escouterent
Que guillaume du fay et binchois.

Car ilz ont nouuelle pratique
De faire frisque concordance
En haulte et en basse musique
En fainte en pause et en muance
Et ont pris de la contenance
Angloise: et ensuiuy dunstable
Pourquoy merueilleuse plaissance
Rent leur chant ioyeulx et notable.
Des bas et des haulx instrumens
On a ioue le temps passe
Doubter nen fault tres doulcement
Chescun selon son pourpense
Mais iamais on na compasse
Ny doulceine ny flaiolet
Le quint na gueres trespasse
Faisoit: appelle Verdelet.
Ne face on mencion dorphee
Dont les poetes tant descripuent
Ce nest quune droicte saffee
Au regard des harpeurs qui viuent
Que si perfaitement aiuuent
Leurs accors et leurs armonies
Quil semble et fait quilz escripuent
Aux angeliques melodies.
Tu as bien les anglois ouy
Iouer a la court de bourgongue
Na pas: certainement ouy
Fut il iamais telle besongue
Iay veu binchois auoir vergongue
Et soy taire empres leurs rebelles
Et du fay despite et frongue
Quilz na melodie si belle.
Se tu parles dart de paintrie
Distoriens denlumineurs
Dentailleurs par leur grand mestrie
En fut il oncques de meilleurs

Va Voir arras ou ailleurs
Louurage de tapisserie
Puis laisse parler les railleurs
De launcienne pelleterie.
On a trouuequi haultement
De prouesse cheualereuse
Et fit on quanciennement
Estoit chose moult merueilleuse
Mais par la Vierge glorieuse
Oncques ne fut si dure guerre
Si aspre ne si furieuse
Quelle est ores par toute terre.
Comme sest on asoubtille
A enuahir et a deffendre
Comment est on or habille
I peut on oultre plus entendre
Se cesar conuerty en cendre
Guerrioit maintenant en france
Certes il luy fauldroit raprendre
Le fait des armes et lusance.
Alexandre par sa conqueste
A fait de luy maint liure escripre
De scipion fait on grant feste
De hanibal ne fault il dire
Ne de Brieulx qui fist tant bruire
Ses armes ou mylieu de rome
Malgre tout le romain empire
Comme hardy et vaillant homme.
Moult de preux hommes et entiers
A lon veu anciennement
Qui ne firent oncques du tiers
De ce quon fait presentement
Car qui auisera comment
Francois et anglois sentretuent
Il sesbaira grandement
Comment gens ainsi se suertuent.

Se tu me parles de clergie
Je te respons ouuertement
Soit phisique ou theologie
Quelle est congneue plainement
Et quon scet v'ritablement
Plus de choses ie lose dire
Que on ne sceut anciennement
Ce dit senecque le bon sire.
Science est comme vng puis parfont
Que les anciens descouurirent
Ou les nouueaulx engins parfont
Ce que les vieillars ne parfirent
Tousiours auant piquent et tirent
Les ieunes engins moult apers
A trouuer ce quonques ne virent
Et tousiours se font plus espers.
Et se tu demandes pourquoy
Tant de liures tant de volumes
On ne fait: chescun se tient coy
Comme sil ne fust nulles plumes
Je retourne au premier: nous fumes
Cest signe que le monde fault
Et se de ce dit tu te fumes
Je te respond quil ne men chault.
Anciennement on soloit
Ouurer a perpetuite
Vng chescun dlaissier vouloit
Son nom a la posterite
Mais ores la prochanite
De la fin nous donne couraige
Non obstant nostre habilite
De ne faire mil; grans ouuraige.
Item on a fait tant de choses
Quon ne scet a quoy plus muser
On a fait teptes: or a gloses
Composer: fault le temps vser

Item tu eusses aduiser
Que clergie a perdu sa gloire
Et quon ne se fait que ruser
Des plus sachans: il est notoire.
Mais pour fin en te propos mettre
Je dis et diray plainement
Quon treuue maintenãt vng maistre
Ouurant plus epcellement
Que on ne fist anciennement
Car on scet bien quepperience
Heue continuellement
Nourrit et accroist la science.
Or me veult de ce propos taire
Car il m'est aduis quil est heure
De nostre matiere retraire
Que nous auons laissee seure
Et a mes dames ie requeurre
Par lesquelles or suis et vis
Et pour les essaulser labeure
Plus que tous les mors et les vis.
¶ Laduersaire
De quant me plait plus la doulseine
Respond laultre que la cymbale
Dautant la matiere prouchaine
Ma mieulx pleu que la principale
Si laissons en son heure male
Femes et daultres choses traictons
Car pas ne vault la defficale
Que pour elle tant debatons.

¶ Apres moult de debas interlocutoires: le champion cõtinue son principal propos parlant des dames: lesquelles ont gouuerne haultemét en ce monde: et premierement de seurrouis.

Fist elle croistre son demaine.
Doubtant que la terre a l'abit
Ne laisast: ne son filz dagge mendre
La gouuernast le sien habit
Et si l'osa vestir et prendre
Par ce faisant a tous entendre
Quelle estoit son filz mesmement
Qui blanc estoit prins et tendre
Et luy ressembloit proprement.
En lieu de fist mainte bataille
Plusieurs puissans roys assia
De brique et de pierre de taille
La babylonne edifia
Depuis nulle aultre naissia
Alde ne conseil ne luy faisoit
Tant en vertu se consia
Que de mary ne luy chaloit.
O royne sage et puissant
Qui tel royaulme gouuernas
Homme te fut bien obeissant
En cestuy temps que tu regnas
A ton gre le peuple menas
Soubz ton sceptre seissit ans et trente
Las pour quoy si tost deffinas
Tout le monde eusses mis a rente.
Ton royaulme changa bien main
Quant il vint a sardanapale
Qui n'eust entente soir et main
Que de dormir pleine la dale
Et puis filer dedens la sale
Auec vng tas de basseckettes
Et faire l'amoureuse gale
En catoulant leurs affectettes.

Quant tu te sens auoir du pire
Dit frere vouldroit tu quiers accort
Mais se l'on ne donnoit l'empire
Ne laisseray ie ton racort
Que ne soustiengne ferme et fort
Les dames: et m'en seray las
Et se ie suis blesse: au fort
M'aideront minerue et palas.
Si men loys a semyramis
Pour toy prouuer certainement
Ce que pieca ie tay promis
Cest que ie vueil monstrer comment
En ce mondain gouuernement
Femmes ont eu honneur et gloire
Se tu ne men crois fermement
Jen appelle a tesmoing lystoire.
Semyramis femme de nyne
Empereiere des assyriens
Comme saige et puissant royne
Tint si bien quil ny fallut riens
Le royaulme en paix et en biens
Son mary hors de vie humaine
Jusques aux ethyopiens

¶ De la royne thomaris: qui vainc
quist le puissant roy cresus.

Se tu me parles & clergie
Je te respons ouuertement
Soit phisique ou theologie
Quelle est congneue plainement
Et quon scet veritablement
Plus & choses ie lose dire
Que on ne sceut anciennement
Ce dit senecque le bon sire.
Science est comme vng puis parfont
Que les anciens descouurirent
Ou les nouueaulx engins parfont
Ce que les vieillars ne parfirent
Tousiours auant piquent et tirent
Les ieunes engins moult apers
A trouuer ce quonques ne virent
Et tousiours se font plus eppers.
Et se tu demandes pourquoy
Tant & liures tant & volumes
On ne fait: chescun se tient coy
Comme sil ne fust nulles plumes
Je retourne au premier: nous fumes
Cest signe que le monde fault
Et se de ce dit tu te fumes
Je te respond quil ne men chault.
Anciennement on soloit
Ouurer a perpetuite
Vng chescun & laissier souloit
Son nom a la posterite
Mais ores la prochanite
De la fin nous donne courage
Non obstant nostre habilite
De ne faire nulz grans ouurage.
Item on a fait tant de choses
Quon ne scet a quoy plus muser
On a fait teptes: or a gloses
Composer: fault le temps vser

Item tu dusses aduiser
Que clergie a perdu sa gloire
Et quon ne se fait que ruser
Des plus sachans: il est notoire.
Mais pour fin en ce propos mettre
Je dis et diray plainement
Quon treuue maintenãt vng maistre
Ouurant plus excellentement
Que on ne fist anciennement
Car on scet bien quexperience
Heue continuellement
Nourrit et accroist la science.
Or me veult & ce propos taire
Car il mest aduis quil est heure
De nostre matiere retraire
Que nous auons laissee & seure
Et a mes dames ie requeure
Par lesquelles or suis et vis
Et pour les essaulser labeure
Plus que tous les mors et les vis.
¶Laduersaire
De quant me plait plus la doulceur
Respond laultre que la cymbale
Dautant la matiere prouchaine
Ma mieulx pleu que la principale
Si laissons en son heure male
Femes et daultres choses traitons
Car pas ne vault la besteale
Que pour elle tant debatons.

¶Apres moult & debas interlocu
toires: le champion continue son pri
cipal propos parlant des dames: les
quelles ont gouuerne haultemẽt en
ce monde: et premierement de semy
ramis.

Quant tu te sens auoir du pire
Dit frãc vouloir tu quiers accort
Mais se lon me donnoit sempire
Ne laisseray ie ton racort
Que ne soustiengne ferme et fort
Les dames: et nen seray las
Et se ie suis blesse: au fort
Maideront minerue et palas.
Si men loys a semyramis
Pour toy prouuer certainement
Ce que pieca ie tay promis
Cest que ie vueil monstrer comment
En ce mondain gouuernement
Femmes ont eu honneur et gloire
Se tu ne men crois fermement
Ien appelle a tesmoing lystoire.
Semyramis femme de nyne
Emperiere des assyriens
Comme saige et puissant royne
Tint si bien quil ny falut riens
Le royaulme en paix et en biens
Son mary hors de vie humaine
Iusques aux ethyopiens

Fist elle croistre son demaine.
Doubtant que la terre a labit
Nalast: ne son filz daage mendre
La gouuernast le sien habit
Et si losa vestir et prendre
Par ce faisant a tous entendre
Quelle estoit son filz mesmement
Qui blanc estoit petis et tendre
Et luy ressembloit proprement.
En Inde fist mainte bataille
Plusieurs puissans roys affla
De brique et de pierre de taille
La Babylonne edifia
Depuis nyne aultre nassa
Aide ne conseil ne luy faisloit
Tant en vertu se confia
Que de mary ne luy chaloit.
O royne sage et puissant
Qui tel royaulme gouuernas
Homme te fut bien obeissant
En cessuy temps que tu regnas
A ton gre le peuple menas
Soubz ton sceptre cent ans et trente
Las pour quoy si tost deffinas
Tout le monde eusses mis a rente.
Ton royaulme changa bien main
Quant il vint a sardinapale
Qui neust entente soir et main
Que de dormir pleine la sale
Et puis filer dedens sa sale
Auec ung tas de baffettettes
Et faire lamoureuse gale
En catoulant leurs asseletes.

¶ De la royne thamaris: qui vainc-
quist le puissant roy cresus.

Ne scay lequel plus meschāt cuides
Ou cestuy fol roy qui sardi
Ou le grāt cresus roy des lydes
Qui teste et richesse perdi
Thamaris lessa lestourdi
Dedens le sien royaulme entrer
Grant sens nest destre trop hardi
Elle luy sceut tresbien moustrer,
Forte la cuidoit mettre ius
Cil oultrecuidie orguilleux
Comme le puissant roy cresus
Et daustres en plusieurs lieux
Mais fut il fort: fut il perilleux
A tout ses dars a tout ses perses
Occis fut par cas merueilleux
Non obstant toutes ses trauerses.
De puissance il se peut vanter
Aoultrance il auoit & quoy
Trente ans cestoit fait redoubter
Sans auoir vng petit effroy
Neātmains le chief dung si grant roy
En vng tōneau & sang cōble
Femme iecta disant or boy
Le pour quoy as gens assemble.
En cellui temps comme ie lis
Les dames haultement regnerent
Sur les hommes au cuer faillis
Qui grandement les redoubterent
Le monde a leur gre gouuernerent
Sans barat et sans vilenie
Si croy que pource elles eurent
Le royaulme damazonie.
Ainsi long temps elles regnerent
Les hommes mettans en seruage
Et mains royaulmes conquesterent
Maint & sert mainte isle sauluaige

Et toutes auoient dusaige
De coupper la deptre mammelle
Pour mieulx combatre a lauantaige
Et laultre estoit pour la femelle,

¶ Daukunes aultres dames
hardies et cheualereuses.

Marthe et lampede a leur aise
La comme dame & noblesse
En cōquestāt grāde part baise
Fonderent citez & richesse
Dame orithia la rudesse
Dercules bien peu redoubta
Plusieurs aultres par sa prouesse
Damazonie reboutā.

¶ Daukunes aultres
plaines & prouesse.

Antrope et menalippe
Et ypposite vertueuses
Contre thosee a la grant lippe
Furent rebelles et cruelles ses
Hardies fieres courageuses
Prestes a pie ou a cheual
Par tout le monde auentureuses
Plus que gauuain ne perceual.

¶ De dame panthasilee: qui
vint a la guerre de troie.

Pourquoy ay ie tant attendu
A parler de panthasilee
A qui maint prince sont rendu
Et delle a receu la colee

Troie la grande longue et lee
Eust grant besoing de sa vaillance
Des grecz tres grant part affolee
Fut de sespee et de sa lance.
O franc cuer noble: o gentil
O vertueuse damoiselle
Entre mille vng tel nen est il
Elle entendue la nouuelle
Vint a la bataille mortelle
Et si ne faisoit on priant
Car garder voulloit la querelle
Du noble hector filz de priant.
Trop se faisoit elle cremir
Quant de lance en bataille entroit
Faisoit tressaillir et fremir
Le plus preux et mettre a lestroit
Tout quanques elle rencontroit
Mettoit a terre soubz la pouldre
En la foule elle se moustroit
Cōme vng tres impetueux fouldre.
Pirrhus ne doubta nachilles
Le bien ioustant le bien tirant
Non eust elle fait hercules
Par les plus druz aloit courant
Se troie leust en secourant
Ains que les grecz eussent mis siege
Maint roy maint duc et maint tyrant
Elle eust mis en cep et en piege.
Tristant galehault lancelot
Hostrs de gennes et gauuain
Silz fussent venus a tel ost
Pour iouster de bon ou en vain
Attendu que les eust atain
De bourdon de lance ou de dart
Nesun sans plaie ou espauain
Ne sen fut retrait sans sa part.

Se rouan quant en tous engles
Se laissa clorre et assegier
Des ennemis crueulx engles
Pour garder le lis de vaugier
A soy deffendre et reuengier
Zeust eu: croire peulx et pourras
Qui ny eust conuenu mangier
Cheuaulx chas souris et ras.
Henry neust eu si tost la clef
Du iardin aux fleurs espanies
Rechasse leust dedens la nief
Entre les ondes mal vnies
Mort et cruaultez infinies
Yleussent fais les anglois en france
Et des loing temps fussent finies
Selle y eust ioue de la lance.
Si doit estre louee et plainte
De tous princes generalment
Et entre les preux mise et painte
Au dessus especialment
Noblesse maintint haultement
Et chose fist de laustre monde
Son nom estendit grandement
Plus que ceulx de la table ronde.

¶ De dame talestre laquelle resista
au grand alixandre.

Oye puis se dire de talestre
Royne de cesse contree
Alixandre ne peut te lestre
Que par force il y eust entree
Se que puissant dame nagree
De legier nest a conquerir
Aussi quant ne luy desagree
On la deuant le requerir.

Pourquoy quant il vit q̃ signe
Nauroit de plus noble que ceste
Son amour et sa compaigne
Eust par amiable requeste
Siques sil fist mainte conqueste
Sil fut des dames redoubte
Il ne debuoit pas faire feste
Dauoir la dame surmonte.
Ainsi par tout soleil leuant
  Femmes ont este renommees
  Plus que les hommes et scauant
  Cheualeresses et armees
  Soient elles et tous amees
  Tant que cestuy monde durra
  Telles furent leurs renommees
  Que iamais leur nom ne morra.

℣ Laduersaire.
Telles dames dit on amer
Telles diablesses enragies
Dit laduersaire au cuer amer
Lesquelles en guerres arrengees
Ont sceu et peu estre vsagees
A pourter le pesant harnois
O dames tres entoragees
Que eust faire ogier le dannois.
Le royaulme de feminie
  Que tu loues si haultement
  De prdue gens et honnie
  Eust son greigneur commencement
  Car se la cronique ne ment
  Les femmes leurs maris occirent
  Et puis ensemble folement
  Contre les hommes armes partirent.
Remarier ne se voulurent
  Disant que mariaige estoit

Seruage: et quant elles conceurent
Ung filz: leur coustume dictoit
Que tue fut: et commandoit
De la fille soy secourter
Car puis apres on luy faisoit
Et lance et bassinet pourter.
O folles femmes forsennees
O chose tres abhominable
O femmes de rages menees
O oultrecuidance damnable
O opinion detestable
Opinion de gens mauldit
Femmes firent ung contestable
Pour cuider le monde amendir.
Or soit ainsi que leur plaisance
Fut de morir ou viure a part
Ne fut ce pas doultrecuidance
Quant elles prindrent darmes lart
Debuoient des puis et du lart
Mengier et couler leur lessiue
Oin de sa nature se part
Orgueil et aultre mal nesenssiue.
Qui selon soy ne fait office
Vertueup ne doit estre dit
Vertu ne fait ains malefice
Qui a nature contredit
Ce dit on par tout se tendit
Filez voz quelongues filez
Entre vous femmes: car len dit
Qua aultre chose ne valez.
Ainsi contre ce qui suy dist
Femme ne doit pourter heaulme
Selle est royne aultre seduit
Peut elle prendre en son royaulme
Mais pour accomplir ton pseaulme
Se plus en y a si les conte

Ou a gaulthier ou a guillaume
Quant est a moy ie nen tiens conte.

¶ Le champion.
Le champion comme il soloit
Respondit tantost sans songier
Tu as veu et dieu le vouloit
Femmes en bataille arrengier
Pour attremper et corrigier
Labus des hommes et lorgueul
On ne les doit pas lesdengier
Selles en eurent tres grant dueul.
Mais nous debuons esmerueiller
Quelles eurent le hardement
Dentreprendre et trauessier
Si tres cheualereusement
Et quen haultain gouuernement
Passerent sens et force homme
Certes on ne peut autrement
Dire que tout bien cest la somme.

¶ De dame arthemesie: qui
secourut au roy perses.

Et pour oster la frenesie
Laquelle as en ta teste mis
Recorde toy darthemesie
Que perses riche et plain damis
Pria contre ses ennemis
Car vaillant fut et aduisee
Quant suy fut le grant ost commis
Plus sceut que filer sa fusee.

¶ De dame camille: qui fut
en bataille contre enee.

Et se lauoie dit & mille
Virtueuses bonnes et belles
Oblier le ne dois camille
Bien vault quelle soit mise etre elles
Car nompas comme les pucelles
Fut esleuee doulcement
En vne maison & herchelles
Au bois ki quist longuement;
La se nourrist & renoison
Jusques aux ans rudes et durs
La tiroit elle des noisson
Dare et barbalettre aux hurs
Attret surmonta les turcs
Et a tauerine darder
Toudis nest bon entre les murs
Enfans si tendrement garder.
Par aduenture tu ten moques
Escoutes comme il en aduint
Du noble royaulme & volsques
Dame et royne elle Kuint
Et si regna tant que sourvint
Guerre entre turnus et enee
Ou elle vainquit plus & vingt
Princes en vne matinee

¶ De beronice royne & capado-
che: et de dame ysicathee.

Or me souuient & beronice
Grande royne de capadoche
Laquelle en armes ne fut nice
Turquoys au coste fleche et coche
Comme archier diliglant ou descosse
Pourtoit: et le cheual poignoit
Male aduenture psate ou boce
Donnoit a cil quelle ioingnoit.

c

Trop se moustra cruelle et fiere
Tost fur passé troy saisi
Quant elle vit ses filz en biere
Oncques le cuer ne luy failli
Jusques a ce quelle a saisi
Les murdries qui firent loffence
Ung seul ⁊ tous nen resaisi
Tout occist maulgre leur deffence.
Apres me couuient mettre en conte
Dame ysicrathee moillier
De mytridate roy ⁊ ponthe
Lon ne la doit pas oblier
Car comme vaillant cheualier
Donna a son mary secours
Repos laissa pour trauaillier
Cheueulx et longz habis pour cours.
O dame de couragge fort
O dame de perfaicte amour
Demourer pouoit en son fort
Pigner ses cheueulx: son atour
Parer: en paix passer le iour
Laisser son mary fort tenir
Mais elle voulut a son tour
Les faiz ⁊ guerre soustenir.

¶ De cenobie royne de palmiregnes
saige et tres cheualereuse.

Cenoble de palmiregnes
Royne laissier ie ne dois
Tãt pource q̃ tit ⁊ grãs regnes
Que nourrie fut en ung bois
Elle comme en escript le vois
En forest v͂ squit par maintz iours
Et en son giron maintefois
Tenoit lions lupars et ours.

Moult bien scauoit tendre les retz
Et dvarcs les bestes attaindre
Et mieulx que princes ducs et roys
Cheuaulx des esperons espaindre
Et plus belle neust on peu paindre
Et en doulceur toute passoit
Mais trop se faisoit elle craindre
A cil qui son gre trespassoit.
Tout orient ⁊ soubz son sceptre
Gouuerna comme luy sembloit
Scauoit greque et latine lettre
En sens clere ne luy ressembloit
Quant ses conseilliers assembloit
En armes tenoit parlement
Rõme ⁊ soubz qui tout trembloit
Redubta son gouuernement.

¶ De dame elbora forte et hardie et prophetisse.

Elbora nompas seulement
Quelle prophetiser scauoit
Et que bon et vray iugement
Au peuple disrael rendoit
Louer puis ie: car se vouloit
Vous conteroit le roy iabin
Que courroucer femme on ne doit
Et qui le fait: ne fait pas bien.

¶ De dame iabel: qui tua sysaras.
Is en la bible si scauras
Comment elle lost conduisant
Baruth enchassa sisaras
Connestable dung roy puissant
Lequel sisaras tres meschant
Des mains iabel neschappa pas

Car elle loccist en dormant
Et le mist de vie a trespas.

¶ De dame Iudith: qui tua
le duc Holofernes.

De Iudith laquelle Holoferne
Occist: et daultres parleroie
Mais de mõstrer a la saulte sie
Le plain midy mefforceroie
Auecques ce ie ne scauroie
Toutes leurs cleres vertuz dire
Impossible est ie ne pourroie
Homme aussi ny pourroit souffire.
Plusieurs aussi furent veues
Vertueuses il est notoire
Lesquelles si ont este teues
Ne mises en bonne memoire
Que sen croniques ou en hystoire
On les eust fait mettre ou escripre
Ie ne puis conceuoir ne croire
Que cest ay souffist a les dire.

¶ Daulcunes aultres.
Et briefment du nombre soient
Celles dont parle Iustinus
Lesquelles en bataille aloient
Apres leurs enfans ventre nus
Crians soies vaillans tenus
Ou en noz entrees retournez
Mourez moutez gros et menus
Ainsois quen seruage veniez.
O cueurs en constance estaches
Lesquelz eussent ainsois este
Piece apres auslle desbaches
Que reculer par lascheté

Quant a son cuer a asseurte
Il nest hom qui seur desconseisse
Et combat pour champs et cite
Demandes a ceulx de marseille.

¶ De dame Iehanne la pucelle
nouuellement venue en france.

De vvroit faire les duchesses
Contre les ennemis suiuans
Les roynes et les princesses
Quen penseroient les congnoissans
Quant nagueres pucelle sans
Habondance et biens mõdains
A rompu tous les plus puissans
Et mis a mort les plus soudains.
De la pucelle dire vueil
Laquelle orleans delivra
Ou salleba, y perdit soeul
Et puis inate morte le naura
Se fut elle qui recouura
Lonneur des francois tellement

Que par raison elle en aura
Renom perpetuellement.
Tu scez comment estoit aprise
A porter lances et harnois
Comment par sa grande entreprinse
Abatus furent les anglois
Comment le bourges ou de blois
Le roy saisist soubz sa stance
Et en tres grant ost de francois
Ala devant paris en france.
Dont vint et pourquoy et comment
Tu le sces bien si mien vueil taire
Mais qui en sture ou en coment
Vouldra ses miracles retraire
On dira quil ne se peut faire
Que iehanne neust divin esprit
Qui a telle chose perfaire
Ainsi lensflamma et lesprit.

⁋ Ladversaire respond au champion
et conte en brief lerreur et labus quil
avoit fait de la pucelle.

Ovant tu ouys frere thomas
Respondit court entendement
Ne iugas tu et affermas
Quil vivoit tresque sainctement
Ne crioit on communement
Cest vng sainct sur terre venu
Neantmains tu sces certainement
A quelle fin est pervenu.
Prestre nestoit ne soubdiacre
Et touteffois messe chantoit
A soubdiacre et a diacre
Heureux nestoit qui ny estoit
A peine la terre on baisoit
Sur laquelle il avoit marche.

A son gre du peuple faisoit
Il uy avoit aultre marche.
Or fut il arc au capitole
De rome: sa malice veue
Affin dis ie que la gent fole
Est tres legierement deceue
Et vne grant fraulde conceue
Et conduite par vng vif sens
Au temps qui court nest apperceue
Ne congneue de toutes gens.
Sans parler de maniere malivte
Comment la pucelle sarma
Peut pas adviser ceste sainte
Ainsi qui orliens ama
Qui lensgardy et lensflamma
Et enseigna quelle diroit
Mais par dieu conque dit on m'a
Mieulx aultrement il se feroit.
Lon m'a dit pour chose certaine
Que comme vng page elle servoit
En sa ieunesse vng capitaine
Ou lart de porter harnoys vit
Et quant ieunesse la reuit
Et voulut son sexe monstrer
Conseil eust quelle se chevist
A harnois et lance pourter.
Puis force advisant la maniere
Qua orliens elle vendroit
Et comme simplette bergiere
Demanderoit et respondroit
Et comment enseignes rendroit
Au roy et a son parlement
Par lesquelles on entendroit
Que ne venist divinement.
Force aussi til qui la vuisoit
A vser de ceste praticque

Plusieurs des anglois aduisoit
User de lart nigromanticque
Et a͞i͞s[...] leur foy qui se fiche
Tantost en [...] fondement
Leur hardiesse fanta[...]oye
Abuseroit diuersement
Entens apres comment on creut
En celle faulse controuuee
Tantost que la fortune accreut
Ses fais tost fut la voix seuee
Or sera la guerre acheuee
Se dieu nous aide et saincte auole
Certes la chose est bien prouuee
Dieu la pucelle en france enuoie.

¶ Le champion
Elle neust peu faire les signes
Dist le champion franchement
Se dieu par ses puissances signes
Ne luy eut fait auancement
Aussi fist elle en ung moment
Ce quon ne fist vingt ans deuant
A qui dieu donne hardement
Il vaint tousiours et tire auant.
Aussi le croy en bonne foy
Que ses anges laccompaignassent
Car il comme en theroes roy
Chastete aiment et embrassent
Et tien pour vray quilz luy aidassent
A gaigner les fors beloueers
Et a ponthoise les yeulx creuassent
Aux anglois ruez a seniers.
Aussi merueille ne te soit
Combien que chose innsitee
Se la pucelle se vestoit
De pourpoint et robe acourtee

Car elle en estoit redoubtee
Trop plus et aperte et legiere
Et pour ung fier prince contee
Non pas pour simplette bergiere.
Chappeau & faulstre elle pourtoit
Huque frappee: robes courtes
Ie lacord aussi aultre estoit
Son fait que cil des femmes toutes
[...] cotte tu ne doubtes
Es fais [...] guerre nest pas bonne
Item bien sou[...] tu escoutes
Que sable ne fait pas [...] molle.
Armes propres habis requ[...]
Il nest si fol qui ne le sache
Aultres pour estre en ville assieren
Aultres pour iouxter lance et hache
Quant a proie faulcon on sache
Ses longes pendans on luy oste
Aussi qui ses ennemis chasse
Il na mestier de longue cotte.
Dient delle ce que vouldront
Le parler est leur et le taire
Mais ses louenges ne fauldront
Pour mensonges quilz sachent faire
Que ten fault il oultre retraire
Pour sa vertu pour sa vaillance
En despit de tout aduersaire
Courtoisie fut le roy de france

¶ Laduersaire.
Ie tiens a friuole et sauuage
Car oncques dieu ne lenuoia
Dit laduersaire au faulx visaige
Qui de lame grant ennuy a
Ha ce dit trop la devoia
Oultrecuidance [...]

Raison aussi la convoia
Ardre a rouan en normandie.

Le champion.

C'est mal entendu grosse teste
Respond franc vouloir prestement
De quans saincts faisons no? la feste
Qui moururent honteusement
Pense a ihesus premierement
Et puis a ses martyrs benois
Si iugeras euidamment
Que en ce fait tu ne te congnois.
Gueres ne sont tes arguments
Contre la pucelle innocente
Oncques des secretz iugement
De dieu sur le pois on ne sente
Et droit est que chescun consente
A luy donner honneur et gloire
Pour sa vertu tres excellente
Pour sa force pour sa victoire.

L'aduersaire.

Alors l'aduersaire fasche
Voulut de rauie sermonner
Luy dist tu en as trop presche
[...]se d'une autre blasonner
[...] pourroit pire amener
Pour acc[...]plir ce que tu veulx
Car c'est asse[...] our forcenner
Ou soy arrach[...]r les cheueulx.

[...] A l'exemple & la [...]celle le chapio
enhorte les nobles [...] s de france.

M'oult as le courage legier
Et trop fort te monstre opinion
Dit franc vouloir q fait degier
De considerer ceulx & son aire
Et se i'ay loue trois ou quatre
Estrangieres: pourquoy feray
Celle qui a voulsu combatre
Pour france: certes non feray.
Mesmement quant elle a fait telles
Vertuz: et en peu de saison
Que chescun luy doit immortelles
Graices: n'ay ie bonne achoison
De dire bien & elle foison
Oy par ma possibilite
Se tu dis que ie n'ay raison
Tu es en parcialite.
Car quoy en dieu elle estoit
En bataille grandement duyste
Et vaillamment se combatoit
Et estoit de sage conduite
Si i'ay a memoire reduite
Auecques ses cheualeresses
Car entre suis en la poursuite
De louer les bataillieresses.
Or pleut a dieu que vous barons
Vous princes vo? seigneurs de france
Soubz lesquelz tousiours esperons
A voir nostre deliurance
Eussent le cuer et la souffrance
De ceste franche seulement
Pour destruire et mettre a oultrance
Voz ennemis hastiuement.
Si souuent vous ne daufjeriez
Comme vous faictes se mien sçau
Et plus viuement penseriez
A bien faire et tirer auant

Sans vous mesmes tuer souuent
Et vostre peuple dessirer
Qui en mengant et en buuant
Ne fait iamais que souspirer.
Vous de quoy tenez vous consaulx
A la court principalment
Vous qui ne seres iamais saulx
De regner orgueilleusement.
Esse pour aller vistement
Recouurer ponthoise ou gisors
Conseissez plus secretement
On vous oit partir les tresors.
Vous pensez a faire voz main
Tant que vous estes en ieu mis
Car vous nauez point de demain
Et vous doubtes estre desmis
Lignes achatez et amis
Pour plus vostre point redoubler
Et passer par vostre thamis
Tout ce que lon peut assembler.
Qui est en ieu il a le de
Qui est plus au gouuernement
Qui est le mieulx recommande
Demande lon communement
Ho tel sent son tresbuchement
Respont on: laustre brief et court
Rentre en grace pleinement
Cest lesbatement de la court.
Las pensez du bien solitaire
Ainsi sung a laustre suiuiez
Pource fault il le commun taire
Car du particulier trattiez
Las entretant vous naguettiez
Les ennemis qui france rongent
Et se sains estes et haittez
Au mains en deshonneur voꝫ plongent.

Iamasse mieulx par ma creance
Que femmes eussent gouuerne
Ie scay que telle doleance
Anglois neussent france miene
Car leur couralge en douleur ne
Eust eu pitie du pouure peuple
Qui a misere habandonne
Se meurt; ou aultre part repeuple.
Contre ung van ou contre ung panier
Vous ioustez par esbatement
Cestuy en habit de mommier
Laustre en diuers habillement
Cest le vaillant tournoiement
Ce sont les fais cheualereux
Que vous monstres trop folement
Aux ennemis aduentureux.
He franc cuer estes vous seuls
Ou a luxure ou a paresse
Estes ordement achtennis
Et ne vous souuient de noblesse
He cuer de france en gentillesse
Conceu vostre esprit reprenez
Et de palas ou de lucresse
Lusaige et lestat aprenez.
Rassemblez vous en vnion
Et lung a laustre pardonnez
Haine discord diuision
De voz frans cuers exterminez
Et soies tous determinez
A mourir: ou voz ennemis
Seront a mort habandonnez
Ou hors de france a bonte mis.
Comme les fourmis faictes vous
Les fourmis ont vne maniere
Quilz veulent estre ensemble tous
Au dessus de leur fourmiere

c iiii

Auſſi lung boute lauſtre arriere
Lung monte autour lauſtre deſcent
Lung va deuant et puis derriere
En paix nen y a vng de cent.
Seigneurs ceſt aſſes folie
La farſe a dire dauantage
Qui ne veult eſtre fol ſie
Reprengne vng aultre perſonnage
Qui fiſt du fol face du ſage
Qui a mal fait a bien ſaplique
Et ſi emploie corps et aage
Pour garder la choſe publicque.
Or on verra que vous feres
A la iournee de neuers
Et comment bien redreſſeres
Le tort ſe courbe et le trauers
Leſtat de france eſt moult diuers
Auſſi eſt celluy de leſgliſe
Seigneurs ſoies ſages et fers
A mettre tout en bonne guiſe.
Sages ſoies et aduiſez
Se vous ne leſtes vrayement
Tout le roy quil ne bluſſez
Et leſgliſe pareillement
Mais dieu doint tel entendement
Si cler et puiſſance tant francheſe
Que nous aions haſtiuement
Paix en leſgliſe auſſi en france.

¶ De la vaillant conteſſe de mont
fort et de dame Iehanne de baulere
coteſſe de holande auy tuers preux
et hardis.

Or ne ſay ie parle pieca
De la conteſſe de mont fort
Que mainte armee deſpleca
Quant le roy eduart moult fort
Luy enuoia pour reconfort
Secours contre le roy de france
Certainement ien ay grant tort
Digne eſt de grande remembrance.
Et auſſi taire ne me dois
De dame Iehanne de baulere
Conteſſe des grans holandois
Car plus aperte que leuriere
Ou en champaigne ou en bruiere
Apres ſes ennemis courroit
Pour bekouert mis ſur riuiere
Ne pour ſiege ne demouroit
Franc vouloit vouloit blaſonner
Ses fais darmes plus haultement
Quant renommee a iargonner
Commenca ſon commencement.
Ie vous ay dit premierement
Quel monſtre ceſt et quil ſcet faire

Et que tout soit legierement
Et que de rien ne se peut faire.
Lors malebouche et sa mesgnie
Murmurerent plus lourdement
Que ceulx de bruges la garnie
Ilz firent darniereement
Quant ilz voulurent folement
Leur seigneur mettre a la caupe
Et sassemblerent proprement
Ce de prceulx quāt sung deulx grigne.
Le champion loieux autant
Que les anglois sont quant ilz voient
Que les francois se sont batant
A donc respondit que tous oyent
Que les dames iadis estoient
Pleines de sens et de prouesse
Et quelles valent et valoient
Comme en tout fait de gentillesse.

¶ Franc vouloir apres ce quil a loue les dames pour leurs prouesses et notables cheualeries: conte dauleunes austres qui trouueret plusieurs ars necessaires aux hommes.

Ie tay mōstre cōme il me semble
La prouesse et lardement
Des dames si fault dire ēseble
De leurs austres vertuz comment
En sens et en enseignement
Furent et sont superlatiues
Plus que les hōmes mesmement
Es ars humaines et inuentiues.
Pourquoy na lon dedie temple
A la maniere qui tout sceut
De laquelle chescun exemple
De toute art prendre et auoir peut
Par raison sa renommee eut
Et aura on sen doit seigner
Car les beaulx cieulx en terre eheut
Pour homme ignorant enseigner.
Elle en diuin entendement
Hommes point de tel nen auez
En vostre vie rudement
A peine vng grain de mil scauez
Et pourement vous conceuez
Quelque chose qui de peu serue
De gloire orgueilleuse creuez
O que dust faire la mynerue.
Toutes les septz ars liberales
La dame en sa memoire auoit
Soubz les loix bonnes et notables
La cite dathenes viuoit
Ce que disoit ou escripuoit
Pareillement estoit tenu
Que se le hault dieu qui tout voit
Pour le commander fut venu.
Mais encor vous nourris aux armes
Qui aurez merueilleusement
Habergons lances et guisarmes
Loues mynerue haultement

Je dis a vous principalment
Qui tant faictes les baivaretz
Car elle fist premierement
Forgier les harnoys armeretz.
Elle enseigna faire bassier
Haubers curasses hauberions
Et que trop aiment ly archier
Empenner flesches et bougoits
Garnir basses cours et dongons
Et barbequennes et tournelles
Assaulx liurer aux garnisons
Ordonner batailles cruelles.
Qui est a la pluie et au vent
Mal vestu et mal affulez
La doit regracier souuent
Car tistre aprint aux &ffulez
Mis et &stouuers a tous ses
Fustaines linges et tissus
Dont couuroient leurs dos pelez
De hale et & pouldre bossus.
Et prisier la science soie
Doibuent cardinaulx et papes
Car elle aprint comme de soie
Lon feroit ornemens et chappes
Doubliers seruiettes et nappes
Pour parer palais et moustier
Quant tu les tiens ou les enchappes
Tu dois beniftre le meftier
Tant estoit celle noble Vierge
Pleine &t sens et & prudence
Quon luy offroit chandelle ou cierge
Par honneur et par reuerence
Et que fontaine & science
Athenes par toute contree
On nomma par la sapience
Que la dame y auoit monstree.

Encor en est le commun dit
Que homme ne peut rien aprendre
Se mynerue y fait contredit
Par ce voult le sage entendre
Que la dame sceut plus comprendre
Que ne fist oncques homme du nidde
Si doibuēt les femmes los prendre
Pour son sens et pour sa faconde.

De dame ysyphile: laquelle trouua
lart & fifer le couton.

Oi est voulentiers hoqueton
Ou pourpoit & fustaine blāche
Loue celle qui le couton
Premiere trouua sur sa branche
On ne lauroit &ssus la hanche
Se cueilly ne feust ysiphile
Laquelle & voulente franche
Enseigna comment on le file.

¶ De yralgne et auleunes aultres.

Onne honneur et los a yralgne
Cil q̄ ne peut souffrir la haire
Laquelle cōme oeuure straigne
Estouppe et lin fist tistre et faire
Et par ses fils nauette traire
Et aussi mesler les estains
Se le meftier eut voulu faire
Tisserans en fussent rataius
Je &buoie mettre au &ssus
Noema: car trouua comment
Draps robes bourses et tissus
Lon tipt ainsi biuersement
Se fut elle certainement
Pour le temps des peres premiers

Qui a ouurés soubtillement
Ne furent pas trop coustumiers
Jouer oublient princes et roys
Qui prennent plaisir a cheuer
Diane qui trouua les rois
Pour les buissons enuironner
Et monstra comment assener
Doit on le sanglier aux abais
Lymiers leuriers brachetz mener
Qui oncques neurent en forest palp.
Et que plus auoit en essigne
Vous qui seulentiers estaez
Mettostre aies & la seringue
Car par elle sous esbatez
Forme et maniere nen doubtez
Elle enseigna elle trouua
Quainsi sont es slalotz boutez
Et que larmonge ainsi va.

⁋ De thamaris irene et marcie: lesquel-
les furent excellentes paintresses.

Seulement na son engin duit
Femme a trouuer art necessaire
Mais en tout plaisir et desduit
A toute habilite parfaire
Dont tous les penent bien plus plaire
Et les mestiers et ens et hors
Et pourquoy on doit lexemplaire
De ceulx qui oncques neurent corps.
Promotheus frere darhlant
Qui eust les dois plus longs q̃ gaules
Et qui comme lon va parlant
Soustint le ciel a ses espaules
Faisoit en formes et en maules
Des imiges et des paintures.

Se te ne sont bourdes ou faulses
Ressemblans viues creatures
Et de grans liures et de maistres
Tant fut ouurier soubtilz et vif
Forgeoit il animaulx et fermailles
De metail nesse et naif
Lengin eust moult penetratif
Car cest fort & tailler et paindre
Personnage mort ou actif
La hit on se lengin seet faindre.
Mais & thamaris mesmerueille
De laquelle ay ouy retraire
Quen le monde neust sa pareille
De bien paindre images et pourtraire
Limage de diane faire
Sceut: et si a point toutpasser
Que nesun viuant son visaire
Pouoit en auctre lieu puser.
Limage viuant apparoit
Et parlant a ceulx qui passoient
Pource tous viuant la paroit
Humblement la teste baissoient
Et & veoir ne se lassoient
Louurage diuin tant soubtil
Les romains ores tant ne prisent
De paindre maistre si gentil.
Irene et marcie paindirent
Mieulx que ne vois en nul moustier
A surmonter ne se faindirent
Tous ceulx qui firent ce mestier
Enguin & femme est si entier
En quelque chose quil se fiesse
Et fut a gloser le psaultier
Cest le greigneur et le plus riche.
L'adiuersaire contre les dessusdictes
met en lieu les faicturieres.

Helas tu as parle des masques
Je te pry que nous en contons
Dist laduersaire: et de leurs frasqs
Se ce sont barons ou suitons
Sen vont apres: ou sur bastons
Sen volent en l'air comme oiseaulx
Et si mangent les valetons
Dis en amoureux damoiseaulx.
Je dis des vielles quaquemares
Et de ces vaillans facturieres
Qui voyt par riuieres et mares
Champs et bois en mille manieres
Et sont si soubtilles ouurieres
Quelles entrent sans porte ouurte
Dis nous de ces bonnes sorcieres
Sans la malle facon couurir.

¶ Le champion pour amortir le dit de lad
uersaire monstre qui fut le premier ma
gicien.

Ant de fois ne scauras muer
Preuos malicieusement
Dit franc vouloir que remuer
Me faces du commencement
En ce que dis nouuellement
Brief il ny a point dapparence
Et sil est vray: certainement
Homme en a trouue la science.

Je treuue en escript que zoroastes
Fut premier maistre dart magique
Qui faisoit en sauant les astres
Inuocacion diabolique
En eaue ou en miroer oblique
Monstroit le mauluais esperit
Ne scay se gramaire ou logique
Telz enchantemens luy aprist.

Et ia soit que le roy ninus
Fist ses liures au feu ietter
Et quant luy fut mal venus
Car en prison le fist bouter
Neantmains lart de diable enchanter
Par chiffres et par caracteres
Ceulx lesquelz sont biensu hantee
Ont plusieurs fait en plusieurs terres
Ceste art regna moult en egypte
Du temps que pharaon viuoit
Et ores fait elle son giste
En mainte place quon ne voit
Que seu la prison on auoit
Tous les maistres inuocateurs
Chescun diroit las qui scauoit
En ce monde tant beneschanteurs.

¶ Laduersaire.
Certes la besougne est plus pire
Que ne pensez de la moitie
Respond laustre prest a mal dire
Helas nesse grande pitie
Que lensant au bers assettie
Sera rosti en vne haste
Et puis toutes vuite ampue
Le vendront buorer en haste.

¶ Le champion.
Je nentens pas bien ce sermon
Dit franc vouloir et nen fais feste
Lon parle trop bien du ramon
Mais la chose nest manifeste
Et vouldroie mettre ma teste
Quoncques vielle nala en poitre
Ce sembleroit oseau au beste
Quil fauldsit reclamer au poitre.

Laduersaire conte au champion
Vne hystoire des faicturieres.

Ladversaire ung peu resiouy
Respondit tu feras la croix
Quant tu auras le cas ouy
Vray est: ouy iay le bien crois
Que les vielles ne xup ne trois
Ne vigt: mais plus & trois milliers
Vont ensembles en aulcuns destrois
Veoir leurs diables familiers
Ce nest pas ne truffe ne gabe
Tache nay ie & menterie
Ne cuide pas que ie me gabe
En parlant & leur socerie
Quant tu scauras leur puterie
Toutes les vouldroie veoir arses
Et nest au monde flatrie
Qui leur fait puist tourner a farses.
Je te dis auoir xu en chartre
Vielle laquelle confessoit
Apres que script estoit en chartre
Comment & le temps quelle estoit
De seze ans ou peu sen failloit
Certaines nuytz en la val pute
Sur ung bastonnet sen aloit
Veoir sa sinagogue pute.
Dix mille vielles en ung touch
Iauoit il communement
En forme & chat ou & bouch
Deans les diables proprement
Ausquelz baisoient franchement
Le cul en signe dobeissance
Regnians dieu tout platement
Et toute sa haulte puissance.
La faisoient choses diuerses
Les vnes du diable aprenoient
Ars et sorceries peruerses
Dont plusieurs maulx elles faisoient

Aux aultres les dances plaisoient
Et a plusieurs mangier et boire
La en habondance trouoient
De tout plus quon ne pourroit croire
Le diable souuent les preschoit
Et qui se vouloit repentir
Trop durement il le tensoit
Ou le batoit sans alentir
Mais a tous ceulx qui consentir
Vouloient a tous ces plaisirs
Il promettoit sans rien mentir
Le comble & tous leurs desirs.
Cestuy diable en forme & chat
Par my le monde tournoioit
Et comme iuge ou aduocat
Toutes requestes escoutoit
Chescun tel honneur luy faisoit
Comme a dieu: aussi le faulx gars
Ungs et aultres resiouissoit
Par parolles et par regars.
Et sachez quen la departie
Chescun sa chescune prenoit
Et seulsune nestoit sortie
Comme ung diable luy suruenoit
Puis ung chescun sen retenoit
Comme vent sur son bastoncel
Telle puissance luy donnoit
Sathan ce mauuais larroncel.
Item la vielle nous conta
Que quant au diable hommage fit
Ung oingnement luy apporta
De diuerses poisons confit
Dont elle maint homme deffit
Depuis encores plus & cent
Et affola et contrefit
Maint bel et plaisant innocent.

Item redit la male beste
  Que par fouldre quelle souffloit
  Faisoit sourdre et lever tempeste
  Qui blef et vignoble tiffloit
  Entes et arbres assiffloit
  Et nestoit ung pays gaste
  Et saulsain contre elle roussoit
  Il estoit tant ost tempeste.
Plus de six cents ont pose
  Sans que fussent mis a torture
  Qui ont le gresil compose
  Par dessus tous les monts & sture
  Et pluie et vent contre nature
  Fait tresbuchier ou ilz vouloient
  Et mainte aultre mal adventure
  Les diables faire leur faisoient.
Encor plus fort elle disoit
  Dont le nie vint a grant hideur
  Que le dyable homme se faisoit
  Et avec luy plevoit lardeur
  De luxure o dieu quelle horreur
  Vray dieu que la coulpe est notable
  O vray dieu ihesus quelle erreur
  Femme est mariee au diable.
Je vouloie tout ce me croire
  Et disoit cest advertin
  De ceste quant me fist ce croire
  Une aultre que velz le matin
  Disant iay sohier ou quentin
  Veu danser et mener la gogue
  Et sachiez que grecs et latin
  Viennent a nostre sinagogue.

    ¶ Le champion.
Veulx tu compain que ie te die
  Fait franc vouloir prest a respondre

Il nest vieille tant estourdie
  Qui fist & ces choses la mendre
  Mais pour la faire ou ardie ou pindre
  Lennemy & nature humaine
  Qui trop & faulx engins scet tendre
  Les sens faulsement luy demaine.
Il nest ne baston ne bastonne
  Sur quoy pinst personne vovlee
  Mais quant le diable leut estonne
  La teste elles cuident alee
  En quelque place pour galee
  Et accomplir leur voulente
  De rome on ses ora parler
  Et si ny auront ia este.

    ¶ Ladversaire.
Par lair voloit simon magus
  Si nestoit il nesgle nescoufle
  Dit ladversaire du deus agus
  Mais qui veult lennemy le souffle
  Et fut il aussi gros quung bouffle
  Et porter peut ien suis certain
  Comme on fait espriuier sur houffle
  Homme iusques au ciel haultain.
Sur luy mainte personne alee
  Est orient en occident
  Plus tost que plume nest soulee
  Quant la creature a le deust
  Et le permet dieu provident
  A servir a leutatban
  Ou vent qui nest point resident
  Son gre fait le mauvais sathan.

    ¶ Le champion.
Les diables sont tous en abysme
  Die franc vouloir bien enchainez
  Et nauroit tourquoise ne lime
  Dont soient ia desprisonnez

Cõment doncques aulx crestiennez
Viennent ilz faire tant de ruses
Et tant & cas & sordonnez
Entendre ne scay telz babuses

¶ Ladversaire.

Lucifer plus noir que corbeau
Dit laultre en sorgueil quil conceut
Perdant son merueilleux corps beau
Auec ses anges du ciel cheut
Et oncques puis dieu naperceut
En noire prison est & certes
Mais & ses complices receut
Ung chescun selon sa desserte.
Selon ce quilz se consentirent
Au peche & maieste lese
Certainement ilz se sentirent
Condempnez a la chaulde brese.
Si ques aulcuns sont course et rese
En lair pour les vens tempester
Aulcuns par nostre diocese
Vont guillaume et robin tempter.
Quesque place que nous aillons
Les maulvais ennemis nous sievent
Et affin que nous & ffaillons
Mille soubtilite contreuuent
Dune maniere nous espreuuent
Silz faillent dune: a laultre vont
Tousiours a nous tempter sesmeuuent
Aultre plaisance au monde nont.
Chescun a le sien qui regarde
Comment lon se gouvernera
Et en chescune heure luy tarde
De scavoir ce que lon fera
Et tant son point advisera
Quil pourra dire eschac et mat.

Et que convaincu cu il sera
Sa grace dieu ny met debat.
Ainsi quant il voit la maulvaise
Sorciere sans loy et sans foy
Il pense comment a son aise
La pourra convertir a soy
Si luy promet et ce et quoy
Et & ses ennemis vengance
Ainsi dit elle si & toy
Ihesucrist et de ta puissance.
Le dyable la de sa cordelle
Et fait ce quelle luy commande
Et de point en point sencordelle
Cil qui aultre rien ne demande
Si non quelle chee en sa mande
Et lemporte au feu condempnee
Helas la sorciere caymande
De male heure fut elle nee.

¶ Le champion.

Ja ne croiray tant que ie vive
Que femme corporellement
Voise par lair comme merle ou grue
Dit le champion prestement
Sainct augustin dit plainement
Cest illusion et fantosme
Et ne le croient aultrement
Gregoire ambroise et iheronime.
Quant la pouvrette est en sa touche
Pour y dormir et reposer
Lennemy qui point ne se couche
Se vient encoste elle poser
Lors illusions composer
Luy scet si tres soubtillement
Quelle croit faire ou composer
Ce quelle songe seulement.

Force la vielle songera
　Que sur vng chat ou sur vng chien
　A lassemblee sen ira
　Mais certes il ny sera rien
　Et si nest baston ny mestien
　Qui la puist vng pas esleuer
　Mais icelluy faulx magicien
　Luy scet ainsi les yeulx creuer.
Dira:le vius:ia lay:ie fus
　Nuyt estoit quant len retournay
　Si en vis douze mille ou plus
　De mes voisines assez tost vay
　Presentent quant le reuivray
　Mon baston fus en ma maison
　Puis apres mon maistre appellay
　Et dis telle et telle raison.
La fole que le dyable tient
　Dame de cuer et de pensee
　Sans faire doubtance maintient
　Quelle sen soit en corps passee
　Et elle est comme trespassee
　Ou lit ou le diable ladoube
　Et quant elle est plus fort pressee
　Croit que plus loing elle se boube.
Car comme les iengleurs font croire
　Et apparoir ce que nest mie
　Et dit le fol cest chose voire
　Il uy a fainte ne demie
　Ainsi la meschante endormie
　Veant de semmeny les yeulx
　Si cuide aler a lescarmie
　Et passer fenestres et treux.
Sainct pol qui fut iusquau ciel tiers
　Ravy nose afferiner de vray
　Quen ame et en corps tout entiers
　Ravy y fut:dit ie ne scay

Dieu le scet:comment donc auray
　Opinion a vray semblable
　Que la vielle dont parle ay
　En corps en ame voise du diable.
Aura preste plus de licence
　Que vertu et dieu tres amee
　La vielle en sa fole credence
　Ira elle a celle beuree
　En corps et en ame formee
　Quant cil qui sainct pol sappelloit
　Qui en ame et corps drilleé
　Ravy fut:afferiner ne soit.
Voy en la legende doree
　Les miracles de sainct germain
　Quant lauras toute reueuree
　Confesseras ton propos vain
　Sainct germain du sainct esprit plain
　Vit corpotelle met soupant
　En lostel de quelque vilain
　Les dyables le peuple trompant.
En telle forme ilz sestoient
　Que prochains voisins et amis
　Vngs et autres estre sembloient
　Par bon accord a table mis
　Certes quant il leur est permis
　Ilz font de choses mains creables
　Que ne seroit de cent fourmis
　Faire apparoir cent cornus diables.

¶ Ladversaire.
Dapuleigé que me diras
Fait faulstre dont augustin conte
Il comme en son liure leu as
Confessa et ne luy fut honte
Deuant philosophye conte
Comment son corps fut transmue

En asne: et comme dit se conte
Son courage ne fut mire.
Asne fut par longue saison
Et beaucoup de peine endura
Leaue apportant a la maison
Tant que corps dasne suy dura
La vielle que le coniura
Mauldit il pas mille fois
Las pensoit il: peine dure a
Asne contraint a porter bois.
Que fut de tires et darchades
Qui muoient les gens en bestes
Et aux espreés et aux bades
En firent leurs ieux et leurs festes
Se tous incredules vous nestes
Croire vueez ce que ie dis
Car par enchantement et gestes
Sont transmuez les plus hardis.
Les compaignons diomedes
Furent ilz pas transfigurez
En oiseaulx que lon voit ades
En poulles: et dont que direz
Pourquoy ne me confesserez
Que la vielle ne puist aler
Auec les diables malheurez
Et tres souuent a eulx parler.
Une maniere de gens estre
Soloit: conter soy pour verite
Qui se transmuent de leur estre
Et deuiennent loups tout leste.
Ung aultre acteur dauctorite
Que lon appelle belinandus
Escript que lon luy a conte.
Aussi grandes merueilles ou plus.
Et se tu sembles tant habile
Ne a visin ne a visine

Et qui parles du trou sybile
Et aussi de la melusine
Et de mainte aultre sauluaigine
Loups ouqrous fées luytons
Pires que la gent sarrasine.
Ce nest pas songe ne doubtons.
Je croy quil soit de folz espris
Qui en telles farses se batent
Et aux hommes les ont apris
Affin quilz sen perdent et gastent
Car les sages ne le debatent
Que les diables plus fort ne facent
Et de tout art ne se combatent
A lomme affin quilz le deffacent.
Se sainct augustin le grand clerc
Les auoit en confession
Ouy et veu la boite au tere
Dont font leur coniuration
Force aultre ymagination
Auroit: mais lors faire se peut
Que planiere information
De ceste diablerie neut.
Tu es bien maistre aliborum
Se tu ne crois quil se peut faire
Le secreta secretorum
Nouis tu ourras mais retraire
Dalbert ne dit pas le contraire
Quil fist une teste darain
Laquelle sceut parler et braire
Comme seste eust lesprit humain.

¶ Le champion.
A ce language ne marreste
Dit franc vouloir sans arrester
Aux creatures seulement reste
Ce que tu cuides competer

A creature ame bouter
En corps sans luy ne se peut faire
Si ne conuient plus disputer
De lasne ne & laultre affaire.
Mais qui par baston ou par oingt
Cuide en lair voler sans marcher
A terre:& bon sens na point
Corps humain doit terre toucher
Ne comme loiseau lair trencher
Car il est pesant & nature.
Et nest oignement tant soit cher
Qui sa pesanteur & nature.
Qui baston ou balay cheuaulche
Cuide passer mont ou valee
Et luy est aduis quil se hausse
Sans atoucher voie ou alee
Or sachiez que ceste volee
Fait il en ame seulement
Laquelle est du diable affolee
Iusques au perdre sentement.
Tu parles du grand albert
Ie ne croy que si grand docteur
Fut si fol ou si coquebert
Quil voulsist estre inuocateur
Ou resemble le createur
Qui met le vent & dens les orgues
Par lequel seul mediateur
Parolle humaine ist & noz gorges.
Que sil fist ce quon luy impose
Voulente & trop enquerir
Luy fist assaier mainte chose
Ou il ne deuoit pas ferir
Si ne peut on son mal guerir
Ne penser par philosophie
Sans enuers le diable mettre.
Faire ne peut telle folie.

Or prenons quil fist caqueter
La teste sarain quil forga
Estudier ou banqueter
Or supposons quelle manga
Certes nature ne fist la
Corps fait & metal sans auoir
Este oncques aussi ne songa
De nous trahir et deceuoir.
Se sathan & dens se bouta
Apres ce quil eust regarde
Les planettes que bien conta
Loeuure en est maints recommande
Et se tu as ton soif fonde
Que se le diable peut ce faire
Cilz qui cest a luy commande
Peut il porter iusques au quatre.
Quant est a moy quoy quon en die
Quelles sen vont a rome a mets
Ou & bretaigne en lombardie
A bug volee plus et le mes
Croire ne le pourras iamais
Iehan & meun dit que cest songe
Sainct augustin le vous promes
Afferme aussi que cest mensonge
Ne dit il que du diable est pire
Qui cuide que dame iehanne
Ou & nuyt ou & iour sen tire
Veoir la deesse diane
Certainement foy crestienne
Ne doit pas estre si legiere
Que sa regimbe lutienne
Fatigue ce deuant derriere.
Et sache quen son temps sathan
Sceut aussi fort comme tromper
Comme il fera:mais & cest an
Naprez disner naprez soupper

Et que le docteur quil neust per
Sur ce souuent estudia
Et ne tint pas per ou non per
La foy que maint estourdy a.
    ¶ Laduersaire.
Contre nature toutes sont
Dit laduersaire ie laccorde
Aussi contre dieu elles sont
Et contre sa misericorde
Quant la vieillesse ait fait concorde
Au diable et a dieu deguerpis
Cest force quelle se descorde
A nature et face du pis.
Se lon dit comment dieu permet
Que les diables ainsi suruiennent
Je te respons quil sen remet
Des choses qua luy nappartienent
Pour vng folz les sages le tiennent
Seul dieu en peut responce faire
Et les demandes a luy viennent
De ce quil veult celer et taire.
Il permet et souffre beaucop
Des choses contre sa plaisance
Et a la fois voit on a cop
La fin & sa sage souffrance
Et vray est quil a pourueance
De tout permis et ordonne
Et nest rien iay ceste creance
Que & luy soit habandonne.
    ¶ Le champion.
Franc vouloir dit a ton aduis
Comment peut diable incorporel
Paroir en corps humains tout vis
Ou en vng & vache ou & tel
Et comment ne par quel tuel
Peut nostre parolle former

Est il vng createur nouuel
Qui le sache ainsi transformer.
    ¶ Laduersaire.
Sage est plus que nous ne sommes
Te respons: le sens nay perdu
Mais cest tout a tromper les hommes
A ce la il mis et rendu
Si ne doit nul estre esperdu
Sil fait des choses merueilleuses
Car tout son engin est tendu
A controuuer ars perilleuses.
Ne pourtant peut il rien creer
A seul dieu est creacion
Nl aussi peut faire ne contreer
Aulcune generacion
Mais quant la grand prouision
De dieu ny donne empeschement
Vnion et diuision
Des choses fait soubtilement.
Les dragons quant pharaon
Fist: et les raines tressaillans
Dieu et comment ne dira on
Quil est maistre et ouurier vaillans
Nompas: mais luy prest et saillans
Et quil narreste ne iour ne heure
Sil peut nest iamais & faillans
A celluy qui laime et honneure.
Et prent et cueille incontinent
Les semences et les matieres
A ce que luy est pertinent
A monstrer les choses entieres
Aussi le gars endementiers
Car ne veut que tout son perçoiue
Nous clout soupe: et les frontieres
Bende: affin q̃ mieulx nous deçoiue

ſ ii

Il scet les choses naturelles
 Et les celestes mouuemens
 Et voit quantes choses et quelles
 Sengendrent des quattres elemens
 Tout peut il faire enchantement
 De bestes voiseaulx et de poissons
 Leur estre et leurs commencement
 Congnoit mieulx q̃ nous ne pensons.
Corps humain pourry polira
 Par sa science trop soubtiue
 Et nous semblera quil ira
 Et que comme nous parle et viue
 Que rien nen soit maint homme estriue
 Car loeul ne pourroit receuoir
 Je demande affin quil sensuiue
 Comment en miroir te peux voir.
Tu ty vois et pleurer et rire
 Et touteffois tu ny es pas
 Et si veulx confesser et dire
 Ou myroir suis: et ny es pas
 Aussi le te dis quen ce cas
 Il te semble chose apparent
 Du miroir ou te mireras
 Mais certes cest mais que tout vent.
Le diable tres soubtil et sage
 Sage dis ie en mal action
 Est plus fort que ne soit visage
 Veoir en myroir receptcion
 Il fait en limagination
 Et les sens tant lie et estraint
 Que sans consideration
 A vray cuidier la gent estraint.
Il a des ans plus de six mille
 Quil est au monde mesmement
 Il a le corps prest et habille
 A faire tout isnellement

Et en tres sage sentement
 Passe il toute chose sensible
 Se le sage augustin ne ment
 Regarde donc sil est possible.
Tu as merueilles quil se ioint
 A la vielle que dieu mauldie
 Fonde toy tousdis en ce point
 Que ie tay dit: teste estourdie
 Est legierement alourdie
 De celluy qui est tant faulx gars
 Ja ne fault que ie le te die
 Trop a malicieuses ars.
Par fait charnel homme ne preche
 Mais par engin malicieux
 Aussi la creature empesche
 De souuenirs descicieux
 Femmes et hommes gracieux
 Souuent nous presente en dormant
 Car il qui nest pas cachieux
 Trop bien voit lampe et lamant.
Je naurote pas en vugay
 Nompas en sup le te promet
 Desreugie lerreur et lenchan
 Que la fausse vielle commet
 Nen quantes manieres se met
 Le grant diable pour luy complaire
 Et vray est que dieu le permet
 Mais pourquoy: ho il se fault taire.
Si conclus estre bien possible
 Que les femmes faulses sen vont
 Sur le baston en corps sensible
 Veoir le diable: et quelle font
 C en pourquoy au feu mises sont
 Car on a ou temps passe fait
 Plus fort: se les escripueurs nont
 Escript mensonges et fin fait.

Et mesmement non pas vingtz
Mais diuinisse continuement
On dit que ainsi leur aduint
Moustrant la maniere comment
Ilz esse souffisant argument
De croire que ceste heresie
Est perpetree reallement
Non en songe dit en frenesie
D'une contree en aultre rampe
Le faulx esperit aux piedz serrez
Et ores soit on traicte la rampe
De la foy que vous ne puissez
Si vous requier et prie assez
Ne louez femme car sans fable
Il y a six mille qui ont passez
Qui premierement vit le diable
Ainsi tu ne dois pas parler
Quant tu veulx parler de la feminine
Comment ce vaillant bacheler
Est fait soit ainsi le baptesme
Ne confirmacion ne cresme
Font quelle ne soit ydolatre
Regnant dieu bon gre sainct feulme
Qui la loue il est trop folatre

Le champion

L'aultre luy dit beaulx doulx amis
Ja soit que femme se deffence
Pas ne me suis en debat mis
Pour toy liurer toute deffense
Mais au plaisir de dieu ie pense
Quant aurons assez estriue
De dieu qui bien et mal compense
L'omme sera pire toue.
Se la femme fait ceste coulpe
Comme tu l'affermes et iures

Les gens de leglise en coulpe
Contre qui viennent ses iniures
Que n'ont ilz soing trauail et cures
De garder la simplette ouaille
Errans es montaignes obscures
Apres sathan qui la souaille
Mais que fault il parler d'euesque
Quant cardinaulx dorment en paix
Les brebis dieu sont bien mais que
La mulle du saint pere n'eschappe
Se le loup peut happer si happe
Se le pape et les cardinaulx
Ont bel estat ou belle chappe
Le monde est garde de tous maulx
S'en tout de rome veulx parler
Et regarder ses familiers
Tu verras l'esglise balee
Que s'il n'y eut d'ulcres pilliers
Que le pape et ses chappeliers
Ia nef sainct pierre se seroit
Iamais par tifais seculiers
Conseruee en point ne seroit
Je ne parle de symonie
Car c'est le mendre qu'on y face
Et qui n'y a bourcee garnie
Die a dieu sans apoiter grace
Et t'ay le renementant a ce
Que ne soie excommunie
Mais sans argent ou sans fallaces
Sainct pierre y seroit renie
Qui a argent pas ne le musse
Se plouie en mande ou parchemin
Face le cliquier en musse
Et mette chaugeurs par chemin
Ia ne sera si la quemin
Qu'il n'ait benefices vacans

f iii

Ou saincte berthe ou sainct fremin,
Ou lautel sainct martin des chaus.
Ne te chaille se trop bon nes
Et nas science ne vertus
Mais que tu portes beaulx bonnes
Et soies richement vestus
Faisant honneur au plus testus
Et au seigneur & bon moien
Devant les meilleurs & suestus
Tu cuiendras ung grant doien.
Je dis ce car a ceulx son donne
Office a aultre introduire
Lesquelz ihesus ne me pardonne
Eulx mesmes ne se sceuent duire
Comment scaura aultre conduire
Qui na nulz piedz et ne voit goute
Comment scaura aultre reduire
Cil qui ne scet ou il se boute.
Pource vois en maintes parroches
Brebis ignorees et perdues
Car leurs matins nont des ne broches
Dont les loups soyent deffendues
Or se sont elles attendues
A leur puissance et bonne garde
Las or sont elles offendues
Pource quelles nont qui les garde.
Tu me dis que soir et matin
Les loups prennent diversement
Les brebis ou sont les mastins
Que nabaient ilz haultement
Que ne deffendent erramment
Leur parc: nont ilz point & narme
A vous parler plus clerement
Noz prestres nont sens ne doctrine.
Certes les loups trop bien espient
Ou les brebis sont mal baillies

Et pource souvent les raulent
Ou de legier sont assaillies
Que se gardees et villies
Fussent & notables pastours
Ja ne fussent engloussies
De sathan et ses divers tours.
Las que fait la femme simplette
Demourant au pied du rochier
Elle est comme une bestelette
Force elle voit la foy prescher
Na cure na frere gaulthier,
Qui a courage la rapelle
Force ostigues ne vit se clochier
Du moustier ou & la chappelle.
Et comme quant brebis eschappe
Du parc errant par les champs seule
Le traictre loup tantost lagrappe
Et tost sengloutist et engueule
Ainsi en sa cause elle est seule
Arriere du monde habitant
La vielle est mise entre la gueule
Sathan qui fait & table tant.
Pourquoy le pasteur doit viser
Qui est & son parc loing ou prez
Et sermonner et adviser
Ses brebis et courir apres
Quant les jours seront auespres
Delle rendra conte siugl
Lors tous vices seront comprez
Devant le juge criminal.
Ce recoute je soubzentiers
Car cestuy erreur est publicque
Je scay bien quil est es rochiers
Et es montaignes plus oblique
Et la le diable plus se fiche
Car on y est plus ignorant

Et les cures mains de pratique
Ont a sauluer le demourant.

¶ Le champion excuse les femmes au
regard de ceulx q̃ coniurent les diables.

Mais demourray ie tout huimais
A parler de ces malefices
Quãt les fẽmes nẽ peuẽt mais
Au regard de ceulx qui loffice
Trouuerent et de lartifice
Leuerent escole a tollette
Ou le diable pour le grant vice
Du neufuiesme auoit sa colette.
Par ta foy ouy tu iamais
Conter que le diable y lisoit
Et aprenoit ses enchans: mais
Quil eut ceulx quil happer pourroit
Se tu demandes ou se stoit
Va en espaigne a salemanque
Encor y a il quelque sort
Sachant iouer de la main manque.
Va en espaigne tu scauras
Tous les grans diables coniurer
A ton commãd tu les auras
Pour les enclourre et enmurer
Et tant auec toy demourer
Les feras et ney doubte mie
Quilz taprendront a escurer
Les metaulx et faire alquemie.
Ha ydolatre diaboliques
Homme qui les diables inuoquent
Contre toutes loix catholicques
Et qa leurs chaines sabocquent
Se les femmes beschent et troquent
Par quelque barat ou cautelle
Au moins plus se truffent et moquẽt
Du fol homme qui les appelle.

Mais pourquoy despaigne contons
Et d̃ tres loĩg tẽps seulement
Daten si dmande aux bretõs
Quil ont veu tout nouuellement
Quatorze ans et plus loĩguement.
Ung homme mareschal du roy
A forgie vng enchantement
Le plus horrible q̃ iamais.
Cest hystoire est nouuelle et fresche
Terrible et longue a raconter
Si nest besoing que plus en presche
Ce ne seroit que temps gaster
Mais certes tu ne dois doubter
Et ie ney doubte par sainct gẽile
Que le diable scet enchanter
Cõme beaucop plus que la femme.

¶ Laduersaire.

Ha ihesucrist omnipotent
Comme cestuy sa reiue tret
Qui contre vng obstiné content
Dit laduersaire torp apert
Lerreur d̃s femmes apert
Mieulx ne se scauroit accuser
Neantmains tu te moustre eppert
A leur diablerie excuser.

¶ Le champion apres ce quila respõ
du sur toutes enormittes et blasmes
reprent sa matiere principale et com
mence epaulcer les dames sages.

SErment on reprent aulcũs
Encor homme a ce moiẽnant
Doit on enuies et rancunes
Faire contre le remanant

f iiii

Dit le champion aduenant
I'airay ie pource la querelle
De toutes son a maintenant
Ars quelque fole maquerelle.
Tu nas sceu vng vice trouuer
Et si en as dis vng bien fait
Pont ne puisse homme reprouuer
Et fait premierement ne fait
Ainsi ne te vault rien ce plait
Ains fait pour moy et nostre en somme
Que femme seroit comme lait
Blanche et nette se ne stoit homme.
Trop entreiectes daccessoires
Quant le principal taisons
Car il fault a tes bourdes foires
Respondre par vive raisons
Mention du propos faisons
Louons les dames vertueuses
Car certes il en est saisons
Laissons les matieres hayneuses.
De quoy se peut homme vanter
Tant soit nomme sage personne
Peut il faire les sens venter
Ou ce cestuy qui si hault tonne
Luy a baille pleine vne tonne
De sens et sessie femme vuide
Or regardons se la tres bonne
Na eu petis et bien quon ne cuide.
Compain compain se bien y muses
Tu trouueras en tes papiers
Que iadis estoient neuf muses
Habitans en plaisans vergiers
Delicieux sans les dangiers
Des hommes seulettes vivoient
En reintrant leurs beaulx fogiers
Que de science emplis auoient.

La sur le bedu ky prez verdoiant
Soubz oliuiers et rosiers vers
Empres la riuiere ondoiant
Entre elles estoient ouuers
Tous les tresors et descouuers
Les secretz de toutes sciences
De lez et loing et de trauers
Tout estoit veu en leurs presences.
Les dames qui furent tant plaines
De la sapience diuine
N'eussent peu demourer es plaines
Ou les mortelz font leur conuine
Sagesse ie ne ladeuine
Tu le scez bien vult propre estude
Pourquoy ensemble par pleuine
Voulurent viure en solitude.
La tindrent elles leurs escoles
De science contemplatiue
Et ia ne fussent gens si fole
Se peu eussent de retentiue
Que par leur saincte traditiue
Ne fussent tantost informee
Et que si ignorance chestiue
Nesuanouist comme fumee.
La faisoient leurs argumens
Et leurs gracieuses parolles
Et souuent de tous instrumens
Menoient festes et carolles
Ou de lis ou de primerolles
Faisoient chappeaulx a leur chief
Ou de herbettes ou de violes
Sentrejouoient de rechief.
Chescun iour en feste passoient
A faire plaisantes nouuelles
Ne iamais heure ne se laissoient
Ennuy ne sembatoit entre elles

De rien ne chaloit aux pucelles
Que viure en ioye non paoureuse
Et ses condicions mortelles
Vaincre par sapience heureuse.
La eut on leu & la bombarde
Jouer dame eutarpe la blonde
Nompas a la mode lombarde
Mais si souef que la grande onde
De la mer esparse et profonde
Prioit le cruel vent marin
Que coy se tint pour la faconde
Ouir du gracieux clarin.
La iouoit & la doulce harpe
Territoire sur les viuiers
Si souef que bechet et carpe
Venoient soubz ses oliuiers
Faulcons sacres et espriuiers
Se rendoient piteux et molz
Vers les perdris et les plouuiers
En oyans les tendres bemolz.
De melpemone les douſſaines
Mains darmonie ne rendoient
Des feuſles les feucains seraines
De leurs arbres si descendoient.
Et sur le preau lattendoient
Luy faisans couche et oriſtier
Toutes ensembles coutendoient
Au plus pres ses sons auriſtier.
Caliope & grosse trompe
Quant elle veult ung peu sonner
Semble que ciel fende et rompe
Et que oibue tout estonner
Hault fait elle echo resonner
Lesquelles es cauernes et fosses
Mons et forestz sans setourner
Respondēt aux voix gresles et grosses.

Elio faisoit ses diz si beaulx
Auec sa vielle tant doulce
Que mors issoient des tombeaulx
Escouter son art et sa touche
Mieulx neuſſent sceu dire & boucche
Leurs faitz comme tous les sçauoit
Elle qui iamais ne fut louche
Tout temps passe elle sçauoit.
La herato frisque et cueillie
Jouant & ses bonnes cymballes
Faisoit tours et saulx & sceuillie
Morisques carolles et bales.
Car tant fut aperte en ses gales
Que bien sembloit quelle voloit
Et eust plumes pennes et ales
Quant sur le prez herbu aloit.
Et certes dame polimye
En lombre des feuſlus boissons
De chanter ne se faignoit mye
Et faire ses gracieux sons
Le rossignol et ses chansons
Les alouettes et les mauluis
Les kalendes et les moissons
Y furent pasmes et rauis.
La du flaiol et & la pipe
Ou dung petit festu de ble
Talis ioue: et pasteur gripe
Le mont toudis luy est emble
Son bestail: mais luy a semble
Si souef le ieu & la dame
Quil sera tres riche et comble
Sil en peut sçauoir une drague.
La vranye sur roche haulte
Qui semble touchier prez des cieulx
Jouet des orgues et sans faulte
Si bien quelle appaise les dieux

Car quant ilz eussent ainsi mortieulx
Secter quelque prime tristesse
Pour linstrument melodieulx
Chescun son courage rappelle.
O quelle ioie: quel plaisir
Quant ensemble toutes seuisoient
Je croy que les dieux desplaisir
Auoient quen terre nestoient
Et bien souuent se combatoient
Pour samour & laultre ou & sune
Ou auec elles descendoient
Delaissans cieulx soleil et lune.
Se le tres grant poete homere
Calliope eust introduit
Neust este homme ne & mere
En scielice plus parfont suit
Mais que terrestoire conduit
Leust auec eutarpe la sage
Son hault engin se fust aduit
A parler ung diuin langaige.
Ouide et Virgile debuoient
Mauldire leure quilz naquirent
Si cartier que eu nauoient
Les dames du temps que requirent
Car ieu & sagesse conquirent
Et ce quilz en peurent auoir
Aup ungs et aup aultres lacquirent
Qui ne se scauoient & voir.
Les hystoires titus liue
Trogue pompee pline ozose
Et maint aultres soubz ung plume
Eussent apris et toute chose
Descripre: ou en vers ou en prose
De clio sachans fais et dits
Mieulx en ung moment dire sose
Quen leurs liures vains tousiours.

Se enclide a tout son compas
Eut eu arratro la ligiere
Et sensuy & pas en pas
Il eut sceu toute la maniere
De sting touste a laultre ortere
Mesurer ciel et elemens
Et sans laisser ung point derriere
Nombrer tous leurs comptensemens.
Se polinie eust prore
Deuant les senateurs & rome
En son language tant dore
Quen eut il dit mare tulle: comme
Plus esbahy que iamais homme
Mais pour verite descouurir
Eut dit et confesse en somme
Tulle ne doit la bouche ouurir.
Sophocles maistre en tragedie
Certes il nauoit pas apris
La haulte et toniant melodie
De me hermone: il nen eut pris
Meschant loer et petit pris
Ou ung pru & honnt et & gloire
Mais au fort rien soit la repris
Il en boit ce quil en peut boire.
Ptholomee en son astralabe
Et en ses aultres instrumens
Cuidoit a vespres ou a laube
Voire des cieulx les mouuemens
Sil nauoit les enseignemens
De dame vraine pour certain
En vain parloit des changemens
Lesquelz sont du monde haultain.
Or pleut a dieu quelles vesquissent
Les neuf dames vaillans et sages
Et plusieurs & hommes les quissent
Par les montaignes et boscages

Employons leurs temps et leurs gages
En oyant leurs sciences lire
On verroit les humains courages
Plus de biens et de vertuz eslire
Mais las long temps ne demourerent
Les dieux auec eulx les rauirent
Touteffois aulcuns qui monterent
En elicon leurs tables virent
Ou leurs sciences escripuirent
A linformacion des gens
Et en sa fin tant les apriren̄t
Quilz les firent intelligens.

℘ Laduersaire.
Dieu que tu men baille auant
Et fussent toutes le grant Virgile
Respond laduersaire bauquēt
Tu nas pas chante leuāgile
Cil a bien la foy inutile
Qui croit les dis de la secte
Et encores plus par saint gile
Qui croit poete bauerie.

℘ Le champion.
Franc vouloir ie te certifie
Dit lors que poete ne faint
Et en fiction ne te fie
Selle nest sur chose qui maint
Bien est vray quil volit et paint
Son fait tres estrāgement
Et a se coulorer sespaint
Tant que souuent son dit il ment.
Mais prenons quia leur appetit
Aient parle des muses neuf
Et que les aient vng petit
Trop louee: ne soie si neuf
Au maīs si asne ou si beuf
Que ruelles dire a lestourdie

Que poete sans droit et neuf
A mentir met son estudie.
Par les neuf muses dois comprendre
Neuf dames lesquelles sauoient
Plus que ne pouoient entendre
Tous les hommes qualors viuoiēt
Et se poetes ne congnoisent
Tant esleuer leur dignite
Neantmains eulx qui les liures lisēt
Entendent leurs qustorite.
Quant a escripre cōmencoient
Liures de contemplation
Les sages muses reclamoient
Par humble supplication
Nesse signification
Que de clergie eurent fontgine
Amon imagination
La coniecture y est certaine.
Encores te dis ie des balades
De la carose et de la tresque
Que firent les amadriades
Dessoubz les arbres mais tresque
Je commence mon parler resque
Et aspre te semble et amer
Et puis quil test auer tresque
Absinthe fiel ou austre amer.
Neantmains se ie ruz mon deuoir
Faire comme ge suis tenu
Des balades tent au teuoir
Dois: ausquelles plusieurs venu
De loing pays et descendu
Sont pour sauoir les aduentures
Et ainsi en est aduenu
Quelles virent aux creatures.
Entre les nymphes te dis ie
Des napees dames de fsours

Qui sont de racine et de tige
Issir foeulles rendans odours
Pour elle fait phebus beaulx tours
Qui ne vulst leurs fleurs ardre en fait
Et zephirus de soulef toises
Espant par tout leurs souef flaire.
Qui vult scauoir les vaulx les mons
Des fontaines et de la mer
Si voit escouter les sermons
Des oreades sans blasmer
Les naiades ne diffamer
Les merides car sans faille
Qui les scauroit a point chermer
Tout aprendroit pour une paille.
Or ne te truffe de ces nymphes
Que deesses on appella
Car des forestz arbres fleurs lymphes
Mons et mers chescune parla
Et ont dit cecy et la
Mieulx q tous les hommes ne scevrent
Et pource lors on ne tesa
La renommee qu'auoir deurent.

C Laduersaire.
Ha femmes grans graces rendez
Dit laduersaire combatant
Les diableries nentendez
Desquelles se va debatant
Pour vous loier se debat tant
Aiez le pour recommande
Vostre amour tuer huntal vasquat
Luy a tant d'erreur commande.

C De dame carmete q trouua les lettres latines: et de seonce et sapho expertes en poesie et daultres.

C Rien nay je dit ne diray
Dit frac vouloir q ne fait faulte
Et se de telles que dit ay
Veulx faire q treilles ne complainte
Tantost te monstreray sans faulte
Aulcunes qui par vertus maintes
Lon vult deuant comme honnourer.
Premierement dire te ne mente
Et amodete vng peu conte
Parleray de dame carmente
De laquelle as bien ouy dire
Que premier apit a escripre
Lettre latine en traste
Deuant ne scauoit on lire
Que la grecque ostes aboïe.
Pourquoy sadenle et affiche
Et aussi quelle fut prophete
Le senat noble et magnifique
Luy donna: et en grande feste
Fist faire une arche manifeste
Porte carmentele nommee.

Ou lon mist son ymage en teste
Pour perdurable renommee.
Ou temps du grand alixandre
Dame leunce la clargesse
Plus sage que ne fut cassandre
De science eut telle largesse
Quelle fit vergongne et tristesse
A theophatre vng grand docteur
Car par sa haultaine sagesse
Clerement le prouua menteur.
Je lusse sapho auant mettre
Pour sa sagesse et sa clergie
De laquelle en prose et en metre
La faconde ornee et forgie
Pleut au maistre en theologie
Platon et tant que sans ennuis
Ou a chandelle ou a bougie
Ses liures leut par maintes nuyts.
Ouide le maistre damer
Qui sçauoit autant le moy vaut
Comme homme de sa vie de la mer
Tant soit il parfont conceuant
Se senty plus aperceuant
Quat il sceut ses beaulx dittiers
Quant aprist aler plus auant
Permet les amoureux sentiers.
Iusse de sa tendre souuente
Monta et ala par ses places
De pernasus ou souef vente
Et les muses suit ses traces
Pourquoy paruint aux soubterraces
Dappolo qui tost lenseigna
Auec phebus qui par ses graces
En sa fontaine les baigna.
¶ De dame probe laquelle a extraict
de Virgile tres notables oeuures.

Dame probe moglier dadelphe
Je ne puis asses commander
Et ne loy lebelin ne guesphe
Qui la puist trop recommander
Se tu veulx ses fais regarder
Lis sa centone sur Virgile
Et vois son la peut amender
Daussi poc que dung grain dargille.
Je croy que se tous clers viuans
Estoient mis en vne cage
Et fussent au milieu escripuans
Nassembleroient mieulx sayuuage
Et semble bien a tel ouurage
Que luy aidast le sainct esprit
Ou quelle eust le mesme courage
Virgile qui vrement escript.
Endeche aussi de theodose
Moglier: dont escript isidoire
Fist bien autant que paule orose
Lequel composa mainte hystoire
Car chose digne de memoire
Et quon pourroit prescher aux prosne
La dame dicta: et encores
Du grant homere les centones.
Je puis trouisse en orde
Mettre quant iherosme le saius
Ne voulst ses escriptures mordre
Si fut il deutendement plains
Car tous ses liures furent plains
De sapience irreprenable
Et aussi si non es lieux plains
Non pas a tous clercs comprenable.
Semproine sera mise en rane
Car elle fut grande clergesse
Mais tantost tu diras a rane
Elle ne ressembla lucresse

De mal dire enuieux sengresse
Quoy quil en fut: au mains saktiste
Dit quelle estoit de grant prouesse
Et de mainte habitude iuste.

¶ De dame orthese laquelle ou senat
deffendit tres haultement sa cause.

Maintenāt me souuient dortheuse
Aussi est il temps que ien die
Delle que plus tu dire or teuse
Or ten debas a lestourdie
Je dis et nest qui men desdie
Quelle remoustra but a but
Par son eloquence hardie
Que mal on cueilloit le tribut.
La dame sceut tant deloquence
Que sans procureur entreprendre
Osa en commune audience
Les refues romaines deffendre
Sur lesquelles on vouloit prendre
Ou taille ou imposicion
Mais elle quon ne sceut reprendre
I donna opposicion.
Plainement ou senat monta
Et de sa cause print la charge
Que tout aduocat redoubta
Si eut elle apparence large
Et celle fist deffence et targe
Aux pouures dames de la ville
Lesquelles pour drap ne pour sarge
Ysaida homme de loy ciuile.
Son pere quinte ortheuse ouir
Moult voulentiers chescun souloit
Mais elle parlant resiouir
Faisoit chescun qui se douloit

Quant parler a tertes vouloit
Et ne dit les gens occupez
Certainement elle voloit
Lentendement au plus huppez.
Pour nient tost tu col et espaule
La renommee de clergie
Ne pourroit eustoche ne paule
Taire ie le te certifie
Car qui bien la bible estudie
Et tous les liures de iherosme
Il voit quelle nestoit mie
Sans sage esprit non fantosme.
De seur clergie bien estoit
Iuspire et moult ses eut chieres
Quant ses liures seur transmetoit
Et les faisoit a leur prieres
A ses epistres familiers
Aussi appert daiultres plusieurs
Quelles fussent tres coustumieres
De lire ses liures de meurs.
Ne de lamour ne de lescripture
Iamis eut escript a marcelle
Selle neut leu mainte lecture
Encores pas le ne vous celle
Ne de mietriades neisesse
Ne principie ne siluine
Ne mainte aultre doulce pucelle
Plaine de la saincte doctrine.
Pour toy tourmenter la ceruelle
Je ne veulz pas mettre au derriere
La fille iehan andrieu nouuelle
Qui lire a bologne en chaiere
Les decretz de haulte matiere
Decretales et clementines
De la darraine et de la premiere
Sceut elle comme ses matines.

Encor puis se faire & uy mos
De celle bonne femme sage
Qui fut de la ligne amos
Car par son tres soubtil langaige
Meut et couuertit le courage
De dauid forment courrousse
Contre absalon au beau Visaige
Qui lauoit grammēt offense.
¶ De la royne sabba: qui vint
ouyr la sagesse de salomon.

O̅mme pour bōne bouche faire
Jay tout au derrenier garde
Sabba dōt ne se doit pas taire
Qui a ses liures regarde
Car touſiours en sens accorde
Et a vertu sa vie maitint
Que salomon recōmande
En sagesse visiter vint.
Elle royne dethyopie
Ouy le sens de salomon
Ne dura tant quelle eust copie
De son sainct et sage sermon
Car luy proposa se fist mon
De maintes questions ausquelles
Lune apres laultre ce vit on
Donna respōnces solennelles.
Et adōcques tant estima
Sa sapience merueilleuse
Et tant pour son grant sens lama
La royne rnocieuse
Que mainte chose precieuse
Voire grans tresors luy donna
Puis merueilleusement ioyeuse
En son royaulme retourna.
Si ont aussi aulcuns escript
Que depuis son departement

Elle luy manda Ung escript
Ou estoit contenu comment
Auoit Vu en Vaticinement
Ung bois ou quel pendu seroit
Ung hōme qui par son tourment
Le royaulme se perderoit.
Pourquoy il fit le bois oster
De sa maison haust esleuee
Et dedens la terre bouter
Si auant que ne fut trouuee
Car la sapience esprouuee
De la royne doubter luy fist
Que la seigneurie greuee
Ne fut par larbre que iay dit.
Je ne la eusse seulement
Sage apeller quant aduisa
Cil que chescun communement
Estre le plus sage prisa
Et que de vray prophetiza
La passion du saulueur doulx
Qui les portes denfer brisa
Par la croix ou nous saulua tous.

⁋ L'aduersaire par truffe parle & cal-
fumie et de dame Jehâne la papesse.

Ô Ras tu de calfurnie
Qui son cul au iuge monstra
Dit sanstre plein de vilenie
Pourquoy puis la femme nentra
En iugement pro ne contra
Ie scay selle auoit plaisans dis
Mais si mal sa robe escoutra
Que monstra son de profundis.
Or se ihesucrist te doint ioye
Fait laduersaire que se moque
Franc vouloir tu porte bon foie
Or dis ie te requier ne toque
Fay nous icy la niquenoque
De quelque aultre bonne clergesse
Et mainte as larde en broque
Mes apres tenne la papesse.
Tu scez quelle sceut tant de lettres
Que pour son sens on la crea
Papesse et prestresse dos prestres
O comme bien estudia
O grande louenge si a
Femme se dissimula homme
Et sa nature regnia
Pour deuenir pape de rôme.
O benoit dieu comme osa femme
Vestir chesible et chanter messe
O femme oultrageuse et infame
Comment eut elle la hardiesse
De se faire pape et papesse
Comment endura dieu comment
Que femme ribaulde prestresse
Eust lesglise en gouuernement.
Bien eust elle au siege sainct pierre
Seoir se les clercs y deuoient soit

En allemaigne et en angleterre
Auoit estudie main et soir
Sens que son peut apperceuoir
Quelles estoient ses derrees
De son amy ne dis ie voir
Car pas ne luy furent serrees.
Lors le monde estoit bien nouuel
Dire on peut quil ne tenoit
Si non a la queue d'ung vel
Puis que femme le gouuernoit
Merueille estoit que ne tournoit
Le ciel et que pour iugement
Dieu sur la terre ne venoit
Tenir son cruel iugement.
Mais il est tardif a punir
En attendant que l'on samende
Et quant on ne peut venir
A raison combien quil attende
Certes c'est force quil entende
A donner sa punicion
Et qua iustice son droit rende
Sans plus longue remission.
Ainsi tousiours pas nendura
Que lesglise fut cabusee
De celle qui trop y dura
Car sa fraulde fut encusee
O vngence bien aduisee
La saincte papesse enfanta
Nonques plus la putain rusee
A lautel sainct pierre chanta.
Entre le moustier sainct clement
Et colisee chescun vit
Le feminin enchantement.
Si fut tantost fait ung edict
Que iamais pape ne se fist
Tant eust il de science au nas

Sil ne moustroit le roy petit,
Enharneschie de son harnas.
O dames dames couronnees
Voſtre pape et voſtre papeſſe
Deſſus les quattres couronnes
Eſſe accreut mout voſtre nobleſſe
Alors le champion se dreſſe
Et en sectant le sceptre bras
Dit: temps eſt que ce parler ceſſe
De ce mal tu te remembras.

¶ Le chāpion epouse seāaue la papeſſe
et sur ce parle daulcuns papes.

Ainsi que kiladam entroit
Lors en sa force grandement
Quant ses enemis encontroit
Le champion pareiſſement
Tant plus chevalereusement
Ou champ de bataille sailloit
Quant plus impetueusement
Son adversaire lassailloit.
Sy luy dit lescolier ribault
Luy baiſſa le commencement
Jeuneſſe ce que & prin sault
Preut elle tient moult longuement
Prendre il luy fiſt labiſſement
Domine en sa petite jeuneſſe
Que par vergongne ou austrement
Continua en sa vieilleſſe.
Or laiſſons les pechez disans
Queſſe eſtoit clergeſſe lettree
Quant deuant les plus souffisans
De rōme euſt liſſue et lentree
Encor te peut eſtre mouſtree
Mainte preface que dicta

Bien et sainctement accoutree
Ou en la foy point nherita.
En la chaiere du pescheur
A qui dieu laiſſa le papat
Aſſiſt on ung glouton lescheur
Quon appelloit frere iuppart
Car forment pis quung agrappart
Il fist en sa papalite
Contre le papaliste paict
Et leccleſiaſte viute.
Je nay pas leu en escripture
Que la papeſſe gouuernast
Ou par symoniaque ordure
Ou heresie machinast
Et la saincte eglise minast
En tresors chappes et couſſins
Ne que iamais tant forsennaſt
Comme le pape des Visins.
Ou comme cil faulx palatin
Cardinal qui tant faulſement
Trompa le pape celeſtin
Dont puis regna cruellement
Ou comme cil presentement.
Qui affin que leglise bale
Donne et fait tant denpreſſement
Au tres sainct concile de bale.
La papeſſe ne scay comment
Muſſa son sexe feminin
Mais plusieurs papes vrayement
Soubz mitres ont couvert le skin
Et cuer de voulpe ou de coniuin
Deſſus peau dagnel plus doulcette
Que ne soit le mon appenniu
Quant reſtu eſt de sa mouſſette.
Je nen dis plus: le remanant
Eſt tenebreux obscur et noir

Comme les oustes & diuant
Vous sçauez bien se ie dy voir
Si laissons le propos mauoir
Et parlons des dames folles
Desquelles pour le grant sçauoir
Les louanges ne sont faillies.
Or ne nous arrestons a ce
Et parmy fiel miel ne mettons
Nauec sucre absinthe ou ache
Seulement nous entremettons
Que preche nous ne commettons
De parler de vertu beau sire
Car de pechez nous ne contons
Que pourray a ce contredire

¶ Le champion en reprenant la fetar-
dise de malebouche et de seurin frau-
çois: parle de dame cristine fresche et
tres clere.

JE ay erre par my le monde
Pour demostrer ma puissance
La vertu le sens la faconde
De noz dames ie qui naissance
Ay pris en la tres doulce france
Ne taistay pas quiconques hare
De celle de ma congnoissance
Largentee vertu sans faire.
Ie cuide que seurin françois
Apres la nature angelicque
Ait sur tous les slite et le chois
Et soit en terre une relique
Reserue ce: que ie replique
Car il na pas graice meure
Car certes tart ou mal sayftique
A chose ou il faisse demeure.

Se de sçauoir le nom nauons
Comme ceulx de grece ou ditale
Cest pource que nous ne sçauons
Comme eulx la cause est principale
Nous ne pouons en leure male
Ou ne sçauons parler nescripre
Et trop suiuons pompes et gales
Vne fois le faisoit il dire.
Se noz vaillans clers qui sont mors
Dieu ait leurs ames en sa gloire
Se fussent aduis et amors
Pour nous laisser des gens memoire
A faire cronicques et hystoires
De ceulx de leur temps seulement
Mon fait seroit plus que notoire
Ie le te dis certainement.
Je voy qui ne fut si petit
Entre les grecs et les romains
Dont naient fait escript et dit
Leurs orateurs et escripuains
Mais les nostres lasches et vains
Ont par couraige trop failly
Le nom des bons et des haultains
Auec les corps ensepuely.
Si me complains de leur paresse.
Car se de france plusieurs dames
Ie ne te nomme la prouesse
Ne doubter fault que soubz les lames
Maintes reposent: dont les ames
Furent apertes et habilles
Et firent argougue et blasmes
Aux hommes aux champs et aux villes.
Mais au fort des choses passees
Iugons par ce que vous or
Et que les dames trespassees
Eurent de clergie tresor

Plus precieulx que ne soit or
Aussi bien que dame cristine
De laquelle a trompe et a cor
Le nom par tout va et ne fine.
Louer asses ie ne la puis
Sans souspirs regretz et clamours
Non pourroie ceulx qui au puis
Seruent le gay prince damours
Car vraiement toutes les flours
Auoit en son iardin ioly
Dont les beaulx dictiers longz et cours
Fait on en langaige ioly.
Aux estrangiers iouons la feste
Faire de la vaillant cristine
Dont la vertu est magnifeste
En lettre grecque aussi latine
Et ne deuons pas soubz courtine
Mettre ses oeuures et ses ditz
Affin que se mort en courtine
Le corps: son nom dure toudis.
Froisart plaignent que ust la pratique
De bien dictier ou ilz mentent
La mort mie haust grant rethorique
Les facteurs amoureux samentent
Las aultres vasaulx se dementent
Car il a se mieulx balade
Aultres pour bastel se dementent
Pour nason et pour mercade.
De baladans et de riuians
Dung et daultres parler peut on
Le langage amoureux samentent
Et polissent comme leton
Mais selle fut tulle ou cathon
Tulle car en toute eloquence
Il eust la rose et le bouton
Caton aussi en sapience.

Certes ie croy que soit cas tel
De toutes: laultre luy redit
Que de cristine a cui chastel
Son filz faisoit: ou liure: ou dit
Puis les seigneurs sans contredit
Luy en ont donne louenge.
Car voulentier on ne desdit
Femme: ne contre elle on calenge.
Et mesbahy que mot ne son
Ila fait de la belle tanette
Niepce de pierre de nesson
Elle vault quen rauc on la mette
Car nest rien dont ne sentremette
Et lappelle on laultre mynerue
Mais que peut faire vne femmette
Par dieu rien: au mains q̃ trop serue.

¶ Le champion apres quil a loue les clergesses: fait mencion de dix sybilles: q̃ tres clerement propheriserent de nostre sauuer ihesucrist: comme il sensuit.

Ainsi me fault aux estrangieres
Reuenir: car desia abate

c ij

Enuye en parolles legieres
Sur la premiere que dit aye
Dit franc vouloir qui ne se smale
Et se les aultres vertuz blasmer
Les dames de france la gaye
Au mains tu sses tu renommer.
Le nom des nostres ne nous griefue
Par tout sont ilz les bien venus
En ceste humaine vie briefue
Ne soions pour meschans tenus
Quant serons pouldre deuenus
Encores france demourra
Si sonnourons grans et menus
Et le mieulx que cheseun pourra.
Mais vous estes tant enuieux
Francois: et de si mal affaire
Tant sung sur laultre ambicieux
Que vertu na vers vous que faire
Enuye orgueil vous font taire
Les los de vertu et sa gloire
Et a toutes aultres gens desplaire
Tant quon ne vous prise une poire.
Vienguent les sybilles auant
Et nous confessent plainement
Se les espris dome viuant
A prophetiser sainement
Ont eu aulcun aduisement
Comme les dames que tu desprises
Et sil est vray certainement
Que de nully furent aprinses.
Ia soit que nous puissons entendre
Choses passees et presentes
Touteffois ne pouons nous tendre
Noz entendemens et ententes
Si tres auant que les attentes
Sachons de ce que dit vint

Deuant noz yeulx sont mises tentes
Au regart du temps aduenir.
Seulement ou dung miroir
En cui toutes choses reluisent
Temps aduenir peut apparoir
Des choses qui ores ne suisent
Et pas leurs causes ne produisent
Le quant dit dieu et se commene
Il voit comment les clers cuisent
La chose: ains son commencement.
Si conuient dire que lesprit
Des prophetes vint seulement
De seul dieu lequel les aprit
Prescher et dire appertement
La naissance et aduenement
Des choses que lors ne se voient
Et lesquelles certainement
Vindrent comme dit en auoient.
Ainsi preuue que les sybilles
A parler du temps aduenir
Furent apertes et habilles
Car ainsi se vit on venir
Tu te dois pour content tenir
Et mescouter en pacience
Affin que ie puisse soutnir
Mon fait: ou tu nas pas science.
Dix furent celles que ie nomme
Dont de perse fut la premiere
De tiburte laustre on surnomme
Et laustre on appelle chimiere
Herithee de grant lumiere
Ensuit la tres sage cumee
Ie mes la siponthe derriere
Frigie samye albumee.
Or escoutes sil ce plait ores
Ce que les sybilles disoient

En cestuy mesmes temps encores
Que les ydolatres regnoient
Si Arras si plaines estoient
De cil qui les prophetes fait
Et se ce que prophetisoient
De nostre dieu na este fait.
Le tres hault et le tres puissant
Du ciel en terre descendra
De Vierge incorruptible issant
Homme entre les hommes naistra
Par loing temps congnieu ne sera
Des siens mesmes en sa region
Et tousiours amonnestera
La divine religion.
O Vierge des femmes heureuse
O Vierge de bonne heure nee
En cui la haulte et precieuse
Maieste doit estre incarnee
Quant doulce sera celle annee
Que descendra le createur
Qui povrement sans sale ornee
Sera en terre habitateur.
Il viendra cestuy qui doit estre
Seul craint ame et honnoure
Qui cieulx et toute rien terrestre
Sans aide ait fait et laboure
Vierge dont est enamoure
Nourrira son humanite
Et ne sera point defflore
Le lis de sa Virginite.
Ung seul Dieu est lequel Arrour
Mais ilz adorent les ydoles
Le vray salut prescher orroit
Et priseront les fables foles
Les plus sages de leur escoles
Son innocence dampneront

Ses bonnes et iustes parolles
Les tres pervers nentenderont.
Cil qui est le commencement
Et la fin de toute nature
Conversera humainement
Avec humaine creature.
Et a tourment et a bature
Le tres saint corps epposeront
Puis en croix par grande torture
Crucifie lestenderont.
A leur dieu donneront ilz buffes
Et cracheront ou sainct Viaire
De luy feront gabes et truffes
Mot ne dira le debonnaire
Toudis penseront de pis faire
A linnocent plain dequite
Et le sainct homme ne pourra plaire
Aux gens de toute iniquite.
Ton vray Dieu nas pas recongnieu
Despine tu las couronne
Crucifie en croix tout nu
Fiel en sa soif luy as donne
Et le Vin aigre: pardonne
Tu as au pecheur et au serre
Et linnocent babanbonne
A honte et a mortelle guerre.
Adoncques se fendra le voile
Du temple: adonc se consera
Le soleil et toute aultre estoile.
En plain iour homme mort sera
Qui trois iours se reposera
Et puis retournera des treup
Denfer: et manifestera
Quil est vray dieu puissant et preup:

De dame sybile herithee.

E iii

Or oye apres & heritiere
La chanson du grand iugement
Côme elle est saincte et bié dictee
Et ne se descorde vllement
Qui veult entendre sainement
De la crestienne creance
Et se tu lentens aultrement
Confesse toy & mescreance.
La terre rendera sueur
Et sur elle a Dieu & ses paulx
Descendera le createur
Pour iuger les bons et les maulx
Tous orrons ses iugemens haulx
Ses iustes sentences et lois
A cestuy tour seront egaulx
Pouures et riches serfz et rois.
Quant temps sera que lon saurace
Homme et femme vouldra laisser
Or argent et aultre cheuance
Feu bruser la terre et la mer
Rompera les portes denfer
Adonc ses fais dira chescun
Secret ne se pourra celer
Dieu monstrera tout en commun.
Lors estraindront & douleur
Les dens en grans gemissement
Soleil perdera sa couleur
Les estoilles pareillement
Le ciel tournera aultrement
Plus ne sera & lumiere plains
La lune adonc pareillement
Vaulx et mons reuendront en plains.
Les choses equasees seront
Bas et hault sur terre apperra
Lors toutes choses cesseront
Terre froissee sonnera

Trestout ensemble brulera
Terres fleuues fontaines mers
Lors par tout le monde on orra
La trompe espandans cris amers.
La trompe fera piteux plains
Et pleurera ses pechez du monde
La terre souurera: enfer plains
Monstrera labysme parfonde
Tous princes et roys a la ronde
Deuant le grand seigneur vindront
A luy fault que chescun responde
De leurs fais tous conte rendront.
Que veulx tu mieulx: fusse bien dit
Dit elle bien a ton aduis
Dit elle point qua ce sendit
Seront et les mors et les vis
Oncques philosophe ne vis
Que si largement dit en aye
Et aussi le se te pleuis
Cest prophetie saincte et vraye.
Item aukeunes delles dirent
A peu pres ainsi que ysaye
Mais ne scay comment lentendirent
Que du loup seroit enuahie
Au parc et ne seroit aidie
La brebis qui ne doubteroit
Ains seroit morse et trahie
De cil quauec luy mangeroit.
Leuriers ne courront apres lieures
Cerf et dains chiens ne chasseront
Pardes seront auec les chieures
Veaulx et lions daccort seront
Les bestes ne sentretueront
Champs seront en fertilite
Adonc toutes choses seront
En paix et en tranquillite.

Majncte telle et belle sentence
   Et mieulx que ne le scay dicter
   Je doulcement parlāt la lactāce
   Sceut et voulut interpreter
   Et si nay peu tout transtater
   Car tous leurs liures ne vis oncques
   Plusieurs firent au feu bouter
   Les tyrans qui furent adoncques.
Ne fit oñ pas quau roy tarquiñ
   Vne sybille presenta
   Troys liures qui comme taquiñ
   Par despit au feu les bouta
   Puis aultres trois luy rapporta
   Dont ne fit conte ne recepte
   Et elle qui peu se doubta
   Luy dit adonc ses trois achate.
Pas nentendoit que ce valoit
   Mais lors pour se despescher delle
   Demanda combien en vouloit
   Si respondit la damoiselle
   Se rōme la bonne et la belle
   Scauoit ce qui est en escript
   Elle nen seroit si rebelle
   Lors a son dit tarquin les prist.
Quattre ordre & cieste victa
   En ces volumes bien adroit
   Et certainement saquita
   Dannoncier ce qui aduendroit
   Aux rōmains lesquelz conuiendroit
   Aux plus bas estre ramenez
   Car leur grant triūmphe fauldroit
   Quant dieu seroit au monde nez.
Seulement elles nescripurent
   Que dieu vray homme se feroit
   Mais daultre temps aduenir virent
   Et dirent ce quil en seroit

Car q̃ troie tresbucheroit
   Par guerre destruicte et gastee
   Et que homere mentiroit
   Aux grecs afferma herithee.
Or que veux tu dire a lencontre
   Sont elles dignes de louenge
   Se tu y scés riens se le monstre
   Affin que tost ie les arreinge
   Quant a moy ie les arreinge
   Pres des prophetes et deuant
   Les philosophes; qui caleinge
   Du droit et du lieu: vieigne auant.
Ung chescun peut estre scient
   Science est aux hommes cōmune
   Mais nest prophete ne prescient
   Quiconques voit soleil ou lune
   Car qui est prophete il a vne
   Vertu diuine et singuliere
   Laquelle par science aulcune
   Ne peut estre aux hommes pluriere.
Tu as bien leu de iosias
   Qui par olda la prophetisse
   Se conuertit et aussi as
   De elboza: daultres en disse
   Sās ce que trop longue ie les quisse
   Mais ne me seroit chose honneste
   Queil ennuy ou courroup te misse
   Par ainsi a tant le mātreste.

¶ Laduersaire.
Tu parles bien a ton loisir
   Dit laultre qui tout luy reprouche
   A louer femmes prens plaisir
   Trop grandement leur los te touche
   Dieu garde celle & mase touche
   Pour laquelle toutes son aime

t iiii

Dont les louenges miel en bouche
Te sont: et plus doulces que craisme,
Ainsi que ie te puis entendre
Tu fais les femmes deuenir
Prophetes sainct esprit descendre
En leurs testes; qui souuenir
Les faces du temps aduenir,
Et en parler certainement
Pense se tu pourras tenir
Ceste opinion longuement.
Na eu le sainct esprit assez
Dommes par lesquelz a fait dire
Les futurs temps et les passez
Cuides tu que le tres hault sire
Ainsi ligierement inspire
Sa singuliere prouance
Deuant les bons ne prent le pire
Ie bon dieu: iay ceste creance.
Anne fille de phanuel
Et de debora prophetisoient
Ou nom de dieu emanuel
Et aussi de son peuple estoient
Mais se les sybilles disoient
Du temps aduenir mal ou bien
Ie croy certes que ce faisoient
Par quelque engin magicien.
Mantho fille de thiresis
Du temps aduenir racontoit
Le faulx esprit sa fantasie
Adonc ainsi la tourmentoit.
Carmence toudis ne mentoit
Cassandre de sepil de troie
Pource prophetisses nestoient
Est il clerc tant fol qui le croie.
Non par les femmes seulement
Lors les mauluais esprits parloient

Es ydoles communement
Les aduentures reueloient
Lors aux mortes pierres aloient
Les gens aduenture escouter
Esquelles diables se soloient
Faulsement tapir et bouter.
Ceste chose est toute notoire
Mestier na de probacion
En mainte cronique et hystoire
Tu as certification
Oit quant sincarnacion
Les ydoles comme apolin
Firent pronostication
Du temps mieulx que ne fait merlin.
Mais qui a prine est incredible
On dit que duy arbres parlerent
En langaige tres entendible
A alexandre: et luy prescherent
Ce que luy et aultres trouuerent
Long temps apres: et que plus soit
Appertement luy adnoncerent
Toutes les choses quil pensoit.
Ie tiens que parloit lennemy
Aultrement ne se peut il faire
Arbres nont pouoir ne demy
De sermonner vider ou braire
Non ont ydoles tant pourtraire
Leur sache lon bouche et menton
Qui vouldroit dire le contraire
Ie respondroie or y ment on.
Se disoie que prophetisses
Fussent telles deuineresses
Il fauldroit que ten reputisses
Car elles sont enchanteresses
Sur crapaulx et raines cauresses
Remplies de lart diabolique

Et qui en croit les menteresses
Il est pire que phitonique.

Convient a dieu seulement compete la science des choses aduenir.

Qui fait doubte quaultre q̃ cil
Lequel nous a donne pour sitz
Oeil paupiere et sourcil
Puisse certainement scauoir
Chose aduenir dis franc vouloir
Il veust dieu du monde tolir
Ou aussi grant que luy auoir
Ouvert: et sa puissance abolir.
Seul a peu eternellement
Seul peut par puissance infinie
Seul voyra sans dffinement
Sa puissance nest diffinie
Sapience et pouoir vnie
Seul vit ce quaduenir debuoit
Seul vit le monde et sa mesgnie
Seul verra ce qui ores voit.
Et nest ange ne intelligence
Ne apostres ou martirs vrais
Se la diuine prouidence
Ne leur communique ses rais
Que puisse scauoir en quelz fais
Le iour de demain passerons
Ou se sasut durons et pais
Ou dampnez ou saulvez serons.
Si nest diable qui oncques sceut
De la chose qui aduiendra
Prouidence na qui en peut
Dire comment il en prendra
Trop bien a la foys respondra
Comme soubtil gars et rusé

Mais qui a son dit saioindra
En fin se verra cabusé.
En parlers doubles et couuers
Et meslés de condicions
Des secretz qui ne sont ouuers
Fait il ses reuelacions
De diuerses mutacions
Ne scet les cours et les vsages
Pource a leurs peticions
Respont par mots a deux visages.
Ieu ay vinig lequel congnut
Que thydole auoit dit mensonge
Car il luy estoit aduenu
Au contraire de sa besongne
Ne luy donna respit na longne
En mille piece le fendit
Ne puis a besoing ou en songne
Le pouure ydole respondit.
Le maistre en astrologie
Tenant en son poing une espere
Ia soit que se sens dieu nayt mie
Les choses q̃ aduenir espere
Scauoir: mais que mars espere
En son royaulme et en sa force
Force est que voisin et compere
A meilier bataille se sforce.
Il tourne et vire lorostore
Pour voir la constellation
Alongue amendrist et en cope
Fondant sa indicacion
Heureuse ou male nacion
Dit: et ce que lenfant fera
Se la pronostication
Aduient: le temps se changera.
Duzadia qui scet les signes
Voit epichicle et epistentre

Cõgnoit les x̃gres et les signes
Es chambres des planettes entre
Et luy dient combien soit entre
Naissant dune mesme entree
Jugant quil fut ne hors du centre
Qui quant lestoille estoit entree.
Il fera froit le prouchain moys
Jusques au crappeaulx gesera
Vestes vous tous & bons chamoys
Ou le vent loz dos pesera
Lan ensuiuant vent coulera
Si chault quil ardera les iours
En la mer: et quon sen ira
Soubz leaue auecques les poissons.
Pour certain ilz veulent prouuer
Ce que seul dieu scet seulement
Et iugent deste et diuer
A leur gre mais diuersement
Aussi ne se peut aultrement
Et ont iceulx bien veu & sceus
Qui asseurent leur iugement
Sur les temps futurs et absens.
Je soy que nung de nous nespusse
Tant & sens en tout son vivant
Quil entende a droit vne pusse
Qui luy va tout le vis rivant
Comme doncques apperceuant
Sera grandes choses futures
Fol homme qui nest conceptuant
Que comme simple creature.
Iugement peut on necessaire
Auoir du futurs euident
Comme que le soleil doit faire
Cours dorient en occident
Mais qui dauenture prudent
Veult estre et en donner responce

Voise parler au president
Par qui soleil luit et esconse.
Je confesse que pour congnoistre
Les neuf cieulx ensembles tournans
Et la circuite et le cloistre
Des septz signes alans et venans
Des choses apres aduenans
Lon a quelque imaginatiue
Mais des choses apperteuans
A dieu na on iudicatiue.
Le cercle a luis & la tauerne
Demonstre que vin on y vent
Et maintesfois si fort iuerne
Quon na ne pain ne vin souuent
Ainsi est il ie te consent
Ia soit que dieu lestoille noste
Pour chault aduenir quãdons vent
Seruis sommes au gre & loste.
Aussi sathan qui mieulx percoit
Les choses que nous ne faisons
Noz parolles escoute et recoit
Et en noz fais met ses raisons
Puis dit des temps et des saisons
Et a la fin ainsi aduient
Mais il est plus fol quung oisons
Qui croit quil sache quainsi vient.
Au grant alixandre conta
Sa mort: et comment le scauoit
Aulcunement luy raconta
Cestuy qui ce faire vouloit
Et que lendemain luy beuoit
Donner bruuages enuenimez
Car par ses regars conceuoit
Vers qui estoit plus animez
Aussi luy nompas trop estable
Qui iadis leuesque honnour

Veant son songe veritable
Celles responces contoura
Et en tel erreur demoura
Quil cuida tout certainement
Que les arbres quil adora
Respondissent diuinement.
Ne pourtant nulx ie contredire
Que par la diuine licence
Le mauluais esprit ne peut dire
Du temps futurs et en presence
Parler de ce que en absence
Est et sera long temps aprez
Se tu quiers comment se fait ce
Va parler a dieu de plus prez.
Et sensuit:sil a prophetise
Dont il est bon:car a la fois
Tel qui fut ars et atise
Prophetisa nulx mos ou trois
Je regarde ou liure des rois
Le roy saul prophete et ment
Et les filz des prophetes vois
Prophetes ou viel testament.
Vraye est donceques ceste maxime
Que en seul dieu soit prouidence
Je puis faire ceste aniphorisme
Et conclusion euidence
Que se vraye est la prescience
Des sybilles:sainct esprit seul
En qui nult met sa sapience
Ainsi leur enlumina loeul.
La diuine incarnacion
Tous les faulx auges ignorerent
Et de humaine redempcion
Les plus sages ne se doubterent
Mais quant aux portes escouterent
Dieu venant racheter les bons

Lors ensembles se tourmenterent
Espandans cendres et charbons.
Si ne puis dire que phebus
Ou apolo aux cheueulx saunes
Ou esculape le barbus
Jupiter saturnus ou faunes
Ou pluton plus de cent mille ames
Ardant la bas laduenement
De dieu leur dit.o tu te dampnes
Se tu le nulx croire austrement.
Dont vis et ne ieus les yeulx clourre
Que non pas seulement aux hommes
Dieu voulut ouurir et descourre
Ses secretz et que nous ne sommes
Si tres parfais comme nous nommes
Et quen prophecie et en ars
Femmes contre lesquelles nommes
Des biens dieu ont eu grant pars.

℄ Laduersaire.
Votre fait lanltre fables maintes
Dit as en louant tes estries
Qui lors kesses furent sainctes
Comme dis en tes poetries
Et car on fist ydolatries
A leurs ymages et ydoles
Le nom des femmes apert cries
Lesquelles ie ne prise nulx boles

℄ Le champion.
Se ie tay dit que la gent sote
Soit vaillans dames honnourer
Et marmouzet ou mariote
Et leur reniembrance dorer
Et maintesfois les adorer
Comme iupiter ou phebus
Pour tant ne vueil ie amourer
Dit franc vouloir en tel abus.

Mais par ce te vueil demoustrer
Que aussi bien pour leur miracle
Les soloit on au doy moustrer
Et lever en hault tabernacle
Comme on faisoit sur les pinacles
Les images des Vertueux
Et que leurs fais et leurs sinacles
Ont este aussi merueilleux.
Bien scay que iadis les vaillans
Qui plus Vertueux se cuidoient
Estoient les plus deffaillans
Car en bien sans dieu se fondoient
Et se vng seul dieu entendoient
Pas ne le dirent en apert
Et le fol peuple namendoient
En tulle et en aultres ce pert.
Tulle disoit confesser fault
Quil soit vng dieu tres honnoure
Mais ne se connient prescher hault
Que ne soient deshonnoures
Les dieux en terre honnoures
Que leur religion publique
Yoste le peuple forsenne
Et a nouuellete sapplique.
Socrates le maistre des meurs
En son temps fut homme parfait
Pour fuyr communes clamours
Fist vng dieu a qui dit son fait
Et adroit comme son fait
Le vray dieu pour estre saulue
Neantmains le prioit sans forfait
Cessuy dieu a luy seul priue.
Presque tous ydolatres furent
Les clers du temps anciennal
Et quant plus haultement cogneurent
Mains virent le dieu eternal

Car tous ensembles en general
Tous les iours et souuentesfois
Aduroient le dieu infernal
En pierres metaulx ou en bois.
Dont vraye vertu napparoit
En eulx: mais comme laingle
En tatinant par la paroit
Ouiert comme soit duit et regle
Ainsi le peuple desregle
Sans foy en tenebres ambulant
Comme dissolu desseingle
De dieu querir faisoit semblant.
Mais en terre orient leue
Cest ascauoir dieu descendu
De vierge nee et asseue
Ressuscite et attendu
Vraye vertu ait espandu
Ses rais dessus tous les mortieulx
Dont or vers dieu est estendu
Loeil et mais ioinctes aux hostieulx.
Si nest cause pourquoy blasmer
Tu ois les dames paiennes
Se aussi te vuly diffamer
Les clers en leurs meurs anciennes
Oultre plus quât entre les miennes
Voy les sybiles prophetisses
Il est bien raison que maintiegites
Les los de noz dames fatisses.

¶ Le champion apres ce quil a moustre
la clergie et la sapience des dames: il
entre en leurs aultres vertuz: et pre
mierement parle de leurs humanitez.

Vât demoustrer le plus loukoie
La feminine sapience

Monstrer au roy le vous vueil
Augustin pere de science
Et de soubtile intelligence
Ou liure de la trinite
Car sa haulte et bonne eloquence
Fait a ce que iay recite.
Ou liure vnsiesme et en la fin
Ding chapitre verras escript
Sapience est de feminin
Sexe; et preuue ainsi son dit
Car on la nomme enonce et dit
En langue grecque et latine
Par mos feminin ainsi suit
La sapience feminine.
Qui le veult gloser si le glose
Quant est a moy pour le present
Ie ny vueil entendre aultre chose
Et besoing nen est qui entent
Les escriptures il consent
Que les dames furent moult sages
Et or sont ien scay plus de cent
Lisans et entendans les parages.
Ne il ne fault parler de vice
Car on nest pas a esprouuer
Quen elle soit contraire vice
Ou se peut amytie trouuer
Ne humaine pitie couurer
Ne paix ne doulceur ne concorde
Aussi faicte est pour tous sauluer
Car a tout bien femme saccorde.
Et diray te exemple piteux
Tres humain iuste et charitable
Dont ny aura si despiteux
Qui ne deuiengne piteable
Et voie iustice amiable
Ou cuer de la femme seoit

Comme en chalere honnourable
Estoit pour se faire voir.
A mourir de fain en prison
La vielle mere fut dampnee
Ie scay pour quelle mesprison
Mais ainsi veut estre finee
La fille de bonne heure nee
Estoit en tres grant pensement
Comme a sa mere fortunee
Donnast quelque soustenement.
Or ny scauoit aduiser tour
Car sur la capitale petite
Le tourrier qui gardoit la tour
Donner ne luy deust grain ne graine
Si conuient que nature pleine
De pitie maniere traictast
Comment la mere a mort prochaine
Mise: la fille soustentast.
Nature doncques luy aprist
Que sa mere elle sustentast
Ainsi sur pie son chemin prist
Affin que tantost la alaictast
Le tourrier ia ne se doubtast
Que sa mere qui languissoit
Quelque viande quelle portast
Car de part en part la serchoit.
Mais songieusement la alaicta
Comme vng enfanson petit
De sa mammelle sustenta
O dieu prises cy vng petit
Est il homme qui iamais vit
Humanite plus naturelle
La fille en tel danger nourrir
La mere suffant la mammelle.
O cuer de femme tant vaulp tu
O amours qui rien ne redoubtes

O charité & grant vertu
Pour toy & fit par tout te boutes
O nature où mies ne croutes
Il n'avoit pour sa mere repaistre
La fille es tenebreuses croustes
De ses mammelles la sceut paistre.
Le fait fut sceu car on vit bien
Que n'eust esceu si longuement
Se on ne luy eut quelque rien
Baillé pour son soustenement
Ainsi le fait en jugement
Au senat se cas raconta
Qui pour sa pitié seulement
Sa mere à mort respita.
Je lis aussi où grant Valere
D'une autre pleine de pité
Laquelle aussi nourry son pere
En la chartre où il fut bouté
Mais que fault tant de la bonté
De femme dire c'est abysme
Ja ne sera assés conté
Ne ars rien proses ne en rime.

C L'adversaire.
L'aultre en patience petite
Luy respond comme de spite
Peus tu louer la tres despite
La tres pleine d'iniquité
Je puisse ores estre despite
De cil qui tout respite a
Se femme ose à sa voulenté
Faire quant dame pitié a.
Se piteuse est en une espece
En l'aultre elle ne l'est ainsi,
Car se sur la queue on luy pesse
Elle n'a perdon ne mercy

Car se peut par la où par cy
Comme une despiteuse vultre
Elle en rendra ung grant mercy
Soit à aier sau ou à cuer sure.
Et suppose qu'on ne la taine
Touteffois sa propre nature
Laquelle est de tout despit pleine
L'enclinne à estre amere et sure
Son venin sa poingnant morsure
De tout en tout nous esprouvons
Et plus de fait qu'en l'escripture
Divine et ailleurs ne trouvons.
La femme est de sang couvoiteuse
Herodias mise à eslite
Ne voulst chose plus precieuse
Que le chief saint Jehan baptiste
Et Jezabel la tres despite
N'occist elle prophetes cent
Sachez que femme se deslite
A respandre sang innocent.
Apres plusieurs que je puis dire
Qui ont estranglé leurs maris
Et murdry par inhumaine ire
Leurs enfans dedens paniers
Ou en lieu de laict ou de ris
Leur ont donné poison amere
Tu qui tant leur pitié chieris
Conté nous de la bonne mere.
Ne fut pas ceste bien humaine
Laquelle son enfant mangea
Voire par toute une sepmaine
Ses os par appetit rongea
Telle cruaulté ne fut la
En homme, qui de son enfant
Fist comme elle qui enraga
Plus que lion ou elephant.

O cruaulte incomparable
　La mere son enfant occist
　Et comme a mengier delectable
　En broche le tourne et rostit
　O grant horreur qui oncques ouist
　Dire comme fist la pareille
　De grant fureur le sang me frit
　La femme a tout mal sapareille.
Si ne scay quant humanite
　A son enfant la mere na
　Quelle vertu ou dignite
　Nature oncques a femme donna
　Si non que a la fois on a
　Plaisir a voir leur plaisant vis
　Et ont dit cecy et cela
　Plus en flatant qua son aduis.
Ainsi les quatre cardinales
　Ne a quelconque aultre moienne
　Venant les quatre originales
　Ne me loue vielle ne ieune
　Car tout le grant lac et loseune
　La plus nette ne laueroit
　Ne me loue vielle ne ieune
　Leur fiel endurcy creueroit.

　　¶ Le champion.
Le champion nompas forment
　Esbahy luy respont & tire
　Doit on tout vng champ de froment
　Blasmer pour quelque herbette pire
　Et se vous troues a redire
　En auleune qui a mespris
　Esse droit et raison beau sire
　Que toutes mettes a ce pris.
Toutes les perles ne sont fines
　Ne toute pierre precieuse

Ne toutes estoilles en leurs signes
　Ont influence gracieuse
　Toute oeuure humaine vertueuse
　Aussi nest pas: si se peut faire
　Quen tant de femme & spiteuse
　Quelcune ne soit de bonnaire.
Se herodias demanda
　Le chief du glorieux baptiste
　Dy moy aussi qui commanda
　A tuer les enfans degypte
　Et qui moyse se ferist
　Saulua, ne fut ce pas therulut
　Laquelle en pitie non petite
　Vers elle petit enfant vint.
Quant a laultre non pas trop bonne
　Dont estriues trop malement
　Que beste oncques si felonne
　Ne fist si inhumaine ment
　Je le confesse plainement
　Mais aussi rage & famine
　Len eptusoit auleunes fiuent
　Il nest rien que la fain ne mine.
Celle grant faim celle grant rage
　Qui en iherusalem estoit
　Luy estraignit humain courage
　Que la mer au filz auoit dit
　Nature adone & tout faisoit
　Car on voit au pis aduenir
　Quelle nespargne main ne doit
　Pour homme en vie soustenir.
Aussi tu te passes et tais
　Darcheus qui pour soy singier
　De son seul frere thiestes
　Luy fist ses deux enfans mangier
　Pourroit homme plus esragier
　Peut estre cuer plus inhumain

Que tel disner et tel mãgier
Donner a son frere germain.
La mere vng ieu fut excusee
Fain la fist estre ainsi cruelle
Mais pour cruaulte auisee
Archeus mist en lescuelle
Le brouet la cher la mouelle
Des enfans & son germain frere
Et comme viande nouuelle
A la table luy en fist chiere.
Que fault il tant de ce parler
Tant de cruaultez inhumaines
Que noseroie reueler
Tant de mors ordes vilaines
Tant oppressions tant de pines
Dont viennent tant de tyrannies
Tant de trahisons et de haynes
Je te prie ne le me nyes.
Est il quiq cain en ce monde
Est il quiq iob sur la terre
Puis que le diluge et grande onde
Yla on fait trahison et guerre
Que font ores ceulx dangleterre
Que fait on sur terre et sur mer
Par tout vng chescun sa main ferre
Soif & sang fait chescun armer.
Se la pite et la prudence
De raab neust sauue les espies
De iosue et en silence
Mussie en chanue ou orties
Je te prie que tu me dies
Silz fussent ainsi eschappez
Neust il este fin & leurs vies
Silz eussent este attrappez.
De celle test bien souuenir
   Car tu es tout despiteable

Mais en memoire nas tenu
La vraye mere piteable
Que lon trouua en vng estable
Ou ses deux mammelles perçoit
Et son enfanson miserable
Le sang en lieu de laict suffolt.
Comme sachant le cas ten parle
Car il aduint ou ie fus ne
En la doulce conte damelle
Le peuple a famine mine
O vray cuer de mere euchine
A pitie tant quil le peut estre
Quant a son propre sang donne
A son enfant pour le repaistre.
Il nest homme qui de femme isse
Sil nest plus fier quvne chimere
Lequel ignorer doleour puisse
La grant pitie qui est en mere
Telle ne pourroit estre en pere
Jamais tant homme ne ploura
Et ne fist si piteuse chiere
Comme la deesse aurora.
Aurora pour memnon son filz
Qui deuant troie la cite
Ou plusieurs furent desconfis
Perdit la vie et la sante
Par sa piteuse humanite
Fut de larmes tant arrousee
Quelle en fut pour la quantite
Dicte deesse de rousee.
Et thetis laquelle achiles
Son filz vestit & son surcost
Et abilla de ses ælles
Quon ne le fist aler en lost
Quant elle ouyt dire le mot
Paris achiles a tue

Que prisées sous quel douleur ot
Et quantes goutes a sue.
Certes comme arbre sans humour
En ardeur ne peut demeurer
Ainsi sans tres piteuse amour
Ne peut cuer de mere durer
Ainsi convient il inferer
De toute aultre: car par nature
Pitié ne se doit separer
De doulceur: c'est sa nourriture.
Doulces par natures sont elles
Quant ne le sont c'est adventure
Nature courages rebelles
N'a mis soubz telle couverture
Le corps ont et la pourtraicture
Humble en gracieuse responce
Au regard d'elles je vous iure
Que nous sommes une aspre ronce.
De ce fais je trop long procés
Mais sachiez hommes que vous estes
Comme les arbres durs et secs
Entre les doulces Violettes
Ou entre tremblans amourettes
Esquelles de rigueur il n'a
Nature par saincte marettes
Ainsi doulces les nous donna.
Par adventure d'attrempance
Pourras tu les hommes vanter
Mais contre ung seul de soubre paince
Ten puis de dix mille conter
Aussi gloutonnie bouter
N'e se doit ne faire sordure
En corps fait pour representer
Ordre maintien soing et mesure.
Apicius l'art de cuisine
Dont mainte touaille est homnie

Certes n'aprint de sa visine
Il la trouva par gloutonnie
Affin qu'il eust pance garnie
Puis de doulce puis de salée
Comme ores n'est feste fournie
Son n'a galentine et gelée.
Se tu dis que luxurieuses
Sont plus: tu sees bien que tu mens
J'ay prouvé que malins chaloreuses
Sont par notables argumens
Et se comme fol me desmens
Es liures d'aristote sy
Ou en aulcuns aultres commens
Si Arras se auras failly.
Force diras: le commun dit
Qu'elles ne sçevent rien celer
Et que tout est dit et redit
Et que ne cessent de parler
Beau sire sans plus soing aler
Veons se comme plus se fait
Devant et apres le galer
Et se plus honneste est son plait.
S'ilz sont quattre en my le marchie
Ou l'ung tantost se vantera
Quine telle luy a marchie
Sur le pie et qu'il en fera
Cecy et quidy: ou l'ung dira
J'ay pour telle celle devise
Ou l'aultre au travers mentira
Tant que l'aultre a bourder savise.
Ou en parolles tres vilaines
L'ung auec l'aultre se riront
Ou en enuies ou en haynes
De plus sages d'eulx parleront
Ou toute forme adviseront
De tel ou tel battre a l'issue

Ou comme aulcune attrapperont
Laquelle en leur amour ne sue.
Silz sont aduocas ou marchans
Bourgois nobles & toute guise
Comme silz estoient aux champs
Tendront leur quaquet en lesglise
Et de quelque cause entreprise
Ou dachater rente ou maison
Ou de vendre fustaine ou frise
Il ny a rime ne raison.
Mesmemẽt quant on fait loffrande
Les chappellains leurs heures dict
Parlant & petite ou & grande
Ou de telle a qui les yeulx rient
Ou & lune ou daultre mesdient
Leurs langues iamais nont repos
Les hommes leurs langues stopient
Et ne sceuent a quel propos.
Ou regnes dieu es tauernes
Plus quil nest beuy au moustier
Et pour vng trois ou pour vng terne
Est malgree sur le table
Silz auoient langues dassier
A peine en seroit elle vsee
Malgreer est a lomme plus chier
Que nest a femme sa fusee.
Mais quant entre elles deuisent
Mesmemẽt les dames simplettes
Na aultres na elles ne nuisent
Leurs parolles toutes doulcettes
De leurs filz ou & leurs fillettes
Ou & leurs mainages quaquettẽt
Ou de telles mesmes chosettes
Du fait de la guierre nenquettent.
Va escoutez les pucelettes
A scauoir mont quelles diront

Et va premier au bergerettes
Helas de quoy deuiseront
Ie croy quelles nauiseront
A trahir le bon roy de france
Ou peut estre aulcunes ce feront
Esquelz il aura grant fiance.
Les aultres qui sont en la ville
Desquelles choses se combatent
Force se lime delles file
Beaucop plus elles sen debatent
Aussi leur langue en vain ne batent
Que plusieurs qui crient et braient
Et & langaiger se combatent
Quil fault qua tort le droit ilz aient.
Se tantost vueilx estre endormy
Va escouter les damoiselles
Et te mes au pres ou par my
Pour ouir les doulces nouuelles
Dieu nest regnre entre elles
Nulle delles ne se despiece
Comme en tirant sang et entrailles
Vous le desires piece a piece.
Escoute la ou tu vouldras
Soit en lesglise ou en la hale
Tant de leur mal ne te doubteras
Se tu nas conscience male
Que & la mortelle espringale
De la langue si entens ie
Qui fait grant feste et tient sa gale
Quant il mesdit ou il lesdenge.
Respons moy se peus tu nier
Noy tu gueres parler & gens
Sans iuger sang ou reguler
Dieu est tousiours entre les deus
Et qui ne menteut te menteus
Ie voy que les seigneurs plus grans

Je ne scay dont leur vient tel sens
De maulgrief sont plus engrans.
Entre les dames or as tu
   Parle malgracieusement
Et nier dieu pour ung festu
Et mentir oultrageusement
Tout y est dit honnestement
Leurs deuis dapres reciter
Mieulx valent à mon iugement
Que voz heures deuant disner,
Telz reliques matitieuses
   Force pourroient contenir
Quelles sont auaricieuses
Et sceuent bien se leur tenir
Il te debuiroit bien souuenir
Ou valere dit que bussa
Voulut nourrir et soubstenir
Ceulx que hannibal enchassa.
Jamais ouyr tu ne cuidas
   De la vaillant roynne heleine
Qui ne ressembla pas mydas
Le roy dauarice villaine
Car elle de largesse pleine
A iherusalem ou mourut
De faim malnte personne vaine
Tres habundamment secourut.
A plus de dix mille romains
   Affamez naurez desmontez
Elle estandit si large mains
Quilz furent sains et remontez
Et les iuifz de faim gastez
Comme raconte iosephus
Par qui furent ilz sustentez
Regnant lempereur claudius.
Par ma foy mon amy non ont
   Femmes nont point de couuoitise

Car a largesse enclinees sont
Quant ny soient point de reprise
Et croy que ceulx la de lesglise
Soubz elles viuent la plus part
Se femme na quite themise
Voulentier pour dieu la despart.
Les chandelles du sabmedys
   Et les messes recommandees
Les psaultiers les deprosundis
Font maintes esglises mal fondees
Et se les richesses gardees
Des auaricieux nestoient
Maintes personnes mal rendees
Delles soustenues seroient.
Mais las gileres on ne leur laisse
   Et sont par la main gouuernees
De ceulx qui les maiuent en laisse
Que celles sont bien enclinees
A faire aumosnes et donnees
Leurs couuoitz up martis sen doeuleue
Sont elles pas bien asseurees
Rien ne fost de ce quelles fculent.
Aussi nauons nous attrempance
   Justice prudence amistie
Force charite esperance
Continence en aduersite
Pacience et sobriete
Si bien quelles ne si decline
Et pour dire la verite
Toute vertu est feminine.

¶ Le champion raconte la force et la
constance des dames comme de la vi
erge armonia.

p ii

Le roy marchus attilius
Car il retourna au tourment
De Valere et de tullius
Estre loue moult grandemēt
Et turtius semblablement
Qui son poing en vng feu bouta
Et vng desespereement
Dedens le tymbre se iecta.
Et puis on ne loue cedrus
Duc dathenes: car il se fit
Occire par my ses plus durs
Que son ost ne fut desconfit
Et cathon aussi qui soccit
Et hānibal pareillement
Qui le mortel venin confit
Dont il mourut meschantement.
Mais sans leur renom empirant
Que peut on de la femme dire
Que antiochus le tyrant
Vaincre ne peut par son martyre
Se tu en Ruth lystoire lire
Voy le liure des machabieux
Et Arras comme elle vit frire
Et tourmenter tous ses septz fieux.
Piece apres piece desmembrer
Les vit en tourment si horrible
Quon ne le pourroit remembrer
Et toutesfois ne fut possible
Que pour quelque peine terrible
Voulsist que la loy trespassassent
Ains quen fort couraige impassible
Au dieu du ciel tousiours pensassent.
Apres eulx septz fut des bourreaulx
Murdrie et martyree viue
Car de la cher des os porceaulx
Deffendue en la loy iuifue

Manger ne voulurent: or viue
Femme de courage tant fort
Et de force homme nestriue
Femme vainc aussi bien la mort.
Armonia vierge tres forte
Monstra asses asseurement
Que courage de femme porte
Quant vient a faire constamment
Car elle se monstra baudement
Aux faulx murdriers q̄ la serchoient
Pour la murdrir mauluaisement
Comme mainte aultres fait auoient.
Du roy hieron estoit occise
Toute la lignee oultrement
Fors ceste vierge bien aprise
Que lon queroit cruelx̄ement
Et pour la garder sainement
Sa nourrice vne aultre apporta
De ses ioiaulx et vestement
Laquelle aux murdriers presenta.
Mais quant la vaillant armonie
Vit quon aloit ceste tuant
Pour elle en grande felonnie
De couraige faillit auant
Venez a moy tenez disant
Ie suis celle que vous querez
Lors eulx la vierge ainsi parlant
Tuent des cousteaulx asserez.
Quen dites vous fusse constance
De femme certes moult entiere
Et le courage que doubtance
Na dung ensanglante murdriers
Mais quant ie parle de si fiers
Cuers ne me doit il bien vng pou
Puis que force en femme ie quiers
Souuenir de la vierge ip.

Jl ne redoubta faillir
Au parfont fleuue et la mort boire
Ainsois qua chastete faillir
La mort ne doubta vne pire
La mort amere plus que toire
Luy fut plus doulce que la vie
Car il luy estoit tout notoire
Quen plus viuant seroit rauie.
Abraham voult sacrifier
Isaac son filz obeissant
Mais que peut on certifier
De la fille iepte puissant
Elle en ieunesse flourissant
Pour accomplir le veu son pere
En cuer fort non desobeissant
Luyta a la mort tres amere.
Iepte son pere auoit voue
Se ses ennemis aterroit
Qua dieu seroit sacrifie
Ce que premier rencontreroit
Et que de sa maison seroit
Or aduint il quil rencontra
Sa fille que feste faisoit
De ce que la bataille oultra.
De lencontre fut moult doulent
Car il failloit quil sinmolast
Et quencontre tout son talent
Le grant veu fait luy reuelast
Siques ia soit que laccolast
En pleurant: et sans contredit
Luy dit: quelle sappareillast
A la mort et ne sen fouist.
Ouy le mot ne sescria
Ains a tres asseuree face
Tres humblement luy supplia
Quil luy voulsit donner espace

Et le temps de cinq mois a ce
Quelle par les haultes montaignes
Sa virginite de grant grace
Pleurat auecques ses copaignes.
Les cinq mois passes retourna
A son pere qui pour parfaire
Son veu immoler lamena
O vierge forte et debonnaire
O constance quon ne doit taire
O obeissance tant grande
Ie ne voy pas que plus puist faire
Homme: ne qua femme on demande.
Achilles son peut mis a mort
Pour polixene vierge tendre
Aussi bien que par cruel sort
On luy fist par luy le col tendre
Eut il peu mains de larmes rendre
Que la belle en mourant rendit
Peut on plus fermement attendre
Telle mort quelle attendit.
Ou vng chescun la regretoit
Et plouroit douloureusement
Elle en face et en cuer portoit
La mort tres vigoureusement
Mourir si rigoureusement
Ne vouoit elle sans plourer
Mais viure vertueusement
Fait bien mourir sans souspirer.
Denis le tyrant esprouua
Se femme ait point de hardiesse
Quant la bonne vieille trouua
Qui ne redoubta sa rudesse
Il par folie ou par sagesse
Demandant pour qui ne pourquoy
Elle prioit en sa vieillesse
Respondit ie prie pour toy.

u iii

Pour toy dit elle aux dieux ie prie
Que tu vives bien longuement
Doubtant que finee ta vie
Naions vng pieur garnement
Car depuis que ieup sentement
Veu ne nous ay vng duc & pris
Ains tousiours malheureusement
Nous gouvernent de pis en pis.
Asses fierement respondu
Estoit: et fut de diogenes
Le nu le haise le tondu
Ou lorateur demosthenes
Ou le sage calisthenes
Cestuy pas ne ressembla
A la femme nauximenes
Laquelle loing temps ne parla.
Se grisilidis piemontoise
Faire mencion souffisoit
A prouuer que femme courtoise
En courage tres ferme soit
Ie nen dis plus: souuent on soit
Au lez au loing aussi au large
Tant dire en puis quelle pourtoit
De force lescu et la targe.

¶ Le chapitou veut monstrer a laduer
saire au roy les vertuz des dames: il
parle daulcunes du temps present.

Affin q̄ trop mieulx te contentes
Ie veuil mettre en ta remembrance
Le los de noz dames presentes
Comme de la royne de france
Car en vertueuse souffrance
Du temps du commun desarroy
Elle a monstre plus de vaillance
Que sage prince ne fier roy.

De sa force ne de sa sagesse
De sa doulceur semblablement
De son honneur & sa noblesse
Ne te scuz parler austrement
Mais ie te dis sommerement
Que comme elle si honnouree
Vertu espere fermement
Quelle soit au ciel couronnee.
Et aussi comme de bonne ente
Par fruict gracieux et plaisant
La dame haulte et excellente
Ligne a fait tres reluisant
Va par sauoie deuisant
De la piemontoise princesse
Tu orras que plus souffisant
Doncques ne fut de sa ieunesse.
De ma dame de charolois
Ne te feray ie loing langaige
Enfance y a perdu ses lois
Car elle est trop meure et trop sage
Aussi a elle en mariage
Vng hault chief doeuure de seigneur
Lequel naura en son grant aage
Ney sens ney prouesse greigneur.
Se de ma dame la dalphine
Veulx parler veritablement
Cest vne estoille clere et fine
Mise en ce monde en parement
Ne soit on aussi clerement
Ou noz duchesses de bourbon
Dorliens dalenson comment
Tout y est bel tout y est bon.
Ne tens pas que iaye entrepris
A parler de toute puissance
Du bien de honneur et du pris
De toutes noz dames de france

Ne que le bien et la vaillance
Et cent mille aultres biens viuans
Puisse lon conter a oultrance
Ce ne feroit on en vingt ans.
Mais dune diray entre mille
Laquelle porte le refuage
Pour le roy loys de cicille
Que mort rauit en trop vert aage
Cest vne royne tant sage
De vertuz tant ensuiuiie
Quelle est a tout humain visaige
Comme la clere matinee.
Pour les grans biens qui sont en elle
Souuent lay voulu haultement
Iouer & louenge nouuelle
Mais oncques ny auins iustement
Neantmains son nom proprement
Est marguerite de sauoie
Vous trouueres trop rondement
De ses vertuz a grant monioie.
Anne de chipre la duchesse
De sauoie semblablement
Doy ie louer pour la richesse
De ses vertuz tres haultement
Car qui voit son contenement
De diuerses vertus meslee
Il dit que cest vng firmament
Destoilles cleres estelle.
Souffise toy quant ie diroie
De plusieurs aultres le hault pris
Certainement ie te feroie
Esbahy malcontent et pris
Tant seulement soies apris
Que les dames viuans et mortes
Dedens les vertuenlx pourpris
Ont eu et ont tres cleres sortes.

¶ Comme vient conclusion faicte de la
valeur et excellence des dames: en la fin
le champion parle de plusieurs tres ver-
tueuses et sainctes.

Il ne te souffist de ces dames
De celles faisons mencion
Les ames & corps & cueurs dans
En toute tribulacion
En toute persecucion
En toute mort: en tout tourment
Cristienne religion
Ont essaussie tres vaillamment.
Toutes celles que dieu aidier
A voulu a estre sainctees
Ne sont pas en ton qualendier
Maintes ames sont esleuees
Qui nont leurs festes esprouuees
Et mains esprits sont en tourment
Desques es eglises parees
Les corps baise on deuotement.
Et certes ie croy sans doubtance
Que contre vng homme qui la sus

n iiii

Monte en foy et en repentance
Des femmes voisent trente ou plus
Car bonnes oeuures au sourplus
Au regard des hommes sont elles
Qui voulentiers ou sus ou ius
Commettent offenses mortelles.
Prudence iustice attrempance
Force foy iustice amytie
Charite chastete esperance
Abstinence sobriete
Pacience en aduersite
Deuocion et humbles ames
Nauons se tu as tout conte
Ainsi bien que les nobles dames.

℄ Laduersaire.
Ie me fault il remantenoir
Dit laustre: lon scet que iadis
Dieu voulut aulcunes auoir
En son glorieulx paradis
Se depuis en a neuf ou dix
Sauluee par sa misericorde
Ne scay: mais pour vray ie te dis
Que femme or a bien ne saccorde.
Et ne dois si hault raisonner
Des sainctes: qui des sainctz vouldroit
Magnifiquement sermonner
A la louenge nattaindroit
Qui leur veulx donner ordendroit
Et apostres et deuangelistes
Te tais desquelz deusses par droit
Parler ou de iehan baptiste.

℄ Le champion.
En paradis sainctes et sainctz
Sont en vraye communion
Ame ne si plaint dauoir mains
Respondit le franc champion

Chescun en contemplacion
De dieu a tout ce que luy fault
En la diuine vision
Cuer ne souspire de deffault.
De sieges y a plus de six
Les theologiens le croient
Mais croy tu que les bas assis
Sur les greigneurs enuieulx soient
Certes comme tous ceulx qui voient
Clartes sont tous clarifiez
Ainsi tous les sainctz ou quilz soiẽt
De dieu sont tous glorifiez.
Siques ia soit ce que daccord
Soient en la sale haultaine
Touteffois pour nostre desaccord
Parfournir et vaincre bataine
Que tu as kyre longtaine
Contre les dames te supplie
Regarde se nostre foy certaine
Par elles fut mains accomplie.
Catherine fille a coste
La saige vierge et martyre
Est elle derriere reposte
Ne sont a louer et escripre
Ses fais: ne peut on elle dire
Tant que la langue a la voix faille
Nest elle sans daultre mesdire
A mettre auant: ouy sans faille.
En penitence magdalaine
En vie nette ne posue
Sans robe et toise ou a saine
Legypcienne que cheuelue
Furent elles point a value
Ont elles se itel dauantaige
Fut oncques cher plus demolue
En desert ne en hermitaige.

Agnes lucie marguerite
Agathe prayede anastaise
Eurent elles la marguerite
De Virginite en toute aise
Comme aie Vrgougue et se taise
Quant il voit que pucelle tendre
Ont endure telle mesaise
Pour vouloir en paradis tendre.
Elizabeth anne iustine
Marthe sabine iulienne
Scolastique barbe cristine
Theodore potenciene
Genevisue constancienne
Austreberte glotilde rose
Eufemie emerenciane
Leur nombre est infinie chose.
Voire les Vnze mille vierges
Doit on point faire mémoire
Lesquelles vers palmes et cierges
Portent deuant dieu pour victoire
De cestuy tourment transitoire
Ou sang humblement espandirent
Fut leur foy ferme et bien notoire
Quant toutes le glaiue attendirent.

¶ Cy finist le quart liure du champi
on des dames: et commence le quint
et le dernier liure: ouquel franc vou
loir cheualereusement se combat con
tre maistre faulx semblant: lequel osa
iadis affermer et tenir: que la Vierge
glorieuse fut saisie de commune tache
originelle.

Verite lors esclarsir
Commença merueilleusemēt
Et bois et tenebres issir
Ou tenue estoit faussement
Et sembla veritablement
Quelle risist a franc vouloir
Dont malebouche amerement
Et chescun se print a douloir
Confus et rompus senfuyoient
Leur grant oultrage congnoissans
De dueil et de rage plouroient
Angoisseusement transissans
Et semblablement languissans
Comme vez que la coleuure
Froissee et ropte es passans
Vigueur et tout pouoir recoeuure.
Tant quelle peut leue la creste
Et ses bourtons noue et raste
Lors son sarrain venin appreste
Et qui ne sen garde fait folie
Ainsi la faulse gent faillie
Par le moien de faulx semblant

Monstrant chiere sainte et palle
Languist et virotte en tremblant.
Quant franc vouloir vit le preuddomme
Les yeulx abaissiez et mains iointes
Emmantele et couuert comme
Cestuy qui ne doit estre cointes
Il dit fauly semblant que tacointes
De male bouche meysongier
Neantmais si faittement tapointes
Quon ny scet que tout bien iuger.
Qui ta en ce champs amene
Fauly semblant par ton sacrement
Ta lon commis ou ordonne
Que tu faces le preschement
Certes ie ne scay pas comment
Prescheras: car en verite
Tu as ieune trop longuement
Ton corps est tout debilite.
Quiconques te voit ou vidire
Il te iuge mains vif que mort
Se sont les ieunes et la haire
Dont la cher matines trop fort
Prens ung petit du pain report
Car auec ce que tu mendie
Et que tu as bien maigre aport
Chescun scet que trop testudie.
Mais le bon ihesus te maintient
Pour prescher la foy catholique
Homme en vie ainsi ne se tient
Sans auoir grace magnifique
Comme le bon sainct dominique
Ou sainct francois a tout sa corde
Cil a cui dieu se communique
A tout faire et souffrir saccorde.
Certainement aussi es tu
En cestuy monde necessaire

Pour prescher du bien & vertu
Et de lestat & son contraire
Pource a droit te fit on faire
A part oratoire et couuent
Affin que pour humain affaire
A dieu parlasses plus souuent.
Bien venus soies vous beau sire
Car ie croy veritablement
Que dieu vous enuoie icy dire
Vostre sainct et bon iugement
Pource quon est communement
Informe de vo bonne vie
Et que on scet certainement
Que de mentir nauez enuie.
Dieu vous a mande pour refraindre
Cil male bouche et male gueule
Qui se veult faire aux dames craindre
Par le venin quilen desgueule.
Plus a vostre parolle seule
Croira: car vous estes personne.
Ferme et pesant comme vne meule
Qua tout ce que ie suis seriouune.
Monstre luy ay a mon pouoir
Quil ne doit des dames mesdire
Car en vertu et en scauoir
Dieu les fist et fait ores luire
Autant que lomme; et beau sire;
Sil ne souffist si vieigne en place
La dame du celeste empire
Car ie ne scay plus que ge face.
Quant a la vierge parleray
Quant ie parleray de marie
Aduis mest que ie le feray
Taire et auoir chiere esmarrie
Bien est plein de mahommerie
Bien hors de la foy catholique

Voire plain & diablerie
Qui sa voix contre elle se lique.
On ne peut parler de plus haulte
De plus excellent creature
Elle est sans si: elle est sans faulte
Elle esbahit toute nature
Au monde et au ciel fait iniure
Et a tout humaine personne
Et a cestuy qui tousiours dure
Qui rien sur elle suspesonne.
Adam en lestat dinnocence
N'eut pas en sa part certaine
Au regre et a lexcellence
De ceste Vierge tres haultaine
Dieu la fist & tous biens fontaine
Si habondant: si plantureuse
Quen ses rainseaulx nature humaine
Reprent vie et salut heureuse.
D'elle ung seul mot dire on ne peut
Que tout l'air & l'oie ne sonne
Le ciel se resiouist et meut
Quant de la Vierge on araisonne
Paradis de ioie resonne
Enfer tremble a chiere marrie
Dieu mesurement que si hault tonne
S'esiouist au nom de marie.
O mes dames or ay a taire
A une dame si tres clere
Que le soleil pallit et taint
Joincte la tres haulte lumiere
Or puis ie lever la baniere
Car oncques en humaine nature
Procedant de pere et de mere
Ne fut si digne creature.

¶ Faulx semblant aux couuertes ma
nieres faignant destre tres saict preu
domme admoneste le champion a cha
rite.

L Ors nostre maistre faulx semblant
Luy respondit quotement
A chiere basse et voix tremblant
Beau sire parles froidement
Ne vous eschauffez tellement
Refroides ung peu vostre cole
Vous parles assez baudement
Deuant les maistres de lescole.
Cuidiez vous que nous ne sachons
Louer la haulte Vierge mere
Daultre chose nous ne preschons
Nouuelle nest ceste matere
Dieu de sa diuine lumiere
Si grandement l'enlumina
Quelle seconde ne premiere
Ne semblable en sa clarte n'a.
Cestuy vault embrasser les cieulx
Qui les louenges vault comprendre
De la mere du dieu des dieux
Homme ne les pourroit entendre
Il nous dit souffire & rendre
Noz fais a sa misericorde
Affin que nous vueille deffendre
Vers cil qui de tout se recorde.
Helas Vierge tres honnouree
Se tu neusse dieu enfante
Lourdement seroit malheuree
Nostre humaine fragilite
Tout homme estoit debilite
Boute au feu a dampnement
Quant dieu prist nostre humanite
En toy pour nostre saulurement.

Tu nous as ouuert paradis
 Et mis en chemin salutaire
 Deuant toy tout homme iadis
 Estoit a enfer tributaire
 Par toy Vierge tres debonaire
 Nous est heritaige rendu
 Lettre en auons du secretaire
 Que nostre pere auoit perdu.
Vierge comme au salut des hommes
 Dieu te voulut sa mere eslire
 Vierge ainsi vueillez nous q̃ sommes
 En ce mortel peril conduire
 Les foruoies a droit reduire
 Les bons voiagiers conforter
 Car dame se nous losons dire
 Tu dois les pecheurs supporter.
La cause des pecheurs deffense
 Vierge de toute vertu pleine
 Se iamais neust este offense
 Dieu neust pris en toy cher humaine
 Aussi certain espoir nous maine
 Vers ta pitie vers ta clemence
 Car tu es nostre seur germaine
 Ne desplaise a ton excellence.
Alors nialebouche appella
 Le preudomme qui prestement
 A son seigneur parler ala
 En loreille secretement
 Et puis luy dit publicquement
 Ie suis oblige et tenus
 Daccomplir vo commandement
 Sire pource suis ie venus.
Si sen reuint mettre en la chaiere
 A longg pas et a col enclin
 En plus gruiuacheuse maniere
 Que cordelier ou iacopin

Il sembloit escoup dung patin
 Tant est il mesgre et abatu
 Mais ilentent bien son latin
 Soubz la chappe a grande vertu.
Il commenca de ses deux dois
 Torchier sa bouche doulcement
 Puis souspirer deux cop ou trois
 Leuant la teste tendrement
 Fus tu iamais a preschement
 Ou de begart ou dipocrite
 Leur maniere est entierement
 En maistre faulx semblant escripte.
Quant il eut craiche et toussi
 Et que chescun luy fit silence
 Pour lescouter il dist ainsi
 Puis que son me donne audience
 Dacquiter ceste conscience
 Et dire et preschier verite
 Franc vouloir aies pacience
 Pour la diuine charite.
Charite est grande vertu
 Certainement se tu lauoie
 De moy ou daultre mal vestu
 Si folement ne mesdiroie
 Voire quant tu nous trouueroie
 Dignes de reprouche ou de blasme
 A ton pouoir nous couuriroie
 Charite homme ne diffame.
Tu nous va ruant tes lardons
 De nous a plein gosier mesdis
 Ha beau amis rien ny perdons
 Ce nous fait gaigner paradis
 Nostre vie nos fais nos dis
 A ihesus conformer se doit
 Lequel tres pacient toudis
 Aux mesdisans ne respondoit.

Or neſt merueille ſe le monde
Nous het:car nous le deſpitons
La vanite ou il habonde
Aux piedz contre terre iettons
Contre luy ceſt habis portons
En deſpit de toute ſa gloire
A luy cela nous ne coutons
Car tout ſon bien eſt tranſitoire.
Se vous et les aultres coquars
Qui au biens du monde penſez
Apres nous ruez voz broquars
Ceſt vng orage toſt paſſez
Faictes nous du pis et aſſez
Pis nous ferez plus prierons
Pour vous et pour les treſpaſſez
Mille biens contre vng mal ferons.
Ce neſt pas de maintenant non
Que lon a eſmeu dure guerre
A eſtendart et a pannon
Contre vertu haye en terre
Il ne luy fault ennemis querre
Au dos les a quoy quelle face
Mais elle peut vaincre et conquerre
Tout mal par ſa diuine grace.
Si ques franc vouloir mon amy
Pour dieu voſtre langue mordes
Riote naures pas a my
Pour meſdit quiey recordes
Voz propres pechez regardes
Et ſe ſainct eſtes baultdement
Adoncques ſa langue bendez
Retenez ceſt enſeignement.
Quant parleres de leſcripture
De la diuine meſmement.
Ne la prenes que par meſure
Et ſi la machiez longuement

Car il y a certainement
Des gros morceaulx et plantureux
Qui ne ſont pas haſtiuement
Digeres des plus chaſoureux.

¶ Franc vouloir reſpond a maiſtre
ſainſt ſemblant: et deſcouure ſon em
buſche en le farſant ioienſement.

LE champion qui entendoit
Aſſez il ne luy faiſloit dire
Ou le ſainct preudomme tendoit
Luy reſpondit ha mon beau ſire
Bien menſeignez dieu le vous mire
Dieu vous face pape de rome
Car ou royaulme neu lempire
Ne ſcay point de meilleur preudomme.
Ha que ie ayme le le valez
Vouſiſt dieu que nous allaſſions
Le chemin par ou vous alez
Affin que tant ne falliſſions
Et a vertu entendiſſions.
Et meſmement a charite
Contre laquelle endurciſſons
Noz cuers par toute iniquite.
Mais noſtre maiſtre ie me doubte
Que voſtre bonne conſcience
Ne ſoit concueue et miſe toute
En la chappe et en la ſcience
Nous auons bien experience
Que trop ſcauez diſſimuler
Et en manteau de pacience
Sans honte et ſans vergougne aler.
Barat eſtoit tout deſconfit
Par vng eſchac deſcouuerte
Quant ceſt habit faire vous fit
Affin que frauide en fut couuerte

Son feu &puis ne fut en perte
Et tant faictes vous tenir chier
Que par luy faictes guerre ouuerte
Es meilleurs poins & lesch aquier.
Bel acueil soubz vostre manteau
Comme soubz seal saufconduit
Ne fut il pris en son chasteau
Et en subiection reduit
Vostre grant sens le fait conduit
Iamais le larron neust entré
Et leans vous ne feussiez huit
Et la fausse porte monstré.
Belle est vostre prerogatiue
Car poues plus secretement
Prescher que personne qui viue
Et ie le monstreray comment
Vous presches tant subtilement
Que iamais croire ne pouons
Vostre estat aletrement
Que dire et preschier vous oyons
Soubz vmbre de deuocion
Pouuez toute femme accusée
Iamais on na suspicion
Que vous les vueilliez abuser
Et cent ans pourriez deuiser
Auecques les religieuses
Auant que lon sceut auiser
Voz fraudes trop malicieuses.
Vous poues par les voisinages
Aler sans reprehension
Pour accorder les mariages
Lesquelz sont en discension
Or par vostre religion
Vous recommande quant a vous
A faire fornicacion
Du baston aués les deux bous.

Vostre habit tout le monde enchappe
Car trop bien tendre le scauez
Seigneur ne roy qui en eschappe
Les rois en vostre main auez
Si sainctement vous leur bauez
Tant & choses leur faictes faire
Quilz cuident tous estre sauluez
Et vous ne dites le contraire.
Chescun ne congnoit pas les tours
Dont vous toises habillement
Es nobles sales et es cours
Maistres estes bien hautement
Et toutesfois car sainctement
Vous maintenes a loeul humain
Seigneurs et dames mesmement
Sont absoultz & vostre main
Ie ne dis plus & voy maistrise
Parler scaues vous et aler
Pour certain maistre dappertise
Sur tous vous doit on appeller
Car voir scauoir dissimuler
Et mettre le col & ginguois
Audience aues & parler
Entre les princes et les roys.
Mais se iay prisé vostre sens
Iusques ores en escrit
Ie congnois clerement et sens
Que trop vous estes mescompte
Quant voulez estre reputé
Ou conseillier ou commissaire
De malebouche leffronté
Qui ne scet bien dire ne faire.
Vous ne deussiez en ce rencontre
Comparoir tant euidamment
Diffamee et dampnee est toute
Vous le scauez certainement

Et au mains se couuertemẽt
Fussiez vng regarder loeuure
Mais lon dit bien communemẽt
Mal de luy mesmes se descoeuure.
Mal est a luy mesmes contraire
Mal est si tres desnature
Quil luy conuient contre soy faire
En fin combien quil ait dure
Longuemẽt auec Rinoure
Sans que lon dit vostre maniere
Mais pecche na tant endure
Quil ne saillit de sa taniere.
Du trou est sailly le serpent
Je loy le serpent maintenãt
Lequel est plus grant quung serpent
A luy a luy au remanant
Trenchons luy la queue trainant
Corps teste et langue luy rompons
Je le loy contre nous ruant
Mettons les dames par couppons.
O dames o la fiere beste
O la beste tres oultrageuse
Elle a ose leuer la teste
Contre la Vierge glorieuse
O la diablesse furieuse
A laffault dames a la guerre
Il fault ceste beste cruculsse
Incontinent mettre par terre.
Je te cognoy mal propos as
Jadis contre ma dame blanche
Furieusement proposas
Et dardas Rnimeuse lance
Disant quen commune meschance
Fut conceue o chienne mastine
Comment dis tu teste greuãte
Contre lestoille nette et fine.

Dis en du pis que tu pourras
Ton darrenier Rmy soupy
Je ne te doubte tu mourras
En ceste bataille par my
Enfle ton cuer crieue par my
Oeuure ta puniasse gargate
Se dieu est a sa mere amy
Certes il fault que ie te gaste.

¶ Puis q̃ maistre fauld semblãt sap-
perroit que lõ le cognoit: il de selique
baudemẽt la sentence ou fait de la cõ-
ception de la Vierge: et met en fronti-
re ses argumens ensuiuans.

Ors laultre a Vng ris dostester
Que le gosier ne passoit point
Luy dit: vous nestes bacheliere
Pour la bouche ouurir sur ce point
Se vaine gloire trop vous point
Se vostre pance est trop teste
Laichiez ailleurs vostre pourpoint
Et monstres vostre frenesie.
Ce que iay dit ie lay bien dit
Je ne cuide auoir rien presche
A quoy on face contredit
Qui aura les liures serche
Jay tant de liures reuerche
Tant de volumes et dacteurs
Que ie doit estre tout berche
De respõdre aux plus grãs docteurs.
Oncques ne mesdis de la dame
Qui le contraire dit il ment
A celle suis de corps et dame
Seruir la vulz tres humblement
Et se iay veritablement
Delle parle: vulz tu pourtant

Dire comme vng faulx garnement
Que ie suis sur elle mentant.
Jay dit et le dis plainement
Que la coniunction charnelle
Domme et de femme iustement
Argue coulpe originelle
Et car anne et ioachin telle
Leurent:doubte nay que marie
Dedens la fange vniuerselle
Ne fust aulcunefois touslie.
A ce auons exemple en nature
Car net ruisseaulx dorde fontaine
Ne peut descendre sans ordure
Ne de rame quest de xps pleine
Peut issir ente nette et saine
Aussi marie ne pouoit
De sa concupiscence humaine
Nette issir:car elle puoit.
Augustin ce propos conferme
Disant a pierre tiens en somme
Que tout conceu humaine germe
Cest a dire de femme et domme
Naist en originelle comme
Filz dire et de rebellion
Lon doit par saint pierre de romme
Croire a cestuy tabellion.
Ce mesme gregoire expose
Voy en ses morales comment
Les parolles de iob expose
Job regardant laduenement
De dieu en vierge seulement
Voit vng seul sans orde semence
Conceu:ihesus fut vrayement
Ne sans humaine pstilence.
Item se les peines porta
De loriginel soif et faim

Ne mort elle se deporta
Il te fault confesser & plain
Quelle ou pourry limon humain
Fut conceue comme nous hommes
Qui en sueur mengons no pain
Et a la mort obligez sommes.
Je croy que tu confesseras
Que dieu redempteur general
Soit donques:ce mot accorderas
Que marie en original
Onoques ne fut:& lactual
Ne parle ie:car point nen eut
Mais sen elle onoques ne fut mal
Estre rachetee ne deut.
Pour offence paie on lamende
Que se iamais elle noffensa
Il conuient que chescun entende
Qua son rachat dieu ne pensa
Et encores plus que pour sa
Sainctete saulnee eust este
Pose que dieu qui trespassa
Pour tous neust pot la mort gouste.
Mais qui fait doubte quelle neut
Mestier de la redemption
Ne que anne ne la conceut
En humaine condicion
Pape leon probacion
Nous en baille moult solennelle
Monstrant que sa conception
Ne fut sans tache originelle.
Dit comme dieu pour tous saulner
Vint ainsi anne ne trouua
De peche quitte:or va prouuer
Que la vierge il en preserua
Je taccorde quil la laua
Plus que nulle aultre nettement

Vray est: aussi quil la saulua
Sur toutes singulierement,
Entens pourquoy ce ie te dy
Cil est net singulierement
Qui nest & preche enordy
Nompas originellement
Nompas aussi mortellement
Mais qui oncques il est ainsi
Ne precha ȝniellement
Cil est du tout net et sans si.
Cil est ihesus que se tu
Dis la Vierge par toute nette
Elle aura semblable ȝrtu
A luy: or nest pas chose honneste
Quen pareil degre on la mette
Pourquoy de coulpe originelle
Deust estre tachee et infecte
La conception Virginelle.

Faulx semblant renforce son opinit
on par aultres raisons et auctoritez.

Quät ces raisons ne souffiront
Daultres assez en trouueray
Ausquelles ne contrediront
Plus sage de toy ie le scay
La premiere ie fonderay
En humilite de dieu homme
Escoute comment ie diray
Et recueille mes dis en somme,
Raisonnable estoit et conuint
Que cil qui tant sumilia
Que forme de seruiteur print
Pour nous que denfer destia
Que celle Vierge en cuy sia
Diuinite a cher humaine

Fut comme tachee ou sia
Polue en la commune Rene.
Plus humble ne se peut monstrer
Ne plus abesser sa noblesse
Que daignant homme estre et entrer
En la Vierge Vug peu pecheresse
Il est tout cler et aussi esse
Ce que iherosme sur mathieu
Dit: monsträt en sentence eppresse
La genealogie dieu.
En laquelle ne sont trouuees
Femmes sainctes: mais seulement
Celles que lon sçoit reprouuees
En lescripture qui ne ment
En ce est significement
Quil print à elles natiuite
Luy qui ȝuoit tant humblement
Reparer nostre iniquite,
En apres de dire apparence
Auez quelle fut separee
De loriginelle carence
Affin que soit plus honnouree
La raison est mal colouree
Car aussi bien que lexcellence
Delle on peut dire quengendree
Ne fut de humaine semence.
On luy feroit plus grant honneur
Son la disoit du sainct esprit
Conceue comme le saulueur
Mais ou est trouue ne escript
Pas on ne loue qui vray ne dit
Si ques qui marie losenge
Ainsi plus mespreut et mesdit
Quil ne luy porte de louenge.
Pareillement pourroit on dire
Que dieu si leust faicte immortelle

p

Ou quelle neust meilleur ne pire
Corps & luy et mainte aultre telle
Or croy que la vierge pucelle
En la louant ne fust quon mente
Ne & louenge ti naturelle
Ne pourroit elle estre contente.
Item a aultre motif viennent
Aucuns plus ⁊ quotz quentendans
Car il convint comme soustiennent
Que marie mere dieu sans
Soulleure fut: car & ses flans
Corps humain dieu prendre debuoit
Certes il est bien mal pensans
Qui leur ignorance ne voit.
Se peut il faire que saillie
En adam puis & grace pleine
Du sainct esprit fut remplie
Pour estre mere souveraine
Si fait: ainsi fut: et certaine
Est la sentence des docteurs
En limagination vaine
De toy et des pareilz menteurs.
Car on ne doit riens affermer
Ou fait de la foy mesmement
Que lon ne puisse confermer
Par lescripture aulcunement
Or ne treuue on expressement
Par aulcun tepte que conceue
Ne fut originellement
Doncques quelle doubte est heue.
Lapostre sainct pol au romains
Escript quen cil tous delinquerent
Par qui peche entra ne mains
Jen mect il: par ainsi errent
Que marie ou nombre nouserent
Quant sainct pol ne len excepta

Disant comme en ung tous prescherent
Ainsi ung seul tous racheta.
David le grant prophete escript
Que tous ont en mal decline
Jusques a ung cest ihesucrist
La glose la determine
Se doncques tous luy hors signe
Ont peche: se vray est son dit
Je dis que cil a ruine
Qui sans peche marie a dit.
Lecclesiaste a dit & mis le
Trouué en ay ung: mais & toutes
Nompas vne comme euangille
Ja dit vray se bien lescoutes
Cil vng est ihesus et neu doubtes
Car luy tout seul ne pecha oncques
Donc regardes ou tu te boutes
Que dis tu de la vierge doncques.
Sainct augustin ce nous depose
Qui nest a ceste auctorite
Contraire en tepte ne en glose
De luy ay mainte auctorite
Que de commune iniquite
Nul est exempt: cellui seul hors
Qui voulut sa diuinite
Musser soubz la tente du corps.
Anselme dit tout plainement
Ja soit que de la conception
De dieu homme tant seulement
Ait este sans corruption
Neantmains en delectation
Charnelle et en peche & mere
Celle ou print lincarnation
Fut conceue: la chose est clere.
Si sainct bernard son chappelain
Luy cut peu faire tant dmneur

Il luy euſt fait ien ſuis certain
Mais il vit que le redempteur
Homme et de dieu mediateur
Seul naſquit ſans infection
Si ne men crois lis en bon eur
Son epiſtre a ceulx de ſion.
Sainct thomas et bonauenture
Pierre lombart et aultre maint
Expert et ſages en leſcripture
Le dire elle ne ſe faint
Verite folle gent ne craint
Et eſt bien plain de grant folie
Cil qui fable et vielle vaint
Et nompas ſa theologie.
Ainſi conclus quil eſt tout ſeur
Dire que la vierge marie
Fille dadam des hommes ſeur
Fut et preche commun ordie
Pourquoy ne doit on quoy quon die
Celebrer ſa conception
Le iour ruls le bien quon feſtie
De ſa ſainctification.

U Franc vouloir par reportacion de
dame raiſon: laquelle luy vient dō
ner courage et aduis au vrai chāp
de bataille: pour faire reſpōce a faulx
ſemblant: et meſmement pour plus
haultemēt demonſtrer: que la vier-
ge ne fut ſaiſie de lordure comme il
ſeduit: et demonſtre les cauſes de
coulpe originelle comme ſenſuit.

LE chault ploy pour qui marie
Veuſſe prier ſon doulx enfant
Leua la chiere vng peu liādrite
Au mains en monſtrant le ſemblant
Et dit lers les cieulx regardant
Iamais eſbahir ne me dy
Se les dames alez blaſmant
Oyant marie blaſmer ſoubz ſoy.
Ce dit il eduint tout tranſi
Ne ſcay la cauſe proprement
Mais tout ſon corps eſtoit ainſi
Que ſil neut point de ſentement
En ceſt eſtat fut longuement
Et plus y euſt il demoure
Se raiſon neuſt ſoudainement
Son hault engin rauigoure.
Raiſon ſaillit ſus comme eſclaire
Ne ſcay comment il fut poſſible
En terre neſtoit ne en lair
Selle ny eſtoit inuiſible
Mais la fut elle en corps viſible
Dont ſi viue lumiere iſſoit

p ij

Que le regard du plus sensible
En la seant sesblouissoit.
Elle luy mist la main aux yeulx
Et si luy dit courtoisement
Tu nes pas en terre ains es cieulx
Es tu rauis moult haultement
Quesse cy franc vouloir comment
Te fault le sens et la vertu
Que ne respons tu prestement
A ce mesdisant: ou es tu.
Dis moy ne congnois tu plus celle
Laquelle te promet la foy
Comme gentile damoiselle
Destre tousiours auecques toy
Publiquement ou en requoy
As tu perdu la congnoissance
Franc cheualier regarde moy
Reprens bon cuer: couche ta lance.
Beaucop de lance dois tu faire
Bien dois tu hardiment iouster
Pour celle dame debonnaire
Dont on ne peut les biens conter
Respons quoy quil doie couster
Car tu deffens dame si haulte
Que sil conuient delle doubter
Le filz a la mere fist faulte.
Ce dit dame raison la sage
Se suanouist ne scay comment
Et franc vouloir de bon visaige
Recommenca son parlement
Et dit a genoulx humblement
O haulte dame glorieuse
Comme pourray ie dignement
Louer ta beaulte precieuse.
Car il na ffiert bien que la bouche
Pleine dordure criminelle

Et encores sentant la souche
Et la racine originelle
Parle de toy dame tres belle
Laquelle esleue fus iadis
De la sapience eternelle
Seule royne de paradis.
Vierge apres laquelle ne puis
Que le vray dieu plus hault entendre
De parler de toy ie ne suis
Digne: et ne doit on contendre
De ta dignite: car comprendre
On ne la peut: mais vierge mere
Pour les faulx mesdisans reprendre
Ne te soit ma louenge amere.
Se ie respons pardonne moy
Tu scez quapres ton filz ihesus
Du tout suis oblige a toy
Il ma rachate: et tu fus
Le moyen: si ne me puis plus
Tenir: que plus hault ne tesleue
Et les faulx mesdisans confus
Ausquelz ta louenge tant grieue.
A vous auecques faulx ypocrites
Qui marie mere clamez
En eglises et en pulpites
Et ores ainsi la blasmez
A vous la soit que diffamez
Maintenant vueilz le champ auoir
Et monstrer que ce que formez
Contre marie nest pas voir.
Je ne scay comment vous osastes
Ainsi parler sans vous desdire
Et comment ainsois ne pensastes
Quon ne doit du prince mesdire
Si non que vostre enuieuse ire
Veult enordir et embouer

Celle dont on ne peut trop dire
Celle qu'on ne peut trop louer.
Ne sçavez vous que tout le los
De la mere au filz appartient
Que quant en disons plus beaulx mos
Tant plus content de nous se tient
Toute sa gloire de luy vient
Si ques la louant le louons
Et se la blasmons il couient
Que son puissant filz desloüons.

¶ Cy entre le champion plainement en
la matiere pour confondre l'adversaire.

OR dires que rien je ne dis
A propos: et pas ne de sceus
A reprouver voz maulvais dis
Si est temps que i'entre dedens
Et desclaire comme sentens
Saintement la saincte escripture
En laquelle a moult d'arguments
Que marie fut toute pure.
Ja soit ce que vous soiez durs
Et aies petit sentement
Et que les vers soient obscurs
A gens de rude entendement
Je vueil mon versifiement
Encontre toy continuer
Pour epaulcier tres haultement
Ce que tu vieulx diminuer.
Si est la matiere pesant
Plus requeraut prose que rime
Et qui n'est clerc moult souffisant
A peine en entent il le disme
Car mainte fallace ou sophisme
Et mainte auctorite obscure

Se tiennent ou parfont abysme
De la vraye et saincte escripture.
Aussi en doit on mieulx parler
En latin qu'en commun langaige
Car il n'est point de tel parler
A monstrer chose haulte et sage
Mais quant i'apperçoy vostre rage
Oser sur nostre dame emprendre
I'esforce du tout mon courage
A la soustenir et deffendre.
Or olez tout premierement
A faire declaration
De la matiere et fondement
Baillier a mon intention
Quelle fut la creation
D'adam nostre premier pere
Et par quelle condicion
Il mist son lignage a misere.
Le createur perfaict et sage
Le crea tres parfaictement
En beaulte de parfaict courage
En lumiere d'entendement
En innocence mesmement
Tout ce qui luy fut necessaire
A vivre glorieusement
Luy donna le dieu debonnaire.
Telle fit puissance divine
En corps q̃ tous hommes saillissent
Ainsi comme d'une racine
De luy: et corps humain preinssent
Et tous ses enfans se tenissent
Et de tous pere se clamast
Et tous l'amassent et cherissent
Et il nous grandement amast.
Dieu aussi luy baillia telle ame
Que le corps de toute puissance

p iii

Faire luy debuoit comme dame.
Sans rebellion obeissance
Voire: mais qua descongnoissance
Ne se voulsist elle ahurter
Ne controublier sa naissance
Et en son bien fait despiter.
Lesprit debuoit asubiectir
Le corps tant et si longuement
Quil ne se vouldroit consentir
A delaisser dieu folement
Et aussi veritablement
Sil tournoit les yeulx vers la terre
Obstant dieu hastiuement
La cher luy debuoit faire guerre.
Or fut ainsi dont pis nous va
Quadam ne voulut dieu honnourer
Ains encontre luy sesleua
Et a luy se voult comparer
Pour quoy ne deut plus entourer
Lame ou degre quelle estoit faicte
Quant pour la pomme deuorer
Forfaicte cestoit et deffaicte.
Ainsi le corps seua sa heure
Et print la dominacion
Dont lesprit nauoit en cure
Par faulce imaginacion
Ainsi en la subiection
De ses membres le contraingnit
Et en mortelle infection
Le tresbucha et destraingnit.
Des lors fut humaine nature
Corrumpue et faicte lepreuse
La cher enckine a pourriture
Poingnant rebelle aguillonneuse
Lame meschante et vicieuse
Des lors vit comme clerement

Que peche fait vie angoisseuse
Tant plaise il au commencement.
Comme doncques se son dieu
Adam enuers dieu eust rendu
Corps nets et beaulx eussions eu
Qui neussent lesprit offendu
Ainsi par son peche perdu
Engendre nous a ordement
Et en nostre cher estendu
Son vicieux attisement.
Cestuy terroir nous tous sentons
Tous sentons come la cher flaire
Et quantesfois nous consentons
A non vouloir a dieu complaire
A estre nostre contraire
A refuser nostre prouffit
Ceste prouesse nous fait faire
Cil qui premier vers dieu souffit.
Or est bien ligier a entendre
Que se adam eust este sage
Dieu a tant homme eust laisse prendre
Le hault et celeste heritage
Par le gracieux auantage
Quil luy donna premierement
Aussi fault il que de loutrage
Nous nous sentons generalment.
En ses rains agaigne et a perte
Fusmes nous tous entrasnez
Et est chose clere et aperte
Que de luy sommes nous toys nez
Si debuons estre infortunez
Ores pour ceste iniquite
Comme eussions este fortunez
Sil eust craint la diuinite.
Mais force aulcun engin plus hault
Dire pourra soubtillement.

Que tout cestuy humain deffault
Procede daultruy fondement
Car puis que naturellement
Comme est dame et de corps basty
Il conuient necessairement
Quil soit a demy abesty.
C'est adire: puis quil resemble
La beste en sensualite
Aussi doit il auoir ensemble
La charnelle propriete
Ignorance mortalite
Concupiscence forsenee
Et mainte aultre meschancete
Que la beste a dõ quelle est nee.
Ainsi peche originel
Ne fait pas veritablement
Que homme ne soit eternel
Et viue pardurablement
Sans peche innocentement
Car par nature il doit seruir
Le corps a son commandement
Comme les bestes ensuiuir.
Mains philosophes anciens
Pour ceste argumentation
Mesmement les pelagiens
Oncques ne firent mention
Doriginelle infection
Car cuiderent certainement
Que humaine corruption
Fut naturesse entierement.
Mais qui vouldra la raison prendre
Celle que anselme assigna
Legierement pourra comprendre
Que peche tout mal amena
Quant homme se desordonna
Et se mist a confusion

Et le dessus dessoubz tourna
Par sa meschante abusion.
Il nest sarrasin ne heretique
Ne iuifz ne homme qui sente
Tant soit il de loy erratique
Qui plainement ne se consente
Que dieu de bonte excellente
Et seul sages en fais et en dis
Nait fait homme a certaine entente
Cest pour acquerre paradis.
Tout ouurier a quelque fin tire
Vous le scez communement
Et ia ne conuient il dire
Se point aues de sentement
Que chescun prent premierement
Tous les meilleurs moyens quil peut
Pour paruenir plus seurement
A loccasion qui se meut.
Ainsi doit estre suppose
Comme tres clere verite
Qua homme fait et compose
Pour acquerir felicite
Dieu plain de sens et de bonte
Tout ce bailla completement
Que luy fut de necessite
A lauoir sans empeschement.
Par ainsi fault il conceder
Quil fut en lestat dinnocence
Fait: ou quel se vuolt garder
Sans peine et sans concupiscence
Et par vertueuse excellence
Acquerre la gloire infinie
Cest de voir la diuine essence
Qui ne peut estre diffinie.
Doncques car par creacion
Adam fut parfaict il fault dire

Par necessaire illation
Que vous ne pourries desdire
Que la peine et la charnesse ire
La fole sensualite
Procedant daulcun peche pire
Commis contre la deite.
Force se tu sces la logique
Tu me feras vng argument
Pour vne tres forte replique
Et me diras hastinement
Que comme naturellement
Animalite participe
Avec la beste communement
Et tous deux saillent dung principe.
Vray soit: mais sensualite
En homme doit estre subiecte
A raison et a Drite
Et elle doit regner en beste
Car comme tient moust la teste
Par nature en signifiance
Quil doit au parfaict bien celeste
Pencer et nompas a la pance.
Car comme vie sensitiue
Ne doit pas estre supplantee
De la vie vegetatiue
Laquelle est es arbres plantee
Aussi par raison la contee
Ne doit estre lintellectiue
Soubz la sensitiue bontee
Pource quelle est suppellatiue.
Si ques par ordre naturelle
Raison doit et doit gouuerner
Sensualite comme ancelle
Et delle a son gre ordonner
Pourquoy a vray imaginer
De la contraire experience

Nous conuient la coulpe donner
Au peche dinobedience.
Ainsi est temps que vous oies
Loriginel peche retraire
Et que ma science voiez
A vostre opinion contraire
Si vulliez tous silence faire
Car se dieu plait et vous voulez
Par raison et par exemplaire
Verrez que folement parlez.
Et premierement le feray
Aulcunes propositions
Et puis apres le defferay
Voz vaines opposicions
Et car voz dubitacions
Se fondent en loriginel
Sans aultres diffinicions
Je vous en bailleray dit tel.
Peche originel deffaulte
Cest de iustice originelle
Deue et perdue par la faulte
Du rebelle adam: a laquelle
Dommage et paine sensuit telle
Que tous en sommes obligiez
Se la diffinicion belle
Nest: saluet anselme, corrigiez.
Lequel originel nest point
Nen seule cher nen seul esprit
Mais quant dieu a ses deux conioinct
Alors en homme bouter fist
Ce q dis: car aulcuns ont escript
Et cuidie que ceste soulleure
En la cher seulement se prit
Mais non fait: ie le vous asseure.
Ilz baillent exemple comme
Cestuy qui a la main malnette

Et reçoit une belle pomme
Il la honnist: ainsi in secte
Est l'ame: et la cher mal honneste
Sanltue leur paix et bonne et belle
Il fault quaultre maniere on mette
De ceste tache originelle.
Nous uons comment pour la fauge
Le ray du soleil sangeux n'est
Quant mains ferdit celluy change
La cher a l'esprit qui est net
Item n'en parlent a mon het
Ceulx qui dient pource que l'ame
Accomplit le charnel souhet
Elle a l'originelle blasme.
Car l'ame ne uult quant ce
Quelle cougnoisse: or est cree
Sans singuliere cougnoissance
Ceste sentence a tous agree
Ainsi elle ne se recree
Ou delicte: ainsi est en vain
Leur opinion reprouuee
Car le cas ne touche elle a plain.
Les aultres dient que contraict
Est cil originel: car l'ame
Par naif appetit se trait
A la cher qui ne sent pas basme
Lequel ou en homme ou en femme
Cognoissance ne presuppose
Ceste opinion est infame
Toute escrite si oppose.
Car l'ame naturellement
Veult bien: et une mesme chose
N'a pas naturel mouuement
A diuerses fin hault repose
Le feu: et au bas ne seppose
Et ainsi par ceste maniere

Ilz ne viendroient a grant pose
A voir la uerite planiere.
Mais ceulx quont monstre et mis
En quattre manieres comment
Cil originel est commis
Ont touchie le cas plainement
Si les uns uulz sommierement
Sans trop loing proces raconter
Car ja je sous loy cherement
Ennuieux de moy escouter.
Comme l'esglise a ordonne
Que qui a fue se marie
Puis apres ne luy soit donne
Ordre sainct: et pert sa clergie
Ainsi fut la foy establie
Que toute ame eut prise et misere
Qui se ioindroit a cher ordie
Par l'outrage du premier pere.
Ou comme les enfans des serfz
Aussi tost sont serfz quilz sont nez
Plus subgies que biches et cerfz
Ainsi trestout originez
En adam serfz infortunez
Serfz furent: la soit que baptisme
Soient afranchis et renez
Par la uertu du nom sainctisme.
Ou comme qui en batardage
Naisquist il n'est pas repute
Hoir du paternel heritaige
Ains est priue de dignite
Tout ainsi homme en vilite
Conceu a soy contraict et tire
L'originelle indignite
Dont sa condicion est pire.
Quartement on voit quant aulcun
Au prince a grandement fourfait

Certes il n'excepte nesun
De ses hoirs en la loy qu'il fait
Et ia soit ce que le pere ait
Seulement offendu: neantmains
Tous ses filz et hoirs pour le fait
Sont pugnis iusques aux derrains.
Ainsi est: car adam commist
Contre dieu quant le fruict mauga
En semblable offence nous mist
Et a paine nous obliga
Pour ses enfans ne calanga
Pitié: car de tout le lignage
La loy divine se vuga
Iustement pour le grant oultrage.
De ces premisses ie puis traire
Que trois choses sommierement
Font mal originel contraire
C'est assavoir premierement
Le trespas du commandement
La loy divine et la sentence
Puis estre naturellement
Conceu de humaine semence.
Du trespas du commandement
Qu'adam fist nous ne debatons
Tous estre naturellement
Nez fors vng ainsi consentons
Mais en debat nous arrestons
A scavoir mon se de la loy
Nostre dame dont nous traictons
Fut exemptée ne pourquoy.
Et affin que mieulx on entende
De quelle loy ie vous sermonne
Et que trop obscur ne me rende
Et n'aie hayne de personne
Vous scavés tous que qui loy donne
Pour certaine fin il la met

Et le bienfaicteur guerendonne
Et pugnist qui contre commet.
Comme se l'empereur disoit
Qui sa prouesse gardera
Honnouré grandement cil soit
Car merite a la garder a
Et aussi qui la perdera
Par negligence et lacheté
Comme deshonnouré sera
Au plus vil estat d'iete.
Ainsi adam s'il eust gardé
L'ordre et le rane de sa nature
Dieu l'eust eu pour recommandé
Comme sa noble creature
Mais car par sa mal adventure
Contre son prince se leua
La loy par iustice et droicture
De si grant honneur le priua.
Et comme a sa posterité
Eust tousiours sans finement
Ses biens et honneurs herité
S'il n'eust divin commandement
Enfraint: la loy semblablement
Tous ses enfans desherita
Par le mortel condampnement
Quelle sur son peché iecta.
Or voules vous maintenir
Que marie car elle estoit
Vraye fille d'adam soustenir
Le dommaige commun debuoit
Si fault que ie vous monstre au doit
Soleil luisant a plain midy
Car ame de vous ne le voit
Gens auenglés tant vous en sy.

¶ Frāc Vouloir a dēmōstrer que la
Vierge ne fut cōceue en tache origi-
nelle prēt en sōme quattre voies: la
pmiere est puissance diuie: laquelle
sur toutes choses a maistriser.

Ie monstreray que dieu la deut
De mal originel deffendre
Et aussi faire il le deut
Et que & fait ce faisse entendre.
Et la maniere ores vous rendre
Pourquoy ce fut fait et comment
Si vuillez voz oreilles tendre
A cestuy nouueau parlement.
Qui en dieu nye omnipotence
Ou qui cuide que mestier ait
De secour daide ou de potence
En son ouurage ou en son fait
Il se condempne par son plait
Du commencement iusquau bout
Il fait et deffait quant luy plait
A briefmēt parler il peut tout.
Si vulx monstrer que sa puissance
Peut faire que la Vierge mere
Nasquit dadam pecheur sans ce
Quen elle fut la coulpe amere
A ce que amplement appere
feray vne diuision
Puis au plaisir de dieu le pere
Vendray a ma conclusion.
Ou faire le peut ou non: mais
Quil ne puisse chose possible
Homme ne le diroit iamais
Doncques il est moult entendible
Quil ne luy fut impossible
Mais vous dires que la nature

De cil originel penible
Repugnoit quil fist telle cure.
Or entendes faictes silence
Vous scaues que ce de deuant
Peut il estre sans consequence
Doncques iargue plus auant
Le peche dont ie voy parlant
Est apres que lame est vnie
Au corps: qui est bien entendant
La proposicion ne nye.
Neantmains a la prouuer suis fors
Bien sensuit cil originel
Adoncques il a et ame et corps
Cest argument est bon et bel
Au retorner il nest pas tel
Car pas ne sensuit si la ame
Et corps humain materiel
Doncques a loriginelle blasme.
Pas nest vray des parens premiers
Ne de ihesus pur innocent
Si nest mon argument legier
Car qui bien sa logique entent
Il est bon et fort contre cent
Aristote qui arguinens
Et demonstracion aprent
Le met es post predicamens.
Doncques se par diuin pouoir
Le deuant peut estre garde
Sans ce dapres: et quil soit vole
Soit au plus sage demande
Ou es saincts liures regarde
Tous confessent a vng brief mot
Que tout ce peut diuine de
Qui contradiction nenclot.
Or ny a contradiction
Que lame naturellement

Au point quelle fait vnion
Au corps: dieu ne puist puissamment
Preseruer: donc empeschement
Ne sois q̃ dieu ne peut sa mere
Deffendre singulierement
Du peche de noz premier pere.
Vous creez que les accidens
Soubz lesquelz est le corps ihesus
Soient sans subgiect subsistans
Si est il incredible plus
Car les accidens sousteins
Doibuent estre & la substance
Neantmains sans elle sont congneus
Et ce fait diuine puissance.
Item ou raison euidente
Obuie et tult son lieu auoit
La loy &biet & son entente
Et nuse & tout son pouoir
Ce vous feray ie bien scauoir
Par lexemple que ie diray
Dont vous pourrez apperceuoir
Ce que pour marie a dire ay.
Vous lises ou viel testament
Des pains de propysicion
Dont les prestres tant seulement
Prenoient leur refection
A nul daultre condicion
Combien grant sire se iugast
Zestroicte prohibition
Ne permettoit quil en mengast.
Et touteffois nostre sauueur
Dit aupiuifz publicquement
Que dauid par bonne saueur
En peut manger licitement
Ses compaignons pareillement
Et neãtmains prestres ilz nestoient

Pourquoy fut ce: certainement it
Pour la dure faim quilz pourtoient.
Mille exemples sont en prince
Que la loy par necessite
Ou par raisonnable cuidentis
Souffre cas de nouuellete
Ihesucrist maistre &quite
Neust il aup iuifz grand debat
Car contre la solempnite
Guerissoit les gens au sabbat.
Au roy anthiocus peruers
Les macabiens se combatirent
Et ses gens mirent a reuers
Au iour du sabbat quilz rompirent
Et touteffois mal ilz ne firent
Ce scauez vous tout pleinement
Car iustement se deffendirent
Et dieu les aida mesmement.
Si dis au propos retournant
Que non obstant la loy donnee
Tout humain lignage dampnant
Pource que raison ordonnee
Ne dictoit pas que condempnee
A mort fut nostre saulueresse
Pour certain la plus belle nee
Deubt elle estre: et non pecheresse.
Ainsi comme propose iay
Selon mon pouure entendement
Monstre et &sclaire vous ay
Que dieu peut ordinairement
Guarder sa mere quordement
Ne fut conceue comme vous
Si en diray plus largement
En despit de tous les bauous.

¶ Secondement franc vouloir demo-
stre quil couuenoit que la Vierge fut
singulieremēt conceue : car elle estoit
mere de dieu.

Ourquoy en aps vueil prouuer
Se ie puis la congruite
Que dieu eust a la preseruer
Doriginelle iniquite
Et dis que par vraye equite
Se le maindre a tres grant honneur
En singuliere dignite
Mieulx le doit auoir le greigneur.
De ce dit ie vous baille exemple
Le roy en bonne policye
Doit auoir degre plus ample
Que son cheualier ne fait mye
Ainsi ne fust auoir marie
Plus excellence quadam neust
Lequel personne ne le die
La tache originelle ieust.
Adam fut net: aussi fut eue
Jetens en leur formacion
Les anges comme laube que cteue
La nuyt en leur creacion
Eurent nette perfection
Deust donques la belle des belles
En maindre illumination
Venir a ces riches nouuelles.
Adam royne ne la reclame
Nom pas eue tant seulement
Tous les anges honnourent dame
Et luy obeissent humblement
Deust elle donc mains dignement
Estre conceue : qui dira
Le contraire tant haustement
Je respondray quil mentira.

Secondement dis quil affiert
Que le spouse tous temps aggree
A lespoux : amours le requiert
Or ainsois quelle fut cree
Fut eternellement pensee
Et ordonnee espouse dieu
Dont dust estre tousiours paree
Sans la tache orde plus que sieu.
Helas lespousee mortelle
On pare tant soigneusement
Quon peut : de corps et de cotelle
Et de tout beau contentement
Peut donques dieu auluement
Sale et deshonneste xroir
Celle queternellement
Debuoit a sa deptre seoir.
Onques ne fut bien conuenant
Que son espoux dieu eternel
La vist sale et desauenant
Et digne du lieu infernel
Ne scez tu que lorigine
Descent bas en la fosse noire
Et que cest pecche criminel
Dont on pert leternelle gloire.
Item le filz doit par nature
Et par loy diuine honnourer
Ses parens ainsi de soulleure
Ne conuint que deshonnourer
Ne hors sa grace entourer
Dieu la laissast : car filz donneur
Doit pour sa mere labourer
Quelle nait aulcun deshonneur.
Or est honneur tres grandement
Du filz qui sa mere iamais
Nait eu peche aulcunement
De ce iherosme iuge en fais

Disant que tous ses honneur fais
A la Vierge a son filz retournent
Si ne sont amis de dieu vrays
Qui a la hault lour seiournent.
Force vouldras tu replicquer
Que ceste argumentacion
Ne puis au propos applicquer
Car en celle obligation
Ou temps de la concepcion
De la Vierge dieu nestoit pas
Car devant lincarnation
Son filz nestoit senteus le cas,
Ceste replicque rien ny fait
Car consideracion heue
Que dieu eternellement sait
A ce que fut sa mere esleue
Et tres certainement pourueue
A estre sespouse et sancelle
Des leternite fut receue
Lalliance de luy a elle.
Et puis quil scauoit fermement
Qune fois oblige seroit
A elle: car humainement
Vraye mere lappelleroit
Certainement il afferoit
Que autant donneur luy voulsist
Alors que faire luy debuoit
Quant pour sa mere la choisist.
Se sens me fault pour la folie
A laquelle vous ahurtes
Faulse gens denuye palie
Qui toutes raisons despites
A tout le mains vng peu sentes
Le grant erreur abhominable
Par qui folement consentes
Marie estre serue du diable.

Serue fut et prisonniere
Selle fut comme alez huant
Doriginel mal parsonniere
Voire fut elle a dieu puant
Helas ou alez vous ruant
Voz enuenimeuses parolles
A qui vous alez vous louant
Pour nient fustes aux escoles.
Dicte moy vng prince dit il
Prendre vne esclaue en mariage
Vne serue tenant getil
Laide fole et de vil courage
Diroit on iamais quil fut sage
Se ce faisoit: nennil pour voir
Doncques au dieu de hault parage
Comment il noble espouse auoir.
A dieu franche espouse appartint
Noble sage gente honnourable
Tres belle dont ioseph se tint
Et entierement aggreable
Et neust pas este conuenable
Que il leust esleue pour samye
Femme obligie serue au diable
Honneur ce ne consentiroit mye.
Peche iamais a dieu ne plait
Rien nest que luy puist tant desplaire
Et auoir peche luy desplait
Car a luy il est trop contraire
Par ainsi ne se peut il faire
Que la Vierge si fut souille
Selle deust au tres hault dieu plaire
Et estre sespouse polie.
Item ie ne vous ay pas dit
Quil est escript ou leuitique
Que cestuy qui aura mauldit
Ou pere ou mere comme inique

Meure de mort: si vous dis que
Se la Vierge eut este mauldicte
Pour le pche son filz vnique
Desseruit celle peine dicte.
O erreur et rage esragie
O grande abhominacion
Ne seras tu ia corrigie
Par vraye argumentacion
O en quelle predicacion
Vng faulx article seulement
Maine limaginacion
De lomme obstiné mesmement.
Helas ouiez gens esmarie
Ouiez la louenge euidente
Que fait euseline de marie
Et chescun de vous se repente
Chose conuenable et decente
Estoit que dieu voulsist cher prendre
De la plus pure et excellente
Quon pourroit apres luy entendre.
Certes ila dit escrite
Il conuint que la Vierge pure
Ainsi quelle est par dignite
Mise sur toute creature
Fut conceue soing & sordure
Et de loriginelle lepre
Et quelle saillit sans laidure
Comme orient chassant le vespre.
Sainct bernard en vng sien sermon
Delle parle auctenticquement
Ou il eppose se fait mon
Ce que lon paint communement
Que soubz ses piedz tout plainemēt
Marie la lune marchant
Est couuerte diuinement
Du soleil a clarte persant.

Ceste figure moult iolie
Sert moult a mon intencion
Par la lune entent on folie
Et deffaulte de corruption
Pour sa grande mutacion
Et car iamais ne seet auoir
Tant clere illumination
Quelle ne retienngne du noir.
Ainsi deuez seurement croire
Que marie marchant la lune
Enseigne quelle ne fut noire
Iamais de la tache commune
Mais cler soleil sans tache brune
Toudis en vertu demoura
Sans sentir deffaulte nesune
Qui ce croit vers dieu honneur a.
Entendes vne aultre raison
Laquelle aux aultres sapparie
Augustin fait comparaison
De la belle Vierge marie
A lesglise amee et cherie
Car lune a laultre est renommee
Vierge entiere nette et flourie
Et tres saincte mere clamee.
Or ne fut oncques ne sera
Saincte mere esglise en ordure
Tout bon crestien aussi dira
Elle est sans tache et sans ridure
Dontques iay conclusion dure
Contre vous: qui de doeul sues hors
Que marie neust la laidure
De la fauge dont vous venez.
Ie le vous preuue: se lesglise
Laquelle est mere seulement
De vous sans tache et sans feuise
Fut belle et nette entierement

Je conclus raisonnablement
Que la mere dieu doit auoir
Beauste ainsi perfaictement
Ou plus encor: et ie dis voir.
En apres lauge a voix seraine
Luy vint annoncier quelle estoit
De la grace diuine pleine
Ou il dist vray ou il mentoit
Mais verite il luy contoit
Et comme tres vray messagier
Les nouuelles luy apportoit
Du vray dieu qui nest mensongier.
Sainct iherosme par grant estude
Expousant gracia plena
Escript quen toute plenitude
Grace a la Vierge dieu donna
Doncques il ne labandonna
Jamais, ne heure ne moment
Ainsi peche ne lassena
Le croy ie veritablement.
Lange aussi lappella benoite
Sur toutes les femmes du monde
La parolle nest pas estroicte
Car en grande louenge habonde
Et en conclus quelle fut monde
Et nee en estat dinnocence
Sil est qui contre ce responde
Je luy respondray en presence.
La Vierge par dessus eua
Fut benoite tout prestement
On le concede et ainsi va
Si sensuit necessairement
Se eue en son commencement
Fut innocente: que marie
Fut conceue aussi dignement
Et se iherosme vtrisle.

Toute la malediction
Queue sur ses enfans iecta
La grande benediction
De ceste Vierge dame osta
Et doncques selle reboutta
Tout quanques lautre nous transmit
Oncques originel ne porta
Et oncques peche ne commit.
Leglise aussi & tous nie ange
Car elle chante o Vierge heureuse
Tres digne es & toute louenge
Tant es tu haulte et precieuse
Que selle eust eu tache lepreuse
De tous lez digne ne seroit
Et saincte eglise vertueuse
Vrayement ne la loueroit.
Se doncques elle est dignissime
De tous lez: sa conception
Fut nette clere et finissime
Et eust en sa creation
Innocente condicion
Que selle fut soubz le diffame
De la moitteste infection
Elle eut sa part du com̄un blasme.
Mais ce ne dit sainct aldephonse
Qui fut euesque & toulette
Il tous voz dis casse et effonce
Et iecte arriere vostre secte
Et monstre que la Vierge nette
Fut et tant perfaictement
Quelle ne fut oncques infecte
De loriginel naustrement.
Et aussi me semble afferant
Quelle nait este point ferue
De loriginel tous ferant
Donc apres ceste chose veue

Diray quelle en fut & ffendue
Et preferuee reallement
Et auecques la gent perdue
Rachetee especialement.

¶ Tiercement monstre voulloit
que la Vierge fut & fait et realment
preferuee.

DIeu fut tres parfait redempteur
Du non: or ceste negatiue
Naccorderoit aulcun docteur
Prenons donecques laffirmatiue
Et n'aies memoire fugitiue
Car se dieu plait escouteres
Vne raison moult probatiue
De la quelle contantes feres.
Dieu fut redempteur tres parfait
Vous fottroies fans dire mot
Apres cest antecedent fait
Vient la conclusion tantost
Que dire fault qaulcun suppost
Humain fut tres perfaictement
Rachete: se foubtil efcot
Concede cestuy argument.
Se tu me dis que rachate
As este tres perfaictement
Ie respons que tu as este
Tachie originellement
Se fault te femble largument
Tens les oreilles et escoutes
Oeuure loeul & lentendement
Et ie ten osteray sa doubte.
Ie dis quen la theologie
Assez bien se peut maintenir
Et en croio pierre & candie
Qui leur bien ose souftenir

Mais pour le faire intenso tenir
Et en oster tout le debat
Dis qua Ihesus doit conuenir
Toute maniere de rachat.
Il fut tres perfait redempteur
Doncques il fit redemption
En toutes guises: si nay peur
De prouuer mon intention
Mais quainsois sa diuision
De redempcion dit thus aie
Seruant a mon opinion
Du dire ame ne sen esmaie.
Tout premierement dieu rachate
Les pecheurs au diable subgiez
De peche mortel qui les gaste
Et tient en miserables degrez
Secondement ceulx qui giusiez
Sont en offence actuelle.
Tiercement ceulx qui sont tachiez
De lorde tache originelle.
Quattement ceulx qui en mortel
Ne tombent: ainsi preserua
Ses apostres quant de son ciel
Sont sainct espriit leur enuoia.
Quitement cil qui diroit va
Qui actuellement ne peche
Comme cestuy qui baptisa
Lequel de Aniel neust tache.
Neantmains femble saugustin die
Quil precha actuellement
Et que nostre Vierge marie
Mere de dieu tant seulement
De tous vices entierement
Est deffendue et preferuee
En graice singulierement
Toute sa vie fut conferuee.

La septe maniere est parfaicte
Voire tres parfaicte: et est quant
A vng est telle grace faicte
Que doriginel tant ne quant
Ne sent: si conclus maintenant
Auec les articles premieres
Qua dieu estoit appartenant
Rachater par ces sip manieres.
Par les cinq rachata on ne
Le nye: et car parfaictement
Rachatoit east quelque personne
Preseruer de lempeschement
Originel: ou aultrement
Parfaictement ne rachatoit
Cest adire totallement
Que deuant concede estoit.
Plus fort encores vous argue
Marie oncques neust deniel
Pour lequel lame nest perdue
Auecques le diable cruel
Doncques eust mains doriginel
Pour lequel en enfer va on
En peine de perdre la pel
Cest argument est bel et bon.
Se pour honneur vous ottroiez
Que deniel neust qui est mendre
Il fault que moult rude soiez
Tous se ne poues entendre
Que sainct esprit la toult deffendre
De loriginel tant pesant
Qui fait lame en enfer descendre
Cest argument est souffisant.
Sil ne souffit ie le renforce
Car de quant est plus esleue
Il se fault concorder cest force
Tant plus est elle preseruee

Or est elle empres dieu posee
Si conuient dire fermement
Que preseruee et rachatee
Fut tres especiallement.
Item lesglise ne croit nye
Que dieu a sa mere ne fist
Plus de grace qua Ihereuule
Lequel sainctifie nasquist
Ne qua sainct Iehan qui sesiouyst
Ou ventre de sa mere riant
Par la grace du sainct esprit
Sa naissance sanctifiant.

¶ Le champion a son propos verifier alle-
gue aulcunes preseruacions especialles.

Dieu les troys enfans pserua
En la fournaise tellement
Que la flamme ne les greua
Le disons nous communement
Daniel aussi puissamment.
En la fosse horrible et vilaine
Garentit il pareillement
Ionas au corps de la balaine.
Et nous virons que dieu laissa
Sa mere en pechee bruslee
Et que le diable la froissa
De sa tres horrible goulee
Et quesse en ceste mer salee
Ou nous par pechee noions
Iettee fut a la voee
Helas ce dire plus noions.
En apres le loy contant
Vne raison que trop fort aime
Quoncques filz mere naima tant
Que ihesus ama nostre dame

Car sa cher flairant comme basme
Delle print il tant seulement
Se la tust en corps et en ame
Honnourer singulierement.
Oncques ou monde filz ne print
Tant de sustance maternelle
Que nostre doulx saulueur coprint
De sa substance Vierginelle
Pource que sans la paternelle
Vertu ame ne pourroit estre
Mais il de vertu nompareille
Delle seule print humain estre.
Ainsi plus honnorablement
La deust il sur nous preferer
Ainsi plus especialment
Luy deust sa grace conferer
Si ques sans aultre differer
Je conclus quil est raisonnables
Sa conception honnourer
Malgre tous gens deshonnourables.
Oultre plus le bon sainct bernard
Qui de la louer haultement
Sur tous les deuotz scauoit art
A proue conuenablement
Que dieu debuoit benignement
Comme filz obeir a marie
Et quaussi veritablement
Sur ce auoit la seigneurie.
Dire doncques ceste royne
Fut peu ou preu subgecte au diable
Par sorigenelle ruine
Cest erreur trop intollerable
Et me semble sans dire fable
Car quant la mere dieu ie nomme
Son en dit rien desraisonnable
Certainement on la mesnomme.

Quen diray plus selon noz dis
Il fault dire celle fut sale
Que la royne de paradis
Fut serue au diable: et que la sale
De dieu fut habitacle et base
De sathanas: et que la dame
De creature vniuersale
Fut chetiue et pleine de blasme.
Or regardes sil est possible
Par ma foy il nest me serolant
Qui ce ne die estre impossible
Et que cil nous aloit ouiant
La mere de dieu ordoiant
Ne dist quon lous deust lapider
Or dieu toutes choses voiant
Vueille lostre cuer amender.
Or feray ie plus fort que fer
Car se dieu plait ie prouueray
Puis que me faictes eschauffer
Ce que promis a prouuer ay
Et creuer de doeul vous feray
En presence se ie my met
Car pour marie esprouueray
La sentence de machomet.
Machommet en son alcoran
Dit que marie fut tres clere
Et si dit aussi que sathan
Natoucha onc sa vierge mere
O dieu vez vostre misere
Repentes vous a nus genoulx
Marie en sarrasine terre
Est plus louee que entre nous.
Les paiens anciennement
La mere de dieu appelloient
Vierge nette perfaictement
Asses louer ne la pouoient

p ii

Helas que diront ceulx qui croient
Que marie enfanta ihesus
Aduis mest que tousiours en dient
Penser et en dire oultre plus.

¶ Quartement le champion apres ce
quil a prouue que dieu peust et deust
preseruer la Vierge: il demonstre la ma-
niere comment.

Puis vous vueil dire la maniere
De ceste preseruation
Affin que ne doubtez arriere
De sa saincte conception
Diuerse imagination
Ont plusieurs: mais le regarde
Quen seule dispensation
Le roy tous ceulx quil luy plait garde.
Si dis haultement mon secret
Quen sa conception tres pure
Dieu interposa son decret
Que non obstant la loy tres dure
De peche ny eust quelque ordure
Et ce fut en cellui moment
Que lame fit au corps iointure
Or veuilliez entendre comment.
Comme se oes le sainct pere
Auecques aulcuns dispensoit
Bastard conceu en adultere
Que pas irregulier ne soit
Quant il naistra: ainsi la soit
Que soubz irregularite
Peut estre dispense estoit
Par grande singularite.
Assuerus apres quescript
Par le conseil daman se serre

Eust que le tiers iour on occist
Les iuifz par toute sa terre
Et mist on peine de les querre
Et ordonna sans appeller
En prine de la mort acquerre
Que nul nalast a luy parler.
Neantmains mardochee enhorta
Hester la royne tant quau roy
Elle humblement se presenta
En habit et royal arroy
Or fist elle contre la loy
Et neantmains comme dit le liure
Nen eust elle peine nul loy
Car vng roy ceulx quil veult deliure.
Si conclus par ceste figure
Que non obstant sa loy donnee
Dieu peut en lignesse ordure
Preseruer la royne mere
Par ainsi est determinee
La puissance diuine qui vint
Ay la conception douce
Du haultain angelique chant.

¶ Franc vouloir apres ce quil a vi-
se estable et veritable la querelle quil
maintient sur la conception virginal
le pour atterrer faint semblable respond
par ordre a toutes ses argumens et au
cytez comme sensuit.

Poz raisons visanis gauois
Ce demonstre veulz ie respondre
Par lesquelles les vrais dnote
De marie vous voulez confondre
Verite ne se peut absconde
Vne fois conuient quon la vie

Laquelle & garder et tondre
Vous face et huer par la voie.
Tu as dit que coniunction
Charnelle iustement argue
Originelle infection
Et cetera, ne te remue
Ie tentens bien ne tefferenue
Car ton argumentacion
Nest pas tant subtille ne ague
Que nen aies solution.
Moult grandement es tu deceu
Loriginel pas transmis
Seulement: car on est conceu
Charnellement ie tay promis
Quil fault que secret y soit mis
Obligant la posterite
Dadam: et ainsi beau amis
Tu ne dis toute verite.
En tant quen adam fut la Vierge
Du prekse fut elle saillie
Mais par singulier priuilege
Certes la loy fut abolie
Et vouloit quelle fut polie
Ainsi ton argument est faulx
Et les causes & la maladie
Originelle a moustrer faulx.
Ton exemple rien ne concluit
Sinon quelle eust este polue
Quant en adam: mais elle fut
Par priuilege deffendue
Item aussi elle moult crue
Tu vois racine en fangee
Naistre ente nette verde et drue
Flourissant et de fruict chargee.
Tu vois aussi que le cristal
Ist tant cler de la terre obscure

Vif argent et aultre metal
Ce semble estre contre nature
Item fontaine clere et pure
Sourdre et courir en marescage
Se nature ainsi les espure
Que dis tu du diuin ouurage.
Ainsi vois tu de mesme argille
Le potier faire Dux vaisseaulx
Lung a boire ou mangier habille
Et laultre a bailler aux porceaulx
Ainsi dieu ainsi tous ses seaulx
De toutes choses mesme euge
Entre les vermolus vaisseaulx
En peut vng garder & lesdeuge.
Dieu encor plus a ceste chose
Sceut entre la haie espineuse
Faire venir la blanche rose
Qui ne fut tachee ou lepreuse
Ientens marie son espouse
Et son ancelle tres petite
Voire sa mere glorieuse
Deuant le monde faicte et eslite.
Daultre exemple te fais enseigne
Comme anselme dit entre espines
Sans espines naist la chastaigne
Pourquoy a croire ne tenclines
Que les puissances dieu tres dignes
Naient preserue nostre dame
Entre nous tous pescheurs indignes
De ceste originelle blasme.

¶ Le champion respond a largument de sainct augustin.

AU dit daugustin respons ie
Que se aultre chose ny a

r iii

Tout cler fonne & fefpõge
Sainct esprit mõdifia
Cest a dire sanctifia
Marie ains sa natiuite
Neantmains oncques ne nia
Si fault gloser lauctorite.
Gloser fault: mais noter dois
Quen mains langaige vniuersel
Entendre conuient plusieurs fois
Epcepcion: on dit le ciel
Tout cocuure: et tu sces quil nest tel
Car luy niesme pas ne se cocuure
Si a il bien large mantel
Aultrement quil ne le descocuure
Lon dit bien que bon fait tousiours bien
Et touteffois quant il se doit
Chescun scet bien quil ne fait rien
Si fault au sens faire rapport
Que tel est le mien fais bien fort
Que quantes fois fais quelque chose
Il ne la fait na mal na tort
Ains a bien: entens tu la glose.
Ainsi de ceste vniuerselle
Dis que ta glose nest pas vraie
Et ainsi gloser se doit
Que tout nez charnellement aie
La rongneuse et lepreuse plaie
Vostre fil nest mondifie
Et de la limonneuse taie
Soit purgie et mondifie.

¶ Le champion respond a largument
basti sur le dit de sainct gregoire: et no
te en somme aulcunes manieres de cõ
cepcions.

Augustin ainsi lentend
Et fait son dit plus contre toy
Que pour ton propos tãt tendy
Ainsi a laultre ie men loy
Car respondre a gregoire doy
Epposant Iob le bon preudomme
Si te diray ainsois or oy
Triple conception en somme.
Par concepcion on entent
De semence recepcion
Et aussi lapostre le prent
Disant sarre en concepcion
De semence print action
De Situ et aussi parloit
Iob selon ceste intẽction
Et vrayement pas ne failloit.
Conception aussi est dicte
Quant a humaine pourtraicture
La semence est menee et duite
Par nature qui tout figure
Comme vraie pourtraicture
Ou ventre de sa mere pris
Et dix mois sus de sang pressure
De semence humaine compris.
Tiercement concepcion est
Quant dieu ou corps organise
Raisonnable ame enuoie et met
Augustin a ce duise
Sur leuangile: ou eppose
A quant iour quarantesisieme
En homme lesprit est pose
En femme loctuagesime.
Au propos dis ie Iob parla
De la concepcion premiere
Car nous scauons tous que par la
Semence de mere et de pere

Jhesus ne print cher en sa mere
Mais pour tant pas ne sensuit il
Que marie ne mist arriere
De cil originel peril.
Car comme devant vous ay dit
Au point que lame fut infuse
Affin que ne fut soubz le dit
Divin lequel ne nous excuse
Le sainct esprit qui peche use
Corrompt amortist amendrist
Par sa graice large et effuse
Toute environnee la fist.
Et pour avoir chose plus voire
Au mains pour lengin aguiser
En la sentence sainct gregoire
Veuillan dit & Job adviser
Car il mest advis quauiser
I peut on se pouoit divin
Par quoy celle quon doit priser
Neust point originel vvin.
Job disoit comme je sentens
Qui peut faire net lordement
Conceu fors toy omnipotens
Conceu dis je premierement
Comme elle car certainement
Vint par constume naturelle
Mais dieu la garda puissamment
De ceste ordure originelle.
Je vous requier ce point notez
Car par luy pouez franchement
Sauluer toutes auctoritez
Parlans universalement
Et conceder tout plainement
Que de conception parlant
Comme jay dit premierement
Voz auctoritez vont avant.

Par ce point pouez accorder
Mainte auctorite repugnant
Car se vous voulez regarder
Ce qui fait la femme preignant
Je concede sans impugnant
Que de naturelle semence
A corruption empaignant
Marie print sa corpulence.
Affin que ce mieulx se desclaire
Car on ne peut trop contenter
Ou convaincre son adversaire
Vous devez grandement noter
Que les docteurs seulent conter
Deux modes de conception
Se vous les voulez escouter
Jen diray mon intention.
Il y a tout premierement
Conception naturelle
Et se nest veritablement
Fors la semence naturelle
Prise en la chambre maternelle
Laquelle certain temps pendant
Se trenche en forme corporelle
Lame de Ihesus attendant.
Il y a aussi parsonnelle
Conception en cil moment
Lors que lame rationelle
Se joint au corps formellement
Et sont ung parsonnellement
Lung prenant ce que laultre donne
Et dit on veritablement
Decy une humaine personne.
Quant a parler premierement
De conception je ne nye
Que saincte anne communement
Ne conceut la vierge benigne

Mais quelle & graice garnie
Ou point que lame ou corps entra
Fut abhominable et honnie
Il nest pas vray ie dis contra.

¶ Le champion respond au quart argu
ment forgie sur les peines et malheure
tez sourdans de la coulpe originelle.

Tu as en apres replique
Des peines & loriginal
Et test bien aduis quapplique
Les as a ton fait principal
Ce point cy est bien magistral
Et pour certain il te nuira
Car marie ou siege royal
En corps et en ame estre diray.
Loriginel sont condignes
Deux peines: putrefaction
Comme punaises et vermines
Pouldre incineration
Or croit toute deuocion
Que & ces deux fut preseruee
En glorieuse assumpcion
Marie sur les cieulx leuee.
Car nappartenoit que tel corps
Plus cler que lorient luisant
Deuint pouldre et fut & vers mors
Si est argument souffisant
Quelle neust sordure nuisant
Laquelle est viande de viable
Pense bien a ce mesdisant
Comme ton dit est honnourable.
Augustin qui est diuineur
Dit dieu deust sa mere deffendre

Pour reuerence et pour honneur
Que son corps ne fut mis en cendre
Pourquoy est legier a entendre
Se le corps preseruer voulut
Que & lesprit qui nest pas mendre
Singulierement luy chalut.
Comme cher est viande a vers
Aussi peche est vrayement
Viande aux grans viables diuers
Il na aultre nourrissement
Qui croit doncques knotement
Que dieu cestuy beau corps saulua
Il doit croire pareillement
Que peche lame ne greua.
Je dis apres que mort et fain
Ne sont peines principalment
Doriginel ihesus qui grain
Ne pecha mourut vrayement
Ainsi ne peus tu vrayement
Par aulcune penalite
Dire quelle eust aulcunement
Loriginelle qualite.
Plus en dis ia soit que la mort
Ne soit si non peine laquelle
De loriginel qui tout mort
Encores ne sensuit il quelle
Ia soit que loriginelle
Ordure neust peine soufferte
Raison ia ne dira quelle
En eust auoir aulcune perte.
Dieu luy peut vne graice faire
Sans aultre comme la gardee
Du mal originel contraire
Et des peines la preseruer
La raison pour la confermer
A son filz ihesus qui voulut

Voluntairement endurer
Telz peines pour nostre salut.
Oultre ia soit que passion
Et peine pour offence soient
En aulcune transgression
Touteffois tous sceuent et croient
Que cil que les iuifz batoient
Nauoit preché: mais il souffroit
Pour aultres qui preché auoient
Mort honte fain soif chault froit.
Au propos ia soit que marie
Ne fut conceue villement
Touteffois en humaine vie
Elle souffroit humainement
Car se tout angelicquement
Le monde seust veu viure en terre
On eust doubte diuersement
Se vraye femme estoit et mere.

¶ Le champion respond au quil arguint
fonde sur la redemption de la vierge:
mõstrãt cõment elle fut rachatee non
obstãt quelle neust originelle tache.

OR viens a sa redemption
Quant argues que rachatee
Ne fut: car sans transgression
Estoit: et que se trespassee
Et reliqua: iay ta pensee
Ie lentens: entens moy aussi
Car se tu ne crois ta testee
Ie ten mettray hors & souffi.
Dieu peut rachater doublement
Comme par subleuation
Quant il est cheu aulcunement
Item par preseruacion

Quant & toute condicion
De peché le deffent: sa mere
Des sa saincte concepcion
Rachata en ceste maniere.
Ton argument ne vault deux nois
Et le verras plus plainement
Sans quelque exemple te cõgnois
Lieue les yeulx plus haultement
Deux hommes vois: lung lourdemẽt
Souffres en fosses trebuchier
Et laultre aimes si chierement
Que ne le laisses abuchier.
Ia soit ce que tantost tu saches
Cestuy qui est cheu ou fosse
Si folnes pas que tu ne saches
Que de chinaies mieulx prise
Lequel as sans peril passe
Ainsi dieu en la preseruant
A plus de grace dispense
Quaprez peché la releuant
Ainsi fut tres perfaictement
La vierge mere rachatee.
Car dieu la garda tellement
Que de peché fut exemptee
Et comment donequs rachatee
Diras tu: comment se peut faire
Quant elle ne fut endebtee
Or escoute sans si hault braire.
Vray est quen obligacion
De peché ne cheut il est voir
Pour la grant preseruation
Mais car elle y pouoit cheoir
Delle mesme et y pourueoir
Dieu voult par sa grace hastiue
Rachatee fut: conceuoir
Peus tu ceste prerogatiue.

Quant tu dis donques suppose
 Que dieu neust este mis en crois
Son esprit eust este pose
 En paradis tout coy te tais
Cest trop suppose: toutesfois
Se fut & vie a mort alee
Ains sincarnacion ie crois
Quauec dauid fut & sualee.
Pour pres paradis serre
 Estoit et iustice diuine
Ne souffroit que fut desserre
 Ainsois que le filz dieu benigne
Eust paie lamende condigne
Mais lors souurit & sa balance
Quant elle vit le couste digne
Feru et ouuert de la lance.
Pource comme ses peres saincts
 Ia soit que purgiez ilz estoient
De pres et de vertuz plains
 Dedens le limbe descendoient
Ou la passion attendoient
La vierge mere aucune pose
Eust attendu comme mains croient
Quon eust ouuert la porte close.

¶ Le champion respond a largument
que laduersaire fonde sur lauctorite
de pape leon: monstrant comme elle
doit estre prinse et entendue.

OR es tu fier comme vng lion
 Car tu peulx en tesmoig pouire
Lauctorite pape leon
Et te semble que contredire
Ny dois et me faille desdire
Certainement ie la te glose

Et te dis quon ne la doit dire
Sans lentendement de la glose.
Elle sentent du droit commun
 Cest adire: dieu ne trouua
Quant est de soy iuste nesung
 Car chescun dadam et deua
Venoit: mais de fait preserua
Sa mere specialement
De toutes aultres ainsi va
Parlant vniuersalement.
Pareillement sentendent celles
 De saint pol & dauid: du sage
Et se plus en trouues & telles
 Mises en si commun langaige
Vray dient: que tout le lignaige
Dadam pecha tant quen luy fut
Mais que dieu ne fist auantaige
A sa mere: nul ne se conclut.
En celle vniuersalite
 Te fies sans considerer
Que de particularite
 Aulcune on ne peut moderer
Ie tay ia dit que preseruer
Peut dieu de maintes telles choses
Et si ne conulent inferer
Ne conclure a toutes leurs bles.
On dit que tout homme est menteur
 Au mains le prophete lescript
Ie talegue vng vaillant docteur
 Auquel ne seroit contredit
Sainsi est: a il pource dit
Que dieu vray homme ait este tel
Vrayment non: neantmains son dit
Est commun et vniuersel.
Il nest regle si generale
 Laquelle nait ou puist auoir

Quelque excepcion particlale
Ainsi dieu qui tousiours dit voir
N'est soubz ceste: et si dois scauoir
Quelle sentent humainement
Et est reserue le pouoir
De dieu dont vice q̃ homme ne meut.
Vous pouez par distinction
De pechez parler doublement
Ou en fait ou en action
Ou en pouoir tant seulement
Je te confesse baudement
Que marie en adam pecher
Pouoit originellement
Mais dieu s'en garda son filz chier.
Marie au vice originel
Eust disposition certaine
En tant que son corps virginel
Fut seme par nature humaine
Ceste forme de dire est saine
Et le sage anselme se tient
Et est a nostre cas prouchaine
Car verite elle contient.
Quant donecques generallement
On treuue en la saincte escripture
Tous ont originellement
Pechez par vne forfaicture
La distinction n'est obscure
C'est à fait chescun a peche
Ou a este en aduenture
Destre tresbuche en peche.
Ainsi le dit sainct pol lapostre
Demeure en toute verite
Auecques la sentence nostre
Quant il est bien interprete
Si las tu mis pour sa bonte
Entre les tres fors argumens

Que tu as par tout emprinte
Mais il dit vray ie ne te mens.

¶Responce au sistesme comparant
la nettete de marie a celle de ihesus.

En apres as dit quausst nette
Que son filz ihesus eust este
Et ce dire n'est pas honneste
J'entens toute ta volunte
A peu de chose es ahurte
S'ensuit il par ton sacrement
S'en marie fut nettete
Que dieu ne seut plus haultement.
En nettete ientens .ij. choses
L'une est affirmatiue et sont
Les vertuz et graices encloses
En ceulx lesquelz purete ont
La negatiue luy respont
Et n'est que la faulte d'ordure
Vous scauez et aultres si font
Qu'en chose nette n'ait faidure.
Dont se ie dis noir comme rude
Que marie et son filz ihesus
Eurent moult de similitude
En nettete: nompas que plus
Il ne fut net: et toutes vertus
Toutes graices plus haultement
Eust il dis tu que ie conclus
Qu'ilz furent netz equallement.
Il n'est pas vray: et quant diray
Que netz equallement ilz furent
Je croy que ie ne mentiray
Aiant regard a ce qu'ilz neurent
Ordure: mais qu'ilz receurent
Nettete en degrez diuers

Oncques mes dis ne se conclurent
Je ny voy ainsi & travers
De luy parois blanche vous baisse
Exemple quant en leur blancheur
Les nez vous dites sans faille
Quelles nont contraire couleur
Et toutesfois blancheur greigneur
Lune que laultre peut avoir
Car plus y en mist le paindeur
Ainsi est au propos de voir.
Si ne conclurs cest argument
Ne cil qui de humilite
De dieu parle: car proprement
Preuue que toute iniquite
Deust estre en la virginite
De la vierge et de sa tres pure
Dieu nust prendre nativite
Je me hontoie de ce dire

ℭResponce a largument pris
sur le dit de sainct iheroſme.

OӖ iherosme en theologie
Fort entendeur en racontant
En ceste genealogie
Maintes pecherresses mectant
A tout sainctement debatant
Nõ ĕlles ains de parens loingtais
Parle qui sans ame exceptant
Furent tous de pechez ataīs
Des proucheins ne parla il mye
Et pose quil en eust parle
Jen laisse faire iheremie
Qui haultement en a parle
Jamais pecherresse appelle
Ne seust: vierge de paradis

Mon amy es tu affolle
Helas regarde que tu dis.

ℭResponce a largument que marie
Nust estre conceue du sainct esprit.

QUant tu dis apres quaussi bie
Dire on peut quelle fut cõceue
Du sainct esprit: il nen est rien
Menty as daussi loing quon hue
En esprit de huet ou de hue
Elle vint naturellement
Et fut puissamment deffendue
Doffendre originellement.
Jhesus seul doit estre conceu
Du sainct esprit: car mourir
Debvoit pour tous auquel meschu
Estoit et meschoir peut venir
Deust elle vitement flourir
De la souche morte et pourrie
Si verroit comment secourir
Luy vouloit le doulx fruict de vie.

ℭResponce a laultre quon ne dois
louer la vierge oultre mesure.

OӖ dis vray q̃ lon ne reuuole
Louer oultre quil appartient
Et qui selon ton gre diroit
Certes il ne loueroit rien
Mais largument a rien ne vient
Ne toute ta probacion
Na clou na chevisse ne tient
Mestier na de solucion.
Cil apres encores mains baule
Tu as ouy quil convenoit

Que Dieu tres puissant et tres hault
Puis que chair humaine prenoit
La print en Vierge ou ne seroit
Tache ordure ne fumiere
Il qui du tres cler pere estoit
La tres resplendissant lumiere.
  ¶ Responce a laustre
Ou tu dis que rien affermer
Ne doit on que par lescripture
Ne aussi le bien confermer
Tu las dit & la Vierge pure
Mais pour certain bonnauenture
Saincte thomas ou pierre lombart
Ou qui que tu vueilles ne men cure
Je nen croiray en ceste part
Ne a lescripture tres saincte
Ne a nostre foy catholicque
Ne a diuocion ne a mainte
Auctorite apostolicque
Ne a verite theologicque
Contraire suis je te soustiens
Que celle diuine relicque
Dordure et de pesche eust riens.
Saincte escripture: auctoritez
Naturelle obligacion
Pouoir: raisons: congruitez
Me preuuent sa conception
Nette non folle opinion
Me fait sa feste celebrer
Dieu et saincte diuocion
Men fait en honneur remembrer.
  ¶ Comment par la saincte escripture on
preuue diuersement la saincte concepti
on Virginale: et dont ce vient que ce
ste verite na este a plain congneue le
temps passe.

ET se tu dis quen lescripture
On ne lit pas expressement
Que ceste haulte creature
Dieu donna tel preseruement
Tu mens: ce dit on hautement
En ses singulieres louenges
Quelle est toute belle: comment
Doncques ordure la change.
Item et tant il est notoire
Que le filz honnoura sa mere
En toute guise que lestoire
En est tres parfaictement clere
Quant le soleil rent sa lumiere
Te fault il dire quil est iour
Se en yeulx ouurir la pauppiere
Veoir le peulx tout a lentour
Comment fut elle belle toute
Selle eust lorigineulle tache
Se peut il faire entens tu doubte
Respons affin que on le sache
Pour quelque chose que je face
Ne te feray je rien entendre
As tu lentendement si large
Pourras tu jamais rien apprendre
Tu ne fais que nombrer et encombrer
Je le te dis tout planement
Va lire le liure du nombre
Ou tu pourras veoir comment
Balaam auctentiquement
De marie prophetisa
Quil vault son aduenement
Nom destoille luy imposa
Une estoille dit il sauldra
De jacob il entent marie
Doncques comment il se fauldra
Dire quelle ne fut taincte

En sa concepcion flourie
Car il est hors de verite
Qui dit si non par moquerie
Quen estoille ait obscurite.
Encor ten diray plus auant
La saincte eglise accomparage
Ceste vierge a laube leuant
Pour la beaulte de son parage
Dy moy en foy & comparage
Vis tu iamais soleil leuer
Se tu las veu noir et vmbrage
On te puist les deux yeulx creuer.
Dauid qui a dit par miracle
Cest adire par prophetie
Que dieu a mis son tabernacle
Ou soleil. dist il heresie
Se tu nies plain de frenesie
Marie soleil appellee
Dobscurite iste punaisie
Oncques ne deust estre auilee.
Lis le psaultier: lis les cantiques
Lis le liure de sapience
Quantes parolles auctentiques
Ytrouueras pour ma sentence
Je liz soy que toute excellence
Et telle quon ne doit pas dire
Quen la consumme pestilence
Conceue fut ne fille dire.
Le dieu tres haultain la fonda
Sil la fonda: son fondement
Doncques ferme et entier garda
On ne le peut croire aultrement
Se dieu aussi certainement
Au commencement de ses voies
La posseda tout clerement
Il nous appert que tu fouruoies.

Que ten feray je plus de feste
Je ne lys en saincte escripture
Ne patriarche ne prophete
Qui haultement ne la figure
Elle est la vierge & droiture
Lune toute pleine & naiue.
Oncques en humaine nature
Ne fut pareille à sa fille aisne.
As tu iamais leus en epode
Je croy que non certainement
Tu nas ne digeste ne code
Zeu & l'ancien testament
La voit on le commandement
Que moyse frere de aaron
Eust de faire honnourablement
Le lieu de sancta sanctorum.
Dieu luy dist quil fist de fin or
Toutes les choses principales
Du temple comme le tresor
Loratoire encensiers fiales
Et les cherubins aux grans ales
Helas ie te prie considere
Cecy et tes parolles males
Gracieusement amodere.
Tu as icy moult bel exemple
Verifiant ce que lay dit
Car se marie de dieu temple
Fut et sacraire du sainct esprit
Dire conuient par cest escript
Que dieu: car elle estoit saincte
De plus poly metal la fist
Que nous tous: de nen doubte mye.
Se tu demandes ou son treuue
En lescripture auctorite
Par laquelle de fait on preuue
Ceste sentence en verite

Je dis quen grande quantite
Et tant et tant en puis trouuer
Que se sera infinite
Par quoy ie puis le fait prouuer.
Que se aulcũs y en trouues
Parlant vniuersellement
Par lesquelles & fait reprouues
Mon ſuocieup ſentement
Je te respons: que vraiement
Lescripture se doit entendre
Aulcunesfois plus doulcement
Que tu ne ſuſp ou la ſces prendre.
A toute perſonne honnourable
Louee en leſcripture ſaincte
La gloſe eſt plus fauoriſable
Quelle peut ſans neſune fainte
Jen puis bailler epemple mainte
Ou viel et nouuel teſtament
Pour paruenir a mon attainte
Or vueillez entendre comment.
Abraham de dieu ſeruiteur
Neſt pas pour menteur repute
Car ſa femme appella ſa ſeur
Comme en geneſis eſt conte
Pource que dieu de verite
Vnefois parfait lappella
Les docteurs ont interprete
Quil ne fiſt peche en cela.
Jacob auſſi quant il ſe fiſt
Eſau pour le ſupplanter
Selon les docteurs ne meſſiſt
Car ilz afferment ſans doubter
Et a eulp ſe fault arreſter
Quil ne pecha: et que ſa mere
Luy fiſt ſon frere debouter
Car elle y entendoit myſtere.

Neantmains ou tepte de la bible
De ce ne parle tant ne quant
Mais touſiours tant quil eſt poſſible
On va les bons aucteutiquant
Ainſi a la vierge appliquant
Nous debuons ſa louenge eſtendre
Du loing du trauers et du cant
Et touſiours au meilleur ſe ſc prendre
Jacob miraculeuſement
Eſt epcuſe de menterie
On lepcuſe courtoiſement
De celle grant baraterie
Ou los de la vierge marie
Serons nous donques ſi eſtrois
Quant elle mere dieu cherie
Que pour luy nous nẽtendõs trois.
Se quelque auctoritez trouuons
Souuent vng peu trop rudement
Helas pour quoy ne la debuons
Interpreter tres doulcement
Pour noſtre dame et plainemẽt
Dire quelle neſt point venè
Tant fut elle diuinement
Gardee entre la gent perdue.
On ne doit prendre au pie leuè
Leſcripture en toute partie
Deuant: ſe neſt le grain trouuè
Que la paille ſoit departie
Et meſt aduis que ceſt ſottie
De ſoy a leſcorce arreſter
Mieulp vault a la langue haittie
Le fruict qui eſt deſſoubz gouſter.
Ne ſemble il de premiere face
En mainte notable eſcripture
Que marie mere de grace
Fut comme vne aultre creature

Et que ne fut de la pointure
De loriginel exemptee
Mais dessoubz la mal aduenture
De lactuel peche conteee.
Et touteffois ce est si faulx
Que cil le vouldroit affermer
On le reburoit dune faulx
Parmy corper ou vif cremer
Dont on ne dit son sens fremer
Tant que lon a bien visite
Tout le vray: mais par sainct omere
Tu nen es pas bien visite.
Et se tu me fais question
Pourquoy tous les docteurs anciés
Nont fait expresse mencion
Comme vrays theologiens
Que marie hors des siens
Du peche commun fut conceue
Veu quilz furent tres crestiens
La responce est desia perceue.
Tu te dois des temps recorder
Se tu vulx veritablement
Les escriptures accorder
Le dit on tres communement
Si te dis quanciennement
Mainte verite on celoit
Pour euiter tant seulement
Lerreur qui tousiours pullulloit.
Pour le temps de sainct augustin
Lan quattre cens et quarante huit
Mainte heretique chien mastin
De la loy crestienne on vit
Affermer de iour et de nuyt
Contre saincte esglise romaine
Que celle ordure qui tant nuyt
Dieu prit en prenant cher humaine

Adonc estoit moult difficile
Destruire la grande heresie
Lors fut prins le tiers concile
Fait en la cite dephesie
Ou par conclusion saisie
De dux cens peres confermee
Ceste vierge esleuee et choisie
Fut la mere de dieu clamee.
Maintenant doncques puis entendre
Que en celluy temps on auoit
Grant trauail et paine a deffendre
Que la vierge marie estoit
Mere de dieu: quil ne faisoit
Parler de sa concepcion
Vaincre heresie il souffisoit
Sans faire de tout mencion.
Comment eussent peu plusieurs croire
Que marie nesmement
Ne pourra le peche notoire
Quant ilz disoient mesmement
Que ihesus ne print nettement
Humaine cher: il ne conuint
De tout parler si clerement
Affin que plus derreur ne vint.
Neantmains augustin ne se teut
Quil ne fist protestacion
Solennellement tant quil peut
Que par nulle condicion
Il ne vouloit faire mencion
De marie en cas de peche
Pource que son opinion
Nestoit que iamais feut tachee.
Ce dit il et ce proposa
En quoy il appert grandement
Que de peche la excepta
Et quil ne le creut aultrement

Et se tindrent semblablement
Les aultres saietz et vaillans docteurs
Qui la louerent haultement
Comme ses devotz orateurs.
Item en cestuy temps passe
Merueille nest car on nauoit
Pas a toutes choses pense
Se ceste matiere on taisoit
Ou telle en grant debat estoit
Car mainte chose est esclarsie
Ores dunt lors on ne doubtoit
Et nauoit on controuersie.
Augustin que les hommes tiennent
Si hault clerc comme vous scauez
Fist doubte se les ames viennent
Lune de laultre: et si auez
Veu du noir le debuez
Qui la doubte par mainte fie
Se les anges que ne vez
Ont aulcun corps ie vous affie.
Or nest il rien plus certain
Que dieu a toutes ames fait
De nient par son pouoir haultain
Ceste sentence a cheseun plait
Item que ung ange corps ait
Soit bon ou mauluais maint docteur
Doit le scripture ne se fait
Y len croit augustin le pasteur.
En cestuy temps certainement
Ne fut veue la verite.
Si clerement si largement
Comme depuis elle a este
Et tant nestoit il raconte
Des louenges de nostre dame
Et mesmement quelle eust monte
Ou ciel et en corps et en ame.

Mais maintenant dieu mercions.
La foy est si glorifiee
Par raison et quocions
Que lesglise est certifiee
Que la Vierge glorifiee
Ne fut oncques mais pecheresse
Car par elle est magnifiee
Quelle est du diable vainqueresse.
Lesglise depuis cinq cens ans
A sa conception feste
En despit de tous mesdisans
Qui auez lengin ahurte
Et nest de bonne gens doubte
Que la mere cestuy saulueur
Lequel nous a tout rachate
Ne donnast parfaicte faueur.
Par tout ceste foy est semee
Par tout croit on publiquement
Que la mere de dieu amee
Fut conceue tres nettement
Ce tenons nous certainement
Pour les raisons que iay la dit
Ce tenons nous finablement
Ainsois la mort que le desdit.

¶Responce aux auctoritez
prinses ou droit canon.

Ux auctoritez du canon
Ne tarrested: toutes concluent
De soy comme: et de fait non
Car du priuilege narguent
Si nestraions plus les uns qui puet
Contre marie: et amonneste
Les aultres compaignons qui huet
Apres ceulx lesquelz font sa feste.

¶ Responce au dit sainct agustin.

Ie croy que sainct augustin
Tant grât clere se soit contredit
Et ne iuge au premier tatin
De trestous les mos quil a dit
Mainte auctorite a escript
Quon ne dit prendre au premier bout
Ne pleinement comme elle gist
Comme aulcuns semblable sont.

¶ Responce a largument sur le
dit de sainct bernard.

Sainct bernard fist vng argussit
Qui peut estre tantost solu
Semble quil nentendit cômêt
Silfut ainsi que rien polu
La Vierge neust ne vermolu
La redempcion necessaire
A tous ceulx dadam luy valu
Jay dit comment il se peut faire.
Ne purge ne rachatee
Fut de peche qui fut en elle
Mais rachatee et preseruee
Fut de la tache originelle
Par graice haistiue et nouuelle
Et cest que graice preueignant
Ceste pourriture nouuelle
Luy fist ce noble bien Rignant.
Aussi amis ie te diray
Nay ie pas seu quil sapparut
Apres sa mort ou ie ne scay
A vng moine qui que ce fut
Que demandant par quoy parut
Souffle respondit car nauoit

Dit que la mere & salut
Communement conceue estoit.

¶ Coment sainct thomas auql laduer
saire fort sappuie soustient la Vierge.

Vn Kerain allegue tu mas
Se perdu nay la souuenance
Le vaillât docteur sainct thoas
Disant en fiere contenance
Quil et ceulx de sappertenance
Et encores bonauenture
Maintiennent contraire creance
Par raison & saincte escripture.
Or beaux amis aux meurs deuotes
Qui monstres a ton pale vis
Quen dure abstinence viuotes
Et de contemplacion tu vis
Je prouueray se mest aduis
Que tu nentens le sainct docteur
Que sil estoit entre nous vis
Or es tappelleroit menteur.
Jay le sainct docteur en trois pas
Leu ou il escript pleinement
Que nostre dame ne fut pas
Contaminee aulcunement
Scez tu ou cest: en son comment
Dessus le premier de sentence
Va si le lis sommierement
Auec toutes ses dependences.
Certes la ou il quiert et mine
Se sa cure & charite
A point de fin il determine
Et ie le tiens pour Verite
Que purete et nettete
Est faicte et causee pour estre

Loing & sa contrariete
De ce veulx ie exemple mettre.
Tant plus est la blancheur perfaicte
Quant mains de noir elle retient
Et par ainsi elle est faicte
Que son contraire loing se tient
Ceste figure au propos vient
Car sainct thomas prouua et tint
Que celle dont il me souuient
Perfaicte purete retint.
Il epposant cestuy beau dit
Dan selme qui deuotement
Et tres gracieusement dit
Quapres dieu son filz seulement
Marie fut tant haultement
Pure quon ne se peut comprendre
Et escript honnourablement
Ce que ie te vueil faire entendre.
Marie mere souueraine
Eust purete si tres entiere
Si excellente si haultaine
Si habundante si planiere
Que iamais en nulle maniere
Ne pecha elle tant ne quant
Veulx tu probacion plus fiere
Encontre toy ou plus piquant.
Es choses creees peut il estre
Dist il vne chose si nette
Quon ne la pourroit plus hault mettre
Et telle fut la vierge honneste
Laquelle peche deshonneste
Onc vng seul moment nencordy
As tu raison ne raisonnette
Contre ceste sentence or dy.
Entens les ditz de sainct thomas
Et ne les prens si nuement

Car tu nainmes oncques ya lunas
Marie si perfaictement
Quil fist: mais le commencement
Prens souuent et la queue copes
Et par ce malheureusement
En grant erreur tu tenueloppes.
Se daultres docteurs ne paroles
Lesquelz ont tenu le contraire
Es liures ou es plaines escoles
Je le taccorde il se peut faire
Dieu la permis: car necessaire
Estoit quon dit la verite
Laquelle adonc fort esclare
Quant on appercoit faulcete.
Je croy bien pierre de candie
Qui fut pape alexandre quart
Je ne loy pas que trop le die
En ce cas & pierre lombart
Ne & lescot ne & richart
Aussi dalexandre des hales
Qui se remit & nostre part
Et blanchist ses paroles sales.
Luniuersite de paris
A tenu et tient fermement
La verite que ie chieris
Et la presche publiquement
Tous les modernes mesmement
Qui ont pense a ceste chose
Parlent tres singulierement
De la tres blanche passe rose.
Et car plusieurs ont contredit
A ceste proposicion
Qui ont depuis fait le desdit
Ce mest certification
Que tres grande deuocion
Cierge de cire vierge et blanche

Debuons a la conception
Offrir a la vierge tres franche.
Je ne fais a bonauenture
Maintenant grande mention
Car escripte luy fut obscure
Ou fait de la conception
A la determination
Qui len fait appert clerement
Que sil ny eust devotion
Il ny eust trop vif sentement.
Pour certain qui voit sa doctrine
Trop clerement y pourroit il lire
Que pour nostre vierge enterine
Nescript ce que sen pouoit dire
Aussi lors commencoit a luire
Verité: si nest pas merueille
Son nen dit iusques au souffire
Mais tousiours elle nous traueille.
Nous alons deuant et auant
Et de plus en plus enquerons
De mieulx en mieulx apperceuant
Alosis ce pourquoy labourons
Tousdis plus en parfont querons
Nous sommes comme en vne mine
Ou a repos ne denoirons
Eugij buttrati ecripte mine
Pour cestuy temps dont lay parle
Oncques homme tant nestudia
Que vng qui or est appelle
Maistre iehan de segobia
Tres solennel docteur: qui a
Par dix mille raison prouue
Que nostre vierge maria
Ne fut conceue a mortel de.
Et ia ne fault que tu me celles
Car ien suis piera souuenant

Mon maistre thomas & coutcesses
Entre les clercs de maintenant
Qui moustrent estre conuenant
Que la conception matie
Le monde en grace maintenant
Soit de top louee et cherie.
Na pas le sainct concile & basle
Ce conclus solemnellement
Par decret se tu peus abatre
Mais tu ne peus aucunement
Et se ne men croy plainement
Le temps est encores bien neuf
Ce fut fait veritablement
Lan mil quatrecens trente neuf.

¶ Le champion apres ce quil a mostré
que la vierge fut exempte de la commu
ne blasme: comme il dit de soye parle aux
dames: et les enhorte aux louenges delle
lesquelles de creatures ne peuent estre co
prises.

Sjques dames et damoiselles
A ce iour tres deuotement
La belle & toutes les belles
Louez: car se ly element
Eussent heu quelque sentement
De veoir la beaulte quest en elle
En la louant tres humblement
Fait en eussent chanson nouuelle.
Car a ce iour vestue estoit
Toute de soleil reluisant
Et dessus la lune marchoit
Ce vouloit son amy plaisant
Qui luy peut dire en complaisant
Tu es toute belle mamie
Sur toy na tache & sy plaisant
En toy na tache ne enuie.
A ce iour la vigne flourit
Rendant odeur si merueilleuse
Quaterre Elle sen fuit
Toute ordure serpentineuse
Adonc la beste venimeuse
Nosa pres du cedre courir
Lors dedens la haye espineuse
Vit on se tres beau lis flourir.
Adonc lennemy mortel
De toute creature humaine
Sesbahit de veoir vng chastel
Exempt et hors de son demaine.
Depuis experiance certaine
Les corps des hommes perforca
De tenir a la tour haultaine
Car qui veult par elle force a.
Si la louons et vous et moy
Et en faisant vng puys damours
Dames ce premier iour de may
Luy presentant chappeaulx de flours

Pour elle auez los a tousiours
Loues celle tres honnouree
Seant lassus en ses atours
Haulte royne couronnee.
Or nest mortel qui peut dicter
Les honneurs qui luy appartienent
Les anges dieu a les chanter
Selon mesure ny auiennent
Iusny nombre elle contiennent
Engin ne les pourroit entendre
Plus en voyt on plus en souutiennet
Abysme est quon ne peut comprendre.
Abysme est de vertu tresclere
Celle dont tout le monde prent
Celluy vray dieu dont elle est mere
Lequel infinite comprent.
Voyt la clarte dont il sesprent.
Aultre touce veoir ne la peut
Siques iamais il ne mesprint
Qui haultement louer la veult.
Par ainsi ou commencerons
Ou prendrons nostre fondement
De quoy premier la louerons
Quant comme sans commencement
Habita eternellement
Iuste la diuine pensee
Et ains temporel mouuement
Conceue fut et pour pensee.
Ainsois que iceut ne fuit le ciel
Et quen son cercle fut posee
La terre: elle estoit ou chauciel
Eternel Ruant dieu posee
Car ains tous cieules proposee
Fut de lentendement diuin
Sa louenge bien composee
Dont ny a commencement ne fin.

Ainsi est sa gloire infinie
Par diuin plaisir estendue
Tant que fin est diffinie
Ne entendement entendue
Et & quant plus est attendue
Tant plus pert son infinite
Car sa maieste descendue
Est par diuine affinite.
La diuine relacion
La nous fait incomprehensible
Qui delle fait collacion
Du filz la fait tant quest possible
Et pource quil est impossible
Congnoistre du filz la lumiere
La mere ne nous est sensible
Qui na seconde ne premiere.
Mais ia soit que par epeuser
En tres humble euocion
Et indignite accuser
Nostre vile condition
Puissons en collaudacion
De ses haultes vertuz entrer
Mieulx que se par presumption
Les cuidissions toutes moustrer.
Neantmains affin que ne soions
Ingratz vers la dame de grace
Raison est que nous essaions
De contempler sa plaisant face
Et que chescun mortel suy face
Loueuge le mieulx quil pourra
Elle qui ame ne desface
De sa grace en gre tous orra.
Benoite est doncques la racine
Dont issit sente vertueuse
Sente & vraie medicine
A tous les mortelz fructueuse

Cest la mere tres glorieuse
De grace pleine et assouuie
Sente haultaine et precieuse
Qui porta le doulx fruict de vie.
Adam neust oncques en son clos vert
Ente narbre ne vertu telle
De qui le fruict meur et ouuert
Guerissit & plaie mortelle
Et rendit liesse immortelle
Larbre de vie auoit il bien
Et mainte bonne herbe et plantelle
Mais ceste passe tout leur bien.
Oncques cedre ne creust amont
Ne si larges branches tendit
Comme sente arrouse lamont
Son coupx sur lair estedit
Lumeur qui sur luy descendit
Oultre les neuf cieulx la fist croistre
Par sa beaulte dieu contendit
Dy faire vng palais et vng cloistre.
Beau palais en vuolt on faire
Pour vng beau seiour et loisir
Ou seurement se peut retraire
Quelque grant roy a son plaisir
Aussi la voulut dieu saisir
Pour en faire vng bel et a droit
Et certes ne peut mieulx choisir
Oncques ne fut arbre plus droit.
Benoist sainct esprit nourry
Sente et la voulu separer
Du limon & le stoc pourry
Et de telle vertu parer
Que dieu par son fruict reparer
En voult lossense du glouton
Que nous faulsist tous comparer
Selle neust porte le bouton.

Benoit soit il qui tousiours sente
De celluy hault coequal pere
Qui pour seul homme mist sentête
Doster a la faulse vipere
Et que tousiours ta graice appere
Esterans ou virginal forgier
De celle en qui chescun espere
Pour toy mortel homme forgier.
Benoit es tu vray dieu et homme
Qui pour ta grande humanite
Fus le fruict et la seule pomme
De sente & virginite
Et amendas liniquite
Quant fus en croix mort et pendus
Dadam contre divinite
Mordant le seul fruict deffendus
Benoit es pere qui ton filz
Pour secourir au glout traittier
En sente fruict & vie fis
Savoureux flairant et entier
Et le laissas mordre et traittier
Tant que iustice fut contente
Et que lon se peut accointier
De toy et recouvrer sa rente.
Benoit es pere qui permis
Que le fruict & sente nouvel
En la seiche busche fut mis
Pendant a corde et a clavel
Et que le sang du sainct cervel
En dieu & ellius degouta
Lequel en ioie et en revel
Adam en paradis gouta.
Benoite es tu trinite vraye
Vraye vnite vng dieu aoure
De qui le pouoir luit et raie
Par tout obeis honnoure

Louenge a toy qui demoure
Ilest homme en la prison tant noire
Et que par sente au fruict vire
Auions perdu la haulte gloire.

¶ Le champion en contemplant les ver
tuz & la vierge glorieuse: laquelle comme
ente tres necessaire au monde pourta, se
tres doulx fruict de vie; semot les dames
aux solas lesquelz se treuuent soubz elle
plus quen paradis terrestre.

Amphion lequel en chantant
Les murs de thebes composa
Se prit plaisir a son chant tant
Que franc vouloir au sien posa
Dont se rauit et reposa
En haulte contemplacion
Son cuer qui tant bien proposa
Fut en diuine vision.
Dissimuler ne peut sa ioie
Ains dit en paroles dorees
Or mest il aduis que ie soie
Deuant mes dames honnourees

Et car sont plus enamourées
De celle que soues le bois
Que vous aues ames malheurees
Vers elles tourneray ma vois.
Dames quant bel estat voulez
Et bilz passe temps amoureulx
Soubz ceste ente touer alez
Qui resiouist cueurs douloureux
Cuilliez y le fruict sauoureulx
Le fruict de ioie et de liesse
Force est que le plus langoureux
Se resiouisse et dueil delaisse.
Ne doubtez dy estre halees
Se le soleil est en my tour
Il y a umbres et alees
Pour vostre gracieulx seiour
La ne palist blue couleur
Lair ny est rude ne froidure
La ny sent on mal ne douleur
Cest lieu ou ioie tousiours dure.
Ce nest pas paradis terrestre
Ains est le celeste verger
Ou soit ne pourroit douleur estre
Ne souspris du traitre dangier
La ne peut il rien calengier
De franchise est le lieu tenu
Et pour se faire mieulx agracier
Cheschun y est le bien venu.
La voit on toutes fleurs & choses
Boutons romarins giroflee
Mariolaines lauandes roses
Graines & toutes odeurs enflees
Qui ne seront iamais rifflees
Tant fort vente gele ou yuerne
Car elles sont du vent soufflees
En cestuy monde sans galerne.

Se beaulx chappeaulx voulez auoir
Alez cueillir des fleurs soubz lente
Vous nen scaures tant apposer
Que le iardinier sen lamente
Lente fist il a ceste entente
Que de ses biens cheschun preinst
Et soubz sa gracieuse tente
Pour soulas auoir se teinst.
Nachate sinusso ou enleens
Ou aultres espices redolente
Car non a disteinte mais a ceulx
Des odeurs trouueras soubz lente
La fin basme et mirre epecelleute
Leurs odeurs espandent toudis
Estre ny peut chose puleinte
Cest ung verger de paradis.
Dames il fait plaisant soubz larbre
Quant empres la fontaine sourt
Clere et froide comme fin marbre
Et bluement par le prez court
Tout cuer voulentier si ressourt
Et sa melencolie lesse
Et ny est tant ieni ny tant goute
Que voulentier ne si refresse.
Mesmement quant sur les flourettes
Sans faire tapis du giron
Se peut on seoir par amourettes
Ensemble tout a lenuiron
Et malgre le vilain huron
Dangier a cuy ioie nest chiere
Tous esbatemens y soit on
Et aultres plaisirs sans enchiere.
Dames par vostre courtoisie
Alez soubz lente que ie dis
Verrez se iay place choisie
Pour vous comme beau paradis

Je scay questre y vouldriés toudis
Quant aurez le lieu regardé
Et se vous en partez tandis
Requerez quil vous soit gardé.
Que fault il au cuer amoureux
Daintes que souhet accomply
Et que de penser douloureux
Jamais ne puisst il estre empli
Or est soubz lente ce comply
Et oultre tout humain désir
Pource dames ie vous supply
Alez y danser a loisir.
A la fontaine tout entour
Mes dames et mes damoiselles
Remirez vostre gent atour
Et sces se vous estes belles
Et se voz miroirs vous sont telles
Quant voz faces y remirez
Aucuns vous monstrẽt telles quelles
N'estes: et mal vous y mirez.
Par maintesfois le faulx miroir
Vous fait et monstre aultres q̃ n'estes
Et fait testes blanches paroir
Lesquelles ne sont du tout nettes
Mais comme legieres ou ieunettes
Es faulx miroir vous amusez
Et en voz miroirs ou lunettes
Cil qui vous chasse vauisez.
Dames a la fontaine cole
Plus clere que ne soit la lune
Cheseune remire et revole
Selle est vermeille blanche ou brune
Et sen la face ait tache aulcune
Que polir ou oster conuienne
Ou en soy a faulte nesune
Que doulcement ne la maintienne.

Non pas seulement par dehors
Dames se bien vous y mirez
Verrez la fasson de voz vis
Que gens et polis y sirez
Ains quen bien y regarderez
Et y feres bug xu & pose
Tout le dedens aduiserez
Du secret qui en vous repose.
Dames vous verres au cler fons
Toisié vostre corps et vostre esprit
Et quelle tache ains que és fons
Ississiez de nostre adam prist
Et se depuis le baing reprint
L'ame ou le corps tache ou ordure
Dont faulx dagier qui trop nespric
Puist accuser vostre laidure.
Plus y a dames excellentes
Se quelque fois par negligence
N'auez estes bien diligentes
De tenir nette lexcellence
De vostre belle precellence
Et visaige aies hauc et ort
Vous y vues par diligence
Ou ruisset bainguier a plain gort.
Ou se vous aimes lestuuer
Mes dames par esbatement
Et la sueur du corps lauer
Affin destre plus freschement
Le baing trouueres prestement
Cler plaisant souef odorant
Ou vous laueres priuement
Le corps et tout le demourant.
Force pas ne vous baignerez
Doubtant q̃ son ne vous souspreigne
Ou trop vergongneuses serez
Mais ne doubtez quõ enttepreigne

A

Dy guetticr ne quoy vous reprengne
Et aies deshonneur et blasme
Car raison est que chescun preingne
Le salut du corps et de l'ame.
Aussi mes dames de rosiers
Est le baing tendu et couuert
Et a lentour taillie rosiers
Si ques il ny a rien douuert
Et ne peut on ou descouuert
Par les foeustes et par les raisseaulx
Dont tout entierement est vert
Veoir ses amoureux raisseaulx.
Despuestes vous la toutes nues
Dames ou viuier naigez
Sus le foing et les fleurs menues
Et en lune et laultre plongez
De loing temps ne vous en bougiez
Le lieu y est tant delectable
Et aux corps mal sains et aaagiez
Necessairement prouffitable.
Mes dames gentes et iolies
Qui ne debuez a nul desplaire
Faictes vous cleres et polies
Si plaires a cui debuez plaire
Lauez bien et corps et viaire
Tout le corps et iambes et bras
Et sur couche qui souef flaire
Aprestes vous a les blans draps.
En somme dames demandez
Tout ce que vous vouldrez auoir
Car ainsois que le commandez
L'on fera diligent debuoir
Contriction & grant scauoir
Vous fera voulentiers seruice
Et aussi adire le voir
Esse son principal office.

Esse comme bonne meschine
Vostre corps tendre lauera
Et vous donnera medicine
Dont l'ame sauee sera
Se la creez elle fera
La tres plus laide et la plus noire
Quant du baing se despartira
Plus blanche que ne soit yuoire.
Mais dames quay ie tant cele
Les grans miracles euidens
Du baing qui est en source le
Car la dame ancienne dedens
Recoeuure ses blans petis dens
Et viure en ieunesse commence
Dieu qui est par tout residens
Le fait fontaine de iouuence.
Et nesse pas singulier don
Dames quen ce bain de noblesse
La vielle mise en habandon
Ou pour laidure ou pour vieillesse
Vient a sa premiere ieunesse
Plus belle que deuant souuent
Par vostre courtoisie nesse
Vne fontaine de iouuent.
Iadis estoit vne fontaine
Comme on lit et voit en painture
Ou vieillesse et aage haultaine
Retournoit en vne nature
La ne se baignoit creature
Tant fut elle ridee et seche
Sans reprendre vne pourtraiture
Ieune riant plaisant et fresche.
La se muoit la barbe blanche
En vng menton a prime saine
La se dressoit la courbe hanche
Et retournoit vertu en saine

La toute vieillesse vilaine
Flectie et preste a mourir
Recouuroit et poulz et alaine
Et recommencoit a flourir.
La voulentiers se despoulloient
Les vielles dames mesmement
Et leur cuers enuieilliz moulloient
Pour viure plus ioyeusement
Mais dames sachiez seurement
Que le terrestre paradis
Neust oncques vertu tellement
Que la fontaine dont ie dis.
Dames encores ne scauez
Comment il vous conuiendra
Apres corps et esprit lauez
Ne qui la vous recepuera
Quant grace dieu percepuera
Que soiez luisans plus que painettes
En vostre baing enuoiera
Ses belles damoiselles sainctes.
Lors seres & ioies rauies
Mes dames en cestuy estour
Et point ne seres assouuies
De danser et chanter au tour
De seure sera le retour
Et refraig & vostre chanson
Benoite es vierge au gent atour
Mere du tres doulx enfanson.
Pour certain dames quant vouldrez
Aler soubz sente fair cueillir
Tant de soulas vous y prendrez
Que iamais nen pourrez saillir
La danse y est qui fait saillir
Cuers loyaulx en ioye perfaicte
Nompas saillir mais escueillir
Aux cieulx en ioye tres perfaicte.

Dames iamais ne feres danse
Plus mignote ne plus cointe
Ce nest pas celle ou robin danse
Pour lamour & mal assignee
Par mesure elle est menee
De prudence qui deuant passe
Et ensuit la bien atournee
Attrempance qui ne trespasse.
Force iustice charite
Foy esperance patience
Courtoisie virginite
Humilite obedience
Misericorde continence
Et aultres maistres font la danse
Mais quiconques le train commence
En la fin va perseuerance.
Et pour la feste resiouir
Chante dame deuocion
Et dieu scet quelle y fait ouyr
Diuine contemplacion
Quant salutete perfraison
Leur tient la teneur feruement
Le ciel prent admiracion
Douir chanter si doulcement.

¶La chanson de dame prudence sur
la louenge de la vierge marie.

Prudence a laquelle souuient
De mainte chanson et en dit
De toutes nouuelles quant vient
Son tour noblie pas son dit
Ains sans requeste et contredit
Commence cler comme seraine
En pas qui la danse arrondit
Louer la vierge souueraine.

Seurs autour de sente dansons
De rechief chescune appareille
Notes balades et chansons
A lonneur de la non pareille
Et naiez aulcune merueille
Se vous nen pouez asses dire
Seul dieu de puissance impareille
Peut a ses louanges souffire.
Je cognois tous les temps passez
Et les presens qui ores passent
Et ceulx qui ne sont trespassez
Mais tous la Vierge ne compassent
Ses vertuz nostre sens trespassent
Car ains que dieu eust terre fait
Et les cours du ciel sattrempassent
Jl auoit pense a son fait.

¶ La chanson de Dame attrempan
ce sur le los de la Vierge.

A Luy ne plairoit attrenpance
  Disant en voix melodieuse
Ne vo? plait bien ma côtenâce
Suis je pas digne et gracieuse
Ma maniere nest ennuieuse
Bonne est en fait et en parler
Ja mercy a la glorieuse
De qui on ne peut trop parler.
Encor suffoie je mammelle
Quant la Vierge de dieu eflite
Mettre me fist en sa chappelle
Ou iay este nourrie et duite
Delle ay espris ceste conduite
Ceste maniere tant rassise
Car de toutes meurs est eflite
La Vierge en coste dieu assise.

Regard plaisant: simple maniere
Sage: parlere amesure
Pleine de vergougneuse chiere
Aler qui nest desmesure
Et est plus que ciel asseure
Qui en son corps point ne varie
Ay maintiens ferme et asseure
Tout vient de la Vierge marie.

¶ La chanson de Dame force
sur le los de la Vierge.

Q Vât la chanson sera finee
  Force renforcera la Dame
  En louant la tres honnouree
Laquelle elle seruit denfance
Disant las que nay je puissance
De fort louer nostre maistresse
Laquelle de tendre naissance
Ma leuee en sa forteresse.
Rien ne fusse se ne fut elle
Or suis je de sa grace entiere
Curee embelie faicte telle
Pour faire aux ennemis frontiere
De son temple me fist portiere
Que si bien mapriut a garder
Que lennemis tant & loing fiere
Oncques ne losa regarder.
Seurs du vergier fus gardienne
Ou serpent oncques ne sailly
Ja soit ce que sa beste ancienne
Le manoir humain assailly
Toute puissance luy sailly
Quant me vist garder les creneaulx
Et comme se diuin bailly
Couuerte des armes royaulx

¶ La chanson de dame iustice.

Ustice qui les choses note
Et pyse tres equallement
Ne se taira de quelque note
Ou balade ou rondelement
Ne die au resiouissement
De la feste et que ne recorde
Le gracieulx appointement
Quelle eust auec misericorde.
Ains chanteray: ie ne scauoie
Encor ma balance tourner
Quant la Vierge mapzint la voie
De la gentement remener
Elle mapzint a lamenter
Au fin seul point de la raison
Et la forme de leucliner
Doulcement quant il est saison.
Benoite soit la dame chiere
Tant bien en moy se confia
Quelle me fist sa despensiere
Et oncques ne sen deffia
Car pour le iour quelle affia
Le beau prince filz du hault roy
Des nopces faire se fia
Sur mon dit et sur mon arroy.

¶ La chanson de dame foy.

Oy fresche nouuelle et saillant
A la danse ne se taira
Ains louera la plus vaillant
Qui oncques mais fut ne sera
Disans seurs qui mescoutera
Ie chanteray chanson nouuelle
Et faicte qui ne la scaura
Le iour que lan se renouuelle.
Louons la dame du hault throne
Laquelle mama chierement
Et mist hors la vielle matronne
En mon premier aduenement
Et tant me fist dauancement
Tant fus ie delle bien amee
Que par le monde incessamment
Va ma gloire et ma renommee.
Vierge quant en ton palais vins
Tu me trainis ta chamberiere
Mais quant vng peu grande deuins
Iy eus auctorite pleniere
De mettre ens et bouter arriere
Aultre coustume et ordonner
Car viel testament mis derriere
Pour lieu aux sacramens donner.

¶ La chanson de dame esperance.

Sperance qui les yeulx tens
Amont a la dame regarde
De hault chanter seure nates
A mon pouoir seurs prenez garde
Toutes scauez quen saulue garde
Elle me baissa son tresor.
Oultre plus quen son nom ten garde
A plusieurs assez en mon for.
De moy fist la Vierge asseurance
Si grande aux anciens bons hommes
Quen mon absence leur cheuance
Mirent en mo coffre a grãs sommes
Et or ceulx entre quelz nous sommes
Pout seurete a moy sencourent.
Silz ne se font leur fait duy pomes
Ile vauldra: et en vain labourent.
Dame de tous biens tresoriere
Espoir certain: ioieulx confort
Secour hastif: aide planiere
Remide: attente: reconfort

A iii

Seul secour & tout desconfort
Soies tu & toutes seruie
Car en toy dame est le plus fort
De toute la mortelle vie.
¶ La chanson de dame charite.

C Harite qui nest endormie
Ains a la danse tres ardant
De chanter ne se tiendra mie
Combien quelle soit attendant
Quant suis ma beaulte regardant
De couleur tant viue et tant nette
Seurs dire doye graces rendant
A la vierge vne chansonnette.

Seurs se ie vulz a tous complaire
Et amer chescun par amours
De la vierge ay cest exemplaire
Laquelle sceut damer ses tours
Elle maprint la flour des flours
Comment ie doye estre amoureuse
Et que ie ne passe mes iours
Sãs amours dōt vict paix heureuse

Seurs la vierge ne dormoit somme
Tant estoit espriuse damee
Aultre rien ne vouloit en somme
Que son cuer damours enflammer
Oncques ne luy fut amer
Plus amoit plus amer souloit
Amours la fist toute pasmer
Apres cestuy quelle vouloit.
¶ La chanson de dame humilite.

D Ame se mon tour est venu
Dit humilite la petite
Car il mest tres bien aduenu
Dauoir serui la vierge eslite
Cest bien raison que ie maquite
A tout mon petit chappellet

En despit dorgueil la despite
De dire vng ioly rondelet.

Dames toutes scauez briefment
La vierge pleine de doulceur
Ma nourrie et amee forment
Comme se ieusse este sa seur
Car oncques ne voult par deseur
Moy monter en plus grant degre
Ains me dit fais ton cuer asseur
Que tousiours seray a ton gre.

Vierge tes gracieusete
Veue du prince gracieup
Eshaussa ta bieneurete
En toutes nacions et lieup
Chescun scet que le roy des cieulp
Se voult a homme apparier
Et comme perfaict amoureup
A marie soy marier.

¶ La chanson de dame virginite sur
le los de la vierge marie.

V Irginite aup blons cheueulp
Plus blanche q̃ la fleur de lis
Dit alors acquiter me vulx
De chanter mon dictier iolis
Seurs qui chantez motez polis
Louans ceste perpetuelle
Quẽ diray quant en ses blans lis
Me faisoit couchier auec elle.

Jay bien cause de hault chanter
Certaine suis quelle mama
Tant: et de ce me puis vanter
Quoncques son amour nentama
Chescune de vous vue ma
Que de chemise la seruoit

Et du corps qui bien acheua
La principale garde auoie.
Seurs son beau corps ne fut point
Non obstant que pris et eptrait
De limon ort et vermolu
Dont tout aultre corps est contrait
Car par le bon diuin entrait
Purgant toute lepre orde et sale
Tout le venin fut ainsois trait
Que son ame entrait en la sale.
Et aussi pas ne conuenoit
Que laide fut la sale soie
Car le grant ouurier y vouloit
Vistre robe & blanche soie
Et certes iamais ne prisoie
Que ouurer y vint tel seigneur
Neantmains y fist ou gy dansoie
La robe du prince greigneur.
Seurs le mauluais loups qui mort
La toison diuine nature
Dont les draps fait en est ort
Et tost pourrie nest la vesture.
Oncques de sa rude pointure
La blanche soie natainguy
Dont puis soy fist sans pourriture
Labit que vermeil on taigny.
Vierge haulte ainsois que tu sceusses
La descendue du grand roy
Et quen ta chambre le receusses
Tousiours estoit auecques toy
Et dont plus gracier te doy
Quant ens entra pour soy vestir
Et fustes ensembles a recoy
De toy ne me laissas partir.
Vierge il entra ta chambre close
Close reclose et close arriere

Pas ne pouoit estre desclose
Je le scay deuant et arriere
Mais comme par vne verriere
Le soleil passe sans la rompre
Ainsi non obstant la barriere
Entra ton clos sans fleur corrompre.
Au venir rien ne desferma
Luy estant o toy tout fut clos
Au retour rien ne desferra
Car ny auoit eu rien desclos
Par ainsi ton precieulx clos
Eust tousiours entiere clousture
Car cil qui seut clos et reclos
En issit bien sans desclouture.

¶ La chanson de dame misericorde.

Ce fut affin q ne plourast
Misericorde la piteuse
Virginite ne sendeuorast
Que ne dit chanson plus ioieuse
Mais a la feste gracieuse
Chescune doit son tour auoir
Et de loier la precieuse
Faire aulcunement son deuoir.
Seurs dit dame misericorde
Ores est il temps que ie chante
Escoutez comment ie maccorde
Au dit que iustice desehante
Seurs ay ie tort se ie me vante
Quant ie suis de ceste priuee
Par qui sa lignie mesehaute
De homme premier est saulnee.
Empres elle estoie quant suruint
La lettre de remission
Et quant le messagier y vint
Presenter la comission

Lors me dit en confession
Que seroie a sexecuter
Et que pour la redemption
Laroit son filz persecuter.
Lembassade me fut commise
Si mis son seul filz en hostage
Et besouguay par telle guise
Que iostay comme & seruage
Se neust este mon conseil sage
A tousiours mais estoit perdu
Mais ie luy fis tant dauantaige
Que ihesus fut pour luy pendu.
Quant du grant discord accorday
Descordans les cordons cordez
Des faulx accors me recorday
Dont laccordant fut descordez
Accord et discord raccordez
Ie lascheray la corde accordee
Dont les descordez encordez
Virent iustice descordee.
Vierge par laccord que ie fis
Ton filz en la croix estendu
Ie lascheray la corde et les fils
De larc qui estoit trop tendu
Ainsi lasche et estendu
Si fort iustice ne tira
Pourquoy homme ainsi estendu
Du fons denfer se retira.
Vierge pour icelluy accord
Qui fut fait pour ton premier ne
On vient a toy en tout discord
Que par toy on soit ordonne
Ia ne peut estre condampne
Qui ta son tort fait recorde
Quant par toy fut comme Sampne
A dieu le pere raccorde.

La chanson de Dame perseuerance.

Perseuerance son motet
A ceste danse ne taira
Ains en la louant ung chātet
La belle dame commenca
Disant seurs qui contredira
Que ie ne vous maine a ton pas
Laquelle men escondira
Ie vous pry ne vous faignes pas.
Seurs nostre maistresse louons
Sans cesser aussi sans faintise
Certainement nous ne pouons
Dire comment elle est hault mise
Empres dieu lay ie veue assise
Au ciel auez elle montay
Quant & sa gloire ie mauise
De gloire et de ioie moult ay.
Toutes vous aima ehierement
Mais sur toutes me puis vanter
Que maima singulierement
Car ie la vis es cieulx monter
Et les anges ouy chanter
Mesmement en corps et en ame
Ie la vis au roy presenter
Qui du ciel la couronna dame.

¶ Comment apres ce que franc vouloir eut recitees les chansons des dames et les louenges de la Vierge glorieuse: lymage de Merite receut esprit: et parla; et couronna le chāpion dung chappelet de lozier comme Victorien.

A de vouloir neust iamais fine
Le chant la parolle florie
Lequel il auoit affine
Au los de la Vierge marie
Se Verite qui ne varie
Et ne se peut laissier fouler
Par force ne par menterie
Ne luy eust rompu le parler.
Lydole de pimation
Dont ouide en methamorfose
Nous fait notable mencion
Mieulx q̃ meun dire le lose
Ne fut̃t pas si viue chose
Comme lymage Verite
Plus belle que la fresche rose
Et plus ioieuse que leste.
Aussi vray que lapocalipce
Le soleil na telle lumiere
Apres vne tres grande eclypse
Que Verite se monstra clere
Dont malebouche le bon pere
Plus que soudainement souspris

Perdirent aduis et maniere
Comme en messonge et prehe pris.
La dame au Visalge riant
Incontinent se print a dire
Pourquoy allez vous guerriant
Amours et les dames beau sire
Malebouche attrempez vostre ire
Confesses vous en cestuy lieu
Car il est bien du dyable pire
Qui mesdit de la mere dieu.
Nestes vous pas bien esbahis
Que ie ne parle presentement
Cuidez vous pas estre trahis
Deceus et vendus faulcement
Vecy miracle vrayement
Mais ainsi le me failloit faire
A moustrer que trop longuement
Mauez vous fait ceser et taire.
Verite ne se peut ceser
Ou tost ou tart elle est congneue
Rien ny vault le dissimuler
Pource quant tous suis venue
Affin que chierie et tenue
Soie plus honnourablement
Et a cil qui ma soustenue
Donne le pris publiequement.
Lors au champion sen vient elle
Dont tout le mode est esperdu
Disant pource que la querelle
Des dames as bien deffendu
Et vers cil tout deuoir rendu
Qui est de tous biens tresorier
Franc champion tu nas perdu
Le chappellet vert de lozier.
Encores mis ne lauoit pas
Sur le chief du preux combatant

Quant faulx semblant fit son trespas
Et mort & doeul tresbuche a tant
Malebouche saulte tout batant
Pour faire au bon homme secours
Mais il est paie tout contant
Il a fait la fin de ses iours.
Quant on vit la mal aduenture
Chescun se leua prestement
En tel cry en telle murmure
Quon ne peut plus horriblement
Et fut aduis tout proprement
Que malebouche le faulx serre
Et tout son ost entierement
Furent transgloutis de la terre.
Pour sa hideur pour la freeur
Mon cuer se meut & dens le corps
Et auec froide sueur
Jetta tous espris dehors
Ainsi fus esueillie alors
Et me retournay ou vergier
Dedens lequel iauoie amors
De veoir ma dame sans dangier.
Les roissignolz a leurs voix primes
Tantost le point du iour sonnerent
En dechantant leurs belles primes
Que tant doulcement entonnerent
Tant y en vint tant sassomierent
Quilz sembloit quilz feissent la iole
Tant nouuellement sargonnerent
De ce que ie songie auoie.
Le iour venus ie prins mes tables
Et en recourant tout mon songe
J mis les principaulx notables
Dung lez et daultre sans mensonge
Que puis en mon oiseuse longe
Ay mis en vers de petit pris

Qui ne sont purgiez & lesponge
Au mieulx parlant et mieulx apris.
Si prie a tous ceulx humblement
Lesquelz vouldront ceste œuure lire
Quilz me pardonnent pleinement
Se riens y treuuent a redire
Se iay bien dit: dieu la fait dire
Se iay mal dit: songe la dit
Songe la dit et fait escripre
Mais ie ne cuide estre desdit.
Et vous dames et damoiselles
Qui estes naturellement
De graces pleines et ausquelles
Voue me suis entierement
Se ie nay asses haultement
Conte et loue vostre affaire
Pardonnes moy courtoisement
Car iay fait ce que iay sceu faire.
Se les medisans mis a terre
En champ de bataille abatus
Font a ce liure iniure ou guerre
Secourez le & soyez vertus
Epistie sera et batus
Sil nest de vous accompaigne
Car cestuy orgueilleux testus
Malebouche est trop engaigne.
Oultre plus amour me commande
Car ie ne puis sans vous merir
Qua toutes ie me recommande
Pour bien et bonheur acquerir
Siques veusliez moy secourir
Dames et en fais et en dis
Veusties pour martin requerir
Le royaulme de paradis.

www.ingramcontent.com/pod-product-compliance
Lightning Source LLC
Chambersburg PA
CBHW050251170426
43202CB00011B/1642